紫微斗數

# 學紫微斗數，這本最好用

許永安◆著

# 自序

在浩瀚無垠的宇宙星河中，先哲們仰觀於天，明瞭天象運行的道理，用之於地，「紫微斗數」的發明，即是宋朝「希夷先生」，透過南北斗星系的分佈狀態，再加以人類共同心理行為的活動模式，將「體、用」，結合成一個可以推演個人一生的生命預測學。這套「紫微斗數預測學」，雖然歷經了一千多年的時空，至今，其學術與實用的存在價值仍然屹立不搖。可見，只要有人的地方，這套預測學就可能用得到。尤其在時代變遷愈快速，或者在生存環境充滿極大變數，或對一切開始產生不確定的時候，生命就會急著去找它的出口，來因應無法預知的未來。

我們能夠慶幸的是：「紫微斗數」這套歷史悠久的人類預測學，竟能這麼完整的流傳下來，對於身處二十一世紀的人們來說，可說是一件值得注意的大事。因為，凡是一個生命的誕生，當他來到這世間的時候，禍福吉凶似乎也隨著生命體來臨的時空，隱藏在其生命密碼中，這所謂的「生命密碼」，即是每一個人出生的「年月日時」，只要能透過某種特殊的「解碼」過程，即能解讀出生命體一生的「活動行運」，從預測當中，得到某些概括性的（邏輯）推理，由已知的某些推理論點，來因應或掌握自己未來的行運。這種透過預測所採取的因應行動，事實上，它是符合《易經》原理的，《易理》中經常會強調：「一動不如一靜，動輒得咎的道理」。這其中，無所不在的暗示我們：「凡事欲行之時，應三思而後行，謀定而後動，才不會造成事後有悔的憾事發生」。

「紫微斗數」是一套實用於人生的「自我管理應用學」，舉凡個人的優點或缺點，或者有利點、障礙點……等等，都能從預測的訊息中學習到如何去因應與成長，若能從中領悟到：「自己的優點，如何適當的發揮；缺失之處，如何去善補其過」，那麼，「紫微斗數」也算是把它的功能發揮到淋漓盡致了。

本書也可以作為工具書，讀者可由坊間購得「紫微斗數軟體」，或從網際網路相關的「紫微斗數網站」，下載個人的命盤，並依據本書的論述來互相對照，即可輕易的掌握到個人的生命預測訊息，不但便捷、簡明、易懂。因此，本書省略了繁瑣排盤的部分，而將篇幅著重在如何因應與對治的論述上，祈使讀者能由邏輯性、科學性的分析中，以理性的態度來面對未來的人生，讓您的人生，充滿一種新的喜悅、新的希望，如此的話，「知命」則可能成為深入瞭解個人生命狀態的解讀器，這也是本書所強調的重點。

祈望本書的出版，能公諸一些斗數的基礎理論與實用技術，帶動一些對於自己人生有疑惑的人；或者有心想進入紫微世界卻不得其門而入的人；或想透過某種預測學問來學習瞭解自我的人等。本書圖文並茂的淺顯論述，令你輕而易舉的，從書中獲取某些你想要知道的訊息，進一步來因應自己未來的人生，這又何嘗不是件美事呢?俗語說：「知命者，不怨天尤人。」而今，如果我們已展開了，一連串了解自己的「意識結構」與「行為動力」時，生命的鑰鎖已掌握在自己的手中，您是要即刻打開它呢?或者是鎖住自己呢?這一切得由您自己決定了。

許永安　謹識於永安工作室

乙酉年三月於高雄

# 學紫微斗數，這本最好用

## 本書目錄（各星在十二宮位解析）

、廉

# 超越宿命

**一葉知秋**，是人類透過對於自然現象的觀察，進而瞭解到大地變化的循環性，驚蟄而動是大地生物因應寒冬而採取蟄伏的生命機轉，一逢三陽開泰，冬氣退盡的第一道震雷響起時，蟄伏的動物們如同在睡夢中漸漸清醒起來，大地又恢復了一片生機，生意盎然。

人類也是生物中的一分子，如果以動植物適應生存的能力和人類來比較的話，人類對於自然界所產生的現象或敏感程度，顯然比動植物遜色多了。也就是說：「人類對於賴以生存的環境狀態，其預測現象的能力尚不及於動物的直覺反應，或植物敏銳的感應力」。

自有人類以來，即有所謂的「預測學問」，透過預測，可以因應生命變化的機制，比如說：可以預測收成之日的天氣是否可行，或者出獵之日。遠行、買賣、交易，會考、疾病的因應、人際互動的應對、個人的禍福吉凶……等等。諸多關於人的活動過程，無不脫離預測的範圍。自古以來，講得最詳盡且具有學術性的預測學問，首推《易經》莫屬了，這套趨吉避凶的學問，距今起碼已有三千年以上的悠久歷史了，最早期的《易經》，僅有八個卦象（乾兌離震巽坎艮坤），透過八個卦象的推演，即足以能應付當時生存的環境，八個卦象代表著天地間的八種自然現象，分別是「天澤火雷風水山地」。

直到商紂末期，西伯侯姬昌（周文王）因被紂王囚困於羑里，達七年之久，在獄中，有感於世事變化莫測，已非原來的八個卦象足以囊括，由於他悲天憫人的胸懷，故而將八個卦理互為推演，形成了八八六十四卦，在每一個卦裡，都有其特殊的含意及啟示，共有六十四卦。在姬昌平安返抵西岐領地後，不但積極致力於政事的推展，並將六十四卦分別推演出每一個卦中的六爻變化，使《易經預測學》的學問建立了一套完整的體系。

孔子（孔丘、字仲尼）在周遊列國時，曾困於「陳蔡之地」，為其人生歷程中的最低潮，至其脫困之際，曾聽受於兩位老者為其講授《易經》的精粹，使得孔子領悟到個人生命的職志。《易經・繫辭傳》即是孔子在晚年時注解《易經》的一本重要著作，也是得意的代表作之一。由此可見，「至聖先師・孔子」乃是《易經哲學》的傳承者，對於《易經》的學問也特別的推崇，成為六藝中一門重要的必修課程（詩、書、禮、樂、易、春秋）。

「紫微斗數」的發明，可說是自悠久的歷史以來，人類精神發展史上的一項重大紀事，可說是繼《易經》以來，第二項極完備的預測學問，他的原創始人據傳是宋朝的「陳摶・希夷先生」，他所設計「紫微斗數」的理論，應是由「易經的原理」所推演而出的。傳到宋代中期的「邵雍・康節先生」，更將其發揚光大，結合「紫微斗數」的理論與應用，並著書以詮釋「紫微斗數」的玄奧，使其艱深難懂的命理學術進一步的推廣開來。由此可見，歷來凡是對人類有貢獻的學者，基本上，他們對於「易理」的探討與實用能力，實在是令人佩服與讚嘆，他們學問之高深，簡直是令人不可思議。

「紫微斗數」是由《易經》的實用技術演化而來的，基本上，它本身就是一套極其完備的預測學問，它能將每一個人「出生的時空因緣」（其年月日時的生命密碼），透過理則學的推演，便可輕易的將個人一生歷程瀏覽無遺。這正是「紫微斗數」學術理論精密之處，由所推演的現象來推論個人一生的吉凶禍福，由預測現象的推演理論，藉著某些預設的論點，進而延伸個人對於現實狀態，或者未來生存環境的面對與因應。

「紫微斗數」的基本理論與實用技術其實與《易經》是相通的、是互為表裡的，在預測學的應用上，其實它廣泛的包含了「人性的認知」，以及對「人性弱點的彌補之道」，這兩項重要的認知與因應，其實正是破解「紫微斗數」宿命論最重要的發現。因為，在人類的社會行為裡，有其共同行為的模式。基本上，人很難脫離其中的「制約作用」，「制約反應」便是每個人生命活動力的綑繩，我們很難在現有的「制約模式」中，既能脫離它的控制，又能活得自在，所以，凡有智慧之人或知命者，即不會怨天尤人，而坦然的去面對生命的考驗。因為，既能預知自己生命的流程，也代表著面對生命的每一個過程能夠泰然處之，不為外界現象所迷惑，而透過預測的瞭解，找出本身的優缺點，優點者令其發揚，缺點者則勉勵自己往「善於補過」的方向去做，如此，「紫微斗數」便成為提醒人類往精神層次進化的一項偉大發明。

筆者衷心的祈盼，您在學習「紫微斗數」的過程中，慎勿過度鑽研「紫微斗數」中的支節末梢，因為，過度執著其中細節的話，或許您會忽略了生命中某些美好的經驗，或自己需要去學習與成長的體驗，若太在意某些小細節的預測訊息時，你將會疏忽人生因應生活的整體層面，如此的話，縱使學會了「紫微斗數」，或許你所看到的格局會小了一些，而只專注於自我的趨吉避凶，卻缺少了一份「開闊的胸襟」。

本書的目的，在於強調：「每一個人，都有向上成長的可能性，都有自我成長的無限空間，透過對自我的瞭解，找出一套適合自己因應生活環境的方法，進而應用自己的智慧，讓自我的心靈能向上提升，行有餘力之時，若能將自己的經驗或成果與別人分享，或者濟利於人的話，那真是功德無量，也是超越宿命的最好作法」。

當這個社會正彌漫著功利主義的同時，如果我們也汲汲營營求於自己的名利或事業時，我們的命運與其他人並沒有什麼兩樣，因為，我們有共同的業識（行為造作的共同想法），所以，禍福吉凶對我們來說是極其明顯的，套用《易經的哲學》來看世間，人是很難離開相對現象的：

有吉即有凶，有福亦有禍，
有成終有敗，有得不離失，
有勞而無獲，先苦而後甘，
有初善終惡，有惡難善了，
喜樂對愁苦，怨憎有時會，
人生際遇間，世事總難料。

透過對命理的瞭解，人生不再覺得茫然、不再嘆息烏雲蔽日、不再自怨自艾……，因為，我們已展開一連串瞭解自己的行動，「人生的鑰鎖」掌握在自己的手裡，你是要當下打開它呢？或者製造一把鎖把自己鎖住呢？這得由你自己去選擇了。祝福你！

# 導讀

本斗數的系列書籍中，均重視學理與實際應用相結合，書中依邏輯性推理與演化，期使讀者在閱讀之餘能從中得到概括性的原則，應用在命盤的解說上，俗語說：「萬變不離其宗。」縱使再難的斗數命盤，仍然離不開其基本的架構與演化方式，只要能掌握到「易」的原則，那就能得其門而入了。

易就是：簡單、不複雜

易就是：由簡入繁，萬變不離其宗。

易就是：變化的原理，終歸回到簡單的道理。

易就是：陰陽互為消長，彼此互為牽制的平衡道理。

易就是：一種人類共通的行為模式，平凡的因應之道。

本書中以《紫微斗數》的南北斗星系，依其分佈的位置，詳述分析在不同宮位中有其不同的特性與詮釋，書中並以引經據典的切入方式，作為一些因應與對治的參考，期使讀者能從中找出一些實用的原理，並發揮你的創意去實踐它，若能因此趨吉避凶或者轉禍為福的話，那也就能發揮本書的些許功能了。

初學「紫微斗數」的人，必須要建立一個正確的認知與觀念，那就是：「每一個斗數星垣中的代表特性，不管是正面的，或者是具負面的，其實，在所有的星群分佈當中，並沒有所謂的好星座，或者是壞的星座。在這個相對的世界上，本來就存在著一體兩面的事，凡事不可執一而論，或者偏執一方，讀者應從多方面的角度去審慎思維，才不會導致正反兩面認知的失衡。

不可認為你是個命格不好的人而耿耿於懷，或者產生消極的意志。若是如此，對於命坐陷地煞星（或無主星）又逢化忌星沖入，或者地空、地劫同坐命宮、或三方四正照會到，或對「羊陀火鈴空劫」相夾命宮的人來說，這是何等的不公平。因此，唯有認識到每個人一生的運程當中，凡事都具有順逆兩面的運勢，如何趨吉避凶，這唯一關鍵就是：如何「開展智慧」的問題，若能知曉應對的因緣，便能從惡運中解脫，使自己活出積極與自在。所以說：「每一個人都有開展自己智慧的可能性，端視個人是否清楚的認識自己，並擁有積極的態度，以改變思維，來突破現狀而定。」因此，不須被坐落的格局而產生消極心態，凡有智慧之人皆能從其中學到成長與面對的智慧。因為：

凡事沒有絕對的好，
也沒有絕對的壞，
好人也許是暫時的好人，
壞人也許是暫時的壞人，
善惡的觀念，通常只在一念之間，
若能洞悉人性的本質，
轉識成智，便成為人生突破宿命的可能，
因此，凡事宜抱樂觀態度，
生命即有改善的空間。

## ■附記一

※範例說明：（以破軍星為例）

◎破軍星在下列十二個宮位的特性，依本書安排之順序說明：

命　宮
兄弟宮
夫妻宮
子女宮
財帛宮
疾厄宮
僕役宮
官祿宮
田宅宮
福德宮
父母宮

## ■附記二

「命宮無主星」

**命宮沒有主星的人**（無紫府星系的主星入命宮），原則上可以「借用對宮主星」進入本命命宮，如此的話，就可依命宮結構中的主星作為本命的命盤推演。

## ■附記三

※重要名詞釋意

◎忌：生年化忌星。

○說明：依個人生年的不同，例如：甲、乙、丙、丁、戊、己、庚、辛、壬、癸年，在這十天干中的任何一年出生者，均有其「化忌星」值年，如下詳列：

甲年生：太陽化忌。
乙年生：太陰化忌。
丙年生：廉貞化忌。
丁年生：巨門化忌。
戊年生：天機化忌。
己年生：文曲化忌。
庚年生：天同化忌。
辛年生：文昌化忌。
壬年生：武曲化忌。
癸年生：貪狼化忌。

◎**化忌入本宮：**宮位中的主星，恰好為生年化忌星。

◎舉例說明：如甲年生人，其坐落宮位為「太陽星」，因此，視同為「太陽化忌」。

◎**化忌沖**：生年化忌星在本宮的對角宮，由對宮的化忌星沖入本宮。

◎舉例說明：若僕役宮有太陰化忌，則會沖入對宮則為「兄弟宮」，視同化忌沖入本宮。

◎**陷地煞星**：指居於落陷方位的六顆煞星，「擎羊、陀羅、火星、鈴星、地空、地劫」。

◯說明：落陷的煞星，對本身宮位正面力量的發揮有消滅的作用。

◎**陷煞沖照**：在本宮的對宮中，有落陷的煞星，或者在本宮的三方四正中，交會到落陷的煞星時，則成立此項論點。

◎**忌煞同宮**：化忌星與落陷的煞星同宮。

◎**陷煞夾本宮**：落陷的煞星，一前一後相隨，夾住本宮位。

◎**忌煞夾本宮**：化忌星與落陷的煞星，一前一後相隨，夾住本宮位。

◎**得地論**：星系中的亮度，在「廟旺利得平」時，均以「得地論」來論述，以方便本書的敘述。

◎**陷地論**：主要星系中，其光輝度居於落陷的程度時，均以「陷地論」。

◎**六吉星**：文昌、文曲、左輔、右弼、天魁、天鉞。

◎**「耗星」**：指兩顆權星，但也化氣為「耗」的兩顆甲級星「七殺、破軍」。

◎**「空劫」**：意指「地空、地劫」兩個星座，當然也包括在「陷煞」的範圍，因此，本書所指的陷煞，應是包括了六個星座：「擎羊、陀羅、火星、鈴星、地空、地劫」，也是一般通稱的六煞星。

▲**地空**：有「破壞感情，導致易悟」的含意。

▲**地劫**：有「破壞錢財，導致脫俗」的含意。

## ※紫微斗數命盤的十二種基本結構（表A）

◎紫府星系坐落宮位與對應

| | | | |
|---|---|---|---|
| 太陰 -2 | 貪狼 +3 | 巨門 -1 天同 -1 | 天相 +4 武曲 +2 |
| 天府 +4 廉貞 +1 | | | 天梁 +2 太陽 0 |
| | | | 七殺 +4 |
| 破軍 +2 | | 紫微 0 | 天機 0 |

A-1表

| | | | |
|---|---|---|---|
| 貪狼 -2 廉貞 -2 | 巨門 +3 | 天相 +2 | 天梁 -2 天同 +3 |
| 太陰 -2 | | | 七殺 +3 武曲 +1 |
| 天府 +2 | | | 太陽 -1 |
| | 破軍 +3 紫微 +4 | 天機 +4 | |

A-2表

| | | | |
|---|---|---|---|
| 巨門 +3 | 天相 +4 廉貞 0 | 天梁 +3 | 七殺 +4 |
| 貪狼 +4 | | | 天同 0 |
| 太陰 -2 | | | 武曲 +4 |
| 天府 +4 紫微 +3 | 天機 -2 | 破軍 +4 | 太陽 -2 |

A-3表

| | | | |
|---|---|---|---|
| 天相 +2 | 天梁 +4 | 廉貞 +1<br>七殺 +4 | |
| 巨門 -2 | | | |
| 紫微 +3<br>貪狼 +1 | | | 天同 0 |
| 天機 +2<br>太陰 +3 | 天府 +4 | 太陽 -2 | 武曲 0<br>破軍 0 |

A-4表

| | | | |
|---|---|---|---|
| 天梁 -2 | 七殺 +3 | | 廉貞 +4 |
| 紫微 +2<br>天相 +2 | | | |
| 天機 +3<br>巨門 +4 | | | 破軍 +3 |
| 貪狼 0 | 太陽 -1<br>太陰 +4 | 武曲 +3<br>天府 +4 | 天同 +4 |

A-5表

| | | | |
|---|---|---|---|
| 紫微 +3<br>七殺 0 | | | |
| 天梁 +4<br>天機 +1 | | | 廉貞 0<br>破軍 -2 |
| 天相 -2 | | | |
| 太陽 +3<br>巨門 +4 | 武曲 +4<br>貪狼 +4 | 天同 +3<br>太陰 +4 | 天府 +2 |

A-6表

## ※紫微斗數命盤的十二種基本結構（表B）

◎紫府星系坐落宮位與對應

| | | | |
|---|---|---|---|
| 天機 0 | 紫微 +4 | | 破軍 +2 |
| 七殺 +4 | | | |
| 太陽 +4<br>天梁 +4 | | | 廉貞 +1<br>天府 +4 |
| 武曲 +2<br>天相 +4 | 天同 -1<br>巨門 -1 | 貪狼 +3 | 太陰 +4 |

B-1表

| | | | |
|---|---|---|---|
| | 天機 +4 | 紫微 +4<br>破軍 +3 | |
| 太陽 +3 | | | 天府 +3 |
| 武曲 +1<br>七殺 +3 | | | 太陰 +3 |
| 天同 +1<br>天梁 +4 | 天相 +4 | 巨門 +3 | 廉貞 -2<br>貪狼 -2 |

B-2表

| | | | |
|---|---|---|---|
| 太陽 +3 | 破軍 +4 | 天機 -2 | 紫微 +3<br>天府 +2 |
| 武曲 +4 | | | 太陰 +3 |
| 天同 0 | | | 貪狼 +4 |
| 七殺 +4 | 天梁 +3 | 廉貞 0<br>天相 +4 | 巨門 +3 |

B-3表

| | | | |
|---|---|---|---|
| 破軍 0 武曲 0 | 太陽 +3 | 天府 +4 | 天機 +2 太陰 +1 |
| 天同 0 | | | 紫微 +3 貪狼 +1 |
| | | | 巨門 -2 |
| | 廉貞 +1 七殺 +4 | 天梁 +4 | 天相 +2 |

B-4表

| | | | |
|---|---|---|---|
| 天同 +4 | 武曲 +3 天府 +3 | 太陽 +2 太陰 -1 | 貪狼 0 |
| 破軍 +3 | | | 天機 +3 巨門 +4 |
| | | | 紫微 +2 天相 +2 |
| 廉貞 +4 | | 七殺 +3 | 天梁 -2 |

B-5表

| | | | |
|---|---|---|---|
| 天府 +2 | 天同 -2 太陰 -1 | 武曲 +4 貪狼 +4 | 太陽 +2 巨門 +4 |
| | | | 天相 -2 |
| 廉貞 0 破軍 -2 | | | 天機 +1 天梁 +4 |
| | | | 紫微 +3 七殺 0 |

B-6表

# 紫微斗數的架構理念

**紫微斗數**創立的基本架構，是以命盤的十二宮位作為生命盤的方位界定，十二宮位中，主要是以兩種星系按照一定的規律與邏輯，分佈在十二個不同的宮位上，這兩種主要的星系是：

北斗星系──紫微星系：天機、太陽、武曲、天同、廉貞。

南斗星系──天府星系：太陰、貪狼、巨門、天相、天梁、七殺、破軍。

這南北斗的星系群，「希夷先生」係以天上之南北星斗其所分佈（或排列）的位置，進而延伸出一套「紫微斗數」的理論基礎，觀天之象，模擬應用於廣泛大地的人們，依其星斗之分佈，而以「紫微星」為基礎定位點，紫微星一旦確立坐落宮位後，則南北斗諸星垣即可相繼定位。簡單的說就是：「當命盤的基本架構定出之後，最先安上的第一個星垣即是紫微星」。只要在命盤的方位上尋出「紫微星」後，其他的十三個星座，便能輕易的找出其相對應位置，並且依序坐到該宮位裡面，有關這一部分，可用一首簡易的詩，來作為一個最好的詮釋：（背訣）

**【紫微星系】**：（逆行）

紫微安上天機逆，
隔一宮位陽武同，
再過三位坐廉貞。

**※紫府對應宮位一覽表**

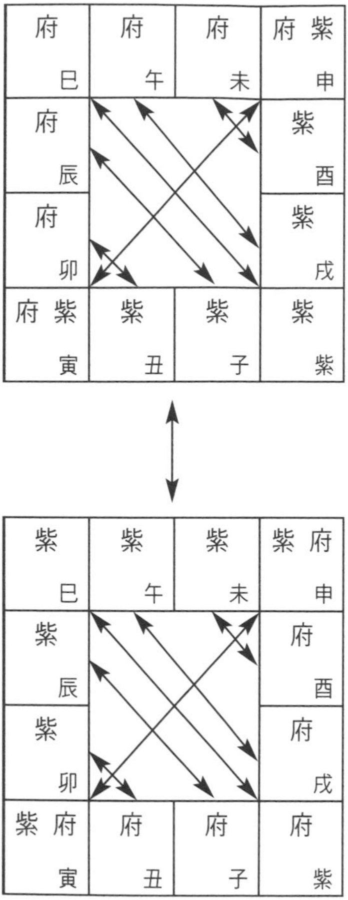

一旦把北斗星系的六個星垣安上之後，我們即可依其對應方位（紫微星與天府星），順利的將南斗星系的八個星垣安在命盤的方位上，這部分也可以用一首詩來約略的詮釋其中奧秘之處：（背訣）

**【天府星系】**：（順行）

府應紫微相對位，
順行太陰與貪狼，
巨門天相續入位，
天梁七殺緊密臨，
過四宮位見破軍。

以上這兩種南北斗星系分佈的基本技巧，是有其邏輯性的，在往後學習排盤的功課當中，你便能發現到一個基本的原理，那就是「紫府甲級星群」，主要是以每個人出生的「日數（農曆）」，再依據五行局的局數，而安在既定的宮位上。因此，凡是初學紫微斗數的人，最好自己也能撥出一些時間來學習排命盤的基本技巧，你便能對紫微斗數整體星垣的分佈狀態，有個全面的認識與概念。如此的話，在往後學習斗數的過程中，你就能駕輕就熟進入學習「紫微斗數」的領域，悠游其中，而發展出面對人生的高度智慧，來予以趨吉避凶，進一步以此來共同造福人類，使人類的群體意識能趨向於「善的循環」，營造出一個共生共榮的現代淨土。

## ■十二宮位的名稱與定位

| | | | |
|---|---|---|---|
| 僕役(朋友) | 遷移(外出) | 疾厄(健康) | 財帛(理財) |
| 官祿(事業) | | | 子女(養育) |
| 田宅(居家) | | | 夫妻(感情) |
| 福德(精神) | 父母(長輩) | 命宮(宿命) | 兄弟(友愛) |

※此圖表的十二宮位中，每一個宮位的對角宮，都有彼此之間的連帶關係。

## ◎各宮之間的對應關係

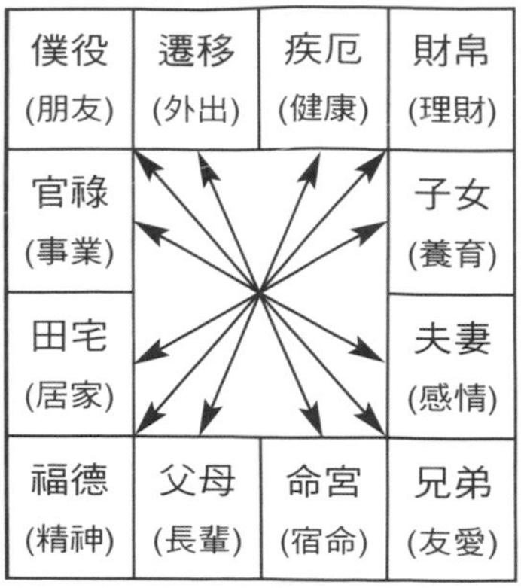


一、命　宮→遷移宮
二、父母宮→疾厄宮
三、兄弟宮→僕役宮
四、福德宮→財帛宮
五、夫妻宮→官祿宮
六、田宅宮→子女宮

## ■宮位的對應關係分析

一、**命宮→遷移宮**：命宮為個人生命密碼中最重要的基本結構，一切的禍福吉凶均隱藏在命盤上的「命宮」。因此，我們可將命宮稱之為「體」，而對宮的遷移宮，則因為「人」是一個生命活動體，只要一移動它的方位（比如：從甲地到乙地去辦事），則與本人的生命特質有著密切的關係，所以，遷移宮可定位為「用」，體用之間，互為表裡，人生的運勢吉凶，這兩個宮位之間的影響，決定了大部分的因素。俗語說：「命好不怕運來磨。」或許都有些許的道理吧！

你的本命，會影響著你外出的行運，
你外出的行運狀態，
受著本命結構的制約。

二、**父母宮→疾厄宮**：從父母宮位，看個人與父母親之間互動的緣分，以及從疾厄宮中，看出自己的健康狀況，因為，個人的血統與基因來自於父母親，所以，有關身體健康的情形，則須由疾厄宮來對照父母宮，找出彼此之間的關係。至於未來進入職場中，是否能得長輩緣，跟我們與父母親互動的流暢度有密切的關聯，如果，你想增進長官對你的賞識程度，或者讓自己能受人提拔（會遇貴人）的話，你得改善與父母親互動的關係，因為，這是一種因與果的反射原理。

你的健康狀態，
與父母親的基因有關係，
父母親對待你的態度，
跟你的身體狀況，也有密切的關聯，

你的人生中，是否能處處會遇長輩的貴緣，
這可從父母宮中的星性結構得知。

三、**兄弟宮→僕役宮**：個人生命之初期，即與兄弟姐妹之間有著親密互動的基礎，直到青壯年期開始結交朋友，甚至進入社會就業後，凡是工作上有關的人等，都是僕役宮所涵蓋的範圍。因此，由兄弟宮的基本結構中，可推演出同事或朋友與我之間的互動因緣性，到底是有利或不利？均可由這兩個相對的宮位看出個端倪。

你與兄弟姐妹的友愛狀況，
會影響未來交友的互動運勢，
在職場中，同事伙伴的往來情形，
跟你早期與兄弟姐妹之間的互動狀況，
有著極密切的關連。

四、福德宮→財帛宮：「福德」兩個字，意味著我們此生所受的福分多寡，這福分的最大來源與回饋，便是「財帛」的運勢好壞，也可以說：「個人擁有財物的多寡，跟本人的福報有相當的關聯」。

你對錢財運用的概念，
跟潛意識的認知與價值觀是有關係的，
當你對財物不是很執著的時候，
或者是過度執著的時候，
你就缺乏那個福分去獲取。
當我們努力工作，
想去獲得更多的錢財來回饋自己時，
似乎在冥冥之中，
注定了個人一生獲得福報的多寡。

五、夫妻宮→官祿宮：夫妻（男女）之間的感情互動緣分，可由夫妻宮中的星性結構中分析其優缺點。至於個人的事業或工作的狀況，則與配偶有著密切的關係，因為，配偶可協助對方順利的經營事業，或者給予實質上的支持，這些都跟經營一個家庭有著密不可分的因果關係，假如說：「事業經營的不好，或者經常失業，這會影響到夫妻之間的感情互動，以及其延續去照顧一個家的問題」。在傳統的命理學裡認為「財色同論」，這意謂著：「夫妻之間的感情流暢度與否，關係著個人一生事業的行運」從這個角度來分析，夫妻宮與官祿宮的彼我關係，應是有其道理存在的。

> 夫妻共同經營一個家的基礎，
> 建立在對方是否有良好或者固定的事業上，
> 而個人在事業的經營狀態下，
> 配偶往往是得力的助手。

**六、田宅宮→子女宮：**從田宅宮，可看出個人一生的居家活動狀況，以及是否擁有不動產的狀態，在田宅宮或許可看出一些訊息。然而，對於婚後養育子女的問題，則跟居家的環境，也是有關係的子女居家的活動狀態則可參照對宮的田宅宮來一併分析。子女宮，也是身為父母親們瞭解與孩子之間的互動狀態，以及如何從中瞭解子女人格特質的所在。可見田宅與子女關係之密切會影響個人早期身心發展的認知與行為發展。昔日的「孟母」三遷，或許也是因為居住環境會影響孩子一生的價值觀有關係。《學習心理學》的理論中，也一再強調早期學習環境的重要性，《兒童心理學》也跟這一部分，有著互相呼應的共通性。

田宅是養育子女的住家環境，
子女與父母共同生活與成長的地方，
子女在早期生活環境中的人格熏習，
在於應了解子女與田宅之間的關係，
以及所選擇的住家環境。

## ■十二宮綜論

由十二宮的組合排列中，顯然有其邏輯性與合理性，因此，當我們在對照自己的命盤結構時，不可忽略了這些宮位彼此之間的連帶關係，如此的話，就不會產生顧此失彼的現象了。

## ■期許

初學「紫微斗數」的人，必須要建立一個正確的認知與觀念，那就是：「每一個斗數星垣中的代表特性，不管是正面的，或者是具負面的，其實，在所有的星群分佈當中，並沒有所謂的好星座，或者是壞的星座。在這個相對的世界上，本來就存在著一體兩面的事，凡事不可執一而論，或者偏執一方，讀者應從多方面的角度去審慎思維，才不會導致正反兩面認知的失衡。

不可認為你是個命格不好的人而耿耿於懷，或者心生消極的意念。因為，唯有認識到每個人一生的運程當中，凡事都具有順逆兩面的運勢，如何趨吉避凶，這唯一關鍵就是：如何「開展智慧」的問題，若能知曉應對的因緣，便能從惡運中解脫出來，使自己活出積極與自在。所以說：「每一個人都有開展自己智慧的可能性，端視個人是否清楚的認識自己，並擁有積極的態度，以改變思維，來突破現狀而定。」因此，不須被命宮（身宮）坐不好的格局而耿耿於懷，凡有智慧之人，皆能從中學到成長與面對的智慧。

凡事沒有絕對的好，
也沒有絕對的壞，
好人也許是暫時的好人，
壞人也許是暫時的壞人，
善惡的觀念，通常只在一念之間，
若能洞悉人性的本質，
轉識成智，便成為人生突破宿命的可能，
因此，凡事宜抱樂觀態度，
生命即有改善的空間。

# 斗數星垣與封神榜

**唐宋年間**，坊間有流傳著所謂的說書或唱曲，《封神榜》便是當年街頭巷尾家喻戶曉的一部民間神話，集《紫微斗數》之大成者「希夷先生」，在星垣分佈於命盤的整體考量上，或許將「封神榜」故事中的某些情節，擷取為斗數星垣的虛擬代表人物，如此一來，即能將艱深難以理解的斗數理論具體的表現出來，並應用在實際解決人類如何趨吉避凶的技術上。

《封神榜》這一部頗具神話色彩的傳說，至明代中葉期間，為金陵人（今江蘇南京）之「鍾山逸叟」將其有系統的編寫成一部膾炙人口的神話小說《封神演義》，而一般我們所稱的《封神榜》，應是與《封神演義》同樣出自一個人的手筆。書中所描寫的起始年代，約略在商紂滅亡前之二十八年，至武王伐紂，正式建立新的周朝政權為止，其前後或許為三十年之間。由一個具有六百多年歷史的殷商王朝，轉眼之間拱手讓出了江山，由周武王姬發替代了舊有的政權。小說歸小說，姑且不論是否穿鑿附會，或者天馬行空也好，畢竟《封神演義》這部神話小說流傳至今也將近一千年了。可見人類對於神話世界的境界追求，自古以來從未間斷過，可見，虛擬世界的狀態總是能激起人們的好奇心，與刺激探知者發揮更大的想像空間。如果說：《封神榜》是一個夢中神話的話，那麼，若能在幻想裡面編織出屬於自己神話的人，我想也是大有人在的。（註：西洋故事中的《愛麗絲夢遊記》、《木偶奇遇記》、《小人國遊記》……這些類似作夢的小說，至今仍為大人與小孩的最愛）。

## 封神演義概說

治水有功的「禹」，被人民推舉為接掌「舜」的繼承人，國號為「夏」，自有德的君主夏禹代代傳位以來，到了夏朝的最後一任君主「桀」，因其荒淫無道、殘暴肆虐、治國無方，已至人民唾棄之時，成湯伐夏桀，推翻暴政，建立了新政權的商朝。據說成湯是黃帝的後代，以其勤政愛民的典範，傳位了二十七代，共六百餘年的太平盛世，當傳到了「帝乙」君主時，（帝乙之妾子，同母三人，長子叫「微子啟」，次子「中衍」，三子名「受德」。「受德」乃日後之紂王也。其母為后而生受尚少，帝乙及后以啟賢，欲立為太子，太史據法爭之曰：「有妻之子，不可立妾之子，故紂為後」）。就在那一年的春天，帝乙君主與眾大臣在御花園賞花時，不料，騰雲閣塌了一根架樑，三子「受德」挺身而出，托樑換柱，免去帝乙與眾大臣的一場虛驚。

帝乙欲立太子之位時，採納了首相商容、上大夫梅伯、趙啟等人的建議，立「受德」為東宮太子（受德即是未來的紂王）。帝乙君主在位三十年駕崩，太師聞仲領眾大臣立「受德」為商朝國君，是為日後自取滅亡的商朝末代君主「紂王」。在朝中文有太師聞仲，武有武成侯黃飛虎，以及首相商容所帶領的百官團隊，當時的天下有四路大諸侯，分別率領著各百路小諸侯，為國保疆衛土，這四大諸侯都各有其來頭：

東伯侯　姜環楚

南伯侯　鄂崇禹

西伯侯　姬　昌

北伯侯　崇侯虎

紂王所娶的正宮皇后，正是東伯侯姜環楚的女兒「姜氏」，（即是封神榜中的天府星姜皇后也），西宮妃黃氏（武成侯黃飛虎的妹妹），馨慶宮妃楊氏，此三位后後妃，都是非常賢淑、德性貞靜、心性柔和的後宮典範。話說……與「紫微斗數」星垣中有相關的幾位重要性代表人物，如後篇中一一列述。

# 破軍星

在《封神榜》中最能代表「破軍星」特性的人物，要算是「紂王」了，依據《封神小說》：「紂王即帝位後的七年二月，有北海等七十二路的小諸侯造反，其中以袁福通為首，朝歌宮中百官無不諤然，太師聞仲即面奏請兵西征，朝中之事暫托付宰相商容、武成侯黃飛虎等大臣」。是年的三月十四日，首相商容出班啟奏：「陛下，三月十五日，是女媧娘娘的聖誕，望陛下能前往焚香祝禱，保祐我朝國泰民安、風調雨順、國祚綿長、四時無災、八節有慶。」紂王覺得此意甚好，於是准奏。隔日，天子乘輦，宮中文武隨行保駕，出了南門，便來到女媧宮。紂王上了大殿，焚香禮拜，百官亦隨之列班叩拜一番。當紂王正圍繞著神像端倪時，卻似乎見到女媧娘娘像容貌端麗、國色天香，不由得神魂飄蕩了起來，淫慾之心頓然生起，一時心血來潮，即在宮牆上題了一首詩：

鳳鸞寶帳景非常，盡是泥金巧樣妝，
曲曲遠山飛翠色，翩翩舞袖映彩霞，
梨花帶雨爭嬌艷，芍藥籠煙馳媚妝，
但得妖嬈能舉動，取回長樂侍君王。

紂王詩一題畢，首相商容一看不對勁，便正色起奏：「陛下，女媧娘娘是上古以來的正神，陛下理應不可調戲，如今作詩褻瀆神明，頗有不當之處，請陛下命人用水把粉牆上的詩洗去，免得百姓們說陛下身為一國之君，竟然如此失德。」紂王卻也不理會商容所說是否合理，即當著眾大臣面前說：「朕是見她天仙美貌，聊作一詩讚美，哪有其他的意思，眾卿不要多言！」經紂王這麼一說，當場的文武百官誰也不敢再說下去，只好一路沈默回朝。

三月十五日，雖然是女媧娘娘聖誕，不過真神一早即前往火雲宮朝賀伏羲、炎帝、軒轅，午間回到宮中時，猛然看見粉牆上紂王所題的淫詩，不由怒罵：「殷紂這無道昏君，不敬上天之外，竟然還作詩汙辱於我，行徑真是可惡至極。我看商朝氣數已盡，若不給他個報應，難以彰顯神威！」

紂王自從女媧宮中回來之後，便開始貪戀女神的美色，宮中的皇后及妃子們更不看在眼裏，於是想出了一個主意，欲命四大諸侯從其領地選出美女，再送入宮中陪侍，從選妃到妲己進宮敗壞朝綱，紂王如此的行徑，便開始發生一連串可歌可泣的《封神演義》故事。

回頭來看商紂敗國始末時，當時，紂王底下還是有很多的忠臣，比如：皇叔亞相比干、皇叔箕子、太師聞仲、首相商容、武成侯黃飛虎、四大諸侯、殿前大將方弼、方相兄弟……等等，不計其數欲挽狂瀾的愛國志士。然而，眾多臣子卻接二連三的被迫害，死的死，逃的逃，歸順西伯侯姬昌的也不在少數。商朝的國政頹敗，再加上百姓流離失所、民心的背離，導致日後武王結合各路諸侯伐紂，建立了周朝的新政權。

當紂王沈迷酒色之夢已醒，似如受到猛然棒喝之下，發覺事態嚴重，已至無法收拾的地步時，他心知回頭已晚，已無路可退，加上「姜子牙」連破五關，進逼朝歌城下之時，他也只能選擇自我了斷的方式，在他臨終的前一刻，身邊只剩下一個侍從，所有臣民早已背他而去，於是只好自備薪柴，默默的走上摘星樓自焚而亡，結束了商湯傳位二十七代以來，擁有六百多年的商朝歷史。紂王死後，其魂魄直往西歧的封神台而去，受封為「破軍星」，成為破耗之神，司掌破損、消耗。

**破軍星，**北斗星系中的第七星，陰陽五行屬陰水，其化氣為「耗」，主禍福。雖司夫妻、子女、眷屬、僕役，唯因其化氣為「耗」，故也是顆不利於六親之星宿。

| 星宿 | 五行 | 化氣 | 司主 | 主事 | 十年干之四化 |
|---|---|---|---|---|---|
| 破軍星 | 陰水 | 耗 | 眷屬與僕役 | 掌權、主觀（初善終惡） | 甲年　破軍化權<br>癸年　破軍化祿 |

從破軍星所代表的人物「紂王」來分析星性基本特質的話，約可歸納成下列幾項重要優缺點，如下列詳述之：

## ◎優點

一、個性好勝、果斷與勇敢，有正直之心，處事有魄力，有領導的能力，強勢主導，有強烈的進取及企圖之心、開創性、突出性，人際互動利於掌控局勢。

二、人生際遇起伏與波折頗大，逢吉運來臨時，偶有橫發的傾向。

三、感情流露易於顯現，顯示較為多情的傾向，易逢桃花臨風落葉之擾。

四、「破狼殺」的三方四正結構相會時，若無化忌星或陷煞沖入（或同宮）的話，則易有大成就的成功傾向。

五、破軍星本為帝王主，所到之處易為人所注目，形成焦點。

六、人際互動較為頻繁，喜交友，為友挺力相助，重義氣，為友群當中的帶動者。

七、喜歡熱鬧或氣氛好的場所，對生活的情趣或格調雖有講究，唯宜防過於偏執。

八、具備領導統御的能力，或有封疆大吏的磅礡氣勢，或有帶動團體（如帶兵般）攻向目標，戰無不克的氣勢，為部屬所心悅誠服。

◎缺點：

一、好動、好爭強、難閒、易衝動、性帶暴躁、恆心稍嫌不足、不甘寂寞、主觀意識較強，因而人生際遇當中，也充滿著多變性與危險性；逢遇重大抉擇之時，於事易生疑心，妄自臆測，果斷易致失誤之虞。

二、人生際遇之起伏，如浪裡行舟，若一失足，易有橫破傾向。

三、破軍星坐命之人，通常較不利於錢財處理，至於眷屬的部分，因本性顯示於外的作為，通常較為強勢，易導致違和現象。

四、命坐破軍，加以三方定會「貪狼與七殺」，則形成所謂的「破、狼、殺」格局，一生當中雖有衝勁，唯若有忌星或煞星來會入時，易招至事與願違，或慾望過大，而自陷險之虞。

五、破軍星落陷或見煞忌沖入時，所到之處，易令人心生反感或者迴避，不與其正面交鋒，導致其人緣有處處受制之象。

六、人際互動雖然頻繁，唯交友易有不慎傾向，雖能見義挺身相助，但總難免吉凶參半，險象環生，行為易走極端，導致人際違和，漸被孤立。

七、雖喜歡熱鬧場所，唯不甘寂寞，心難定守，心惶難安，對生活品質不甚講究，易對人生產生消極心態，或者心生自暴自棄的念頭。

八、陷地又逢忌煞入侵時，領導或帶動團體顯得有氣無力，或有常敗將軍之稱，或有君臣失義之象，或者部屬（六親）背離，致成孤力無援之將。

## ※破軍坐命之十二宮位圖解

| | | | |
|---|---|---|---|
| 破軍0 武曲0 巳 | 破軍+4 午 | 紫微+4 破軍+3 未 | 破軍+2 申 |
| 破軍+3 辰 | | | 廉貞0 破軍-2 酉 |
| 廉貞0 破軍-2 卯 | 破軍星 | | 破軍+3 戌 |
| 破軍+2 寅 | 紫微+4 破軍+3 丑 | 破軍+4 子 | 武曲0 破軍0 亥 |

## ◎破軍星坐「命宮」

## 壹、「失勢」的破軍星（三方四正，會到落陷的紫府星系）

破軍星坐命之人，若其坐落宮位為「失勢之地」的話，則其正面特質的發揮，將會大打折扣（左列命盤有兩種結構，當破軍星坐命宮（卯、酉兩個位置，破廉同宮）是居於失勢之地的）。因此，單就這兩種命格來分析的話，其三方四正必會到「七殺」與「貪狼」的。所以，凡是破軍坐命之人，需要學習穩定的心性，來化解日後面對人生浪裡行舟的困境。

這種居於落陷宮位的格局，雖然凡事均有勇於開創的氣魄，也意味著：能夠接受各種刺激性的挑戰（面對環境的歷險大於順境），喜歡特立獨行，或者與眾不同，這些或許是其個人的一些特色。唯對於家庭倫理，以及是非觀念，溝通或團隊，應建立一個客觀的認知，不致剛愎自用而處處碰壁，或因挫折而萌生失落感，令人覺得生活無趣，找不到生命的意義所在。

「破軍」顧名思義，似乎也意味著：「具有衝鋒陷陣的特性」，所以說：失勢坐命的破軍星，應「戒之在急」。這可包括左列幾個方面：

一、遇有重大決策，宜當慎重處理，戒之在「衝」。

二、平日財務的出入狀況，應審慎規劃，宜防寅吃卯糧，透支過度，戒之在「失」。

三、凡有策略欲行，宜當循於正道，守正勵己，趨吉避凶為宜，惕之在「正」。

四、個性上心急口快，有違人和之虞，宜當以和為貴，廣結善緣，戒之在「諍」。

五、凡事宜能客觀應事，是非分明，戒之在「不明」。

另一方面，左列這種失勢的「破軍廉貞格、破紫同宮格」，在現代人際互動頻繁的關係上，則易招至桃花臨風而沾身的際遇，因此，若能「動心忍性」，便是人生需要通過的考題，將為情所困的桃花緣轉化成另一種大愛，或將愛心奉獻給需要幫助的人身上，則可突破「破軍的宿命」。因此而化解人生過程中的種種障礙。

※「失勢」破軍坐命的四種命盤結構

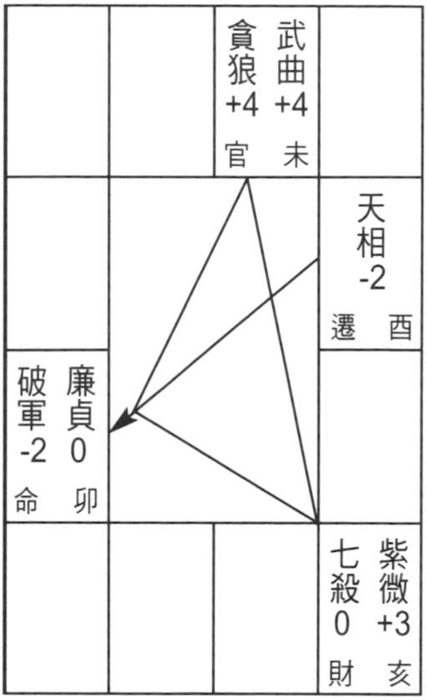


圖一

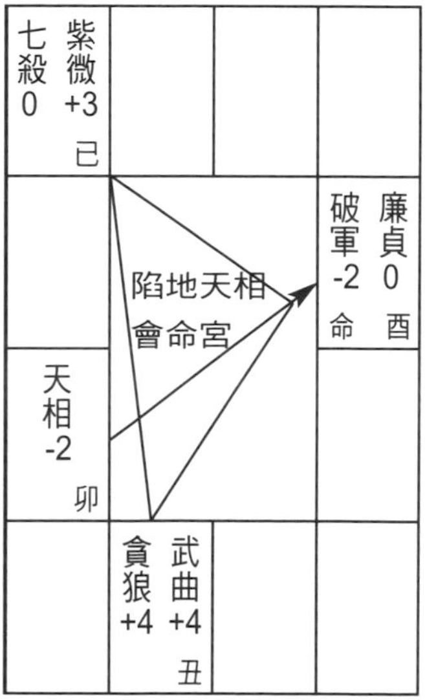


圖二

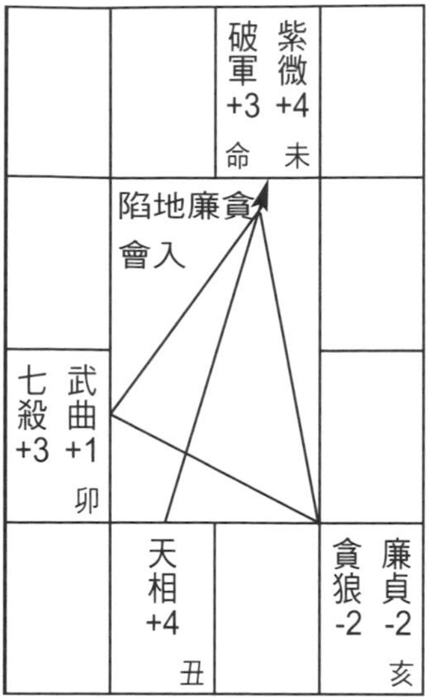


圖三

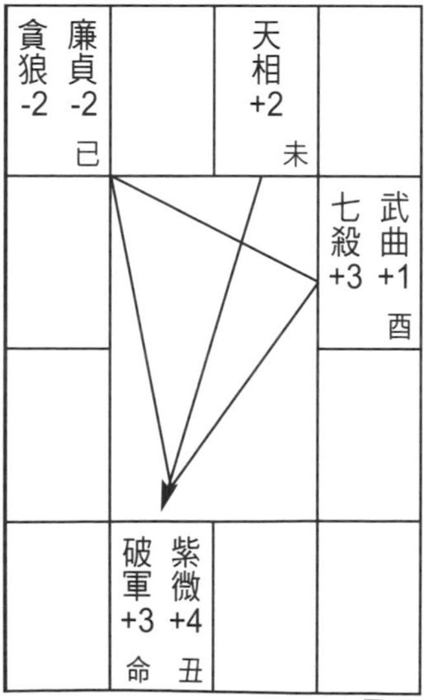


圖四

## 貳、「得勢」的破軍星（三方四正，不會到落陷的紫府星系）

破軍星坐命之人，若其命宮居得勢之宮位，則其正面的特質，將如魚得水般的，顯著發揮出來，使破軍具有正面積極的意義。在「紫微斗數」中，這種「得勢」破軍坐命的命盤基本結構，可由左列盤面的分佈狀態中看出。

※「得勢」破軍星坐命宮，共有八種基本結構

| | | | |
|---|---|---|---|
| 破軍0 武曲0 巳 | 破軍+4 午 | | 破軍+2 申 |
| 破軍+3 辰 | 破軍居得勢宮位的基本結構分析 | | |
| | | | 破軍+3 戌 |
| 破軍+2 寅 | | 破軍+4 子 | 武曲0 破軍0 亥 |

居於得勢宮位的破軍星，具有「敢於嘗試、突破、創新、勇往直前、不屈不撓……」的特性，也意味著這些命格的人，通常也具有領導者的氣質來帶領團隊（無論家庭或部屬）走向正面與成功的道路上。也因為破軍星具有剛毅與強烈企圖心的意願，為其人生帶來多彩多姿的經驗。古來有無以計數的戰場大將馳騁於沙場，攻無不克的累累戰績，便是詮釋破軍星的最好例證。

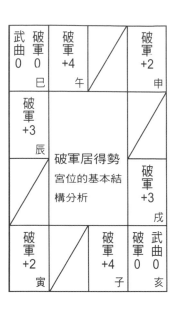

**破軍星**雖然具有勇於挑戰的特性，但總難避免未知與難測的局勢，相對的，也增加其面對情境的危險性，俗語說：「險中求勝，畢竟還是險；成敗之數，總在一念之間。」過度剛毅、衝動的個性，或許也是破軍星的主要致命傷。若能截長補短的話，將會是允文允武的大將之才，一生當中，必然會歷經無數傳奇的體驗，豐富其人生。話雖如此，畢竟破軍星化氣為「耗」（破軍本身不化忌）。在三方四正中，也必然會有「貪狼」與「七殺」相會照，其一生當中，隱含著橫發與橫破的大起大落狀態。因此，凡是命坐破軍得勢的人，也有他一生必修的功課，來惕勵自己，俾以能趨吉避凶，這些必修的功課，約略有下列幾項重點：

一、因為命坐破軍，其三方四正中所會入的「貪狼星」，易助長其安逸心態，而趨於追求物質享受，俗語說：「玩物則易喪其志。」危機意識的建立，是有助於破軍積極心態的。

二、破軍坐命之三方四正中，必有「七殺星」會入，個性易有衝動或獨斷失誤的傾向，因此，宜建立穩定的心性，「剛柔以應」是一帖良方。《易經》中的「坤卦・象辭」或許可以當我們的座右銘：

地勢坤，

君子以厚德載物。

三、破軍、貪狼、七殺成為三方會照的格局時，待人處事當中，宜以「謙遜」應對，古語有云：「玩人則易喪其德。」因此，在日常的待人處事當中，廣結善緣、愛語與人，所行則無所不利。

四、雖對是非善惡能分辨明白，唯宜能通權達變、客觀以應，方不致形成獨斷、苛求別人，致使令人望之卻步。

五、破軍本身化氣為「耗」，亦即是說：「人生的精彩程度與落寞，將形成一個極端的對比」，這其中隱含著一種意味：

先盛後衰，
先成後敗，
先得後失，
先易後難，
先益後損，
初善終惡。

※「得勢」破軍在三方四正中，共有八種基本結構

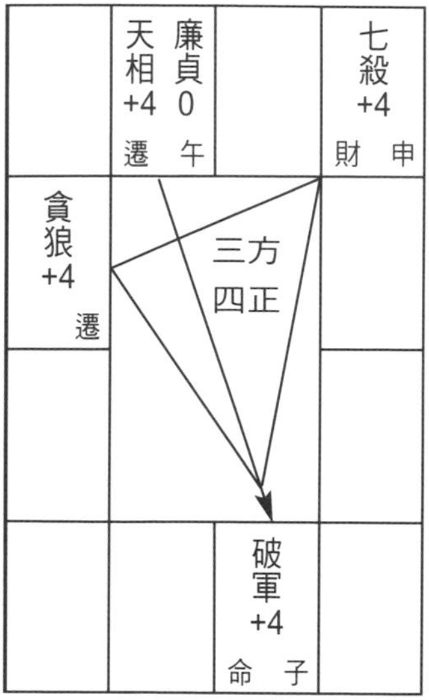


圖一

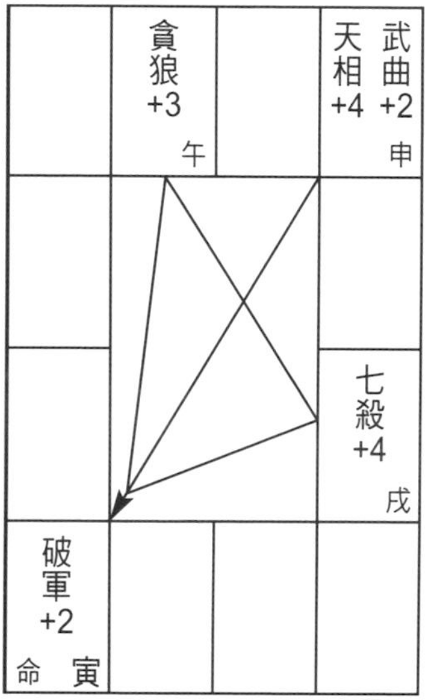


圖二

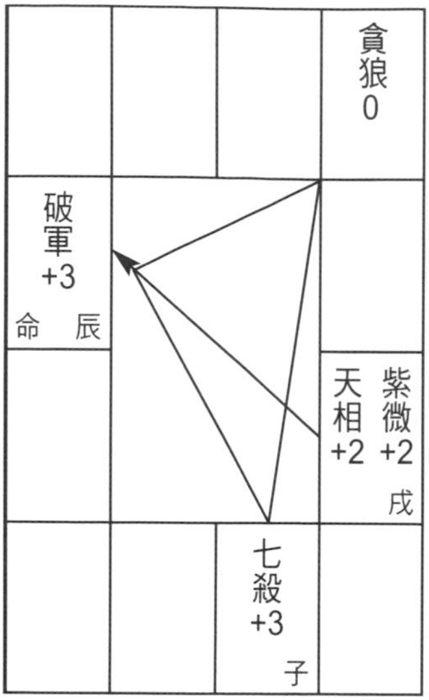


圖三

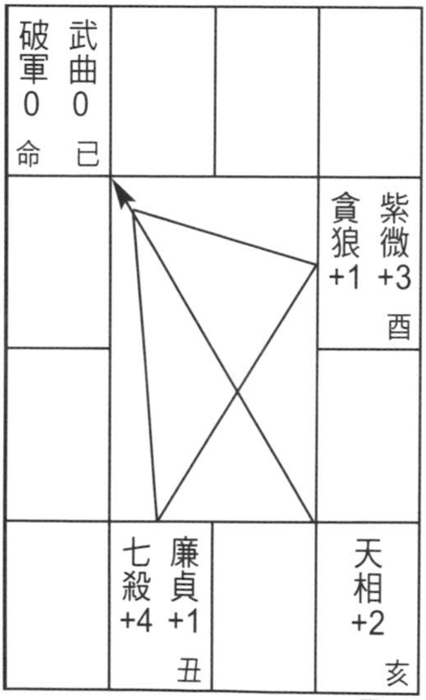


圖四

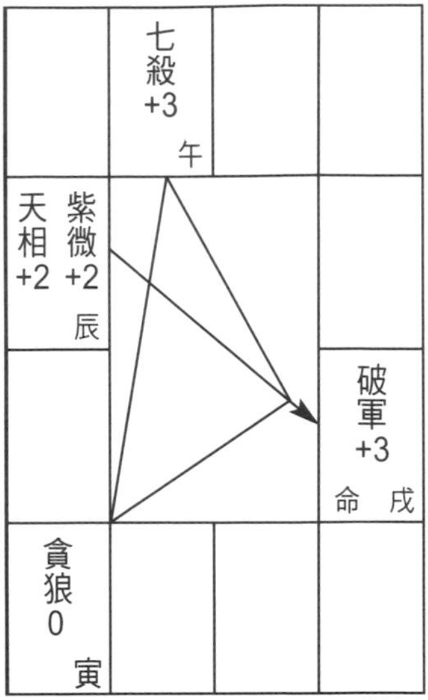
七殺
+3
午
天相
+2
紫微
+2
辰
破軍
+3
命 戌
貪狼
0
寅
圖七

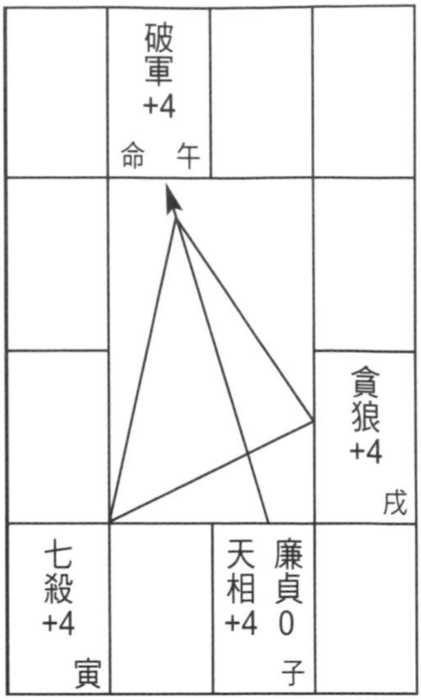
破軍
+4
命 午
貪狼
+4
戌
七殺
+4
寅
天相
+4
廉貞
0
子
圖五

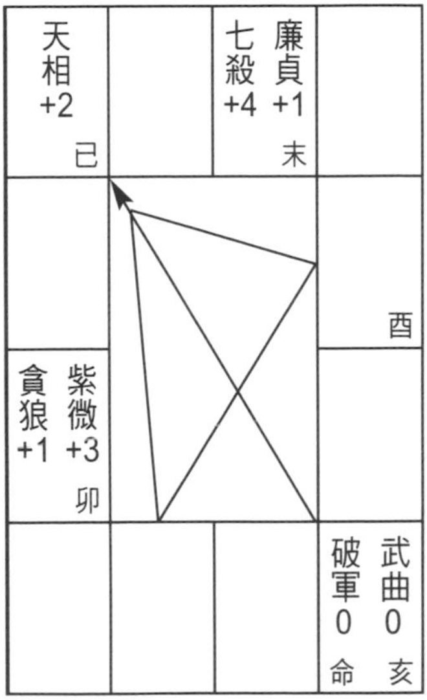
天相
+2
巳
七殺
+4
廉貞
+1
未
酉
貪狼
+1
紫微
+3
卯
破軍
0
武曲
0
命 亥
圖八

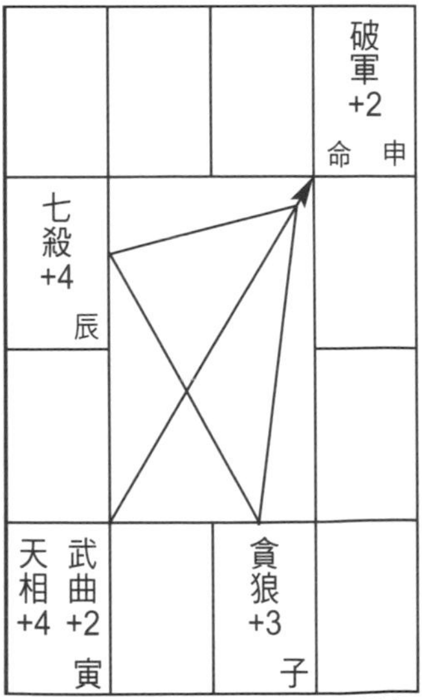
破軍
+2
命 申
七殺
+4
辰
天相
+4
武曲
+2
寅
貪狼
+3
子
圖六

右列僅就命盤「失勢」與「得勢」的基本命盤結構而論，尚未加入「六吉星」與「六煞星」或「四化飛星」來綜合論定，不過就「失勢論」或「得勢論」的基本架構來說，這樣已經提供了大部分的相關條件，也可從中得知一些基本的預測訊息，作為面對人生的因應。不過，若從以上基本資料的綜合，我們可推理為：

一、命坐破軍，若與凶星或化忌星同宮，或在三方四正中會照到的話，將會增加個人在日常生活與應對上的挫折與困擾。

二、若三方四會中，均有「落陷」的煞星侵入（六煞星：擎羊、陀羅、火星、鈴星、地空、地劫），也勢必增加個人在日常事務的考驗，使其常有事與願違的傾向。

三、三方四正會照中，若會入六吉星（六吉星：文昌、文曲、天魁、天鉞、左輔、右弼）則有增添個人氣質或修養，或易得貴人相助，或能得有力部屬。

四、命坐破軍，若與吉星或「化權星」、「化祿星」、「化科」同宮或會照的話，將會增加個人在日常生活與應對上的有利助緣，使其具有逢凶化吉，以及掌控情境的能力。

五、若三方四正中，均有「得地」的四煞星會照（四煞星：擎羊、陀羅、火星、鈴星），將能轉化煞星成有利行動的正面武器。雖能發揮無所不為的積極特性，但在行運的過程當中，不免艱辛勞苦，須屢經克服困難，才能有所獲得。

※論破君在兄弟宮

## ■得地的破軍坐兄弟宮

意味著：「在你的兄弟姐妹之間，與你因緣較密切之其中一人（或兩人以上），個性較為活潑、開放、有創意、勇於面向挑戰等，唯其個性較為好動，有喜怒難制的現象。因此，在與其互動之間，宜能化衝動為理性，彼此應多忍讓為要，對方若能由陽剛轉為柔性互動的話，則可增進手足之間的情誼」。

在本宮（兄弟宮）或三方四正中，若無忌星或陷地煞星來會照的話，當能相安無事，若加會到六吉星的話，手足之間的互動當會更加融洽才是。

## ■陷地的破軍坐兄弟宮

在你的兄弟姐妹之間，有個性較為衝動或不服輸者，雖然生性活潑，宜學習如何做好自我情緒掌控，因此，凡事宜守正道而行，雙方的互動須以理性溝通為前提，否則較易引起互動不良的對立狀態。尤其在互動的情緒因應上，應能做好適當的情緒管理。因此，在手足互動之間，宜引導對方能建立同理心，彼此學習包容與關懷，摒除非理性的往來。俗語說：「打虎捉賊親兄弟。」在《易經・繫辭傳》中，有一段這樣的勉勵：

君子之道，或出或處，
兩人同心，其利斷金，
同心之言，其臭如蘭。

## ■三方四正會煞的狀況

「得地」或「陷地」的破軍星，本兄弟宮或三方四正中，若有化忌星或陷地的煞星來會照或與其同宮、或沖入本宮、或相夾本宮的話，像這樣的狀況一旦成立時，將會減低彼此之間互動的意願，或者手足緣薄，或也有觀念難交集、理念不合，或彼此之間的認知差距太大，以致日久距離愈拉愈遠，減少了兄弟姐妹之間的關照與情誼。

兄弟宮互動的因果關係是否良好，將會影響著日後交友的狀態，這也就是《紫微斗數》中，「兄弟宮」的對宮是「僕役宮」的道理。「僕役宮」意謂著：出門在外的交友狀況，以及工作或事業上的伙伴，或同事之間的往來情形。因此，如果要讓你未來的人生，不論事業或交友，若要處處逢遇善緣，或者常逢貴人相助的話，你就得應用自己的智慧，善於去經營你的「兄弟宮」，宜當珍惜手足之間的同胞情誼（因、緣、果互為影響的關係）。

種如是善因，必獲如是果，
惜兄弟情緣，必獲善友緣。

※論破軍在夫妻宮

## ■得地的破軍坐夫妻宮

意謂著：「你的配偶，是個富有活動能力的人，創意及點子多，具有革新與衝動的特質，個性也較為陽剛，或者是個人的主觀意識較為強烈等」。因此，也代表著與對方互動時，有過度剛強、欠缺溫柔與羅曼蒂克的傾向。由於對方的強勢，以及想掌控配偶的情形看來，動機也較為強烈。所以，自己與其互動的氣氛較為緊張（當有理念不合時）。不過，因破軍星畢竟沒有處在落陷的位置，其正面的特質仍多於負面的，若能知己知彼的話，便能從中找到夫妻之間互動的平衡點。那麼，權責的劃分將有助於建立家庭的和諧度，以及朝向共同理想的道路前進。

## ■陷地的破軍坐夫妻宮

意味著：「你與配偶之間的互動關係，較易有溝通不良的現象；或兩者往來之間，由於對方的強勢，因為缺乏理性的約束，容易造成彼此的傷害；或兩者的理念難契合，導致互動易有爭端，產生對立的傾向；或者也有對價值觀的認知差異頗大，導致彼此的心靈距離有隔閡；甚至欠缺與對方溝通的意願……」因此，宜建立理性的互動態度，凡事相忍為要，以家庭的整體和諧為經營的出發點，俗語說：「家和萬事興。」

夫妻宮的對宮是個人的「事業宮」，如果你能建立起夫妻間的良好關係，家庭定有和諧的氣氛，那麼，一旦你把家庭中的成員安頓好了，你在自己的工作或事業上，也必能心無罣礙的有所作為，進一步穩固個人在事業上的成就，令你能處處逢遇善緣，或者逢遇貴人來相助。所以，若能學習彼此包容、互信與互賴，則可將家庭導向正面且成功的道路上，如是種善因，必能獲致家庭圓滿的果。關於這一部分，在《易經・家人卦・象曰》中有如下的勉勵：

◎風火家人卦

**《象曰》：風自火出，家人，君子以言有物，而行有恆**。

這意味著：「夫妻的相處，就好像風與火一般，火須借風力助長其勢，兩者互為體用，相互為依，如同爐中的火苗一般，若不借助風勢的話，火的勢力必難擴展，或也有煙滅的可能。夫妻相處的道理，也是情同此理」。也就是說：「一切事物的緣起，須以內為本，安內後，才能延伸到外，這是家人的象徵，也代表著闔家一心，同出於一氣」。

君子透過這種現象的瞭解，
知道一切事物的緣由，
都由自己的內在做起，並訴諸於外的，
所以，凡有情感的互動，
宜當建立彼此遵循的原則，
若能彼此包容，
就是夫妻經營家庭最大的本錢。

## ■忌煞沖、會照或同宮（破軍坐夫妻宮）

得地或陷地的破軍星入夫妻宮時，其三方四正中，若有化忌星或落陷的煞星由對宮沖入本宮、會照、或與破軍同宮的話，像這種格局，將會令夫妻間的互動意願減低，或者動輒得咎，或兩者的理念及認知過於懸殊，導致心意難通。或偶有爭執、對立，情緒起伏難定，以致自己對於情緒的壓抑，一旦累積日久時，彼此間的心靈距離，將會愈離愈遠，造成雙方的傷害。在《易經‧家人卦‧象曰》中，有這樣的一個比喻：「君王擁有大天下的家庭，使得天下的人能夠生活安定、安居樂業。同樣的，百姓家人也應當相親相愛、和睦共處」。

《風火家人卦》

**《象曰》王假有家，交相愛也**。

※論破軍坐子女宮

## ■得地的破軍坐子女宮

意味著：「在你的子女當中，有活力充沛，凡事敢於創新，接受挑戰，獨立性較強的人，唯情緒管理的部分，須得學習自我掌控。雖然稍微衝動一些，但尚屬滿有正義感的人。在與子女互動時，得多花點心思來引導孩子，雖然你對子女的期望值高，不過，如何帶領孩子有一個良善的心地，這將是考驗著你的智慧」。不過，整體上來說，父母應具信心，以家庭倫理及道德規範來教育孩子們，更重要的是：「家長應以身作則，樹立良好的典範，孩子可從中耳濡目染，熏陶其習性」。

## ■陷地的破軍坐子女宮

意謂著：「子女中有個性倔強，或者較為衝動的人，雖然凡事敢於冒險，但因個性不夠沉穩，以致跌跌撞撞，經常逢遇挫折或困難。當父母與其互動時，易生挫折感；或者彼此之間，心意難和，難達共識；或各有堅持之處，易生溝通上的障礙，導致易僵持或對立的狀態」。類似這種情形一旦發生時，身為父母者，則有難言之苦，或有無力感的產生。關於這點，先哲們有一句名言，或許可以握為自我成長的勉勵：

以言教者訟，
以身做者從。

## ■忌煞沖、會照或同宮（破軍星坐子女宮）

得地或陷地的破軍星入「子女宮」，若有化忌星或落陷的煞星來會照，對宮沖入、或同宮、或相夾本宮的話，這將意味著：「子女中有個性較為特立獨行的人，其人能勇於挑戰新奇的事物，個性倔強，凡事不服輸，主觀意識也較為強烈，因此，像這種格局的子女，一生當中，則較易處處遇到挫折，或者事難順心，善緣也有難聚之象，像這種子女，或許在其童年的成長過程中，應可看出其基本人格的一些端倪（生性好動）。因此，子女的人格特質，容易造成與父母親之間衝突或隔閡，子女也未必能真正體會到父母愛子之心，尤其衝動易怒的個性，經常令人困擾，漸漸生起面對子女的無力感。

因此，身為子女的人，若能建立「同理心」來體會父母之心的話，身為父母的，也當以更大的耐心、包容心來循循善誘他們，使子女能在身教的環境中，生起自覺之心，進一步改善雙方互動的情結，圓滿和諧的家庭是有賴全家的成員一起共同努力的。

破軍命坐子女宮，忌煞同宮或沖入，
為人父母頗辛勞，宜調心性以柔應，
以身作則來引領，子女一旦受熏習，
意識或有轉化時，只要信心不退轉，
循循善誘是良方，子女終有成就日。

## ※論破軍坐財帛宮

### ■得地的破軍坐財帛宮

破軍星具有開創與衝動的特質，因此，當破軍坐守財帛宮時，意味著：「個人對於錢財的應用，想要有掌控的欲望，或有著強烈的企圖心，想透過理財的方式來賺大錢，唯易事與願違。或者想利用財物做某方面的投資（投機），以獲取最大的利益。或也有對於錢財的出入大方，沒有保守的概念。或視錢財如過路財神，容易把錢花出去。或者也可能把錢花費在休閒、美食等方面。或自己的理財能力不足。或不願做個守財奴，導致有入不敷出的現象」。

因此，具有這種格局的人，凡有財物進出，宜當審慎管理為要，若有「財務經理人」為其運作收支狀況的話，則可妥善的規劃財務，彌補本身的缺失，如此的話，將可化解劫財之象，讓自己的財庫，漸漸的豐盈起來。

得地破軍坐財帛，
於財雖欲來掌控，
財來財去難保守，
錢財得來本不易，
得手之財耗在後，
享樂之欲宜節制，
福分有失當慎思，
隨緣佈施則可為，
利己利人植福德。

## ■陷地的破軍坐財帛宮

意味著：「對於財務的管理欠缺正面的認知。或對於錢財應用的概念不足。或者對於收出的狀況經常失衡。或在錢財的花費上，缺乏審慎與規劃的概念，入不敷出。守住錢財的能力欠缺。或對財源的開闢，動機不足。甚至對於花錢的心態極待建立。或者投資理財易陷風險……。」因此，對於錢財的獲得與支出的狀況，應當審慎保守為要。平日宜培養儲蓄的習慣，來守住財庫。至於水花藥酒或風花雪月的消費，宜當節制，否則財庫一旦見空，則有寅吃卯糧的危機。

為了彌補自己在財庫上的缺陷（獲財不易，得之反失），在平時，可視因緣量力而為，以佈施的善行來化解劫財之象，比如說：「佈施發票、捐米糧（捐便當）、捐棺（捐喪葬費）、施窮困者、施孤苦無依者、供僧……等。」這種種佈施的要點，在於：「與其不當的花費，不如拿少部分的財物來濟施給需要的人。」這樣的話，不但為自己植福，也能施福給予別人，這是對治的方法，也是應對因緣果報的道理。如此善行，何樂而不為呢？

## ■忌煞沖、會照或同宮（破軍星坐財帛宮）

得地或陷地的破軍星入「財帛宮」，若有化忌星或落陷的煞星來會照，對宮沖入、或同宮、或相夾本宮的話，這將意味著：「對於獲取錢財的能力甚弱。或者對於賺錢的動機不強。或對於所謂的企圖心，興趣缺缺。或對於理財的觀念薄弱。或者獲財辛苦，得而復失，財庫難守。或也有缺乏金錢的概念。或對開源節流之事，不甚關心。或視錢財如過路財神。或者用錢難以自制，事後為錢財奔波勞苦，可謂是花錢容易賺錢難。或經常寅吃卯糧，借貸過日。或負債連連。或因投資不慎，財失難補。或者暗地失察，錢易流失」。類似這種求財辛苦的人，宜須建立「凡事保守的習慣」，對於錢財的出入，應有精打細算的理念，不致財來財去，轉眼兩手總是空空。

破軍坐困，財報少有，
一路奔波，掙財辛苦，
得時須守，精打細算，
不細思量，得便流走，
捉襟見肘，難有作為。
為防劫財，宜有對策，
量力佈施，漸積福德，
濟利他人，如同利己，
積種善因，終有善果，

積少成多，如沙成塔，
如水滴石，終穿石過，
如人植樹，日有所長，
積善若斯，福德反增。

## ※論破軍坐疾厄宮

破軍之陰陽五行論屬「陰水」，據《黃帝內經・素問篇・陰陽應象大論篇》記載：

北方生寒，寒生水，水生鹹，鹹生腎，腎生骨髓，髓生肝，
腎主耳，其在天為寒，在地為水，在體為骨，在藏為腎，
在色為黑，在音為羽，在聲為呻，在變動為慄。
在竅為耳，在味為鹹，在志為恐，恐傷腎，思勝恐，
寒傷血，燥勝寒，鹹傷血，甘勝鹹。故曰：
天地者，萬物之上下也。
陰陽者，血氣之男女也。

左右者，陰陽之道路也。
水火者，陰陽之徵兆也。
陰陽者，萬物之能始也。
故曰：陰在內，陽之守也，
陽在外，陰之使也。

**破軍**屬陰水，**化氣為「耗」**，在《易經八卦》中屬「坎」，坎為水、為暗動之象，這意味著：「凡破軍坐守疾厄宮的人，其個性較為好動，雖然活動力強難得清閒。日常起居生活中，缺乏個人休息的空間。」然而，破軍星也是一顆較注重休閒享受的人，水花藥酒方面的活動，宜應有適當的節制。即使在日常的飲食方面，也須調節得當，不至造成身體上「腎臟」的負擔。從中醫學的角度來論的話，應建立如下的認知：

陽者為「腑」，
陰者為「臟」，
膀胱水路本屬陽，

腎臟為藏歸屬陰，
膀胱水路為陽水，
腎臟為藏屬陰水，
破軍星性屬陰水，
陰水則為腎之主，
腎主神志安心志，
腎若失調神忐忑，
陰水暗動若不調，
泛濫枯竭須審視。

## ■得地的破軍坐疾厄宮

意味著：「其人腎氣雖足，唯有潛伏性之腎路問題（膀胱、泌尿系統、腺體），因此，平時宜多注重腎功能的保養，過度的勞累，或水花藥酒，當須有所節制。尤其飲食不可苛求精美，或者飲食過度，有損身體」。如此的話，加以適度的運動（動態或靜態），則可保身無疾、延年益壽。另一方面，破軍畢竟化氣為「耗」，所以，關於攝護腺的問題，亦須留意才是。

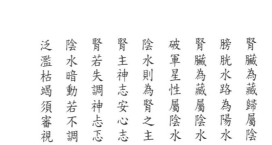

## ■陷地的破軍坐疾厄宮

意味著：「身體較有腎氣虛耗的現象，須得注意本身腎臟的保健（包括膀胱、泌尿系統、腺體）。平日也當注意飲食的調理，吃得過鹹，恐對腎臟的運作功能有著不利的影響，過度偏頗，易致腎之陰陽兩虛。或者宜注重平日之養生之道，不可縱慾過度。或生活坐息不調，日月反背，致使腎虛。或若食用藥品，宜遵守醫師指示服用，不可草率。或者食用來路不明之藥物，自配藥方，致生腎疾……等。」因此，凡有坐此命格之人，本身對於腎臟之保健，應加重視才是。

## ■忌煞沖、會照或同宮（破軍星坐疾厄宮）

得地或陷地的破軍星入「疾厄宮」，若有化忌星或落陷的煞星來會照，對宮沖入、或同宮的話，這將意味著：「對於腎臟的保健，更須特別的注意，飲食起居，不可脫離常規」。因為，諸多不利身體狀況的陷地煞星（沖入或同宮），若成立此項論點時，身體則易有顯發的症狀。或者為腎路問題困擾（膀胱、泌尿系統、腺體）。或身體易有刑傷之患，不得不留意。若欲化解這種身體未濟之運，或可做一些具體佈施的事情，來增長自己的福德：「宜量己力及隨緣隨分，佈施予殘障福利機構、重殘養護機構、重大傷病基金會或機構……。或也可不計任何形式的隨緣放生，尊重一切生命存在的權利（慎勿刻意講求放生的儀式）。

或捐血、佈施醫藥……。常誦藥師經（懺），或瞑想慈悲之光加持於我，或者利益一切有情大眾，無畏施（註），也是一個很好的方法。

◎註：「無畏施」：就是讓眾人喜歡跟我相處，不怕我或討厭我，即使面對動物也是一樣。

※論破軍坐遷移宮

## ■得地的破軍坐遷移宮

意味著：「具有活潑好動的個性，易受外在情境影響。或外出的企圖心強，對於情境的掌控，能夠有效的應用。具有領導的風格，容易帶動團隊的氣氛，唯個性剛毅，令人頗有壓迫感。或有衝勁，能帶動創新、改革，充滿活力。或有威鎮邊疆之勢。或能獨當一面，戰功彪炳、威名遠播。或大權在握，膽識過人，遇事能勇於承擔，不懼權勢……」

春秋時代有名的宰相「藺相如」、戰國時代的「孫臏」、漢朝的開國功臣「韓信」，以及篡漢的「王莽」，乃至清朝有名的大將軍「年羹堯」……等歷代以來的名相與名將，都有其共通的特質。可見，凡破軍得地坐遷移宮的話，其人一生當中，必將有所作為，且會經歷一些傳奇的事，令人畢生難忘。

## ■陷地的破軍坐遷移宮

意味著具有下列傾向：「生性好動，凡事喜往外跑，身心靜不下來。個性較為衝動，對於外在環境的瞭解，欠缺審慎的思維與評估。至於出門在外的人際關係，因個性使然，不易逢遇善緣，或者常遇挫折，事難順心。或者與人互動之間的技巧，不易拿捏得當，致有與人違和之象。或出門在外，難逢貴人相助，反招損友牽引。或者在行運當中，易遇困境，心生挫折感。或雖有強烈企圖心，以及積極的意願，欲有所作為，唯總難如願，或差臨門一腳。或在人際互動當中，本身較為強勢，致有人情違和之象，善友卻步，自招惡緣。或者出門在外，易涉風花雪月的休閒場所。或易涉及水花藥酒的情事。或有過剛獨斷的失誤。或也有衝鋒陷陣的勇氣，唯易陷入險境，難以自拔。或者其人特立獨行。或不善於選擇適當環境，來利益自己，甚至反其道而行之。或喜冒險行險路。人生際遇中，常遇初善終惡，或者先盛後衰之事……」關於這一部分，若欲突破宿命的束縛，進而改善自己遷移行運的磁場，須得建立正確的認知：

遷移之行運，宜須知情勢，
命中雖受困，若能先認知，

則能思對治，知己不足處，
宜當善補過，兼調己心性，
運則有轉變，人際互動中，
過剛易招損，宜謙虛以應，
人和不違背，則處處善緣，
貴人則常逢，心性若和善，
剛則能調柔，待人與接物，
當循於正道，善緣處處來，
惡緣果不招，對治本不易，
唯有持恆心，則是精進人。

## ■忌煞沖、會照或同宮（破軍坐遷移宮）

得地或陷地的破軍星，若逢忌煞沖、會照或同宮的話，這將意味著：「在外出的行運上，將面臨種種困難的跡象，其人在外，雖想有所作為，唯恐常遭阻難，得不斷的花盡心思，排除萬難。或者雖有危難，但其衝動的個性，易險中求勝，但總陷於險境當中（面對挑戰，有不服輸的戰鬥心態）。出外善緣難具足，常有貴人難逢的窘境。於困境當中，脫困之方難尋，致有履敗履戰之過失。」破軍星有突破重圍的另一層意義，這代表著遷移宮的破軍星，在外具有衝鋒陷陣的開創精神，相對的，他所遭遇的險境也會比別人多。所以，若欲破解這方面的宿命論，宜從面對的基本心態著手。

破軍遷移遇陷煞，
所處環境即險境，
欲突重圍難得利，
困中欲脫反又陷，
唯今心性宜靜定，
如見猿猴前戲舞，
不隨其性即能止，
心性迴轉宜向善，
堅守心志守正道，
凶險且止禍不招，
行善積德福自來。

※論破軍坐僕役宮

## ■得地的破軍坐僕役宮

**「僕役」**兩字意味著：「個人一生中的交友狀況，甚至在工作或事業上，與伙伴往來的互動情形，均可以僕役宮來論述個人的人際關係。僕役宮的對宮為「兄弟宮」，可見個人的交友運勢關係著手足互動的狀況，基本上，兄弟姐妹之間的情誼，如果是良性且正面的話，將會助長出外行運的僕役緣，令你處處能結交善友，得於善緣的助力，事半而功倍。然而，當破軍坐守僕役宮時，代表著：「在你所交往的朋友當中，有能獨當一面，且善戰征伐、勇於面對挑戰的人。或個性膽大，行事作風特立獨行，果敢負責。或心急口快，為人正直，但個性衝動，充滿活力的奮鬥者。或者其人逢遇挫折時，能夠披荊斬棘，愈挫愈勇。或者個性耿直，凡事堅持原則的人……」

**破軍**乃屬帝座之星（兼具武將的特質），因此，當你與這種朋友相處時，可能會略居下風（除非你命坐紫微、武曲或天梁星），你將很難在彼此互動之間取得一個平衡點，或也有可能成為「逢迎之人」。另一方面，破軍坐僕役宮時，也意味著：「在你所交往的朋友當中，有喜好花酒或重視娛樂的人，因此，個人在與其互動之時，宜應心志定守，否則恐有偏向之虞」。

## ■陷地的破軍坐僕役宮

**「僕役」**兩字也意味著：「事業上的伙伴、工作同仁、部屬或員工，或幫助我們在事業上成長的好友。或者跟我們過從甚密的朋友。甚至跟我們有生意往來的朋友……等」。另外，有人把僕役宮這個名稱，用「朋友宮」或「交友宮」來論說，這也是可以通論的。因為，跟我們在工作上，或事業上有著密切配合的同事、部屬或員工，通常我們也會自然而然的把他們歸納到朋友圈裡面。所以，居於「陷地破軍」的交友狀況，意味著：「在我們的交友圈中，有個性強烈或衝動的人，對於新事物，雖敢於創新或冒險，唯個性稍嫌浮躁，經常受創，或面臨打擊。或者心性不定，情緒易發，但難掌控之人。或者希望工作伙伴當中，能有獨當一面，勇於承擔之人，但總事與願違。或本身與伙伴之間的互動，其理念、觀點，或彼此的認知有差距，難以達成共識。或者與其溝通，難達共識，甚費力氣。或者對方理性欠佳，有強勢出頭，或者喧賓奪主的架勢。或者當本身面對這樣的朋友時，頗感壓力，如坐針氈。」因此，類似這種命格的人，在人際往來之間，宜有識人之智（道德經曰：知人者智，自知者明。），以避免從中徒招困擾。另一方面，嘗試著以理性互動的方式，彼此均能發揮同理心，處處能為對方設想的話，則可相輔相成，友誼得以綿延流長。

人際互動中，交友須慎重，
言行及舉動，宜有識人智，
益友善知識，相輔與相成，
損友若近臨，如同惡煞侵，
損益兩者間，關鍵須透識，
益者相扶持，損者剝己身，
損益易分別，抉擇善友人。

## ■忌煞沖、會照或同宮（破軍坐僕役宮）

得地或陷地的破軍星，若逢忌煞沖、會照或同宮的話，這將意味著：「你的交友狀況當中，有令人傷腦筋的朋友。或伙伴當中，有人心性不定，情緒難制難收，特立獨行。或因衝動的個性，所為之事，難合乎情理。或心性浮躁，偏離正道而行。或其個人主觀意識強烈，彼此理念不易達成共識。或者與其互動意願缺缺，與其往來頗費心力。或者需迎合他意，難於協調與溝通。或者其人行徑，常於險中欲求勝，或履蹈險境，難從困境中領悟到面對人生的智慧」。因此，如何擇友，便成為具有這種格局的人必須要學習的一門功課。

良禽擇木而棲，
良友擇賢而應，
損友有如陰煞，
令你掙脫不得，
終究耗損費氣，
良臣益友難尋，
一朝君臣相遇，
有如船遇順風，
是君子者當知，
同聲則能相應，
同類則能相求，
損益當宜權衡。

※論破軍坐官祿役宮

## ■得地的破軍坐官祿宮

官祿宮的對宮為夫妻宮，個人在工作或事業上的成就與否，這會影響到夫妻之間的生活品質，因此，得地的破軍坐官祿宮意味著：「個人在職場上的活動力與企圖心強。對於事業上的開創性、革新性與決斷力強。或也具有領導的氣質，通常能帶動團隊勇往直前。或也具有勇於挑戰、面對新事物突破的精神。或有不懼艱難的特性，遇挫時能愈戰愈勇。決策果斷，積極執行，通常不拖泥帶水。或常立下戰功，可歌可頌。或在職場上，面對自己的事務，能夠勇於承擔。或也有不畏權勢，不依附強權的正義特質……」。

破軍星的領導能力，不但實際而且具體，通常能夠明顯的表露出來，令人有目共睹，不過，破軍的特性，畢竟還是強勢了一點，唯恐剛毅之象，在人際互動之間，易令屬下有望之卻步之感。對化氣為「耗」的破軍星來說，宜能將「進退之道」拿捏得宜，過度消耗衝刺的能量，易導致身心疲憊之感。所以，在其職場上，若有掌權的機會時，注重團隊的溝通意識與默契，是件非常重要的事，不但有如魚得水之勢，否則，易因過度剛強，招至如下的幾種過失：

初盛後衰，

先得後失，

先成後敗，

先逆後順，
先甘後苦，
先有後無，
初善終惡。

## ■陷地的破軍坐官祿宮

代表著：「在工作或事業上，雖然有勇往直前的衝勁，唯因心性較為急躁，穩定力不足，故常有事與願違之憾，或僅差臨門一腳。或在職場上，雖有帶領團隊的能力，唯恐過度剛強，令人敬而遠之。或也有剛愎獨斷之患，遇事易遭挫折，或面臨困難重重的窘境。或在職場上，宜循常理經營，凡事以守正道為要，不可偏離常軌。或遇事有不服輸的心態，雖能挑戰所面臨的困難，但也易陷險境。或心性較為浮躁，凡有決策執行之時，有欠周詳考量。或雖敢於投資，冒險以赴，但往往難成其事，或者先得後失。或也有舉動或擴張過大，易招浮誇之險。或者凡事欲成其事，大動干戈，恐有違於人情之慮。屢試屢失，難以尋出挫敗之源來加以改善。或在其工作表現時，個性較為浮躁，遇事猶豫不決之時，恐有衝動應對之過失。或者在職場的表現，因個性使然，以致善緣難聚會，惡緣反招來……」

陷地破軍星，官祿來坐鎮，
職場考驗多，運滯總有失，
唯今宜智取，不可陷無明，
一宜心性穩，二則守正道，
三忌剛愎用，四者宜謙柔，
凡事忌衝動，事不可大張，
決策當須慎，凡事宜保守，
自己缺失處，應善能補過，
凡事緩則圓，急躁則有失。

## ■忌煞沖、會照或同宮（破軍星坐官祿宮）

得地或陷地的破軍星，若逢忌煞沖、會照或同宮的話，這將意味著：「個人在職場上所面臨的的挫折或困境較多。或所從事的事業，宜循正道而行，否則恐有陷險之慮。或者在職場上，宜多注意工作安全，免於身體受刑傷之患。或者在職場上，情緒起伏不定，易患衝動之過失，導致險象環生。或者在職場上，工作變換不定，令人難有安全感。或也須注意中途失業。或也有事業受困難脫之象，總覺難以令人順心」。

官祿遇耗星，加以忌煞臨，
事業有阻滯，舉動當慎重，
心性宜調伏，凡事守正道，
寧向直中取，不向曲中求，
慎勿違常理，自利能利人，
決策應謹慎，衝動不可為，
行事宜保守，不可過誇張，
習謙柔應對，廣結善緣來，
處處逢左右，貴人無不現，
心性若仁慈，天則自祐之，
行運少災殃，福田自培植。

※論破軍坐田宅宮

## ■得地的破軍坐田宅宮

田宅宮的對宮為子女宮，因此，個人的居家狀況，會影響著子女在成長的過程中某部分的人格特質，所以，當得地的破軍星坐守於田宅宮，意謂著：「破軍星的好動性，出外的時間多，在家的時間較少。或也注重居家內部的佈置及擺設，喜歡以重量級的藝品、飾品陪襯居家氣氛。講究住家品質，尤其喜以寬敞的空間為考量。或在家中時，也喜以時尚的休閒方式，比如：視聽設備、音響、電腦、酒櫃、品茗。或者常添購相關家庭用品，來增添家庭氣氛……等。或也喜歡家庭中有熱鬧的氣氛。或喜歡親友來家中作客。或室內做重點式的整理。或家中的格局或佈置，有不定期變動或更換的現象。或居家附近有熱鬧的地方。或居家附近的巷道，偶有土木方面的施工或整修……」。

## ■落陷的破軍坐田宅宮

意味著：「居家少有親友往來。或在居家的環境上較為潦亂。或室內的擺設，隨意置放，不拘小節。或住家某方位採光不足。或得注意是否有潮溼、壁面脫落的現象。或者居家附近，偶有整修、重造、修牆補壁……等工事，不勝其擾。或臨近的街巷道，偶有挖掘、坑洞、修路、或起造大樓工程等等。」因此，對於自家的居住品質，宜能善加規劃，令居住在其中的人，生活安穩、身心愉悅，在忙碌的每一天裡，能夠回到家中，解除疲勞，紓解壓力，再現生機。

## ■忌煞沖、會照或同宮（破軍星坐田宅宮）

得地或陷地的破軍星，若逢忌煞沖、會照或同宮的話，這將意味著：「個人待在家中的時間短。或者易受外界誘惑，聚少離多。或即使在家，心性不易安定下來享受居家的樂趣。或在家中事務零亂，不善於整理。或住家中，應注意樑壁脫落、潮溼、陰暗、採光不足的角落。或者住家須經整修，格局偶有變動。或者房子是租借的。或也可能付房子的貸款有壓力。或也可能經常搬遷，或放著房子無人居住。或左鄰右舍、臨近巷道，常有維修房舍或土木施工的干擾。或臨近有溝坑、造路、建築等的施工。或居家臨近較為雜亂的街巷或市場。或附近較有閒雜人等的出入……」

※論破軍坐福德

## ■得地的破軍坐福德宮

「**福德**」兩字，包含著下列幾種含意：

精神狀態

休閒享受

福報多寡
心靈生活
因果問題

因此，得地的破軍坐福德宮，代表著：「對於個人的精神層次或心靈生活，注重在動態的休閒或享受上。或對休閒的品味，著重在美食、高級享受、蒐集或把玩某些藝品，以增添生活情趣。或也喜聚集好友聊天、談天論地。或也表示著其人內在的精神狀況，較不安定，喜愛熱鬧的氣氛，走馬看花。或者閒來無事時，內心不易安靜下來。或者其內心世界較偏重於物質傾向，精神層次的成長較為缺乏」。

得地破軍坐福德，其人心性不易定，
易受外境遷己志，娛樂休閒偏動態。
若有享受宜節制，過之或有傷福德，
動靜兩者宜平衡，物質享受當適度，
亦當心靈能成長，破軍化氣為虛耗，

於福德中當保守，惜福植福種福田，
若能量力來利人，因中不求於回報，
果中則有善果還，是則名為有福人。

## ■陷地的破軍坐福德宮

福德宮的對宮為「財帛宮」，因此，個人福報的多寡，關係著錢財擁有的分量，或許在這當中，蘊藏著一些令人難解的因果問題也說不定。當落陷的破軍星坐落在福德宮時意味著：「其人對於自身的精神生活不太講究。或者心思較為雜亂，不易理出頭緒來。或者受到挫折時，常生萌退之心。或對於人生積極面的追求，動機不強。或也有閒不下來的心態，而採取動態的活動來彌補內在的空虛狀態。或者經年累月的辛勞，不易放鬆自己享受輕鬆愉悅的一面。或平生容易操勞，難得放心。或也有勞多獲少，付出難以平衡之憾。或難得清閒，勞勞碌碌，不得清閒。或難追求適當的心靈生活。或也有個性衝動，心性不穩定，平生際遇如浪裡行舟」。

## ■忌煞沖、會照或同宮（破軍星坐福德宮）

意味著：「其人心性較為好動，凡事不易靜下心來，浮躁的個性，經常莽撞、四處碰壁或吃虧。喜歡找些刺激的休閒活動來彌補心靈空虛的狀態。或經常閒不住，忙碌一生，所得甚少。或也有心性不定，偶有違反常理的行動。凡有所為，一遇挫折，耐心不足，經不起事件的考驗。或本身心思雜亂，難以自制。尋求心靈成長的意願缺缺，難以刺激使之成長」。

破軍忌煞臨福德，
心神遇擾難得安，
平生忙碌不停息，
勞多獲少身心疲，
不妨靜心先思慮，
但尋過失能補正，
惜福植福解神臨。

## ※論破軍坐父母宮

■得地的破軍坐父母宮

意味著：「父母親中的其中一方，待子甚嚴，期待甚高，唯互動不易親近。或希望子女能有獨立自主生活能力。威嚴雖令人有服從感，唯親和力較不足。或父母親之中，有一方較為強勢，掌控家庭氣氛。或與子女之間的互動，尚有距離感，傾向於單方互動。雖能體會子女孝心，唯個性剛毅，不易表達出內在情緒的感受。雖喜家中有著熱鬧的氣氛，但自己不易融入其中……」

■陷地的破軍坐父母宮

父母宮的對宮為「疾厄宮」，因此，我們身體的健康狀況，其基因是來自於父母親，所以，個人與父母親互動的親密或寡合，這會影響到個人的身心。當破軍星坐落在「父母宮」時，意謂著：「父母親中的其中一方，個性較為浮躁、嚴厲，對待子女的親和力不足。或待子甚嚴，依個人的意識傾向，一廂情願的令子女服從。或令子女望之卻步。或與子女之間的溝通與互動不良。或難以理解彼此之間的觀念與想法。或者人際關係不佳，較為我行我素（不在乎人情互動的違順、流暢與否）。或者不積極照顧子女。或父母親中之其中一方，對於情緒掌控的能力，仍有待加強……」

## ■忌煞沖、會照或同宮（破軍星坐父母宮）

意味著：「父母親其中一方，與子女之間的互動，易有對立的傾向。或者常疏忽於照顧子女的責任。或待子嚴厲，不達情理。或令子女怯於面對父母。彼此之間的觀念、想法差距過大，難以互相溝通。或與子女之間的情分薄弱。或父母之間的感情互動，不甚融洽，偶有對立的傾向……」

個人在職場上的長官緣，是否得到老闆或主管的賞識，這其中的玄機，隱含在「父母宮」中，如果你想在職場上，有效且快速的增進與上司互動的善緣，那麼，你就得從「父母宮」中所呈現的現象著手。從基本功做起，那就是盡力的去改善你與父母親互動的親子情緣，一旦你能從心底做起時，你在職場上的個人磁場就會隨之改變，進一步的讓你成為有人緣的人，當然了，上司也必會注意到你的表現，這把改善職場吸引力的鑰匙，現在就在你的手中，你是要即刻的打開它呢？或者原封不動的把鑰匙擱在那裡呢？這得由你自己去決定了。

在《大藏經・佛說父母恩重難報經》裡，特別說明到子女對母親（父親）應懷十種報恩的內容：

**《大藏經・佛說父母恩重難報經》**

第一、懷胎守護恩。
第二、臨產受苦恩。
第三、生子忘憂恩。
第四、咽苦吐甘恩。
第五、迴乾就濕恩。
第六、哺乳養育恩。
第七、洗濯不淨恩。
第八、遠行憶念恩。
第九、深加體恤恩。
第十、究竟憐憫恩。

基於以上父母對我們的十種恩德，所以，如果你的父母親都還健在的話，你實在是世上有福分的人，因為，你仍有機會用自己的智慧來改善親子之間的互動關係，並進一步孝敬自己的雙親，至於父母平日對你的態度而言，或許你必須學習以更寬容的心態來重新接受自己的父母，由自己帶頭做起，去改善自己生命中所須面對的一項重要課題。

## ◎超越破軍的宿命

「破軍星」之陰陽五行屬「陰水」，在易經八卦中屬「坎」，坎為水、為險，破軍星之水性，為不穩定、為暗動，隨時有泛濫的危機，然而，「水」也含有桃花的意味，若命坐破軍的人，因水有桃花性質，由其三方四正，必會到「破狼殺」的格局來看，將有可能助長個人內在慾望之衝動，而外顯感召桃花臨身，像這種破軍坐命的人，在其一生中，必須勇敢的面對感情方面所造成的困擾問題，這將是考驗著他的智慧。因此，如何在每一個階段中皆能堅忍、守正道而行，走出為情所困的陰影。學習**「謙卑」**也是一門重要的功課，因為，破軍是顆帝座之星（兼將星），具有一種領導者的特質，然而，破軍星坐命之人，在個性上會有急躁的傾向，遇事也較容易衝動，過度剛毅（自我意識強烈）或許是必須自我突破的一項要點，《易經》中的〈乾卦・象辭〉，倒可以作為惕勵我們的成長目標：

天行健，君子以自強不息。
潛龍勿用，陽在下也。
見龍在田，德施普也。
終日乾乾，反復道也。

或躍在淵，進無咎也。
飛龍在天，大人造也。
亢龍有悔，盈不可久也。
用九，天德不可為首也。

「**謙卦**」是易經六十四卦中唯一大吉大利的卦象，可見一個處處能以謙遜自持的人，所行自然是無往不利。因此：

待人和氣須謙卑，過剛易折須謙卑，
決斷和同須謙卑，帶領之方須謙卑，
過度顯己須謙卑，容人受納須謙卑，
氣勢過盛須謙卑，所到之處須謙卑。
淩人之勢不可為，凡事宜當多植福，
行有餘力能利人，積善之人有餘慶。

**「行善積德」**或許是化解破軍星坐命宮的好方法，只要我們時時心存善念，時時能觀察自己的言行，找出缺點所在，便有對治本身缺失的良方。另一方面，若能從佈施醫藥、安養機構，或者能不拘任何形式的放生，尊重一切生命形態的存在權利，在行有餘力之時，能量力而為，凡有行善或佈施之事，宜把握發心原則，不可過度拘泥於多寡的問題，只要你是以喜悅的心情去做的善事，當下即是真善美的展現，這是「因果循環」的原理，也是**「超越破軍星宿命論」**的根本做法。

# 貪狼星

《封神榜》中最能代表「貪狼星」的典型人物，那就非「妲己」莫屬了，話說「紂王」自女媧宮回來之後，便對女媧娘娘的仙姿貌美，一直耿耿於懷，雖想下一道旨令，廣徵天下的美女，卻被宰相商容等忠臣阻止，只好對這個念頭作罷……。紂王八年四月，四大諸侯率各部落小諸侯，齊聚朝歌，祝賀紂王登基八年的慶典，各地來賀禮的人，要多備一份給另一位紂王的寵臣「費仲」。這一天，「費仲」一看大小諸侯所送上的禮單當中，卻獨缺「冀州侯蘇護」，於是便暗中心生一計……。待「紂王」在顯慶殿上招待諸位大臣以及大小諸侯時，「費仲」便向「紂王」進言：「臣聞冀州侯蘇護之女「妲己」美貌若仙，國色天姿，幽嫻淑靜，堪稱天下第一美人，陛下可選她入宮，一來，只選一人進宮，了卻陛下招妃心願，二來，也不驚動全國各地，以為如何?」紂王一聽大喜，便宣冀州侯晉見，為此，「蘇護」與「紂王」大辯一番，同時也與「費仲」結下不解之怨仇，差點被紂王推出午門斬首示眾。

冀州侯「蘇護」經過連番的反抗與折騰，最後，在西伯侯姬昌的勸導之下，終於放棄抗爭行動，才結束了這一場為保護女兒「蘇妲己」所引起的紛爭。然而，自從「妲己」進宮之後，紂王即被迷惑，對於朝政之事便日漸荒廢，導致朝綱敗壞，為日後埋下了敗亡的危機。據《封神榜》小說記載，「妲己」乃「女媧娘娘」所派下來的精靈所化，其目的就是要破壞「紂王」的權柄，使「商朝」走向毀敗滅亡之路。

紂王見妲己美若天女下凡，便心生愛戀不捨之心，為妲己建造壽仙宮，終日與她在摘星樓飲酒作樂、夜夜笙歌。憑藉著「妲己」一身的才藝與美色，就足以把紂王迷惑得神魂顛倒⋯。從此以後，朝政之事似乎離紂王愈來愈遠了。姜王后、宰相商容、亞相比干、忠臣梅伯、東伯侯姜環楚⋯⋯等等，朝中的重量級人物，幾乎被她陷害殆盡。當然了，心思狡詐的費仲，也因為「妲己」的關係，而登上了宰相之位。

由紂王八年四月寵幸妲己進宮，到紂王二十八年以來，其間「妲己」蠱惑紂王二十年，待「姜子牙」領各路諸侯直取朝歌城，終於取代了商朝，建立了「周朝」以後八百多年的歷史，成為我國君權政治史上最為悠久的一個朝代。

「妲己」的魂魄，直往西岐的封神台，被封為「貪狼星」，意謂著：「妲己神殿的宮門之外，有凶猛的狼群在看守著，欲令貪狼星主人安分的居守宮中」。由此，我們可由《封神榜》的代表人物當中，對「紫微斗數」裡面的「貪狼星」，引伸出一些主要的特性來具體說明它的含義，這樣或許會更為清楚一些。

**「貪狼星」**北斗星系中的第二星，五行中，本體屬陰，化用為陽木，化氣為「桃花」，主禍福與欲望之神，如下表詳列之：

| 星宿 | 五行 | 化氣 | 司主 | 主事 | 十年干之四化 |
| --- | --- | --- | --- | --- | --- |
| 破軍星 | 陰水(體)<br>陽木(用) | 桃花 | 禍福 | 才華、欲望<br>桃花、嫉妒 | 戊年化祿，己年化權<br>癸年化忌 |

從「貪狼星」所代表的人物「妲己」，來分析其星性基本特質的話，約可歸納成下列幾項優缺點，如左列詳述之。

### ◎優點

一、「貪狼星」是一顆多才多藝的星座，通常能廣泛學習各方面的才藝，並顯著的表現出其特殊才華，而受人肯定。

二、心腸軟，見人受苦，頗能感同身受，有欲助人的慈善心腸。

三、具有領導能力，獨立性強，能夠帶引團隊走向正面的成長。

四、對新潮或流行導向的新鮮事物，頗有好奇感，頗具有探索的強烈動機。

五、對流行的事物，只要喜愛，頗能誘發其動機，去探知或收藏珍品。
六、對食衣住行育樂方面，頗有規劃的能力，只要能力許可，往高層次生活品質方面的提升，將有大大的可能性。
七、對於飲食方面講究，雖不過於挑剔，但也注重料理功夫以及用餐的氣氛。
八、對於自身的儀容及儀態表現，頗能打量及注重。
九、記性強，對於經歷過的事件頗能回憶出當時的過程。
十、思考力敏銳，應變力強，創意佳。
十一、個性雖有衝動的傾向，但行動力強，往往也是成事（敗事）的關鍵之一。
十二、外緣的人際互動能力強，唯尚須加強對家庭成員的互動，不致內外偏頗。
十三、人緣是事業成功的關鍵之一，唯易招致「桃花的困擾」，使其感情路上如浪裡行舟。

◎缺點

一、「貪狼星」雖代表著才藝之星，但學藝涉略太廣，難以發揮專長，致使才能未被賞識或被肯定。
二、心性較傾向於自我意識的擴張，凡有所作為，欠缺周全的顧慮，一旦決定行動，即勇往直前，但常事與願違。

三、雖能夠帶領團隊，唯欠缺領導者的氣質，恐效率不彰，應事過程中，易遇重重的波折。

四、待人處事當中，宜加強柔和應對的溝通技巧。

五、對新流行的事物，頗有強烈追求的傾向，唯易流連忘返，或對偏好的事物，有蒐集的執著和嗜好。

六、對本身衣著、儀態雖能注重，唯在追求完美的過程中，恐適得其反。

七、心性較為浮動，情緒需要學習掌控，恩怨雖分明，唯嫉妒心較強。

八、才能之發揮有受困之感，因此，宜習一技之長，或巧藝安身。

九、日常應對當中，言行較不拘謹，善緣較不具足，善友少有。

十、個性易衝動，遇事雖能果斷處理，唯恐整體考量不足。

十一、家庭互動流暢度不足，外緣雖有人際來往，唯不可偏離常道規範，凡事須守正道而行。

十二、對於男女感情的互動，認知稍嫌不足，容易感性用事（理性不彰），易招致負面桃花的困擾或損失。

## ※貪狼坐命十二宮位圖解

| | | | |
|---|---|---|---|
| 廉貞-2 貪狼-2 巳 | 貪狼+3 午 | 武曲+4 貪狼+4 未 | 貪狼0 申 |
| 貪狼+4 辰 | 貪狼星 | | 紫微+3 貪狼+1 酉 |
| 紫微+3 貪狼+1 卯 | | | 貪狼+4 戌 |
| 貪狼0 寅 | 武曲+4 貪狼+4 丑 | 貪狼+3 子 | 廉貞-2 貪狼-2 亥 |

## ◎貪狼星坐「命宮」

### 壹、「得勢」的貪狼星坐命宮（三方四正，不會到落陷的紫府星系）

一、「得勢」的貪狼坐命之人，表示著：「個人的正面特質，較容易發揮出來，且帶有積極活潑的傾向；才華能適時的展現出來；人際互動機緣頻繁，交友廣闊；或有著積極行動的魄力，目標明確；或者其人心思活絡，富有創造力；或有追趕時髦傾向，蒐集偏好；或富有同情心，照顧弱勢者；或獨立性強，能夠勇往直前，不依賴他人；或注重生活品質、飲食起居、注重儀容與儀態；個性雖有衝動傾向，行動力強，自制力尚可；注重朋友往來的情分，惜情惜緣；對於所想的願望，能夠排除萬難，擁有成就」。（備註：慾望過大，恐有擴張之失；對於兩性往來的感情互動過於理想化，易招致事與願違之失；或有桃花臨風，致生難以面對的困擾。）

二、從三方四正的格局來看，也是屬於標準的「殺破狼」格局，古語有言：「貪狼不發少年時。」這似乎意謂著，貪狼坐命之人，對其本身的「慾望」擴張，應有適當的節制或控制，如果，早發、早成就，將有橫發與橫破之慮；對於娛樂方面，不利於涉及聲色場所，宜循常理與規範而行。所以，如何學習「凡事保守」，與「控制慾望」的衝動，應是這種命格一生當中所必須學習的課題。

三、貪狼星雖不忌諱得地煞星來會照（若化忌星會入或同宮，容易沖淡個人應事之積極意願，或逢運易有災殃），但不喜與陷地的煞星會照（落陷的羊陀火鈴與地空、地劫），唯若與得地「火星、鈴星」會照的話（或同宮），將有著爆發性的能量，增添貪狼星的動力，擁有突出的表現，令人刮目相看。尤其與地空（旬空）同宮，或會入化忌星的話，則可抑制貪狼星在酒色財氣方面的負面傾向。

## ※「得勢」貪狼坐命宮，，共有八種基本結構

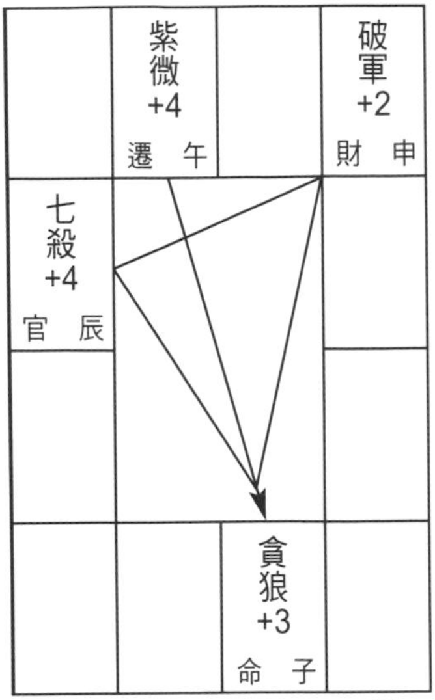
紫微
+4
遷 午
破軍
+2
財 申
七殺
+4
官 辰
貪狼
+3
命 子

圖一

貪狼
+3
午
貪狼
0
申
貪狼
+4
辰
貪狼星
貪狼
+1
紫微
+3
酉
貪狼
+1
紫微
+3
卯
貪狼
+4
戌
貪狼
0
寅
貪狼
+3
子

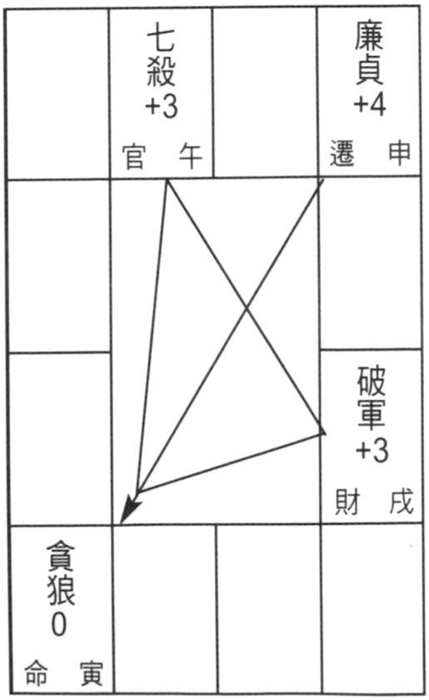
七殺
+3
官 午
廉貞
+4
遷 申
破軍
+3
財 戌
貪狼
0
命 寅

圖二

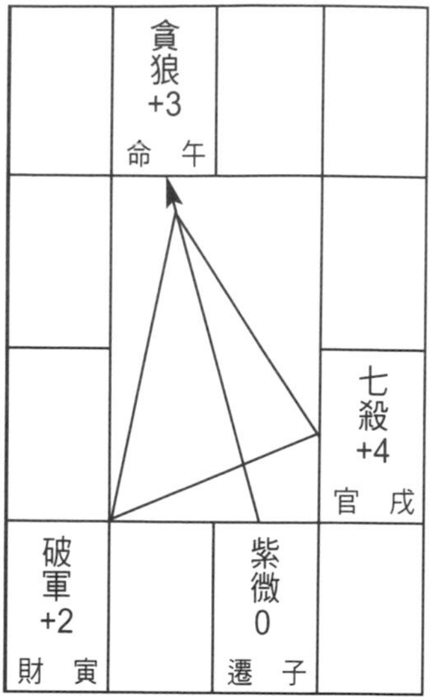
貪狼 +3
命 午
七殺 +4
官 戌
破軍 +2
財 寅
紫微 0
遷 子
圖五

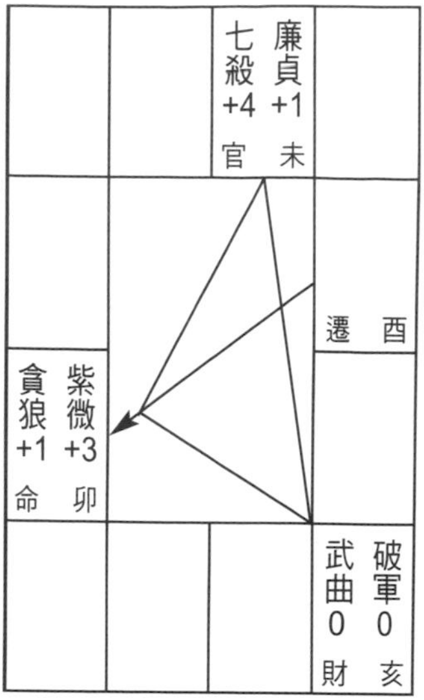
廉貞 +1
七殺 +4
官 未
遷 酉
紫微 +3
貪狼 +1
命 卯
破軍 0
武曲 0
財 亥
圖三

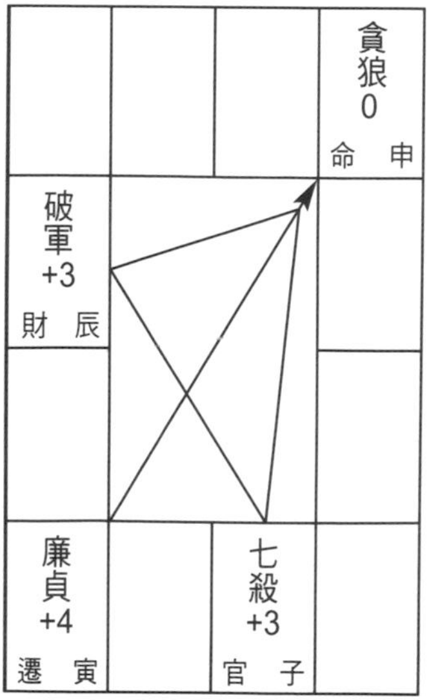
貪狼 0
命 申
破軍 +3
財 辰
廉貞 +4
遷 寅
七殺 +3
官 子
圖六

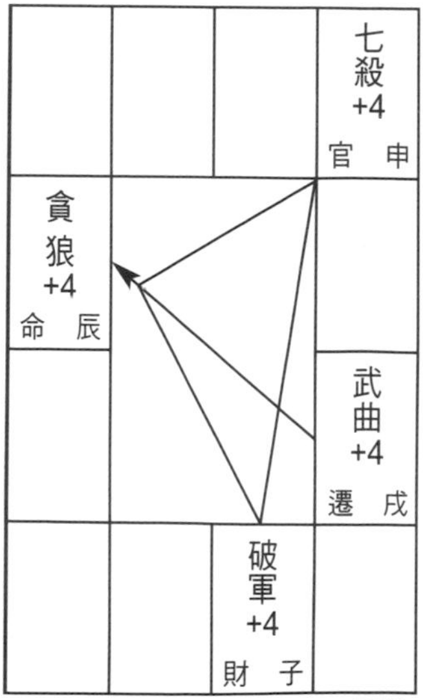
七殺 +4
官 申
貪狼 +4
命 辰
武曲 +4
遷 戌
破軍 +4
財 子
圖四

## 貳、「失勢」的貪狼星（三方四正，會到陷地的紫府星系）

一、貪狼星本為禍福主，也是一顆才華橫溢的星座，然而貪狼若居「陷地或失勢」於其命宮的話，那就會消滅本身正面的特質，因而，使其難以有效的發揮其特性，在命盤結構的基本面來看，貪狼居陷地的可能，只有下列兩種情況（請見下表），在「丑、未」這兩個方位的結構，與「巳、亥」宮位的落陷程度實是相當的。因為，命坐「丑、未」兩個宮位的貪狼星，雖然沒有落陷的情形，可是，在其三方四正中，「財帛宮」會到了落陷的破軍星（容易財來財去，到頭來，有空忙一場之感……見下圖三、圖四）。所以，我們可從下表中，容易的看到本命宮，與其三方四正所會到的星座狀況。

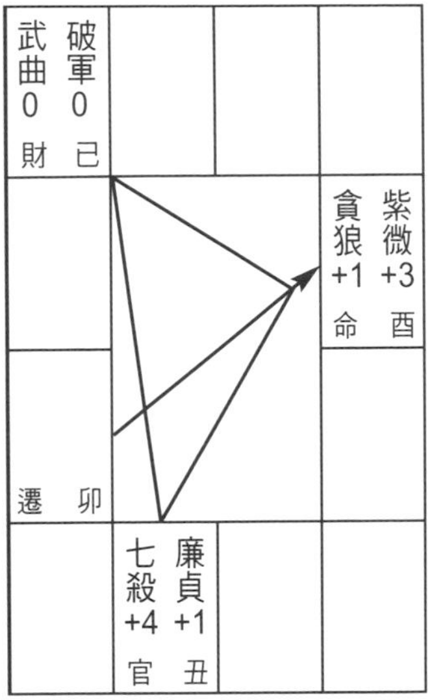


圖七

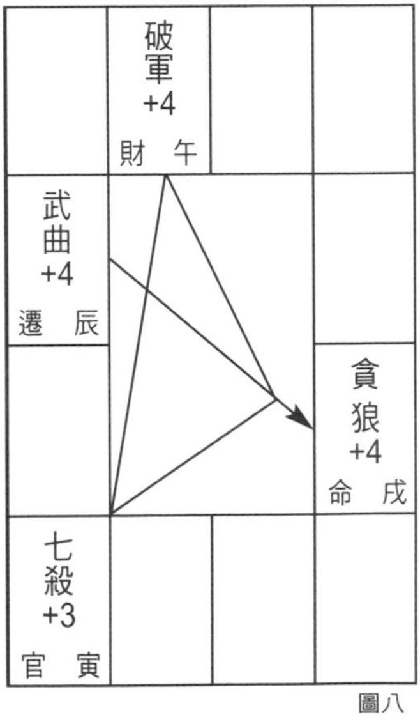


圖八

二、貪狼坐命宮，也是名副其實的「殺、破、狼」格局，這意謂著：「個性不夠保守，對事務的處理態度雖能積極以赴，唯舉動尚欠周詳；個人慾望有擴張的傾向，唯欠缺理財之道；雖有極佳的外在環境，唯本身的才能發揮有限，總有事與願違之憾；或在人際關係中互動，易受風吹草動，影響本身操守；或者心思雜亂，所行易隨波逐流；或者交非善友，甘願沉淪；或敢於挑戰新鮮事物，蹈險或游走法律邊緣；或者心性不定，情緒較難自我掌控；或喜歡熱鬧場所，罔顧道德規範；或對異性來往的價值觀薄弱（認知失調）；或易陷於因情感所引起的糾紛；或有博奕的潛在動機；或者愛怨分明，嫉妒心較強……」

因此，若有雷同於下列貪狼坐命宮的人，宜學習對治內在慾望的方法，否則，若任宿命演化下去的話，其所面臨的挫折，或許會多於他想要的成就。我們知道，「貪狼星」也是「禍福之主」，只要能知道化解方法，並以行動來實踐它的話，福則反增，這重要的觀念只在一念之間，只要你願去做，持之以恆，沒有不能改變命運的道理。所以說：

凡事保守，時時得克制自己的慾望與衝動，

凡事遠離惡緣，多惜善緣，

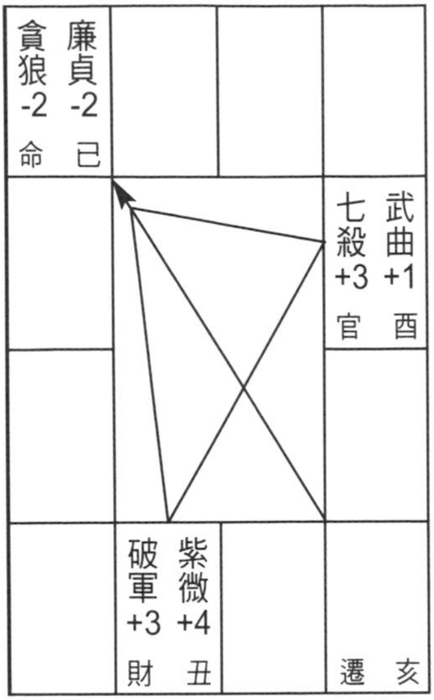

圖一

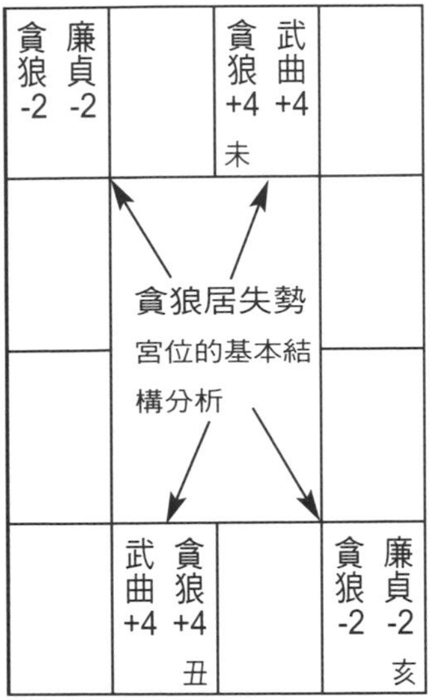


平日宜多惜福，行有餘力則以植福，

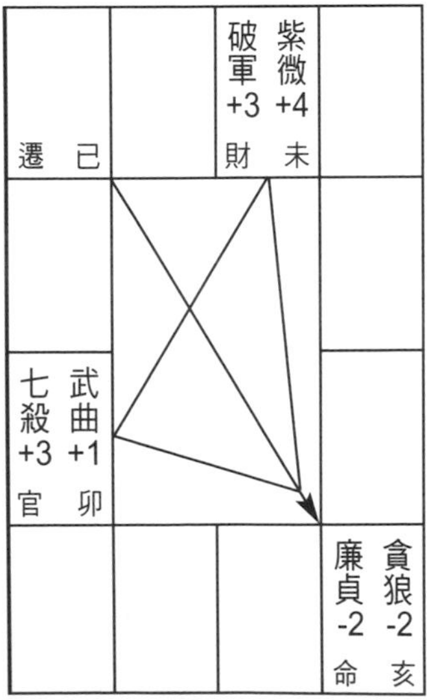

圖二

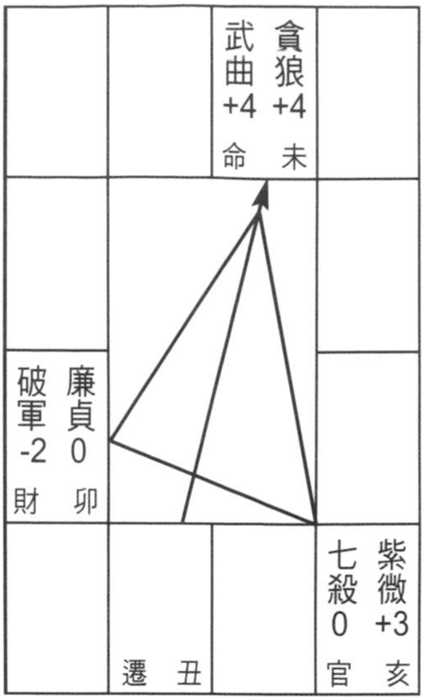


圖三

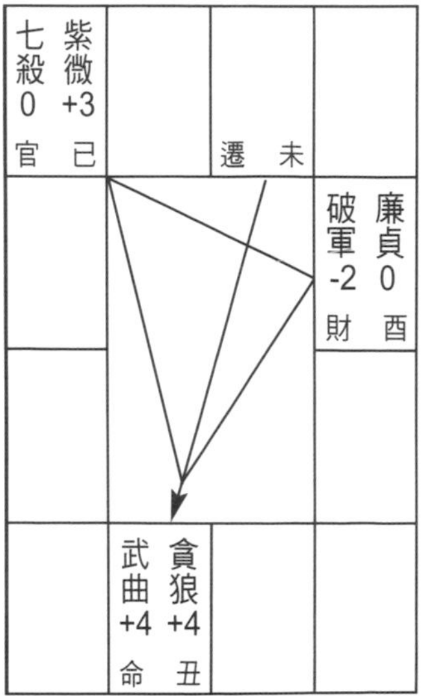


圖四

種如是善因，必獲如是善果。

※「失勢」貪狼坐命宮，共有四種基本結構

**參、命宮會入忌煞星（或同宮）的貪狼星**

不管得勢或失勢的貪狼星入命宮，只要三方四正會入「陷地的煞星」、「化忌星」、或同宮、或夾命宮的話，則本身特性的發揮，將會受到相當大的牽制，而這種所謂的牽制，可分幾種現象來說：

一、「地空」具有抑制負面行為的傾向。比如：酒色財氣的部分，將會受到相當的牽制。

二、「地劫」具有阻礙運勢發展的力量，令人所願如浪裡行舟。

三、陷地的「羊陀火鈴」，恐會助長個人慾望高張，卻於願難達的困境，或也有動人心志或操守難以把持，致為外界環境所誘惑。

四、個人正面的有利特質，受到某些因緣上的限制，而有難展其才之憾。

## ◎超越貪狼星的宿命

「貪狼」意謂著慾望之星，因此，命宮若逢遇化忌星，或陷地的煞星時，凡事宜保守，諸事欲行，宜循常理進行，不可偏離社會常規。貪狼不喜與落陷的擎羊或陀羅照會（或同宮），因為，若有這種命盤結構坐命之人，其一生中總難順心，波折不斷，如有處處受制之感。若能踏實的以巧藝安身，凡事不過度的奢求，對自我在整體生命運作的過程，是可以趨吉避凶的。所以，對於慾望的節制，是需要勇敢去面對的課題。在行善積德方面，可關懷弱勢團體，或當義工，或支持殘障者，激勵他們能勇於面對生命的困境；如此發出善心時，隨緣隨恩，量力佈施。

貪狼本為禍福主，是福是禍在認知，
若能知解調心性，以及實踐且力行，
禍不招來福自有，樂天知命盡人事，

凡事則不予強求，惜緣惜福善緣具，
因中已調己心性，果中自有解神來。

※論貪狼坐兄弟宮

## ■得地的貪狼坐兄弟宮

意味著：「在你的兄弟姐妹當中，與你互動較為密切者，他（她）是個頗有才華的人，在其人際互動上，通常能應對得體。或者對事業具有強烈的企圖心。凡事能積極以赴，獨立性強。心思慎密，具有開創與突破現狀的精神。或頗能知解人性，應對得體，廣結善緣。或也有才華出眾，為人所肯定。心性善良，通常不易得罪他人。或者也較利己，或自主性較強，通常能肯定自己的做法，而且堅持行之。心思細密，善解人意，體貼他人，能夠洞察他人的想法或需求」。

## ■陷地的貪狼坐兄弟宮

意味著：「手足情誼之間，有才華很好的人，但常有能力無從發揮，或有懷才不遇之憾。或太過於專注自己的利益，常會忽略周遭人的感受（宜養成廣大的心量，並學習如何掌控自我的情緒，這點是非常重要的）。或者熱中於追求時尚方面的享受，但通常事與願違。或者凡事宜循正道而行，心性不可偏離常軌。或者你與手足之間的溝通與互動，顯得默契不足、心意難通、頗有距離感……」。

兄弟宮的對宮為僕役宮（朋友宮），個人在家庭中，與兄弟姐妹互動的情形會連帶影響到日後進入社會中的交友狀態。所以說：「如果你想成為有魅力的人，或者是想擁有好的人際關係，來提升個人事業的話，你就得改善與手足之間的互動情誼」。

## ■忌煞沖、會照或同宮（貪狼星坐兄弟宮）

意味著：「你與手足之間的其中一方，在互動上難有交集，常有背離之感。或者與其互動頗覺費力，缺少互動的意願。或對方較顧自己，缺乏同理心。或者也有愛恨分明的明顯情緒。或較有自私自利，遇事易生利己之心。會對手足之間的照顧能力欠缺。或也有追求時尚的強烈慾望，但易受外在環境引誘，心志易動搖（宜應把持心性，凡事以遵循正道為原則，不可偏離常規）。或喜交友，但其友人心性不定，易受友人牽引或無益本人。至於才華部分，難學而有成，或未能專精某項專業技能，致有盛運難逢、貴人難遇之憾。或者對方常有意圖享受之心，但難以心想事成」。

陷地貪狼坐兄弟宮，加以陷煞忌來會照，

手足互動情份薄弱，心意難通默契難有，
利己之心同理難應，心性不定易受境遷，
忌煞會照對宮僕役，交友易陷初善終惡，
唯今宜當改變思維，手足情誼本同根生，
盡力維護勿使對立，習柔以對轉識成智，
捫心自問心無所愧，僕役宮中善緣自來。

## ※論貪狼坐夫妻宮

### ■得地的貪狼坐夫妻宮

意味著：「你與配偶之間的互動良好，彼此頗有默契，由於對方的善解人意，令婚姻生活增添生活情趣。或對方頗有才華，有創意並受人肯定。心思細密、事理分明，通常能應對得體。外出人緣佳，可增進個人的人脈資源」。

### ■陷地的貪狼坐夫妻宮

這可能表示著：「夫妻之間的互動不順暢，或彼此之間的心意有難通之處，致使默契不足。或對方比較不善解人意，缺乏生活情趣。或兩者的感情如浪裡行舟，此起彼落，對於婚姻的經營之道，不甚積極。或對方較有追逐時尚物慾的傾向，但往往適得其反。或者對於自我情緒的表達方式，不易收放自如。或其人對於人際往來的互動，尚需學習識人之智，免於自招咎事。或有人情上之困擾，不易擺脫……」

## ■忌煞沖、會照或同宮（貪狼星坐夫妻宮）

像這種類似忌星與陷地煞星沖入、或來會照或與貪狼同宮的話，這可能意味著：「夫妻之間的互動，易起對立之象，導致偶有違和，或者心意難通，難達共識。或者與對方的溝通意願缺缺，彼此理念不易相互瞭解，致有誤會之虞。或對方主觀自識較強，往往顧及自己，疏忽對方的感受。或不善解人意，婚姻生活較為僵化，兩者難以建立生活情趣。或者對方的人格特質使然，偶有所交損友之過患，致使易受外界誘惑，宜防咸池臨身。在正向的人際互動中，往往較欠缺善緣，或有善友難遇、貴人難逢的現象。或者其人之情緒雖發難制，心性難以穩定持恆，致使令人難以面對。或宜穩定心志，凡事循正道而行，不可偏離常規。或宜克勤克儉，勿受時尚事物（慾望）牽引，影響其心志」。

我們知道，「夫妻宮」的對宮為「事業宮」，因此，凡已婚之人，你對婚姻經營的成功與否，這關係著個人在事業上的成就程度，若能知解這淺顯的道理時，你即能改變自己思維，將婚後的生活好好的把它經營起來，將它導向一個善的境地，一旦你能善待自己身邊最親密的人時，你就能擔負起家庭的責任，並勇於在事業上有一番的作為，因為：「這是你的義務……」

陷地貪狼星，坐臨夫妻宮，
加以忌煞會，意謂考驗多，
如古語所云，夫妻本姻緣，
若非前世因，今生焉結果，
同是船上人，宜惜此世緣，
雖偶遇風浪，應共同經歷，
浪裡行舟日，總有順風時，
家以夫妻本，本立則和生，
和諧家庭福，福有事業生，
事業生財利，財利饋家人，
若能知因由，應是智慧人。

※貪狼星坐落子女宮

■得地的貪狼星在子女宮

這意味著：「你的子女中，有不乏才藝出眾者，心地善良且善解人意。對環境的適應力與獨立性強，對於人際往來的互動，頗能應對得體。與家長的互動，通常能和諧相處，不過，在個人的喜好上面，較會追求時尚。或者對於自己的權利與義務，能適當的維護及遵循。或者也喜廣為交友，注重與朋友往來的互動關係」。

■落陷的貪狼星在子女宮

代表著：「子女當中，不易與其溝通，或有心意難以相互瞭解，導致難有交集，默契不足。或其情緒的表達方式，難以自制，不易自我掌控。在個人喜好部分，較傾向於物質層面的追求，慾望雖大，但總事與願違。或其心性較為好動，心性不夠沉穩。或者在追求個人慾望的同時，常會忽略到周遭人的感受（較會維護自己的利益）……」。

■忌煞沖、會照或同宮（貪狼星坐子女宮）

當化忌星或陷地煞星沖入、或來會照貪狼坐落在子女宮時（三方四正中，會照到忌煞

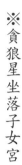

星），這可能意味著：「子女中有個性較為衝動者，心性浮躁，遇事不易冷靜下來，常以負面情緒應對。或與父母之間的互動，易生對立現象，令人困擾。或也難以體會父母愛子心切，我行我素。或與父母溝通意願缺缺，彼此心意難通，心靈無交集。或者也有對物質追求的強烈慾望，個人之心性，易受物慾或外在環境的誘引，動搖其心志。以自我為中心的主觀意識，不易影響其對價值觀的認知。或凡事宜循正道而行，不可偏離常軌，自招災咎。至於在交友方面，宜有識人之智，否則善友難得，損友卻常隨身，影響個人運勢……」

子女宮中坐貪狼，化忌陷煞若來會，
其人心性宜調和，心志當得穩定守，
物慾易遷已心志，當止之時得須止，
人際互動宜審慎，不近損友禍自離，
平日多行慈善事，利己利人植福德，
心行若正福自有，善緣不求自然來。

※貪狼星坐落財帛宮

## ■得地的貪狼星在財帛宮

貪狼星是一顆具強烈企圖心的星座，因此，當它坐落在財帛宮時，也代表著對於本身經濟能力的展現，況且貪狼本身又具有冒險、投機的特性，只要有利可圖之處，均能構思細密的規劃，想辦法達到自己的目標與理想。對於如何獲利，或從事的行業，能精打細算（投資報酬率）。對於相關經濟活動，或可投機的相關訊息，能夠有效率的掌握……（唯凡事宜適可而止，若一味的投入，在如何獲取利益的過程中，難免攪亂善良的心性，致使唯利是圖，難免有先得後失的過患。至於，在獲利之時，在消費享受的部分，宜當節制，交際應酬之事，適可而止）。在《易經・水風井卦》中，有一段爻辭值得以為勉勵：

《易經・水風井卦》

※九二：井底射鮒，甕敝漏。

◎意謂著：井底殘留的水只能供小魚生存，用箭來射小魚可以，若用甕來打水的話，就會有打破甕的可能（凡事慾望不可過大，宜知己性行之，無端擴大慾望的話，將會為自己招來災咎）。

## ■落陷的貪狼星在財帛宮

這意謂著：「對於本身財務狀況的掌控能力薄弱，雖然極力想擴展自己的經濟能力，但常事與願違，總有受挫之感。或者對於投機理財的判斷力常有誤失之處，或本失利無。或者有強烈的企圖心想獲取財利，但對於局勢的觀察與判斷力常有偏頗之處。或也有聚財不易，花錢難於節制的過失。由於內在慾望的無限擴張，卻缺乏心思細密的規劃，常因慾望的衝動，財去無回。或者投機的心態，對於實際狀況的訊息判斷常有誤失之虞。或也有將錢財花費在物質享受，致使經常寅吃卯糧。」

## ■忌煞沖、會照或同宮（貪狼星坐財帛宮）

代表著：「個人在經濟狀況上不甚理想，常有血本無歸的過失。或者經常投資（投機）失利，陷入經濟危機的困境。或也有寅糧吃空，卯糧借貸的舉債現象。本身對於理財概念欠缺，守財不易，賺錢艱辛，得手之財，轉眼流走。或有空忙一場，財來財去，無利可得的缺憾。或者也有不太愛惜錢財的習性，視錢財如過眼雲煙。或者在獲取財利之時，宜循正道而行，君子愛財，取之有道，不可偏離常軌……」

※貪狼星坐落疾厄宮

## ■得地的貪狼星在疾厄宮

貪狼星依五行分類本體屬水，化氣為陽木，因此，當得地的貪狼星坐落在疾厄宮時，得注意腎臟以及泌尿系統方面的保健，「疾厄宮」顧名思義，為個人在身體健康方面的訊息預測，因貪狼較為注重物質方面的享受，尤其在「飲食方面」，宜能適當節制，不可過度偏好美食，或導致營養失衡，造成腎功能的負擔。腎功能五行屬「水」，依五行相生之道來論：「水生木，木得水而生」。因此，腎功能若失調的話，將會連帶影響到「肝功能」的正常運作。

## ■落陷的貪狼星在疾厄宮

意味著：「前述的特性之外，更應留意坐息的規律，不可偏離常態。對於影響腎功能的相關飲食，宜儘量避免。至於飲食的調節及參考資料，可參考坊間的相關養生書籍。落陷的貪狼星在疾厄宮，得注意肝腎功能的保健。對於性方面的需求，宜應有所節制才是」。

## ■忌煞沖、會照或同宮（貪狼星坐疾厄宮）

當疾厄宮的貪狼星，與陷地的煞星（擎羊、陀羅、火星、鈴星、地劫）同宮或三方四正會照時，這可能代表著：「個人身體的健康現象常處在腎功能較為虛弱的狀態，也會導至肝氣的不足，腎肝兩者本為水木屬性，水生木，木弱缺水則枯，肝功能不得腎水來生時，則將有運作失調的現象發生。因此，為兼顧養生及長壽的話，凡風花雪月場所（水花藥酒)，宜儘量避免涉及」。有關這一部分的論述，我們可在前篇破軍星在疾厄宮《黃帝內經・陰陽應象篇》中，找到理論的依據。

貪狼本體屬水，化其氣為陽木，
水者腎之所屬，木者屬於肝膽，
腎含泌尿系統，陽木筋路四肢，
化忌入疾厄宮，或陷煞來會照，
宜當養生保健，飲食當須節制，
凡事過與不及，已離陰陽之道，
腎者屬水為鹹，肝膽屬木為酸，
日常不可偏廢，節制得當保身，
遠離水花葯酒，是則離於侵犯，
平日靜心養氣，身體無恙壽長。

※貪狼星坐落遷移宮

## ■得地的貪狼星在遷移宮

貪狼星是一顆善於人際與公關的星座，因此，當得地的貪狼星在遷移宮時，意味著：「個人在出外行運方面，能夠廣結善緣，與人互動和諧，遇事喜以圓融收場。或有特殊的才華被人所賞識，尤其在言行舉動之間，成為大眾注目的焦點。對於人生目標的規劃頗為積極，動機與企圖心均強。心思細密，頗能善解人意、熱心助人。或者也注重個人對物質（慾望）的追求與享受，來達到成功的目標。或者創意豐富，對於趨勢的變化敏感度強，能勇於面對新鮮事物的挑戰。或者也是人際運作的高手，遇事能隨機應變，為人有八面玲瓏的特質。或者異性緣強，宜防桃花臨風之擾，或者咸池臨身……」

## ■落陷的貪狼星在遷移宮

意味著：「以貪狼星的才華與技能，在出外行運當中，雖然具有強烈的企圖心，仍有被囚困之感，導致常有懷才不遇、貴人難逢之憾。或者在人際、公關的互動上，不易展現其個人特質，致有志難伸。至於在選擇交友方面，宜當審慎，否則，恐有損友難防之患。在物質享用方面，宜能適可而止，慎勿過度追求，造成個人在財務與身體方面的負擔。或者宜遠離風花雪月場所，避免造成咸池臨身，或桃花臨風之擾。或者出外較有計利為己之心，善友漸離。或者凡事欲行之時，宜當循於正道而行，慎勿偏離常軌。或者喜以投機、冒險的方式，來達到個人的目的，但常事與願違……」

## ■忌煞沖、會照或同宮（貪狼星坐遷移宮）

當貪狼星遇化忌或者陷地煞星沖入，三方四正會照或與其同宮時，這可能表示著：「個人的才華，在出外行運當中，似有英雄無用武之地。或者計利為己，但常事與願違。或者在人生際遇當中，善緣難得，貴人難遇，常有受困之感。或者較易涉及風花雪月場所，自招災咎。雖然出門在外，具有對事業（職場）強烈的企圖心，但其所從事的事業性質，宜當循於正道而行，慎勿偏離常軌，免招災咎。或者其心性宜保守，凡事勿過度擴張，恐有寅吃卯糧之患。或者恐有交友不慎之過失，善友難逢，損友難離……」

遷移宮中出外運，主掌人際與公關，
若與化忌同宮臨，或者相沖來會照，
陷煞同宮非尋常，或者對宮化忌沖，
此運有滯才難顯，欲脫其困須智慧。
貪狼心性較浮華，易為外境遷其志，
交友宜習識人智，損友損己當遠離，
物慾宜當能節制，過之心性難平和，
風花雪月場所涉，水花藥酒難離身，

事業企圖雖用心，所圖宜當循正道，
貪狼會照忌煞星，出外行運考驗多，
若非先調已心性，加以動心兼忍性，
任你如何用計較，縱使千百般用心，
善因善緣若未具，如同無用武之地。
唯今若能反思維，我之運勢有阻滯，
想必因地少善因，福德不足難回應，
我今宜當善理會，凡事欲行心當慈，
計較之心當節制，利己利人當為先，
心性平和當以悲，見人有難隨緣施，
如此對治己習性，久之如水滴穿石，
或者如入檀香室，身受熏習香隨身，
如此因地種善因，福田自能饋己身。

※貪狼星坐落僕役宮（朋友宮）

## ■得地的貪狼星在僕役宮

意味著：「在你所交往的朋友中（或同事、部屬），不乏心地善良、頗有才華與善解人意的人，與你之間的往來順暢。或者其人擅長交友，但個性較為活潑、好動，創意與點子多，喜歡熱鬧的氣氛，或出入高尚場所，對於時尚資訊，頗有追求的意願。或者喜歡凸顯個人風格的特色，令人印象深刻。或喜追求物質的享受，來彰顯個人的成就……」

## ■落陷的貪狼星在僕役宮

當失去光輝的貪狼星坐落朋友宮時：「在交往的朋友中，有才華難顯、懷才不遇，或者遇事偶有挫折，難以盡如人意。或者其人個性較不穩定，雖發難制，或者舉棋不定，令人難以捉摸。或對方較喜追求時尚的物質層次享受，但因能力有限，往往難以順心。或者其人個性過於好動，常受外在環境影響，心性不易穩定下來。或者注重個人主義，與主觀意識的展現，但恐與人違和，或缺乏友善的人際關係。或者較利於己，回饋者寡（或者宜引導對方，能做好個人的情緒管理）……」

## ■忌煞沖、會照或同宮（貪狼坐僕役宮）

這可能表示著：「在你所交往的朋友當中（包括同事或部屬），「有對於享受追求更甚的人，但往往事與願違，經常受挫，或者總有先得後失之憾。或者易引誘自己，往水花樂方面去，致有交友不慎之患。或由於對方個性好動，易受外界誘惑，難以定心守志。心性不定，令人難以捉摸及適應，情緒易發難制。凡事宜當循於正道而行，心性不可偏離常軌。過度計算個人的利益得失，往往易違人和，善緣遠離。對於慾望的擴張，宜能適當的節制，否則，恐有寅吃卯糧之患（若能引導朋友遠離風花雪月場所，則可免於自招災咎的過失……）」

忌煞沖、會照或同宮在個人朋友宮時，也表示著：「自己更應穩定心志，凡事不可受其誘惑，導致交友不慎，引來災咎的過失至於，平日在交友的因緣中，應有識人之智，凡對我不利或可能損我的朋友，宜當遠離為要，離害則能保身。朋友的往來，各有因緣，若能知止於惡的話，則可免去許多無謂的煩惱或過失。若能瞭解自己在交友上的弱點時，即能善於補過，檢討自身，離於災咎的過失。

僕役宮中忌煞會，朋友交往須慎重，
若無識人之智舉，易陷友情困境中，
大往小來尚可取，若損又損當權衡，
損友不利於己身，智者當須知遠離，
凡事固守己心志，惡緣若離少煩惱，

平日宜當結善緣，善友難逢如貴人，
人生盛運本難遇，何況能得善友緣，
貴在真誠相對待，謙謙受益無不利。

※貪狼星坐落官祿宮（事業運）

■得地的貪狼星在官祿宮

善於公關以及人際運作的貪狼星，當它坐落在官祿宮的時候，意味著：「個人對於本身事業的成就與否相當的重視，而且頗具企圖心。對於人脈資源的應用，頗能發揮其專長。善於體察人意，並能適時回應對方的態度。能積極的面對職場，對於相關的時勢資訊，頗能掌握得當，適時出擊。至於創意、點子多是其人格特質的一部分，能應付變化的環境或人事問題。或者對於時尚的事業，頗能掌握市場趨勢。或在其事業上，能夠發揮個人經營的特色。勇於面對事業的挑戰，愈挫愈勇，心思細密，能從中突破重圍，履創佳績。或者對於事業的投資及擴展的企圖心，有其規劃的巧思……」

■落陷的貪狼星在官祿宮

意味著：「個人在公關或事業上的人際關係不易發揮才能，或其事業上的成就度偶有受挫之感。或有強烈的企圖心欲突破其困境，但總有懷才不遇之感。或者在行業上的選擇宜有正確的認知，不致陷入其中。或雖辛勤工作，但所獲有限，勞心勞力。或者在職場上的人際關係宜有適當的應對，若能不違人和，則可處處建立善緣。或者個性稍嫌浮躁，遇事不易冷靜面對。或在人生的職場上宜循正道而行，心性勿受境遷。或雖有雄心壯志，但凡事易遇困境，難成其功。甚至，喜以時尚潮流的事業來達成個人的成就，但總有勞多獲少之憾。或者在事業上，喜歡出入風花雪月的場所（或經營娛樂事業）……」

## ■忌煞沖、會照或同宮（貪狼坐官祿宮）

這可能代表著：「個人在面對事業的心態上，心性不易把持，易受外境誘惑，動搖自己的心志。或者所從事的事業頗勞心勞力，所獲有限。至於對職業的選擇宜當慎重，凡事不可偏離常軌而行。或也易涉及風花雪月、娛樂場所，心性易受境遷。或者宜以自己的專業技術安身，凡事以固守本分為要，過度奢求，恐有事與願違之過失。在人際及公關方面，宜多廣結善緣，建立正面的人際緣分，有助於個人的提升，有利於事業發展。或者在事業伙伴的來往方面，宜學習識人之智，否則恐有損友牽連己身之患。或在職場上，宜以誠信為原則，不可偏離常規。或者在事業的經營上，應當保守，否則恐有先得後失，或者空忙一場之憾……」

官祿貪狼居陷地，若有化忌同宮臨，
或者三方四正中，陷煞或忌來會照，
生來運勢阻滯多，欲得之時卻失去，
伙伴心性難相識，結果易初善終惡，
事業欲成有十方，一者心思宜當直，
二者寧向直中取，三者不趨曲中求，
四者事業宜保守，五者不偏離正業，
六者當習謙與柔，七者固守本事業，
八者離是非場所，九者以誠信處事，
十者當廣結善緣，若能如此惕己身，
官祿宿命猶可解，浪裡行舟有止時。

※貪狼星坐落田宅宮（居家生活）

## ■得地的貪狼星在田宅宮

從個人在居家生活的現象來推論的話，意味著：「重視居家生活的品質，以及家中氣氛的營造。或者也喜歡居家有熱鬧的氣氛，對於來訪家中的親戚朋友能夠親切與熱情的招待。或喜以創思來規劃及佈置家中的擺設，以增添居家的情趣。或者在家庭生活的領域裡，也重人情事故，廣結善緣。或也注重夫妻間的感情互動，彼此生活融洽。平日在居家中，或許也有個人在才藝方面的表現，比如：喜歡下廚展露廚藝，或者打點家裡有條不紊……」

## ■落陷的貪狼星在田宅宮

意味著：「個人對於本身居家的品質不甚講究，較少花費心思在家庭活動及規劃上。或者在居家狀態少有親朋好友與之往來，似有遺世獨立意味。甚至也可能經常不在家，聚少離多，與家人聚會時間少。也可能在居家中與家人相處不甚融洽。或也有個人在家庭中主觀意識較強烈，容易產生溝通不良的現象。或者個人在人際關係中，親朋好友與居家往來的狀況較少。或個人也較沒有意願在居家中接待親朋好友……」

## ■忌煞沖、會照或同宮（貪狼星坐田宅宮）

這種逢忌煞會照的現象，可能意味著：「個人心性較為好動，易受外界影響其居家的穩定性，因此，在家時間甚少，在外奔波的時間長。在本身居家範圍的環境整理有待加強。或者難以擁有不動產的能力，即使費盡心思，但總事與願違。或者，在居家中，親朋好友不易主動與我往來，而我也不在意。在居家中，個人的情緒雖發難制，與家人之間的互動不良，偶有對立或產生隔閡的現象。或者在所居住的房宅中，硬體的設施或結構宜加注意，平日應注重建物結構的保養。至於進出家宅時，宜應注意居家安全，凡事不可馬虎……」

田宅宮中陷貪坐，或有忌煞同沖入，（註）
居家得須細端詳，田宅本為生活主，
如同人生歸宿處，忌煞同坐或沖入，
其人居家心不定，聚少離多奔波苦，
或見在家難融入，互動偶有違和時，
親朋友人往來少，如同孤辰獨立般，
或有離鄉住遠處，往來自家時間少，
田宅對宮子女宮，居家不安累子女，

夫妻互動會聚少，親子感情易疏離，田宅另有別寓意，工作場所可比擬，欲令職場運途順，解鈴還須繫鈴人，若能知此居家運，內外因緣有牽連，改變思維來面對，善能補過無不利，居家和諧氣氛新，職運或有轉機處。

※註：

「煞」：指陷地的四煞星及空劫。

※貪狼星坐落福德宮（心靈、精神與休閒生活）

## ■得地的貪狼星在福德宮

精神生活象徵著個人生命歷程的提升，以及相關生活品質的活動狀態，精神生活的層次當然也包括在心靈層次的領域內，因此，當得地的貪狼星，坐落在個人福德宮時，意謂著：「在精神生活的領域裡，較為注重休閒的品質，尤其具有潮流或時尚的事物，頗能留意其發展動向，並有傾向這方面的意願，進而與其相呼應。或者也有注重個人的品味與風格的展現，重視個人在休閒方面的活動。貪狼星的才華是有目共睹的，所以，其個人也喜以展露其風格而為人所肯定或讚賞。或也重視人際公關方面的互動，對於人脈的經營，頗有個人的獨到之處。異性緣也是個人生命歷程中所需經歷的一個重要關卡，正面的人際運作，有助於個人在社會上的發展，但負面的兩性互動，則令人有桃花臨風的困擾。」

得地貪狼坐福德，心地善良亦有福，
唯心性易受境遷，固守心志本不易，
追求事物及休閒，當止則止是智者，
人際往來雖頻復，桃花路徑行不得，
凡事欲行當惜福，種善心田能佈施，
植福培德能與人，是為貪狼智慧人。

## ■落陷的貪狼星在福德宮

這可能意味著：「個人在心靈生活上缺乏主動及積極成長的意願，致使在其日常生活上顯得奔波勞碌，難得清閒，享受寧靜或安逸的自在品味。或者心性易受外在環境引誘，導致個人心志不易把持，影響出外行運。尤其在休閒生活方面，也較傾向於追求物質導向的需求，但總勞多獲少。或者在個人的潛意識裡，蘊藏著桃色動機，等待因緣際會時，便易將這種內在傾向的衝動特質表現在實際的行動上，但總為其人生帶來無限困擾。或者易涉及風花雪月場所，致使不易從囚困中掙脫出來。或個人的心神不易穩定，情緒偶有反覆不定的傾向，與人相處或有違和之處。或者較注重現實條件的利益。或者為追求人生的目標，辛苦勞碌，得少失多。甚至在才華的展現上，總有懷才不遇的感嘆。尤其具有內在傾向的桃色動機，宜當審慎觀照，否則恐有「咸池臨身」的困擾……」

## ■忌煞沖、會照或同宮（貪狼星坐福德宮）

類似這種格局的人，代表著：「平生勞心勞力，難以使其個人的精神層次整個提升起來。或者在心靈生活上的成長意願缺缺，致使個人的心志較有意志消沉的傾向。或對於生命存在的意義感覺困惑，不知所從。或者心胸宜習開闊，平日積德，在能力範圍之內去幫助別人。凡事欲行，慎勿偏離常軌。至於對於物慾的追求，當能適可即止，否則，愈是競逐其中，恐有心力不勝負荷的過患……」

福德宮中陷貪坐，忌煞同宮或沖入，
生來勞碌不得閒，才華難顯少作為，
心性易受外境遷，隨波逐流渡平生，
兩性來往當慎重，不叫咸池臨己身，
為今當須慎思惟，想必往昔缺善緣，
凡知命者不怨天，或者也不怨於人，
個人因緣福多寡，端視如何去面對，
或有十方來對治，一者宜當能惜福，
二者心胸宜寬闊，三者心性當守正，
四者離是非場所，五者廣結好善緣，
六者不怨天尤人，七者桃花不臨風，
八者心思時時善，九者行善隨份施，
十者隨喜能迴向，自利利他為智者。

## ※貪狼星坐落父母宮

## ■得地的貪狼星在父母宮

意味著：「在你父母親之其中一方，有為人隨和也頗注重與子女互動的親子情分，對子女關懷的心思細膩，能善察子女的心意，並與其互動融洽。或者也具具應事的才華與能力，凡事喜以圓融氣氛收場，頗能掌握人際互動的優勢。或者父母親中，有才華橫溢、一表人才者，對於其人生的規劃運作，有其強烈的動機與企圖心。或者與子女的互動，頗能發揮其活潑、創思的特質，因勢利導的引導子女走上向善的境地。也意謂著你與父母的感情融洽，頗能製造歡樂的氣氛，令父母親覺得窩心或愉悅……」

## ■落陷的貪狼星在父母宮

這可能代表著：「你與父母親中的其中一方，在互動上較難融洽。或者在照顧子女的責任上，奔波勞碌，顯得有無力感。或者是其情緒雖發難制，需要學習自我情緒的管理藝術。或子女與其中一方，互動的意願缺缺，情分較為薄弱。或者其中的一方，心思較為雜亂，面對其人生的規劃，不知所向，連帶影響子女的在成長中的認知價值觀。或者其中一方，心性宜當穩定，凡事欲行，不可偏離常軌。或者也當離於是非場所，免得自招災咎。或者慾望不可過大，凡事得知足為樂，過度耗費，恐有寅吃卯糧的過患……」

## ■忌煞沖、會照或同宮（貪狼星坐父母宮）

類似這種命盤格局的人，可能意謂著：「父母親中的其中一方，為人個性較為浮躁，心性易起伏不定，情緒有雖發難制的傾向。或者其對子女的教養問題經常疏於照顧，導致與子女之間的親情互動較為疏離。或者平日勞碌奔波，所獲有限，照顧家庭的負擔頗為費力。或者個人在心性上的表現較有負面的傾向，與子女之間的親情互動疏離。或者宜修心養性，凡事動心忍性，平日培養慈悲的胸懷來帶領子女，令子女耳濡目染，受其薰陶與感染……」

父母宮中的星性特質，關係著個人在長輩的緣分多寡，比如說：「師生的緣分、主管與部屬的緣分、老闆與員工的緣分、是否有升遷的緣分、逢遇貴人提攜或善緣處處……」。因此，若能知解這方面緣由的話，則可從自己與父母親互動做起，只要是正面的、良性的、融洽的互動，這將會幫助自己在整體生活方面的提升，所以，重視這個問題的因果循環道理是不為過的。在紫微斗數命盤中，父母宮的對宮為「疾厄宮」，也意謂著個人生命體中擁有父母的基因，在童年成長的過程或者終其一生中，若未能處理好與父母親互動的融洽度，將會連帶影響到個人的身體健康狀況，關於這一點的奧妙之處，或許是「紫微斗數」蘊藏原理的精髓所在吧！

父母宮中陷貪坐，若有忌煞同宮臨，
或有忌煞來沖入，於此運勢當端詳，
為人父母勞心力，平日得少又多失，
心性易受外境遷，固守心志本不易，
應事當應學謙柔，凡有所行循正道，
動心忍性守本分，災咎不招福自有，
愛護子女本天性，宜當善盡己職責，
以言教者易爭訟，以身教者子女從，
母愛子天經地義，父護子亦能如是，
父母者當善思維，如何調柔己心性，
利己也能利家人，能如是者為智者，
易經卦中有啟示，風火家人家業興，
風助火勢兩相依，父母與子同比喻，
智者若能如是解，何愁宿命來束縛。

# 天府星

妲己進宮以來，除了進出壽仙宮寢居之外，大部分的時間便與紂王在摘星樓飲酒作樂，迷惑君主可謂無所不用其極，以致紂王常居後宮，作息顛倒，日月反背，朝政之事漸漸荒廢起來，宰相商容及眾大臣，既見不著君主，也無可奈何。有一天，已到凌晨二更時分，在中宮還沒睡著的姜皇后，依悉聽見摘星樓傳來笙歌夜舞的音樂聲，便起駕至摘星樓，想一探究竟。紂王迎接之後，妲己也來問候一番，姜皇后見此情景實在荒謬，便向紂王勸道：「我聽說人君有道，賤貨而貴德，去讒言而遠色，這是身為人君自我反省的法寶……」話一說完便又起駕返回中宮。

依照宮中的規矩，每逢初一、十五這兩天，各宮嬪妃按例朝賀皇后，這天，妲己也來到中宮朝賀皇后，姜皇后當著西宮黃妃、馨慶宮楊妃的面，訓斥妲己說：「妳不該迷惑君上，整天沉緬於酒色歌舞中，設炮烙，殺害忠良，危及社稷，若再不改過，將以中宮之法懲治。」此時，只見妲己忍氣吞聲退下，回到壽仙宮，心有不甘，便思報復之計，欲置姜皇后於死地。

原來，「妲己」早和「費仲」串通好，買下一名莽漢的生命，誣陷姜皇后勾結外官，圖謀造反，誰知紂王昏庸不察，便對姜皇后施以剜目之刑。結果，一個字也供不出來，再施以烙手之刑時，姜皇后痛不欲生，氣絕而亡。臨終前，對她的兩個兒子，太子殷郊、次子殷洪告之：「要為她報這誣陷之仇。」話剛說完，「殷郊」立即拔出腰間佩劍，把跪在前面誣陷母后的惡人一劍刺死。西宮黃妃眼見誣陷之人已死，死無對證，因滋事體大，怕紂王怪罪下來逮捕兩子，一併處決。於是，便令兩位王子快逃，展開了一連串的亡命生涯。而四大諸侯之一的東伯侯姜環楚（姜皇后之父），尚被矇在鼓裡，一無所知。

《封神榜》中，第一個魂魄飄往西岐封神台，受封為「天府星」的人，便是姜皇后。「天府」意謂著：「司掌財庫豐盈之神」。因此，我們便把這個星座的特色，套入「紫微斗數」的命盤系統中，用來具體化、人物化，便於在說明之時，令人淺顯易懂。

**「天府星」**為后座之星，南斗星系第一星，掌轄南斗諸星座，化氣為「令」，又名「祿庫」，為富貴之星，「天府星」之祿庫，屬於事業俸祿之財，而非積富之財。因此，若欲經商、投資，應多加謹慎才是。若能在穩定中求發展，則可減低挫折或風險的因應，這也就是說：「每十年天干的四化現象中並沒有天府星的緣故，因為，它是一顆相當穩定的星座」。唯若偏離這基本原則時，「天府星」所遭遇的困難或挫折，將會相對的增加，使其窮於應付。

| 星宿 | 五行 | 化氣 | 司主 | 主事 | 十年干之四化 |
|---|---|---|---|---|---|
| 天府星<br>南斗后座 | 陽土 | 令 | 財帛、田宅<br>祿庫 | 才能、慈悲<br>延壽、解厄 | 無四化 |

從「天府星」所代表的人物「姜皇后」，來分析其星性的基本特質，約可歸納成下列幾項優缺點，如左列詳述之。

## ◎優點

一、「天府星」是一顆皇后星座，也是代表崇高的風範。

二、心慈賢淑，有德有才，能恩及大眾，或德被於有困難的人。

三、儀容、儀態，典雅端莊，注重本身起居與言行。

四、對飲食、養生之道頗能注重，並從中獲取相關知識與經驗。

五、有德行者的代表人物，也是社會共同效行的典範。

六、具有智慧及才能，與獨立運作的能力強。

七、有相當強的領導能力，雖然開創性、衝勁與冒險能力較不足，不過，能夠穩定帶領團隊，一步一步前進。

八、雖穩定中求發展，也能適應環境的變化，個性保守，能安於現狀。

九、人際互動調和，能以柔順應對，掌握溝通的技巧。

十、見人受苦，心生慈悲，能以實際行動幫助別人。

十一、心胸寬廣、容受量大，注重本身的精神生活。

## ◎缺點

一、「天府星」雖然有一種崇高的風範，唯仍需內斂，不至造成自視過高或傲慢的態度。

二、心軟，見人有困難之時，不量己力，而造成自己的困擾。

三、雖注重衣著及儀態，唯恐過與不及，適得其反。

四、雖具有智慧、才能，唯過度保守則缺乏創意與衝勁，若安於現狀的話，也將缺乏危機意識的建立。

五、有領導者的特質，唯缺乏冒險、開創的精神與意志。

六、處於被領導的格局的話，不喜被約束，或對上級有些許建言、意見，或令主管困擾。（因天府星是顆較為強勢的星座，當它處於下位時，較不易安守於本分）。

七、逢遇挫折之時，排解自身受困的能力較弱。

八、對自身情緒與壓力的紓解方面，尚有難以化解之處，可見「天府星」解人難處的能力強，排除自身受困的能力較不足。

九、人際往來之間，自我保護能力尚待建立，因此，易生初善終惡之果。

※天府星坐命十二宮位圖解

| | | | |
|---|---|---|---|
| 天府+2 巳 | 武曲+3 天府+3 午 | 天府+4 未 | 天府+2 紫微+3 申 |
| 廉貞+1 天府+4 辰 | 貪狼星 | | 天府+3 酉 |
| 天府+2 卯 | | | 廉貞+1 天府+4 戌 |
| 紫微+3 天府+4 寅 | 天府+4 丑 | 武曲+3 天府+4 子 | 天府+2 亥 |

◎天府星坐「命宮」

**壹、「得勢」的天府星**（三方四正，不會到陷地的紫府星系）

一、在命宮的十二種結構裡，天府星本身不落陷（無四化），可見天府星是一顆穩定的星座。所以，凡天府星坐命之人，一生當中的波折較一般人少（這是比較值），唯若落在失勢的宮位時，那又另當別論了。

二、人際關係甚佳，外出運籌帷幄的能力強。

三、處處易逢善緣與貴人，自己也可能是別人的貴人。

四、掌握財經的能力強，對財務進出的規劃有其獨到之處。

五、領導能力強，心慈正直，通曉事業經營之道。

六、天府星化氣為「令」，有解厄的功能，比如說：三方四正中，逢得地的「擎羊、陀羅、火星、鈴星」會照的話，則可轉化正面的四煞星，化為有利的行動資源及利器。

七、天府星的三方四正中，若遇有紫微、武曲、天相星來會照的話（無陷地的四煞，以及地劫、地空或化忌星來會照），則更加強天府星在領導統御方面的能力，有如望風披靡之勢，堪稱良好的格局。

※「得勢」天府坐命宮，共有十種基本結構

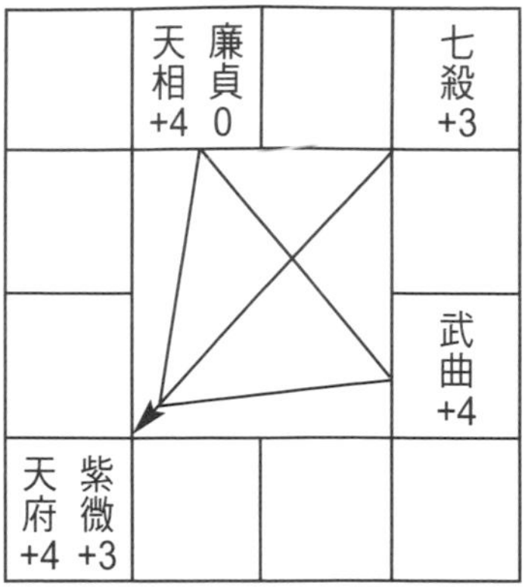
天相 +4
廉貞 0
七殺 +3
武曲 +4
天府 +4
紫微 +3
圖三

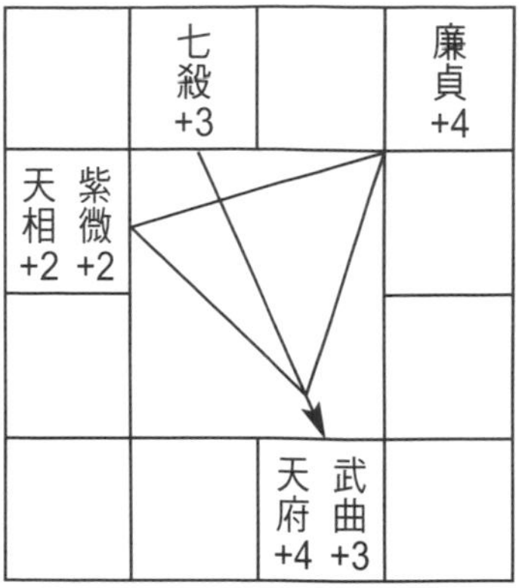
七殺 +3
廉貞 +4
天相 +2
紫微 +2
天府 +4
武曲 +3
圖一

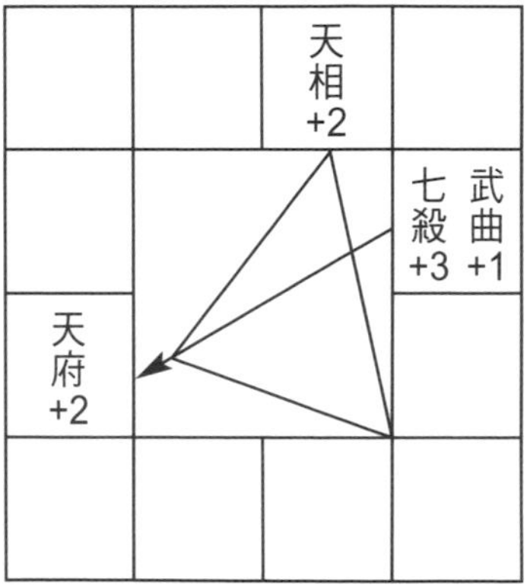
天相 +2
七殺 +3
武曲 +1
天府 +2
圖四

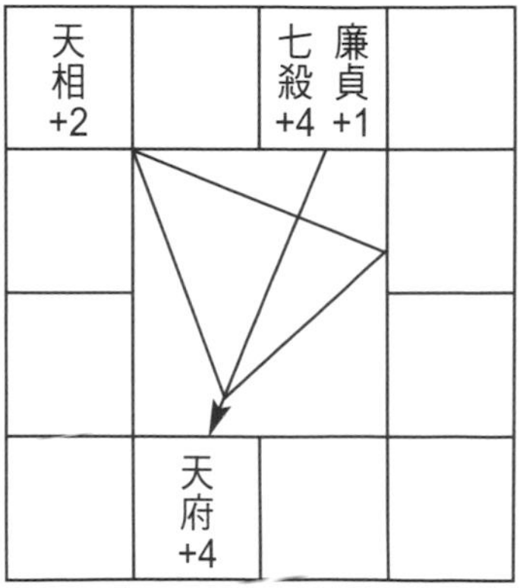
天相 +2
七殺 +4
廉貞 +1
天府 +4
圖二

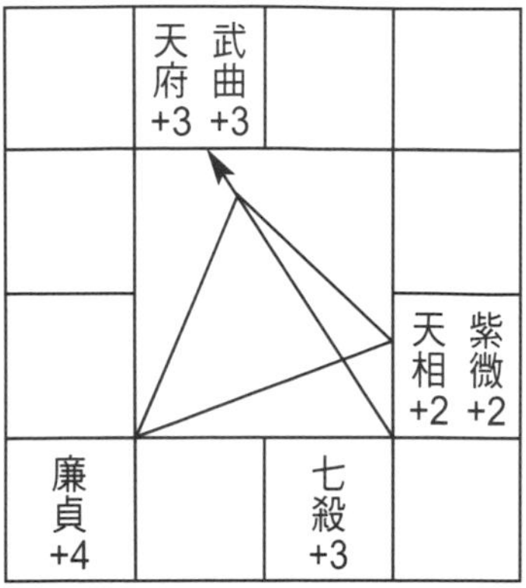
天府 +3
武曲 +3
天相 +2
紫微 +2
廉貞 +4
七殺 +3

圖七

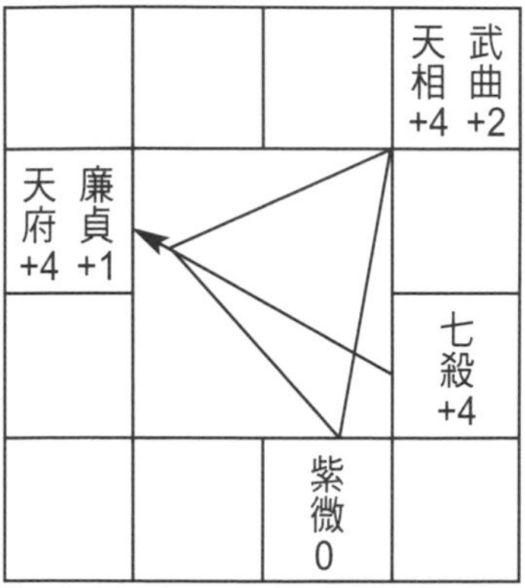
天相 +4
武曲 +2
天府 +4
廉貞 +1
七殺 +4
紫微 0

圖五

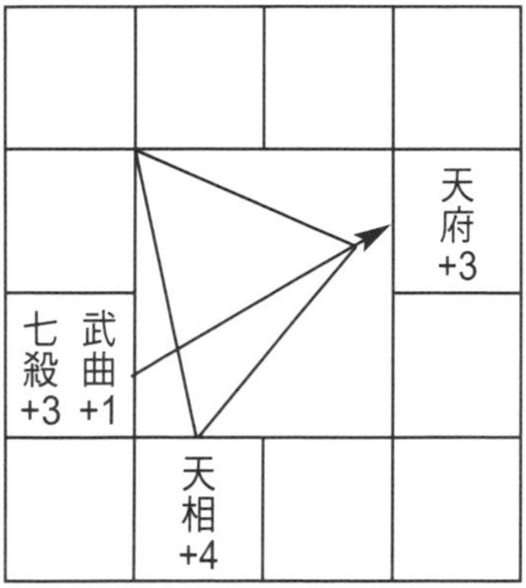
天府 +3
七殺 +3
武曲 +1
天相 +4

圖八

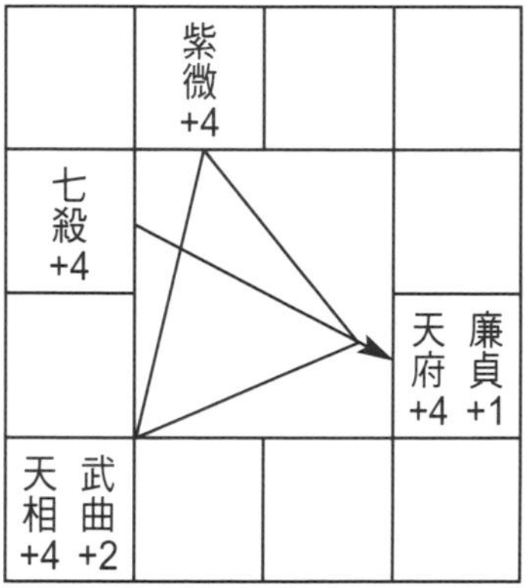
紫微 +4
七殺 +4
天府 +4
廉貞 +1
天相 +4
武曲 +2

圖六

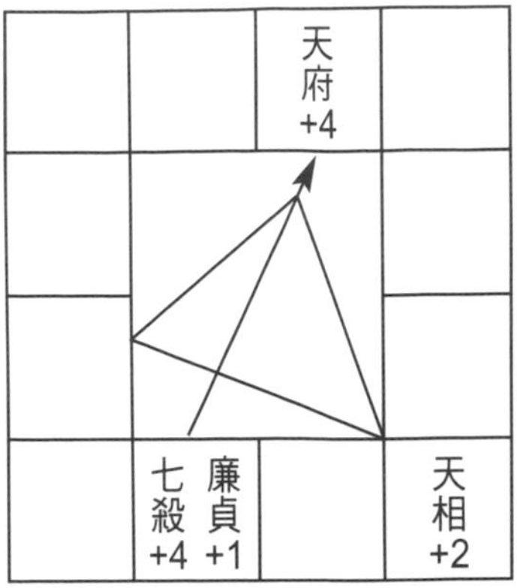

圖九

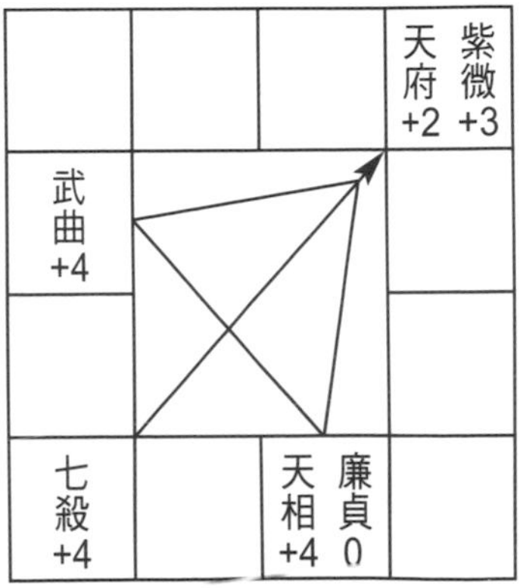

圖十

※備註：

得勢的「紫府」在寅、申兩個命宮位置，顯然的，甲級星的十四顆主要星座都各就各位，均勻的分佈在十二個宮位中，「紫府」坐命者，意謂著：「經歷著人生的一些傳奇經歷；無論人際關係或者領導統御能力，都是最佳的人選」。唯「紫府」居其中的「紫微星」，帶有桃花及感情上的困擾。因此，又居於四馬之地，難免辛勞一番才有大成。

※紫微、天府坐在「寅、申」兩宮的相對應結構：

（均勻分佈了十四顆甲級星座）

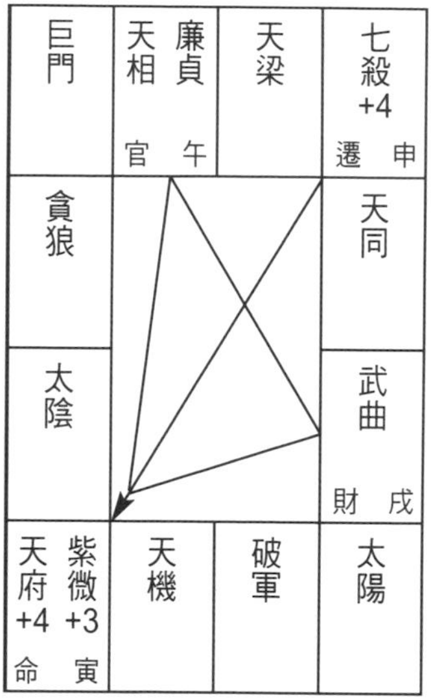


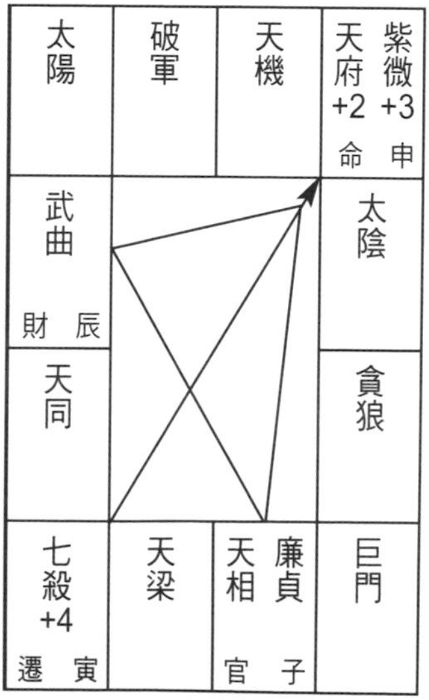


## 貳、「失勢」的天府星

在其所坐落的宮位當中，端視三方四正中的「陷地紫府星系」是否會照而定，其中若有「天相落陷」來照會的話，像這種狀況，都可能會減低「天府星」的正面特質，而使其面臨沈重的壓力，疲於應付，讓天府星的獨立性受創，顯得左右難以逢得助緣。

※「失勢」天府星坐命的兩種基本結構

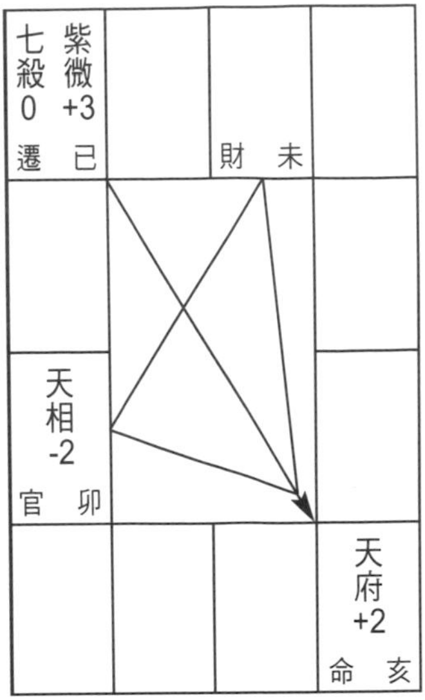


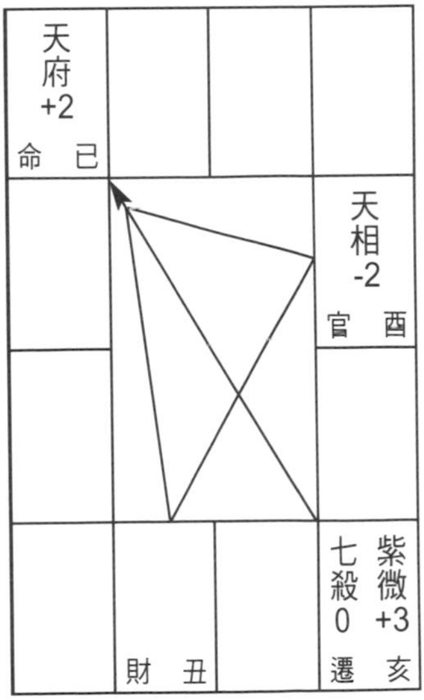


一、三方四正中，若有陷地煞星及空劫照會（或夾命宮），易有受孤立的現象，遇有挫折或面對困境之時，則缺乏排憂解難的魄力。

二、天府星若與孤剋之星（孤辰、寡宿、蜚廉、破碎）同坐命宮的話，凡事易受孤立或有初善終惡的現象。因此，在面對日常事務時，宜發揮智慧來化解這種困境。

三、天府星若坐於「四馬之地」，又逢空劫或陷地煞星，或有孤剋之星會照命宮（或夾命宮）或同宮的話，將增加日常生活或處理事務的動態性，使其穩定性降低，平添辛勞，易生挫折感或有難言之隱。

※四馬之地（寅、申、巳、亥）

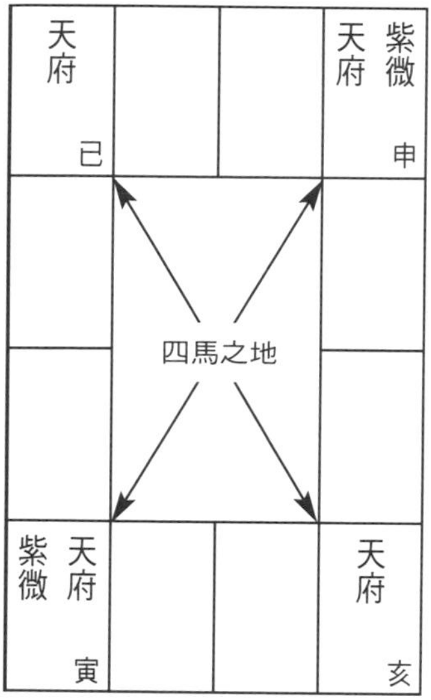


## ◎超越天府星的宿命

**天府星**是一顆具有高貴氣質的星座，在人生的舞台上，無論人際、領導、經濟活動、家庭……等等，經常扮演著相當重要的角色。儘管你的命盤是正面的多，或者是負面的多，你都應該努力的去發揮「天府星」所具有的正面特質與優點，「天府星」顧名思議，就是皇后的星座，具有統領後宮的最佳領導能力，也是母儀天下的典範。

因此，凡是「得勢的天府星」坐命，除了照顧自己的日常起居，或者所從事的事業之外，行有餘力來做植福的工作，它是具有相當意義的。你的存在，也許是上天賦與你的最好安排，讓你有機會來為更多的人服務，讓更多的人因你而受益。

天府得勢坐命宮，若無陷煞忌來侵，
一生自有富足運，亦有吉慶來相扶，
上天眷顧來相祐，祿庫自隨有福人，
行有餘力植福基，隨緣隨分施己力，
利己利人能兼顧，善因善緣有善果，
問渠哪得清如許，為有源頭活水來。

「失勢的天府星」坐命宮，只要能找出自己的缺失所在，下定決心，勇於去改善，補其不足或者過失所在，沒有不能突破宿命的道理。比如說：「學習讓自己傲慢的心態能夠柔軟下來；或於事業中，應學習充分授權的藝術；或須得強力的輔佐人才，補其不足之處；或居下位時，應習謙卑；或建立善緣，讓人生中的貴人無所不在；或隨處均能逢遇左輔、右弼（得有力的助緣），有利於經營人生的事業……」上述這些課程，就是我們改善的空間，或許也是上天給我們出的考題，透過這些考驗，要來讓我們的智慧成長，當然就不足以為慮了。

失勢天府來坐命，若會陷煞忌空劫，
生來逢運得未濟，譬如貴人時運滯，

未得后冠履歷險，凡事隱忍不強為，
唯今能見己缺失，善調以往過失處，
善於補過善緣至，禍福相依本有理，
知解其中福自隨，自此之後運則轉，
吉星無處不逢臨，所行如願因果還，
行有餘力隨緣施，施者受者均隨喜。

※天府星在兄弟宮

## ■天府星坐落兄弟宮

意味著：「在你的兄弟姐妹中，不乏有才氣之人，個性溫和柔順，為人心地善良、胸襟廣闊，有照顧手足的雅量。或者其人才華橫溢，為人樂善好施、廣結善緣，遇事喜以圓融方式應對，在人生中常遇貴人或逢善友，在人際往來的互動上融洽得體。或有獨立性強的人格特質，在面對其人生的過程中，通常能獨當一面。或也具有領導者的特質，在帶動團隊的過程中，氣氛和諧，由於具有強烈的企圖心，頗能帶來實質的效益。或對自己手足的關愛，能無怨無悔的付出，進一步改善他們的生活品質……」

※天府星在夫妻宮

## ■天府星坐落夫妻宮

意味著：「配偶心慈賢淑或心地善良，是個頗有才華的人，對於夫妻間情感互動的經營頗為用心，甚至對於家庭的料理與照顧上有其獨到之處。或個性溫和，對其生涯規劃頗有其獨到的見解。或對伴侶有輔助成長的能力，使對方能在物質或心靈上提升。天府意謂著：天府之國，可見凡天府星坐落在自己的夫妻宮時，代表著對方具有才氣，與能為夫妻間的家庭經營帶來財運。或也重視家庭的和諧，凡事能為大局著想，不拘小節、胸襟寬廣。或者也能重視與對方親屬的互動往來，通常能夠融洽和諧。或也具有領導家庭的才能，能獨當一面，將居家事務料理得有條不紊。或也具有善於規劃家庭經濟的能力，通常能守住家財，穩定成長……」

※天府星在子女宮

## ■天府星坐落子女宮

天府星的貴氣坐臨子女宮時，意味著：「在自己的孩子當中，有善解人意的子女，心性穩定、個性溫和，能與父母互動融洽，且為家庭帶來財運。具有獨立性的特質，令父母減少憂心，其為人處世的風格，頗能獲得別人的讚賞。心地善良，常有熱心助人的好心腸，樂善好施，通常能顧及周遭人的感受。或也能肯定自我人格的成長，強調個人的主觀意識，充分展現個人的自信程度。或者也喜交友，廣結善緣，能夠真誠的對待友人，具誠實無欺的個人特色……」

※天府星在財帛宮

## ■天府星坐落財帛宮

天府之國的天府星，坐落在個人命盤上的財帛宮時，基本上，這是一種不錯的組合，意味著：「個人在財務上的收支頗具有掌控的能力。因為，以天府星的保守個性，不易將金錢做過度揮霍，反而能固守得來不易的錢財，使其能日積月累，積聚為富有。天府星是顆具穩定性的星座，因此，當它坐落在財帛宮時，對於錢財出入的理念清楚，也能妥善規劃財源的應用，雖有穩住個人財力的能力，卻也能在適當時機樂善好施（不慳吝），行有餘力之時，也能以財力來濟助他人。穩定的規劃個人的財務狀況，對於投機（投資）的行動較為保守，不輕易冒險的特質能為其漸增財富。或也有著賺錢的機運，通常比別人來得幸運，甚至有勞力少卻即能獲利的不錯運勢……」

財帛宮的對宮為「福德宮」，因此，似乎與個人在錢財獲利的多寡有著福報上的密切關連，從個體生命來看其一生擁有錢財的福報上，顯然在冥冥之中自有其定數。福報不足的人，縱使你費盡心思，總有勞多獲少之憾，或者有空忙一場的感嘆。然而，對於福報好的人來說，通常能處處逢遇善緣，或有貴人之提攜與相助，令其一生中，如魚得水一般的獲利，使其能維持相當的生活品質。

天府星坐落財帛宮，生來福報即是殊勝，
惟是往昔已種施緣，財源延續令其享有，
亦不慳吝或者難捨，心性慈善樂善好施，
財報不足當自思惟，從今以往能捨慳吝，
雖得財已辛苦付出，若能量力隨緣佈施，
心常牽念緣起隨喜，是則廣植自己福田，
取之社會饋之於斯，是則自利以及利他，
凡是佈施宜重發心，多寡不拘慎勿牽強，
一切所行若能迴向，一切大眾遠離窮苦，
自心念想在於斯事，如同發心自求多福，

遠離貪吝福分自有，善緣若具解神自來。

## ※天府星在疾厄宮

### ■天府星坐落疾厄宮

天府星之五行屬性為「土」，在疾厄宮中即以五行分類來論述個人的身體健康狀況，依《黃帝內經・素問─陰陽應象大論篇第五・第三章》中有關這一部分的論述如下：

中央生溼，溼生土，土生甘，甘生脾，脾生肉，肉生肺，
脾主口，其在天為溼，在地為土，在體為肉，在藏為脾，
在色為黃，在音為宮，在聲為歌，在變動為噦，在竅為口，
在味為甘，在志為思，思傷脾，怒勝思，
溼傷肉，風勝溼，甘傷肉，酸勝甘。

《黃帝內經─金匱真言論篇第四・第三章》

中央黃色，入通於脾，開竅於口，藏精於脾，故病在舌本，其味甘，其類土，其畜牛，其穀稷，其應四時，上為鎮星，是以知病之在肉也，其音宮，其數五，其臭香。

當天府星坐落在個人的疾厄宮時，意味著：「個人在身體的健康狀況宜應多加留意脾胃的養生與保健（腸胃及消化系統）。甚至個人在日常生活的飲食習慣上，應予以適度調整，注重均衡的飲食之道，則可常保脾胃的健康」。

## ※天府星在遷移宮

## ■天府星坐落遷移宮

具有領導特質的天府星，在外出行運上，無論是人際或公關方面，可說是能發揮所長，充分展現其企圖心，尤其天府星剛柔並濟的特質，更能在事業或人際上調節得當。然而，廣結善緣以及遇事喜以圓融收場的天府星，更能在遷移的行運上，帶給周遭歡樂的氣氛。天府星又是一顆后座之星，因此，也具有熱心、喜助人的慈悲胸懷。天府星除了是顆具足貴氣之星外，也是別人的貴人，能適時的伸出援手，幫助那些與他（她）有緣的人。不但如此，天府星在出外的行運上，也常有機會會遇到貴人，受其提拔或相助。天府星的領導統御能力，帶有自我肯定的自信能力，遇事能以其智慧來化解其中的困境，對周遭的人際往來也能互動得體。天府星也是一顆具堅守原則的星座，凡事能朝正面方向發展，也滿能體會周遭人的感受，並在實際的行動上去支持他們。具有活潑、樂觀、慈悲的人格特質，使坐這種命格的人，在其一生中，有異於常人的特殊經歷，為其人生增添心靈成長的體驗……。

天府星坐遷移宮，心地善良又慈悲，
福報不求人自有，想必往昔種善緣。
若與化忌同宮坐，或者陷地煞忌沖，
福分想必有損失，外出勞心又勞力，
先得後失總須防，初善終惡宜惕己，
福分來時當惜福，過度花費招損失，
與其財源偶有失，當得適度來佈施，
濟利於人如渡己，解神無處不逢臨。（註）

◎註：

「解神」：紫微斗數命盤上的一顆吉祥星座，也代表著兩種意義：

一、在人生歷程上，偶爾會遇到貴人來幫助我們度過困境。

二、在冥冥之中，有種令人不可思議的無形力量，在我們遇到困難時，能適時的逢凶化吉。

※天府星在僕役宮

## ■天府星坐落僕役宮

意味著：「在你所交往的朋友當中，基本上，有相當照顧我的人，或者與我互動融洽。或其為人心地善良，頗能體會朋友的心思，能適時的伸出援手，關懷對方。具有領導者的特質，也是他（她）的特色之一，個性溫和，與其互動令人有愉悅感。具有相當的才華，對人生充滿積極的企圖心，自我肯定的信心，通常能帶給周遭產生正面的效應。況且，天府星坐落在朋友宮的人，不論處理事情或應對之間，皆能顧及待人接物的流暢度，喜以好的氣氛收場，是個值得與他（她）往來的朋友。或者對於世俗雖有著積極的企圖心，但在心靈成長方面，也頗注重，並能帶動朋友一起成長。具有慈善的心地，心胸寬闊、熱心助人，平日也喜以佈施，來濟助或利益他人……」

※天府星在官祿宮

## ■天府星坐落官祿宮

天府星是一顆具有心慈、正直，又有著積極企圖心的星座，因此，當它坐落在官祿宮的時候，意謂著：「在個人的工作或事業上，頗能堅守其個人的情操，忠於自己的崗位。以天府星的領導魅力，若能在職場上予以適度發揮的話，必有一番令人肯定的成就，因為，他（她）的領導風格頗具個人特色，況且，對於部屬的照應與關懷，通常也能顧及他們的福利。或者在職場上，也能廣結善緣、常遇貴人，而自己在無形當中，也成為別人的貴人。或也具有熱心助人的好心腸，別人也能適時的回饋於他（她）。或者在職場上，較容易得到上司的賞識，進一步賦與重任。或在個人的事業上，凡逢困難之時，容易得到別人的幫助、化解危厄。至於在獲利方面，也比一般人來得順利（比較級）。還有一個重要的特色，那就是天府星坐在官祿宮的人，在其工作的場所，通常能為周遭帶來愉悅的氣氛，令人有清新活潑的感覺……」

※天府星在田宅宮

## ■天府星坐落田宅宮

天府星是后座之星，具有高尚的氣質與品味，因此，當這顆星坐落在田宅宮時，意謂著：「注重自己在家庭生活中的品味。或者營造出家中有著喜氣或熱鬧的氣氛，並願將自己的心思花費在對家庭關愛上。或也善於理家，喜歡將家庭的內外環境，整理或佈置得體，令人有種愉悅或清新的感覺。或者也善於理家，照顧家庭所需。或持家有道，通常能為家中帶來實質的利益，進一步改善居家的生活品質。或者也有喜歡較為寬敞空間的住家傾向，並喜歡將家中佈置得典雅，傾向純樸風格的室內設計。或者也喜歡自己待在家中，享受居家的和諧氣氛與悠閒的生活……」

※天府星在福德宮

## ■天府星坐落福德宮

福德宮意味著跟個人心靈（精神）層面、福報多寡、休閒生活的品質有關係，因此，當天府星坐落在福德宮時，代表著：「個人的心性頗為穩定，為人善良、頗具同情心，尤其在心靈成長方面，有著積極向上與自我提升的動力，注重內在的修養，為人也能樂善好施。或者在其個人休閒方面，能朝著陶冶心情、放鬆身心，或者打開視野、自我充實……

等方面。或也有個人之精神層面，不但穩定而且充實，對於生活面與心靈面均能注重。或者在日常生活中，也能常有逢遇貴人的福報，或也常有後勤支援，幫助自己突破難關。由於本身具有善解人意的特性，在於人際互動方面，個性溫和也能隨順於人，因此，常能帶來雄厚的人脈資源，也能為周遭的人帶來喜悅與歡樂的氣氛。天府是后座之星，在福德宮中，也代表著其人是個很有福報的人，在個人的一生歷程中，除了上述的一些特色之外，「化難呈祥」是其最主要的核心，減輕個人在際遇上的不順利感，令其人生朝向正面的道路前進，因此，具有這種命格的人，對於自己人生的目標設定，達成其成就的可能性會比其他人來得高……」

## ※天府星在父母宮

## ■天府星坐落父母宮

天府為后座之星，意味著：「父母之其中一方，具有溫柔賢淑的特質，不但個性穩重，對家庭頗能盡職負責，因此，不論男女，對其子女的照顧，可謂是無微不至的」。以下我們也來談談，天府星坐落在父母宮的一些特性，以及對個人的象徵意義。

一、父母之中的「母親」，是個溫柔賢淑之人，對於子女的照顧與關懷頗能善盡責任。

二、個性溫和的特性，能夠善解子女之心，能夠適時的提供實際的幫助與精神的支持。

三、對於家庭的經營，能善盡責任與無怨無悔的付出。

四、母親為人心地善良樂善好施，平日也喜歡廣結善緣，與人互動不但融洽，遇事也喜以圓融方式處理。

五、能夠傾聽子女的心聲，或者與子女的互動融洽，母子情深。

六、母親也是子女一生當中最重要的貴人，凡事要能惜緣、惜福，建立良性的親情互動。

七、母親也是一個很有「財的福報」的人，在子女的一生當中，通常會得到她的實質幫助，使子女們的人生歷程減輕些許的挫折與傷害。

八、母親是一個注重個人修養的人，因此，從她的言行當中，孩子們通常能受其熏陶，並引導子女們走向積極正面的道路上。

父母宮中坐天府，心慈賢淑如賢母，
天府本具有福德，化難呈祥蔭子女，
愛護子女有其方，鳴鶴在陰子和之，（註）
父母宮有此格局，子女宜當能惜福，
平生受到父母蔭，宜當回饋以報之，

如肩挑籃載父母，走過萬水千重山，
如此付出甚盡心，焉能報得幾毫釐。

※註：

**「鳴鶴在陰」**：本語出自《易經・風澤中孚卦》其原文為：

◎**九二：鳴鶴在陰，其子和之。我有好爵，吾與爾靡之。**

＊解意：「母鶴在樹蔭下，或在山的另一面鳴叫時，子鶴也能尋聲應和。我有好的美酒（食物），讓我們一起來分享吧！」

## ■附註

以上僅就天府星的星性特質，在命宮以外的十一宮位，做出一些簡要的詮釋，至於，未述及天府星是否與忌煞同宮，或在對宮是否有會到忌煞沖的問題，在此，不做複雜的分析，以單純化的敘述來說明，或許會令初學者容易領會。基本上，天府星是一顆頗具吉祥的星座，它也具有化難呈祥的能力，所以，即使天府星會到忌煞，或與忌煞同宮的格局時，它仍然能從困境中破繭而出，簡單的說：「天府星坐落在任何一宮時，皆是吉祥的象徵。」

# 天同星

紂王自妲己進宮為妃以來，朝中大臣屢屢上朝面聖，勸以國事為重，可惜紂王仍聽不進忠臣的話，忠言逆耳。姜皇后首先遇害，緊接著，大臣中的趙啟身先士卒，慘遭炮烙之刑，三朝元老兼托孤大臣的宰相商容也進諫，讓紂王氣急敗壞，在欲治他罪之時，商容便一頭撞在大殿的龍盤柱上。自此之後，朝中人人自危，言路不開，彼此猜忌。大臣費仲擔心四大諸侯之「東伯侯姜環楚」（姜皇后之父），以及其他大小諸侯造反，便向紂王獻上一計說：「陛下不如暗傳旨意，把四大諸侯騙進城來，假之以罪，斬首號令，如此其他各路小諸侯，一旦失去主將，便不敢造反……」紂王允然，費仲便著手進行一連串陷害忠良的詭計。

西路的欽差一日間，便來到西岐城，看到民風純樸、市井安然、民富物豐，來往行人，皆能彼此相讓，讓欽差打從心裡面暗自嘆道：「如今紂王的荒淫無道，怎能與此情景相提並論？」西伯侯姬昌接過聖旨之後，便喚來左右大臣散宜生和南宮适說：「天子召我入朝，內事、外事暫勞兩位費心。」

接著又喚長子「伯邑考」告訴他說：「天子宣召，我自己起了一卦，凶多吉少，此去該有七年之難，你在代理期間，不可擅改政令，應以愛護百姓，兄弟和睦，君臣相安，待我劫數已滿之期，自會回來，切記，不可擅離職守去接我回來……」說完即去拜別母親太姙與元妃太姒（紂王的姐姐）。隔日一早，即率幾位身邊隨從起程，往朝歌城一路而去，

費仲得知四大諸侯已到，便向紂王獻計說：「四伯侯明日或有本章要奏，大王可擱置一邊，命殿前武士拿出去午門斬首……」紂王：「可也。」誰料到四大諸侯中的東伯侯姜環楚，南伯侯鄂崇禹，竟被莫須有的罪名處斬，北伯侯因監造摘星樓有功，暫予赦免，可憐的西伯侯姬昌，在眾大臣的懇求之下，被判留下察看。

費仲眼看不對勁，心想：「不除姬昌，留下必有後患……」隔日一早，姬昌獲赦，便領著家將出了西門來到城外十里亭，向來送行的比干、箕子、微子、黃飛虎等拜別，準備回西岐，誰知，費仲竟也趕來送行。姬昌不知其已懷陰謀，便不自覺的踏入他所設下的陷阱。費仲敬了一回酒後，便問姬昌：「聽說西伯侯善演先天神數，何不趁返鄉之前，為我商紂國運卜上一卦？」姬昌見盛情難卻，只好卜卦，見國運衰退之象，便直言說出卦象的隱憂，不講還好，話一剛落之時，姬昌頓覺已闖下大禍。

走不到幾里路，已被紂王派去的人馬攔了回來，帶回宮中之時，又被費仲將了一軍說：「據聞姬昌善演先天神數，能夠未卜先知，陛下，何不請他卜個卦，以驗虛實，若靈驗的話，死罪可免，若不靈驗，再來處斬他也不遲。」於是，姬昌即以銅錢，當場卜了一卦，驚嚇的對紂王說：「陛下，明日午時太廟會起火。」眾臣聽在耳裡，倒也不覺得危言聳聽，心裡想著：「是否靈驗，明日自有分曉。」

隔日午時將過之時，眾大臣眼見並無著火跡象，準備回宮覆命，誰知……虛空中竟然轟下一聲雷，正中太廟，著起火來了……。紂王與費仲見姬昌斷得如此靈驗，不覺中心底毛了起來，卻對他也無可奈何。於是，只好把他軟禁在羑里，直到姬昌赦回西岐之日，竟滿七年之災。

姬昌心裡想著：「紂王如此荒淫無道，不顧百姓安危，使得人民流離失所，一朝若能民富物豐，整頓軍備，當可弔民伐罪，拯救黎民百姓於水深火熱中。」自此之後，即著手於西岐的一切建設，至姬昌晚年之時，雖能安享福分，唯時機仍未成熟，未能完成其心願（至周武王建國號為周，追封其父為周文王）。

西伯侯姬昌的魂魄在封神台前，被封為「天同星」，成為溫順之神（溫和與協調），象徵「福德主」，化氣為「福」，主掌延壽、解厄、制化的功能。如下表所列。

| 星宿 | 五行 | 化氣 | 司主 | 功能 | 十年干之四化 |
| --- | --- | --- | --- | --- | --- |
| 天同星 | 陽水 | 福 | 福德 | 樂觀、延壽<br>解厄、制化 | 丙年化祿，丁年化權<br>庚年化忌 |

從「天同星」所代表的人物西伯侯「姬昌」來分析其星性基本特質的話，約可歸納成下列幾項優缺點，如左列詳述之。

## ◎優點

一、「天同星」是一顆樂觀、積極，對人生充滿著希望，並以行動去實踐的人。

二、遇到困難或挫折時，能以堅忍的態度去面對考驗，進一步突破困境。

三、個性穩定，為人憨厚、樸實，樂觀看待自己，對待他人也是一樣。

四、天同星化氣為福，於人世間處處皆有福蔭，最不擅長與人計較，凡遇有爭利之處，能割捨（犧牲）自己的福利給予別人，心胸寬廣。

五、心量大，能顧及多數人的權益，進一步改善他們的生活品質。

六、天同星所到之處，能帶來喜悅與祥和的氣氛，多數人均喜歡與這種樂觀的人相處或為友。

七、具有幽默的性格，有能力化解處於尷尬或困境的智慧，並帶給周遭的人快樂，為鬱悶之人帶來開心的典範。

八、熱心公益或助人為樂，對人性總抱持著積極正面的看法。

九、喜交友，接觸的環境廣泛，有四海之內皆兄弟的氣魄與胸襟。

十、具有堅忍的心性，有耐心，穩重不急躁，應事能按部就班。

十一、處處易逢善緣與貴人，自己也是別人的貴人。

## ◎缺點

一、天同星雖然是一顆樂觀、積極，對人生充滿著希望的星座，唯恐缺乏對於現實環境的評估或危機意識，導致認知失調的現象。

二、天同星雖化氣為福，其反面的意義是「懶散」，因此，容易安於現狀，缺少開創力。

三、在安逸中（懶散）遇到困境時，欲突破的積極作為不足，有先安後危之慮。唯若處在困境狀態，困極思脫，其作為便顯得積極，有先苦後甘之意。因此，「天同星」坐命之人，在平常時應有居安思危之慮，不至環境變化時，無所因應。

四、為人雖憨厚、樸實、無欺、樂觀、對人秉持誠懇的態度，唯對人性負面的瞭解不佳，在互動往來之間，易導致傷痕累累，或者付出不成比例。

五、天同星雖是個慈悲心腸的星座，唯在行利益別人之事時，恐有不量己力之慮，導致事後招非的種種問題。

六、在兼顧他人權益的做法或行為上，易損己而利人（剝損自己而利益別人）。

七、具有幽默的特質，唯背後或有難言之隱，雖能帶給別人快樂，內心之苦則自己承擔。

八、在豁然的人生觀中，不易得到共鳴，或找到真心的朋友。

九、交友廣闊中，不易擇善友而為知己，易受人際互動或攀緣影響自身操守。

十、宜注重日常飲食之道，發胖恐對身體造成不利影響。

十一、在現實的環境中，若缺乏刺激基因，易養成懶散的態度。

※天同坐命十二宮位圖解

| | | | |
|---|---|---|---|
| 天同+4 巳 | 太陰-1 天同-2 午 | 巨門-1 天同-1 未 | 天同+3 天梁-2 申 |
| 天同0 辰 | 天同星 | | 天同0 酉 |
| 天同0 卯 | | | 天同0 戌 |
| 天同+1 天梁+4 寅 | 巨門-1 天同-1 丑 | 太陰+4 天同+3 子 | 天同+4 亥 |

## ◎天同星坐「命宮」

### 壹、「失勢」的天同星（三方四正，會到陷地的紫府星系）

一、天同星化氣為「福、祿」，因此，若其居於落陷或失勢之地的話，勢必會減其福分，比如說：有福無祿、有祿難享福；或雖生性樂觀，但運勢不濟，有難言之隱；或雖人際廣闊，但善緣未具；或有實力難以發揮之感；或有惻隱之心，但總犧牲個人福利；雖然待人誠懇、熱心助人，唯事後易生是非；心性耿直，易為小人所乘。

二、助人之心熱切，唯難量力而為，致生困擾。

三、以持平的態度對待自己的人生觀，不易生起積極的意志，在面對挫折與困難時，易受打擊，萌生退意。

四、陷地的天同坐落宮位，只在「丑、午、未」三個位置：

◎當「天同、巨門」同坐「丑、未」宮位時，在人際交往的頻繁互動中，易有口才、溝通、表達等因素，招致背後是非的過患，或得罪於人而不自知。

◎「天同、巨門」同坐陷地（丑、未），若對宮有忌煞星沖入的話，易有高談闊論、起而難行之慮，俗語說：「談易行難」、「光說不練」。

◎當「天同、太陰」同坐在「午宮」時，視為同宮落陷或居失勢之地，因此，諸事易有不順心之事；或人生有如浪裡行舟，或波折重重；或有苦難言；或外出易招損財之失；或有操節難守之象。

◎當「天同、天梁」坐在「申位」同宮的話：有福難享，或覺得有志難伸，凡事不易靜下心來，有奔波勞碌之象。

※「失勢」天同星坐命宮，共有十種基本架構

◎（天同落陷或在其三方四正中，會到陷地的紫府星系）

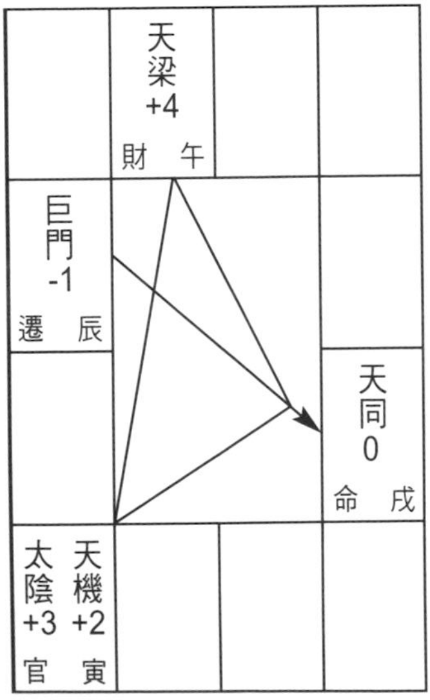


圖一

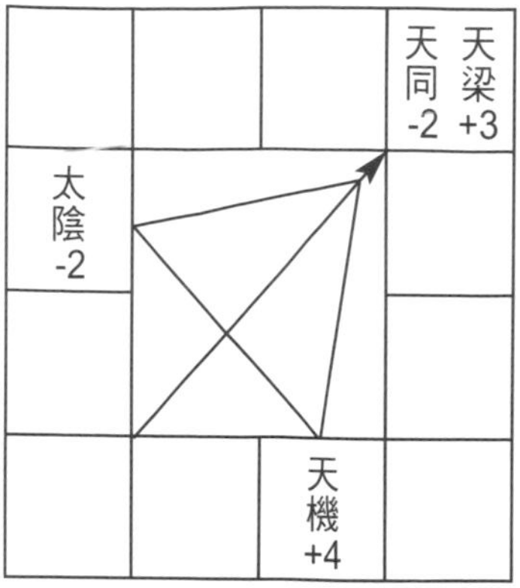

圖二

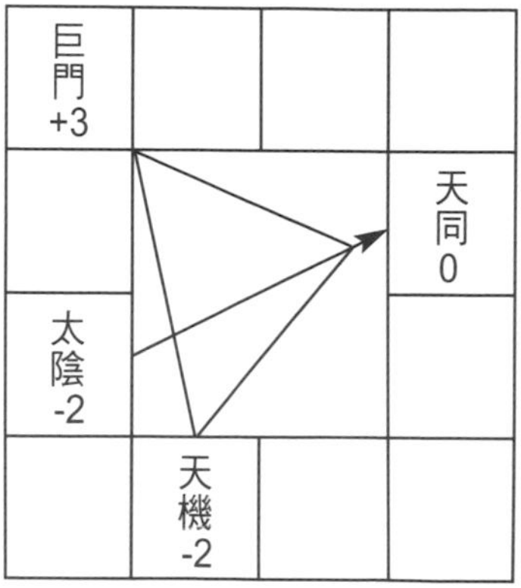

圖三

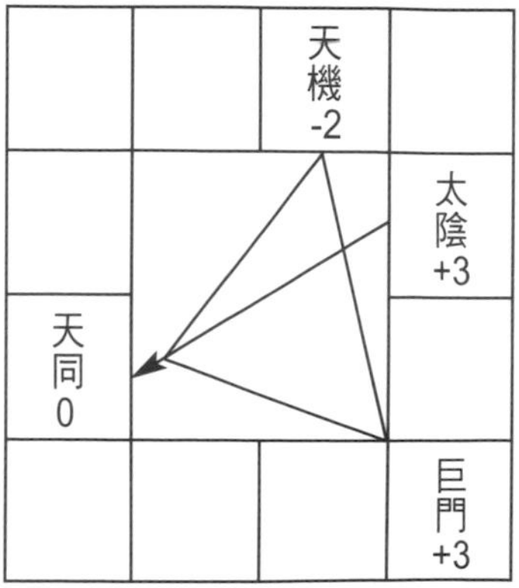

圖四

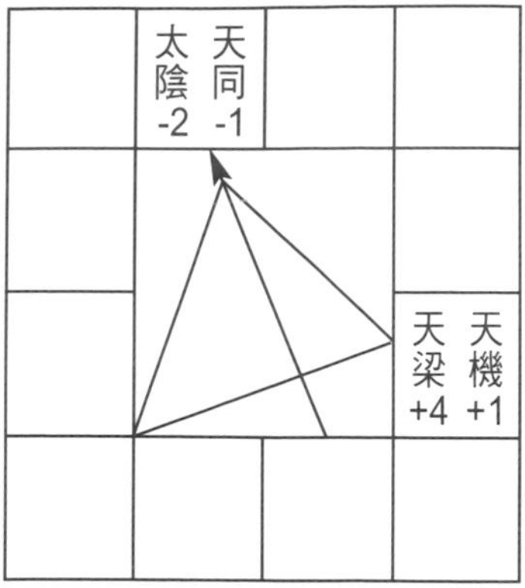

圖五

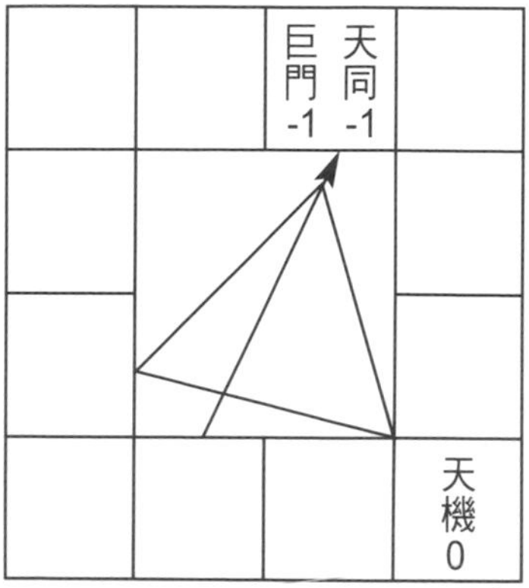

圖六

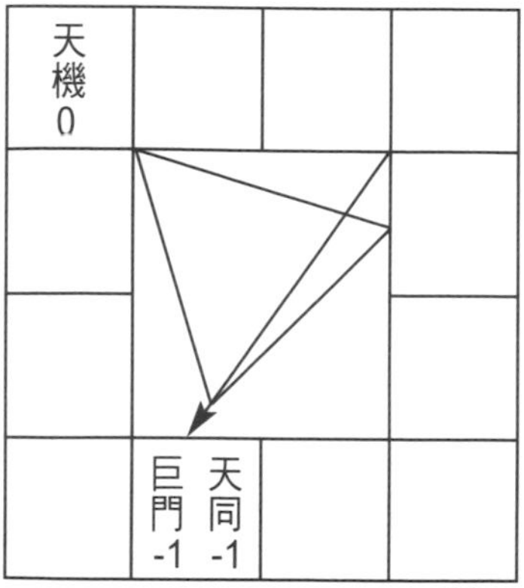

圖七

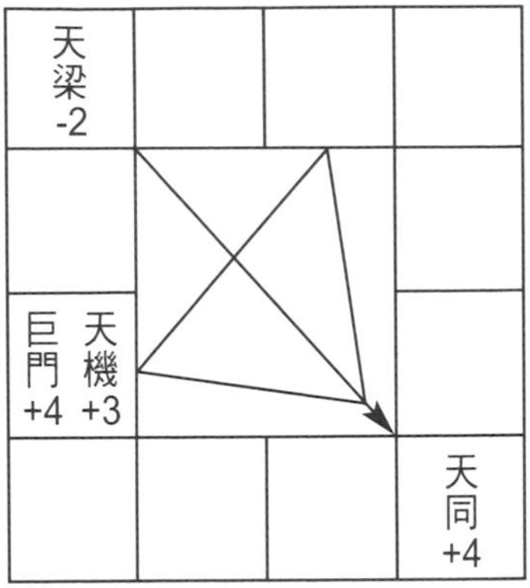


圖八

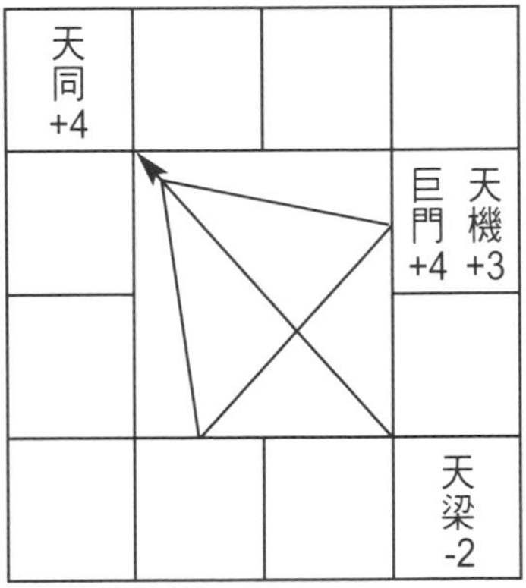


圖九

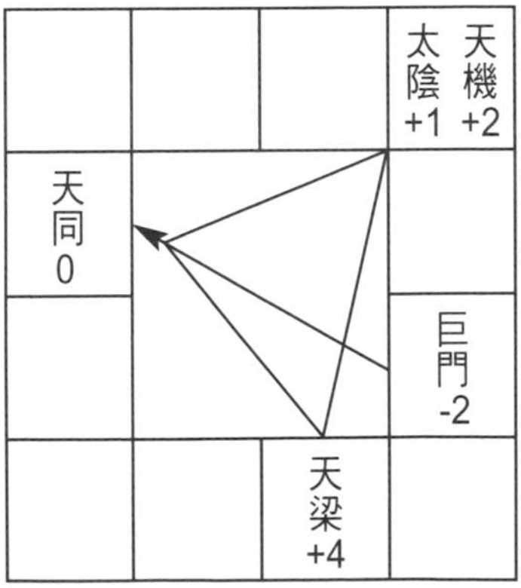


圖十

## 貳、「得勢」的天同星（三方四正，不會到陷地的紫府星系）

一、天同星化氣為「福、祿」，命中處處易逢善緣，行事易成。

二、生性開朗、樂觀，凡遇困境時，能逢凶化吉，轉禍為福。

三、人際交往廣闊，處處易逢善緣與貴人，實力得以發揮，所願易達成。

四、有積極開創的精神，能夠顧及到周遭人的福利，並盡力去達成利人的事務。

五、待人誠懇，熱心助人（或參與公益）。

六、心性耿直，於人際關係中，互動得體。

七、具有幽默的性格，為人和藹可親，凡事求之和諧，圓融為要。

八、對人生抱持著樂觀的態度，隨時能調整心態，因應挫折。

九、為人個性開朗，凡事不與人計較，或不記恨他人，事來則應，事去則無。

十、有以德報怨的胸襟與氣度。

※「得勢」天同星坐命宮，共有兩種結構

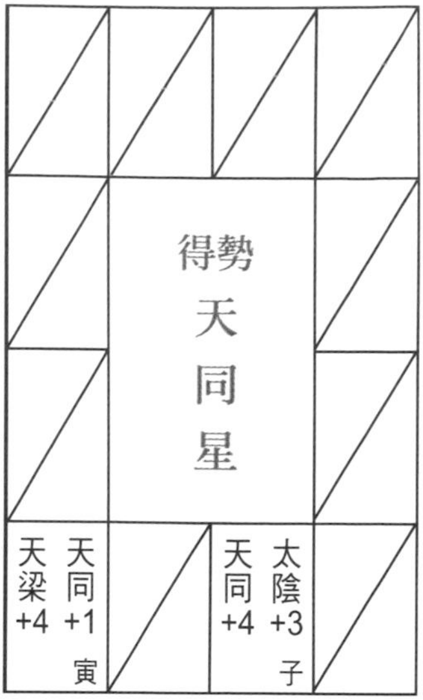


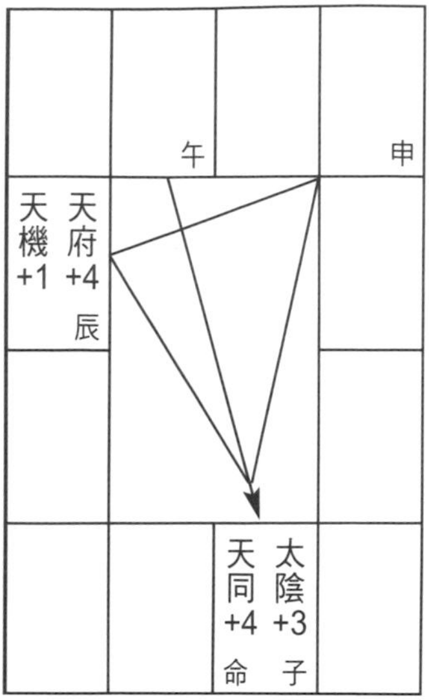


圖一

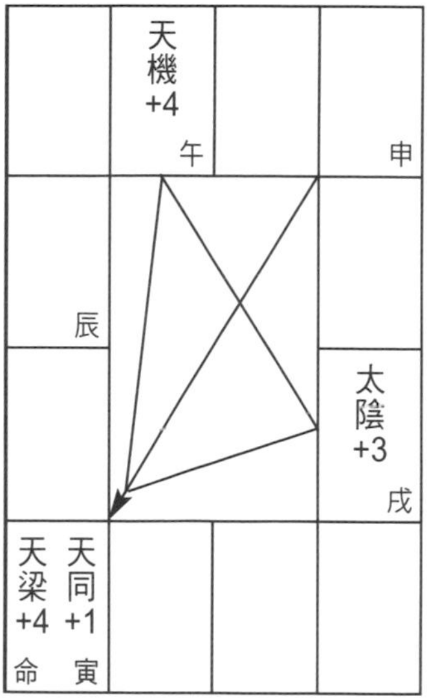


圖二

## 參、命宮的三方四正，會照「陷煞、化忌、空劫、或與其同宮」

一、天同星雖有解厄、制化的功能，但若有陷煞、化忌、空劫會照到命宮時，則會使天同星倍增辛勞，諸事不順，或者挫折不斷，易生萌退之心。

二、另一方面也意味著：「無福消受；有福無祿；或無祿無福，終身勞碌……」。

三、須注意身體的保健，尤其腎臟與泌尿系統方面的問題。

四、為人處世須保守，勿過度誇張、攀緣，凡事宜以靜制動為要。

※天同坐命會煞的簡要舉例：

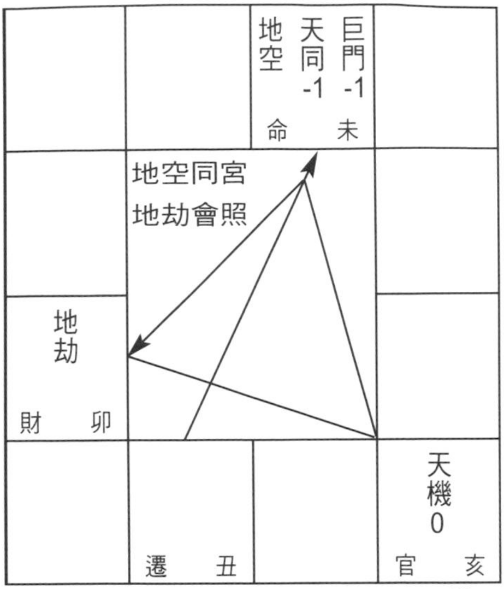


例一

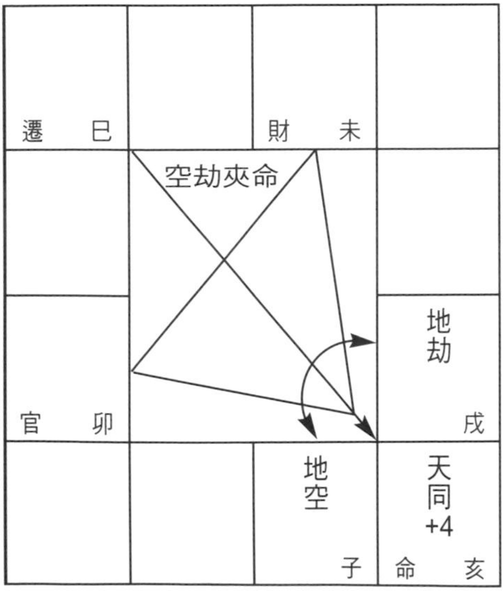


例二

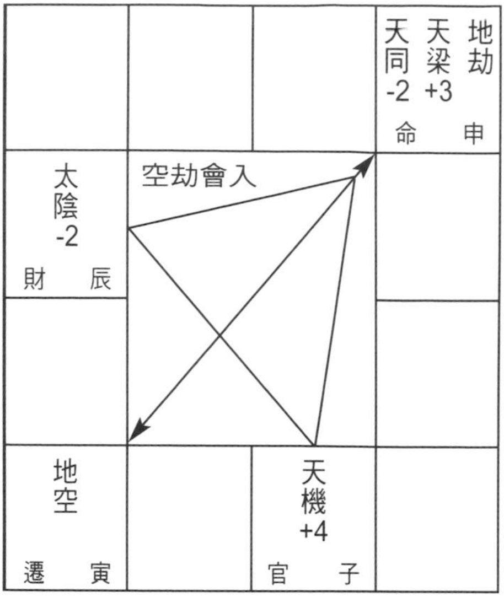


例三

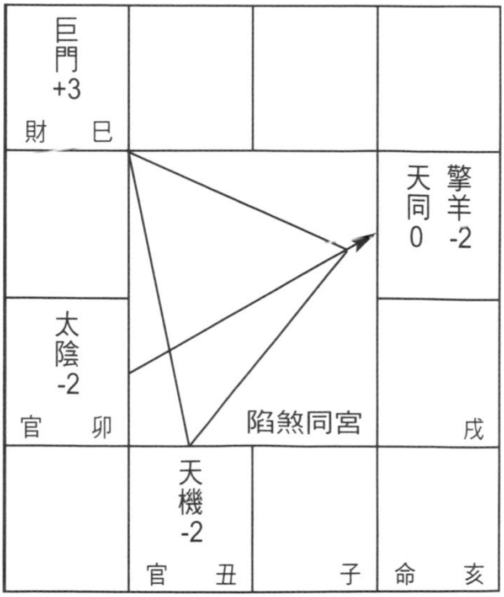


例四

※例三：地劫同宮，地空沖入。例四：擎羊落陷同宮。

## 肆、天同星坐命宮的四化（祿權科忌）現象：

一、天同化祿：有口福，凡事較重享受，唯須能適度節制，否則易傷身，使人懶散。

二、天同化權：樂觀進取，雖主辛勞，較無福享受，然而確是「延壽、解厄、制化」功能的發揮，也是天同星最積極的一面。

三、天同：不化科。

四、天同化忌：主勞心勞力，事與願違之象；或者勞多獲少；或有身體機能失調現象；或行事有功敗垂成之象；或者有難言之隱，內心鬱悶……。

## ◎超越天同星的宿命

天同星雖化氣為「福」，也是福德主，因此，在最理想的命盤結構之下，坐在「福德宮」之位，是名副其實的（然而，凡事總有事與願違之處，依照每一個人出生的時空、八字的結構，已經將我們的生命密碼，刻劃在個人一生行運的吉凶禍福裡。也因此，個人福分的多寡是強求不來的）。

若我們能透過「生命密碼」解讀出某些可以預測的訊息時，面對未來的生命歷程即有著很大的改善空間。天同星坐命之人也是一樣，雖說它是福星，但我們可從《封神榜》的神話故事中，延伸一些的啟示，那就是：「西伯侯姬昌，在其前半生的過程當中，雖位居諸侯之位，但畢竟也災劫連連，唯其能以冷靜的態度，安忍於困苦當中，靠著他純熟的智慧，從陷阱當中化險為夷。在其後半生中，致力於改善生活環境，與兼顧多數人的福祉，可謂是人間菩薩」。

至於命坐天同者，不管得地或居於落陷之地或失勢格局，在日常生活當中，不可過度好逸惡勞。因為，「安逸」的心態易使天同缺乏危機意識。「惡勞」反使其偏向懶散，進而失去鬥志。俗語說：「滾動之石不易生苔。」「勤勞」當可作為一道勵志良方。讓自己在動靜之間，取得一個適當的平衡點，至少在未來的人生中有下列好處：

一、先勞後成。

二、先苦後甘。

三、先付出後享福。

天同坐命之人，或許是上天所賜的最好禮物，也許是菩薩的化身，來此人間示現一番，要不然天同星怎堪為福德之主呢？這意謂著：「凡天同坐命之人，是有福報的人，不但自己有福報，而且又能將這福報散發給別人，你說，還有哪顆星座坐命的人，能擔此重責大任呢？」

天同坐命福德主，心地善良且樸實，
積極樂觀不虛偽，熱心助人係本性，
莫因陷地失勢愁，須知天同福仍有，

只要對治安逸性，靜動兩者宜權衡，
勞碌之中勵心志，利己利人是天同，
於福之中能善植，如見種苗日增長，
凡有善者宜增長，若有失者當補過，
命中本有解神護，何愁諸事願不成。

## ※天同星坐落兄弟宮

### ■得地天同星在兄弟宮

天同星化氣為「福」，在命宮以外的十一個宮中，也均為具有福氣的象徵，因此，當個人的命盤上，見天同星坐落在兄弟宮時，意味著：「在你的兄弟姐妹間，有福氣降臨在其中一位身上，其人心胸開闊，生性樂觀、活潑，為人較為豁然，不喜與人計較，反而能付出自己的能力來照顧手足。或者也有喜交友、廣結善緣的特性，為人心地善良、熱心助人。至於在手足之間的互動，頗能帶給家人愉悅或歡樂的氣氛，是家中的開心丸。或喜歡熱心公益，能以實際的行動去濟利他人。個性直率、單純，應事時頗能樂觀以對，也是其人格的一個特色。唯其對世俗的事務較不關心，因此，宜調整心態，以克服本身慵懶的習性……」

## ■落陷天同星在兄弟宮

意味著：「在手足之間，有頗有福報的人，但生性操勞，難以清閒的面對自己，似有一刻都不得閒的傾向，每天過著忙忙碌的日子，以此為樂。或者其人雖生性樂觀，但總是把快樂與喜悅帶給別人，鬱悶的部分留給自己。或者雖欲照顧或關愛自己的手足，但往往有心無力。或者雖也心胸寬闊，不喜與人爭利，唯對個人的企圖心方面，恐有缺乏積極的意願。或在手足之間，雖具有活潑、開朗的個性，但在其內心世界，不易找到共鳴或知心好友……」。

## ■忌煞沖、會照或同宮（天同星坐兄弟宮）

天同星有自己化忌的可能性，或者若有對宮（僕役宮）的忌星，或陷地的煞星沖入的話，則成立此項論點，因此，當天同星遇到類似這兩種狀況時，這可能意味著：「我與手足之間的互動，較易產生溝通方面的障礙，或者彼此之間的理念不易達成共識，或者默契不足的現象，都有可能產生。或者手足之間的他（她），經常忙忙碌碌、勞心勞力，似有一刻不得清閒的樣子。或者雖見他（她）是個頗有福報的人，但在其人生際遇過程中，經常逢遇挫折，似有先勞後獲、先失後得的現象。或者也有較為懶散的特性，當逢遇挫折之時，容易退卻，或者易生消極之心態……」

類似這種命盤格局的人，若能改善自己不足之處，那麼，透過善於補過的方式去做的話，即有可能去突破天同星遇忌煞的宿命問題，而不被其束縛。因為，兄弟宮的對宮是僕役宮，在兄弟宮的負面效應，若未能嘗試改善的話，將可能影響到日後交友的情況，或許會帶來負面的困擾。所以說：「兄弟宮的效應延伸，將會影響到交友方面的品質」。

天同坐臨兄弟宮，化氣為福蔭兄弟，
為人心善又樂觀，樂善好施有作為，
愛護兄弟能友善，凡有利者能施與。
若見忌煞同宮坐，或者忌煞來沖入，
先天福德則有損，有福難享瑣事多，
縱使費盡百般心，先勞後獲有定數，
勞心勞力難清閒，凡遇困境心不堅，
如今若能知己運，宜當善轉宿命運，
畢竟天同本福星，轉識成智有可能，
懶散心性宜調伏，積極作為能成功，
兄弟宮中天同坐，忌煞亦可轉吉象，

蔭及手足令人讚，我亦能同受其福，
手足情深不易移，僕役宮中自吉祥，（註）
試問何星坐此位，能夠降福為手足，
利己利人心量大，天同當堪此重任。

※註：

**「僕役宮中自吉祥」**：兄弟宮的對宮為僕役宮，這兩宮位的星性吉凶，會有互為影響的因果關係。

※天同星坐落夫妻宮

## ■得地天同星在夫妻宮

意味著：「配偶是個很有福報的人，生性活潑、樂觀，能為夫妻間的感情互動帶來生活情趣，或者帶給對方愉悅或歡樂的氣氛。或者也是個心胸寬闊的人，為人樂善好施，具有熱心助人的好心腸。或也有福分，協助配偶事業上的成就。凡事喜以圓融方式面對，情緒溫和，可成為對方的有利助緣……」。

## ■落陷天同星在夫妻宮

具有福氣之星的天同，當它坐落在陷地的宮位時，其個人福分會稍有減，這可能意謂著：「配偶雖是具有福分的人，但生性較為操勞，應事費心費力，難得清閒，欲發揮輔助對方的功能，顯得有無力感。或與對方的互動，心意較難相通，或者默契不足。或者對方不易瞭解個人的心思與苦處。或者雖想在夫妻間能有所作為，但有欲振乏力之感，難以突破現狀，改善彼此的互動狀態……」。

## ■忌煞沖、會照或同宮（天同星坐夫妻宮）

這可能意謂著：「我與配偶之間的互動易生隔閡，致使彼此心意難通，或者產生情感疏離的現象。或者配偶雖是個滿有福分的人，較易享現成的福，但對另一半的生活模式、或其面對人生的態度上，難以與其默契一致，致使自己徒增困擾，又難以實際的理念與對方達成心靈上的默契。或者凡遇感情困擾時，易心生挫折，自尋煩惱，鬱鬱寡歡，致使心事往內積壓。或者在夫妻間，對方較為利己，閒散的心性，不易生起積極的企圖心，總有先得後失之患。或者在夫妻情感上的經營較為被動，令對方似有難言之隱……」。

夫妻宮中坐天同，生來福分蔭配偶，
樂觀心性且慈善，樂善好施福自有，
夫妻相處樂融融，蔭及家庭及子孫。
若見忌煞同宮臨，或見對宮忌煞沖，
若有類似此命格，福則稍減不須憂，
若能對治七種失，轉識為智福反增，
一者對治傭懶性，二者遇挫不消極，
三者當為應可為，當止之時則須止，
四者鬱悶不內積，五者心思勿雜亂，
六者若欲蔭配偶，當須感情能融洽，
七者欲振家運勢，當須轉識能成智。

※天同星坐落子女宮

## ■得地天同星在子女宮

意味著：「在子女之中，有善解人意、又體貼的子女，為人心地善良，個性活潑、樂觀，且常能帶給周遭歡樂或愉悅的氣氛。或者當他遇到棘手的事情時，通常能豁然面對，或喜以圓融方式善後。或者也能為家中帶來財氣，改善家中經濟狀況。或也有心胸寬闊，遇事不喜與人計較，能將自己的福分與別人分享。或也能體貼父母的心意，承擔或善盡家中職責。或也有平生常遇貴人，處處逢遇善緣的福報……」。

## ■落陷天同星在子女宮

遇到這種格局時，代表著：「在子女中，有福報很好的人，他（她）的心性雖然活潑、樂觀，但在企圖心或動機方面，恐有不足之處，致有較為慵懶的傾向。或雖見忙碌，但似有勞多獲少的現象。或也喜歡熱鬧的氣氛，以及喜歡廣結善緣的特性，但恐易交友浮濫（攀緣），勞心勞力，成就有限。或者在面對困境時，易生挫折或退卻之心，致有難言之隱。或者雖能逢遇貴人，但不易受到賞識，致有懷才不遇，或才華難顯之憾。或外在個性雖然開朗，但內在的心事，不易為外人所知。或雖也能熱心助人，但見勞心勞力，效率有限……」

## ■忌煞沖、會照或同宮（天同星在子女宮）

這可能意謂著：「在子女中，有生性較不積極，或者企圖心不強的人，遇事較為隨順環境，自我突破的能力顯然有限。或者雖具有樂觀的心性，但在現實的環境中，凡遇挫折時，易生壓抑，或者心中有鬱悶難解的傾向。或者在人生際遇中，常逢遇逆境的考驗，但本身的堅持與毅力，較為不足，致有經常受挫的難言之隱……」

子女宮中坐天同，福中帶來蔭父母，
生性樂觀且活潑，心亮廣大喜助人，
善解人意頗盡責，家中和氣樂融融。
若見忌煞同宮臨，或者對宮忌煞沖，
生來福德如甕漏，但不失其福德性，
只是遇境考驗多，或者心志易受挫，
雖常逢遇善緣至，心性稍嫌欠積極，
為今宜當轉思維，認知三事能轉運，
一者積極應對事，二者心志當要堅，
三者遇挫不消極，樂觀面對人世間，
天同本為福德主，堅信自我能突破，
一切認知生智慧，是否成就在自身。

## ※天同星坐落財帛宮

### ■得地天同星在財帛宮

身為福德主的天同星，也是福氣的象徵，當它坐落在財帛宮中時，意謂著：「個人有財利方面獲取的福報（因為，對宮為福德宮，財帛宮與福德宮兩者互為因果關係）。或者在經營事務上，較有獲利的機會，或者比一般人容易積聚財富。然而，天同星坐此宮位的人，也是生性樂觀，喜歡照顧別人，或樂善好施之人，因此，以天同所積聚的財富來說，通常也能在行有餘力之時，好以佈施來濟利他人。或者也有因祖上福蔭，無論在工作或事業的經營上，容易成就其賺錢的機運。或者在既得利益的同時，也能將其福利分享給周遭的人。天同的理財觀，基本上，對財物的認知態度，隨緣開朗，生來樂觀與不喜與人相爭的心性，也是其與生俱來的善良特質（有財報的人必有其往昔的善因緣）……」

### ■落陷天同星在財帛宮

意謂著：「個人在財報方面的福分稍減，因此，反而有勞心勞力之後，才能有所收獲。或者對錢財的規劃概念較為不足，賺錢的企圖心不強，致使收入有限。或對於如何獲取財利的動機不甚積極，較易享現成的福分，自我開發的能力有限。或者也有賺錢的企圖心，但懶散的個性，一經受挫時，易生退卻之心，或想得多而行動的少……」

## ■忌煞沖、會照或同宮（天同星在財帛宮）

若有這種格局的人，可能代表著：「個人雖有錢財方面的福報，但對於收支規劃的概念欠缺，或對於能夠賺錢的工作或事業不甚積極。或者在經營事務的企圖心方面，欠缺強而有利的動機。或者常有寅吃卯糧之患，不易開發財源。或享現成的福分時，造成本身的負擔，想得多、做得少，在遇到挫折時，易萌退卻之心，或產生消極的意念。或也常有難言之隱的缺錢之苦，因而致使經濟每況愈下，欲振乏力……」

財帛宮中坐天同，福星降臨福氣至，
生來財帛易豐足，想必往昔種善因。
若有忌煞同宮坐，或見對宮忌煞沖，
財報福分則有減，為財辛苦為財忙，
縱使用盡一切心，勞多獲少有定數，
或者慵懶少企圖，得財福分則有限，
為今宜當轉宿命，日後財報能隨身，

一者宜去傭懶性，二者遇挫能堅心，
三者理財當審慎，四者經營要用心，
五者隨緣能佈施，六者利己能利人，
七者有錢好辦事，八者一切皆隨喜。
改變思維轉宿命，如同鐵杵磨成針，
雖然過程甚費力，堅心可見成功時。

※天同星坐落疾厄宮

## ■得地天同星在疾厄宮

天同星五行屬陽水，陽者為腑，因此，若有這種坐命格局的人，可能代表著：「個人的腎功能，包括泌尿系統（骨骼、牙齒等），有傾向陰虛的現象。或在飲食方面，若無適當的節制，也易感染這方面的疾病」。關於這一部分，請讀者參照前章「破軍星在疾厄宮」的論述，來串通本章的理路，不過，我們也進一步提供《黃帝內經—金匱真言論》裡相關的要點，摘錄出來給大家作參考：

《黃帝內經—金匱眞言論篇第四》（第三章）

帝曰：五藏應四時，各有收受乎，歧伯曰：有……
北方黑色，入通於腎，開竅於二陰，
藏於腎，故病在谿，其味鹹，其類水，
其畜彘，其穀豆，其應四時，
上為辰星，是以知病之在骨也……。

## ■落陷天同星在疾厄宮

意謂著：「個人在腎功能及泌尿系統方面，易生虛耗之象。或者也許重視飲食方面講究，致有失去調節之患。或者也可能有腎虛現象（如：耳鳴、腰酸之類），或骨質易有疏鬆現象。或可能有心悸、遇事易生驚恐之象……」。

## ■忌煞沖、會照或同宮（天同星在疾厄宮）

若成立這種格局的話，可能意謂著：「個人的健康狀況，易患有關腎功能（泌尿系統）

方面的疾病，不可等閒視之。或在飲食方面難以節制，導致失調，感染腎疾臨身。或者有神智不易集中的現象，心悸、耳鳴、腰酸、易驚恐、焦慮難安定……的現象產生」。

疾厄宮中坐天同，陰陽五行性屬水，
易經卦中屬坎象，水若不調身有恙，
火水未濟心氣虛，暗動則易生隱疾，
若能飲食善節制，坐息不違於陰陽，
加以調伏己心性，善於養生福壽長。

※天同星坐落遷移宮

## ■得地天同星在遷移宮

意謂著：「在出外的行運中，具有樂觀、活潑的個性，也喜廣結善緣，或者喜愛熱鬧的氣氛，與人往來融洽。至於出外則易逢貴人，自己也具有熱心腸，喜以助人為樂，或也樂善好施，走到哪裡，就把快樂的氣氛帶到哪裡。或在外容易受到別人特殊的禮遇。或也有隨順因緣的適應性，通常不喜與人計較，心胸開闊，與人互動具誠意，通常也能帶給周遭人歡娛的氣氛。活潑樂觀的個性，使其能面對挫折與困境時，能生起積極的勇氣與毅力來突破困境……」

## ■落陷天同星在遷移宮

代表著：「出門在外的時間，雖具有活潑樂觀的個性，但凡遇挫折時，難以發揮持續力去突破困境，致有心事內積的傾向。或者雖具有樂觀、豁達的心性，但在面對人生的逆境時，易生退卻之心，如有難言之隱一般。或者在外把快樂帶給別人，而鬱悶之事則自己承擔，別人不易理解其內心苦悶。或者也有熱心助人的好心腸，但總奔波勞苦，效率不彰。或在外忙忙碌碌，似有為誰辛苦為誰忙的虛嘆……」

## ■忌煞沖、會照或同宮（天同星在遷移宮）

代表福氣的天同星，當它在個人的命盤上，形成類似的格局時，這可能意謂著：「凡事出門在外，挫折難免，但不易突破困境，也易萌退卻之心。或者應事總差臨門一腳，有如半空折翅一般。或也有在外的積極度不夠，求取成功的動機欠缺。或者慵懶的心性，在享現成的福分時，欠缺危機感，對人生所謂的成就追求，難以生起強烈的企圖心。或者雖心地善良，也喜以助人為樂，但總在應事過程中，易招至是非，得不償失。或在外行運，雖見忙忙碌碌，但其所獲有限。雖然也廣結善緣，廣泛交友，但總有初善終惡，或者先好後壞的現象。甚至出門在外，把快樂帶給別人，痛苦則留給自己（鬱悶往內積壓）……」

遷移宮中坐天同，外出行運福氣臨，
樂觀心性帶與人，豁達面對人世間。
若有忌煞同宮坐，或見忌煞來沖入，
顯然福德有所損，挫折重重難抵擋，
出門在外才難顯，雖逢貴人難提拔，
成功總差臨門腳，有如半空來折翅，
樂觀心性漸消損，豁然態度成消極，
若欲突破遷移運，宜當知己不足處，
一者宜去慵懶性，二者善能觀局勢，
三者宜近善知識，四者禍福可相依，
五者當堅守心志，六者隨緣量力施，
七者能面對考驗，心念不起退卻想，
如是七行可對治，否極泰來可期待，

只因天同亦是福，損中若能知補過，
因中心行向福地，果中自有解神臨。

※天同星坐落僕役宮（朋友宮）

■得地天同星在僕役宮

意味著：「在你所交往的朋友當中，不乏有樂觀、活潑個性的朋友（或同事），其人生性善良，熱心助人，不喜與人計較，與朋友互動融洽，與他們在往來之間，通常能帶來歡樂的氣氛。或者在互動較為密切的朋友當中，頗講道義，且能適時的幫助我們。或朋友當中，具有樂觀、豁達的態度，在友情互動的過程中，通常付出得多，要求得少……」

■落陷天同星在僕役宮

代表著：「在個人所交往的朋友當中，有不乏勞心勞力之人，外表樂觀、活潑，但其內在心事不易顯露，而為外人所知。雖然心地善良，但在與朋友互動過程中，通常付出得多，導致個人有勞心累身的傾向，甚至可能招來非議，得不償失。或者在朋友當中，雖然注重友情，也滿具有熱心腸，樂善好施的人，但其想法或主張，不易為人理解……」

## ■忌煞沖、會照或同宮（天同星在僕役宮）

這可能意謂著：「在我所交往的朋友當中，當我與其互動時，顯得無力感，或者對方生性較為慵懶，對人生所謂的成就追求缺乏企圖心。或者對方易自尋煩惱，遇事不易樂觀面對，反生消極的心態。或也可能缺乏較有利的動機，勇敢的去追求個人的目標或成就。或者與其互動不易融洽，彼此心意不易相通，自己反而有格格不入的困擾。或者對方雖具熱心腸，但易招令人非議之事。或者在朋友互動的過程中，容易先好後壞，或者初善終惡……」

朋友宮中坐天同，福星高照蔭友人，
相聚歡樂氣氛多，何況又能相關照，
試問世間知己誰，天同宮中為貴人。
若有忌煞同宮坐，或見忌煞對宮沖，
朋友往來費心力，易招非議是非多，
若能知解己行運，當得彼此互扶持，
一者誠信不可失，二者適時能相助，
三者令其能成長，導其心性能積極，

四者互動能隨緣，強求因緣不為美，
五者宜有識人智，適時進退能得宜。

※天同星坐落官祿宮（事業運）

■得地天同星在官祿宮

意謂著：「個人在事業的經營上頗具企圖心，通常能發揮才能，順利的推展事業。或對本身事業的發展，有其運作規劃上的創意，雖然個性較為保守，但也能為其減少不必要的麻煩及困擾。或也有在其工作或事業上，能夠得心應手、積極面對的態度，往往能為其帶來事業上的成就。甚至在職場上，因樂觀、活潑的心性，容易處處建立善緣，處處逢遇貴人。或者在事業上的人際互動中，通常能與對方互動融洽，或者帶來輕鬆的氣氛，使得人脈廣增，善緣處處。或者在事業上，因心胸寬闊，不喜與人計較的善良心性，隨時能給人方便，反為自己帶來更多的資源與人脈。或者在事業上，也能照顧同僚、伙伴，甚至周遭的人，凡有福利可享之時，也能利及他人。或在事業上，也喜歡熱鬧的氣氛，在人際或公關上，頗能得心應手，自得其樂……」

■落陷天同星在官祿宮

代表著：「個人在工作或事業上的狀況，經常勞心勞力，難得清閒之時。或者本身才華難顯，易有懷才不遇之憾。或者在面對個人的事業時，通常費心，或者事倍功半，所獲有限。或在遭遇困境之時，個人心志易受牽累，反生退卻之心。或者在事業上，勞多獲少，致有難言之隱，或者鬱悶不易排解。甚至熱切心腸，能為他人排紛解憂，反而疏於照顧自己。或者也有雜事紛陳，疲於應付，致使身心有勞碌之象。或雖然常逢善緣，但有如過眼雲煙，凡遇挫折，倍增心力去排憂解難。或者在個人的事業上，表面富麗堂皇，但其內在似有難言之苦。甚至也可能享現成的福分，欠缺開創的企圖心……」

## ■忌煞沖、會照或同宮（天同星在官祿宮）

具有這種命盤格局的人，可能代表著：「對於本身的工作或事業不甚積極，或者欠缺企圖心，容易享現成的福分，帶給周遭人困擾。或者慵懶的習性使然，不易在事業上有持續的動能，致使工作經常變動，或難以持續進展。或者在面對挫折之時，易生消極之心態，或者退卻的念頭。或面對其工作環境時，通常興趣缺缺，有欲振乏力的現象。或者在職場上，難以激發其潛能或誘發其動機……」

官祿宮中坐天同，事業福分如化祿，

樂觀積極有作為，善緣貴人處處顯，
所到之處皆祥和，成就當中能利人。
若有忌煞同宮坐，或見對宮忌煞沖，
官祿事業難順心，想必生性少積極，
若欲先享現福分，終有用盡福分時，
或者令人困擾至，自身亦必困於斯，
今若欲超越宿命，當得能夠自勉勵，
一者心性宜積極，二者能夠吃得苦，
三者凡事能固守，若圖大舉當須慎，
四者熱忱不可失，樂觀心性治消極，
五者宜須植福德，福分綿綿能長久。

※天同星坐落田宅宮（居家運）

## ■得地天同星在田宅宮

田宅宮所代表的是個人居家的生活與品質，因此，當天同星坐守田宅宮時，意謂著：

「個人的居家狀況，注重生活品質的提升。或喜歡住寬廣的田宅，室內佈置，喜歡寬廣的空間，也喜歡熱鬧的氣氛。或也喜歡親朋好友來往家中，增添人氣，並能親切招待他們。甚至也講究居家的休閒生活，來紓緩工作上的壓力。或能為家中帶來歡樂的氣氛，並盡全力去照顧家人。或也可能有福分享有不動產，並善於經營，使家運日興……」

## ■落陷天同星在田宅宮

意謂著：「個人對於居家生活的品質不甚講究，室內佈置或整理欠缺用心。或者在家的時間少，在外逗留的時間長。或者在居家中，心性不易穩定，常受外在環境影響，難以靜下心來待在家裡。或者也想盡力照顧家庭，但通常頗費心力，偶有難言之隱。或者居家環境容易變動。或者欲購置不動產時，難以如期達到既定目標，勞心勞力。或者居家狀態，較為空虛，家中成員之間的心意難通，或者有默契不足的現象……」

## ■忌煞沖、會照或同宮（天同星在田宅宮）

這種格局可能代表著：「個人在擁有田宅或不動產方面的福分不足，經常為家勞心勞力。或者經常不在家，易受外在環境引誘，聚少離多。或者在居家的狀態與家人互動不易融洽，偶有違和之時。或所居住的房子偶有變動（搬遷）之象。或在居家生活中，心性不易安定，難得清閒下來放鬆自己。或者在照顧家中成員時，本身頗費心力，常為家事煩憂……」

田宅宮中坐天同，生來居家福分濃，
積善人家慶有餘，一家和氣樂融融。
若有忌煞同宮坐，或見對宮忌煞沖，
居家活動難安住，或擁田宅福分薄，
或者親朋少來往，欲振家風甚費力，
或為置產勞心力，或者居家少和諧，
常為外境所遷移，聚少離多捨家務，
田宅運勢有疏失，如此難蔭家人福，，
唯今當勵己心志，一者當須求和樂，
二者以慈對家人，三者勤儉來持家，
四者動靜宜平衡，心志不為外物遷，
五者面對置產事，宜當審視己能力，
六者居家相扶持，安宅須得靠智慧。

※天同星坐落福德宮（個人福報、精神與休閒生活）

## ■得地天同星在福德宮

化氣為「福」的天同星，當它坐落在福德宮中時，可謂是恰得其位，福分綿延，也代表著：「個人在其精神或心靈上，能夠充實且自得其樂。對於休閒生活的規劃，也能相對的重視，在悠閒中充實個人的心靈享受。或者對於心靈成長的意願積極，精神生活愉悅。或也注重高尚的休閒方式，包括食衣住行，均有其愛好傾向的一面。或個人的福報很好，凡事常能心想事成，常遇貴人、常逢善緣，也具有錢財方面的福報。或個人也有心地善良、樂善好施的寬廣心胸，並以實際的行動去濟利他人……」

## ■落陷天同星在福德宮

意味著：「個人在精神與心靈生活方面的提升，不甚重視。或者常為俗事操勞，頗費心力，身心難以清閒下來。或平日為俗事煩忙，但總效率不彰，或者勞多獲少，身心難得放鬆或安定。或對休閒方面的規劃有心無力，付諸實踐者少。或欲追求物質來滿足現實生活時，總有事與願違之憾。或者在身心靈方面的成長或提升，概念或動機欠缺。或也有在錢財方面的福報不佳，致有頗勞心力，所獲有限。或雖然心地善良、熱心助人，但礙於本身資糧不足，在付出的過程中，常有損己利人的傾向……」

## ■忌煞沖、會照或同宮（天同星在福德宮）

具備這種格局的話，可能代表著：「個人精神或心靈上狀態，紛雜的思緒不易安定下來，或也有自尋煩惱的傾向。或者較易生起消極的意念，對人生的目標追求缺乏動機與企圖心。或者欠缺休閒方面的規劃，反為日常生活所牽累，難得清閒下來放鬆自己。或者對於錢財方面的福報欠缺，常有勞多獲少的辛勞，或似有人生無常、空忙一場之憾。或常有難言之隱。或覺得人生似有晦暗運勢，難以生起強烈的動機，去改變現狀、突破重圍……」

福德宮中坐天同，福星高坐恰其份，
對宮財帛相會照，想必財報福不淺，
精神心靈能兼顧，況又施福能與人，
享已福時須保守，福報不可全用盡。
若有忌煞同宮坐，或見對宮忌煞沖，
顯然福報有不足，欲得財帛費心力，
心緒易亂難靜心，平日勞碌少清閒，
世俗煩雜難應付，用盡心思總累身，
晦滯運勢如雲遮，欲突重圍如陀羅，
為今宜當反思維，或有七事可應對，

一者惜福種福田，心地向善不退轉，
二者祈願能迴向，我與大眾得離苦，
三者廣發大心願，欲求福田利眾生，
四者心性如大海，隨緣隨分能佈施，
五者雖然勞心力，自己不生抱怨心，
六者愛護已生命，推及一切眾生命，
七者已種如是因，遇緣際會終成果。

※天同星坐落父母宮

## ■得地天同星在父母宮

化氣為福蔭的天同星，當它坐落在命盤的父母宮時，這顯然也是一個絕佳的組合，因為，這意謂著：「有對子女付出與照顧的父母（其中之一），通常能令子女得到實質的利益。或與子女之間的互動融洽，通常能帶來家中歡樂的氣氛。或對子女之生活起居頗為關心，能盡一切能力去幫助他們。或者父母生性樂觀、活潑，心地善良、樂善好施，凡事能為子女著想。或父母也是很有福報的人，對人和善、廣結善緣，擁有好的人脈與人際資源……」

## 落陷天同星在父母宮

意謂著：「父母在照顧子女的過程中，頗費心力，而煩雜與瑣碎的家事令其難以落實在親子互動上。或雖想用心來關愛子女，但總覺得有心無力。或者為生活忙碌，疏於與子女之間的親情互動。或在照顧子女的責任與義務上，顯然能力有限，或有難言之隱。或者父母心性（其中之一），常有悶悶不樂的傾向，心事不易為外人所知。或者運勢有阻滯現象，似有懷才不遇之憾。或與子女之間的互動，氣氛較為嚴肅，缺乏輕鬆感……」

## 忌煞沖、會照或同宮（天同星在父母宮）

若有這種命盤格局的話，可能代表著：「父母（其中之一）在關愛或照顧子女的過程中，難以發揮實質的效益來幫助他們。或者在照顧子女的能力上不足，即使費盡心力，效果有限。或與子女之間的互動，不易融洽，易生隔閡，心意難通，默契不足。或者難以落實照顧子女的責任與義務。或者父母（其中之一）經常逢遇挫折，心事往內積壓，不為外人所知。或者也有善緣難遇、才華難顯、懷才不遇、為家庭勞心勞力……」

父母宮中坐天同，生來福分受其蔭，
關愛子女無不至，家中和樂且融融，

福分能夠蔭子女，受福當得能惜福。
若有忌煞同宮坐，或見對宮忌煞沖，
父母福分稍有減，蔭及子女費心力，
親情互動有距離，心意難通生隔閡，
庸庸碌碌忙家事，為誰辛苦為誰忙，
若能知解此現象，宜當能超越宿命，
一者親情應珍惜，想必定有宿世因，
二者奉養當盡心，全心付出能歡喜，
三者推己能及人，一切生命皆愛護，
四者逆境可鍊心，言行一致來惕己，
五者對己父母心，返觀自照我子女，
彼此因緣有所牽，如同鎖鍊環環扣，
因中若種孝順道，果中自有善報來。

# 紫微星

西伯侯「姬昌」，自從被紂王囚禁在羑里以來，長子「伯邑考」在西岐代理執政，謹遵其父訓，把地方治理得有調不紊、民富物豐。這天，他思父的情緒，頓時又擁上心頭，不能自止。於是，就召來大臣散宜生及武將南宮适說：「我的父親被紂王軟禁也將近快七個年頭了，而今吉凶未卜，我想把宮中政事，暫託兩位大人管理，我將上一趟朝歌城，秉明君上，求他放了父親，也好迎接父親回來。」這話才說完，散宜生便接著勸伯邑考說：「長公子不必急於一時，你可知侯爺慎重交待過的事……，只要屆滿七年，他的災劫自會消去，平安的返回西岐。如今，你若出此一舉，豈不辜負汝父一片苦心，望慎重三思，急必有失，想必汝父如此交待，一定有他的道理才是……」「伯邑考」心意已決，兩位輔佐大臣無可奈何，只得退下，另一方面，向母親說明緣由之後，隔日便攜帶著祖傳的三件寶貝，準備進獻紂王，以贖父罪，幾名隨從同行，一路往朝歌城出發。（註：這三件祖傳的寶貝是：一、「七香車」—軒轅黃帝所乘坐的車子。二、「醒酒氈」—醉酒之人，一臥此氈便能清醒。三、會唱歌的「白面猿猴」)

這一天，「伯邑考」來到京城已日落時分，住進了驛館，一連五日以來，竟無法面見紂王，第六天，他又來到午門候旨，見到亞相比干，向其說明遠道而來的緣由，終於在比干丞相的引見，在摘星樓見著了紂王。除了獻上三件寶貝之外，比干轉呈伯邑考的本章，紂王被他的孝心感動，便令他先站立一旁，好做思量。「妲己」在旁見「伯邑考」長得有如玉樹臨風，真是天下少有的美男子，便對紂王說：「妾聽說伯邑考善撫七弦琴（現稱古琴），精通音律，何不請他撫琴一曲，便可知其琴藝是否名副其實？」

「伯邑考」推辭不下，只好就地將琴放在膝上，撫了一曲《風入松》，曲罷之時，紂王心喜又稱讚了一番。妲己眼見天下才子就在眼前，便已生起愛戀之心，於是便想把他留下來過夜，這良機怎能如此放過呢？便向紂王說：「何不將他留下，把這天下最美的琴音傳授給她……。」紂王批准妲己的請求，「伯邑考」只得從命去傳授琴藝，是日，這琴課已教到夜子時，「伯邑考」準備離開之時，妲己乘機挑逗（色誘）「伯邑考」，這突如其來的情景，頓時讓他對皇妃心生反感，情急之下，妲己被他一聲喝斥，誰知竟引來了宮中侍衛，連紂王也差點被驚醒了。次日一早，妲己只得另生一計，惡人先告狀，對紂王哭訴著說：「伯邑考借傳琴之便，出言挑釁，欲非禮她……」

「伯邑考」被妲己這麼一陷害，紂王要求伯邑考說：「若你撫琴具有忠良之音，便赦你無罪；若是琴韻當中隱含著傾危之音，定不饒赦。」「伯邑考」自知劫數難逃，只好先撫一曲，琴韻當中帶著忠貞廉潔的愛國之音，紂王無法看出破綻，便命他再撫一曲，「伯邑考」無奈，只得從命，琴韻當中似乎訴說著為政著的德行與操守，也帶有諷諫之意，「伯邑考」一邊撫琴，誰知，竟伴隨著琴韻唱了起來：

願王遠色兮再正綱常，天下太平兮速廢娘娘，
妖氣滅兮諸侯悅服，卻淫邪兮社稷寧康，
陷姬考兮不怕萬死，絕妲己兮史氏傳揚。

唱罷，他便把七弦琴向妲己打去，不但沒打個正著，反倒把桌上的杯盤打得粉碎，紂王大怒，便令宮中侍衛將他抓起來，扔入蛇坑。此時，妲己又心生一計，向紂王說：「可把「伯邑考」的肉做成肉餅，送給「姬昌」吃，他若吃了，表示他的卦不準，算不出自己所吃的肉餅是自己兒子的肉做的。若他不吃的話，說明他能善演先天神數，預測未來，必須立即將他處斬……」

當宮中侍衛把做好的肉餅送到羑里時（文王的故居），「姬昌」除了感謝紂王的恩德

外，便不明就裡的把肉包子當場吃了，侍衛們在旁也看得傻眼，但也不向他說破，便回宮中覆命去了。又過了幾日，紂王已確認「姬昌」對他的威脅不復存在時，便赦免他，讓他返歸西岐。從此以往，算來也正好遭遇七年之難，「姬昌」回到家中時，忽然想起長子「伯邑考」為他殉身而亡時，不覺肚中一陣絞痛，痛苦萬分，從口中竟吐出一塊肉糰，頓時，化做一隻兔子而去。

「伯邑考」的魂魄來到封神台前，被封為「紫微星」，掌管北斗星系，在其所居住神殿外的花園裡，種滿了紫色的薔薇，因此，也有人以此典故，稱其為「紫微星」。薔薇的花朵或顏色，自然是命坐紫微星的最愛了。

| 星宿 | 五行 | 化氣 | 司主 | 主事 | 十年干之四化 |
|---|---|---|---|---|---|
| 紫微星（北斗帝座） | 陰土 | 尊貴 | 官祿、權利 | 掌權、延壽、制化、桃花 | 乙年化科、壬年化權 |

從「紫微星」所代表的人物「伯邑考」來分析其星性的基本特質，約可歸納成下列幾項優缺點，如左列詳述之。

## ◎優點

一、「紫微星」是一顆帝座，化氣為尊貴，因此，有一種崇高的氣質，在人生的歷程中，經常扮演著領導者的角色。
二、紫微是居高臨下之星，因此，對於後輩具有提攜與照顧的雅量。
三、人生際遇中，經常會遇貴人，或得有力助手，在人際關係中，有選擇性互動的人格特質。
四、注重生活品質，處事喜單純、乾脆、簡化、明確，不喜拖泥帶水。
五、人際互動的異性緣分強，在眾多人前經常是受注目的焦點。
六、紫微為帝座，也是官祿主，於實際的作為中，化為權利，因此，在互動過程，他人經常是馬首是瞻，附和者眾。
七、紫微具有解厄、制化的功能，因此，在人生的歷練上，經常能化險為夷、逢凶化吉。
八、內在有涵養與包容納受的雅量，對於周遭的人事物能顧及他人的權益。
九、紫微所到之處，為人所敬重，易受人禮遇，如眾星拱月一般。

◎缺點

一、紫微是帝座之星，雖化氣為尊貴，唯恐自視過高，對人不夠謙卑，產生傲慢的心態。

二、在經常扮演著領導的角色中，易鶴立雞群，造成曲高和寡之象。

三、對於後輩雖具有提攜之心，唯恐心意難通理念不易一致，致使對方倍感壓力。

四、雖具有某種崇高的氣質，交友廣闊，易產生選擇性的心態，不容易找到真心的朋友或知己。

五、雖注重生活品質，唯恐產生偏執，造成過與不及的現象。

六、對事務的處理，雖喜單純、乾脆、簡化、明確，唯恐心性游移不定，所做出的決策與原意有偏離之慮。

七、在現實環境中的某些實務經驗，或資訊的獲得較欠缺，追求向上成長的動力不足。

八、人際互動的異性緣分強，若不加以自制，易生桃花困擾，或有情困難解之慮。

九、紫微官祿主，於決策過程中，易獨斷而行，致使周遭望而卻步。

十、所到之處，雖能受人禮遇，唯恐內斂不足，易造成別人的壓力。

十一、個性孤僻、高傲，雖有獨斷專行的傾向，唯耳根子軟，恐有輕信別人的過患。

| | | | |
|---|---|---|---|
| 紫微+3 七殺0 巳 | 紫微+4 午 | 破軍+3 紫微+4 未 | 天府+2 紫微+3 申 |
| 紫微+2 天相+2 辰 | 紫微星 | | 紫微+3 貪狼+1 酉 |
| 紫微+3 貪狼+1 卯 | | | 紫微+2 天相+2 戌 |
| 紫微+3 天府+4 寅 | 紫微+4 破軍+3 丑 | 紫微0 子 | 七殺0 紫微+3 亥 |

## ◎紫微星坐「命宮」

### 壹、「得勢」的紫微星（三方四正，不會照陷地的紫府星系）

一、紫微星化氣為尊貴，在個人的命盤上，命坐紫微的人，人生的際遇較為殊勝，經常能逢凶化吉、化險為夷，所願易成。

二、人生處處易逢善緣，貴人無所不在，而且，自己也是別人的貴人。

三、領導與統御的能力強，這種「得勢紫微」坐命宮的人，堪稱為最典型的領導人物。

四、部屬緣與大眾緣強，所到之處，能為人所敬重、禮遇，好比德高望重的長者一般。

五、對於人際的交往所散發的氣質，易為異性所吸引、心儀、崇拜，或為他人心目中的偶像（易有桃花臨風落葉之擾）。

六、具有某種特殊的才華，為人所敬重。

七、注重個人生活品質，衣著、美食、居所、行動、休閒……，均能有條不紊的規劃。

八、行有餘力能照顧多數人的權益，甚至以助人為樂。

※「得勢」紫微星坐命宮，共有八種結構：

| | | | |
|---|---|---|---|
| ╱ | 紫微+4 午 | ╱ | 天府+3 紫微+2 申 |
| 紫微+2 天相+2 辰 | 得勢 貪狼星 | | 紫微+3 貪狼+1 酉 |
| 紫微+3 貪狼+1 卯 | | | 紫微+2 天相+2 戌 |
| 紫微+3 天府+4 寅 | ╱ | 紫微0 子 | ╱ |

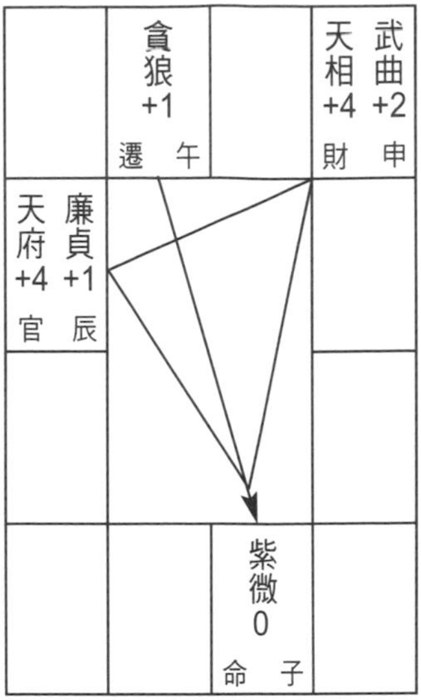
貪狼 +1
遷 午
武曲 +2
天相 +4
財 申
廉貞 +1
天府 +4
官 辰
紫微 0
命 子

圖一

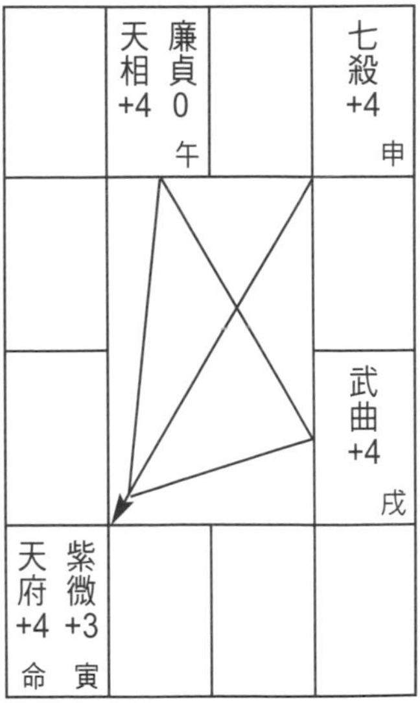
廉貞 0
天相 +4
午
七殺 +4
申
武曲 +4
戌
紫微 +3
天府 +4
命 寅

圖二

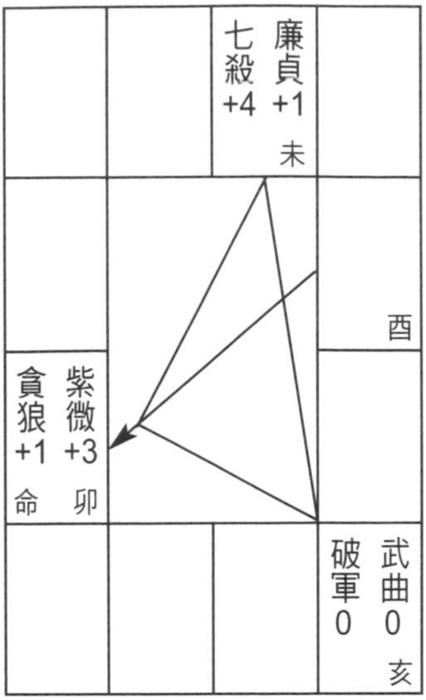
廉貞 +1
七殺 +4
未
酉
紫微 +3
貪狼 +1
命 卯
武曲 0
破軍 0
亥

圖三

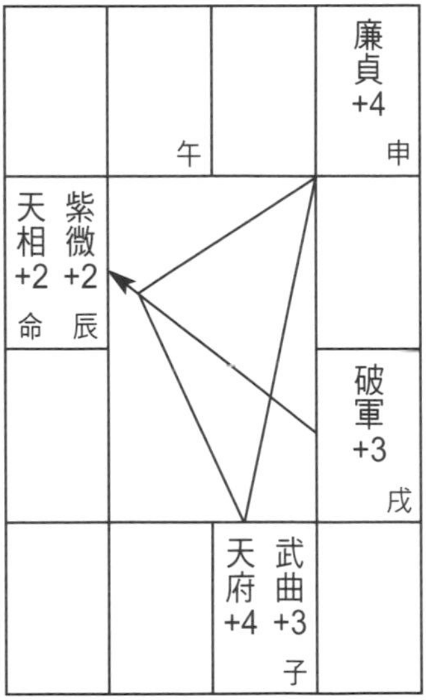
午
廉貞 +4
申
紫微 +2
天相 +2
命 辰
破軍 +3
戌
武曲 +3
天府 +4
子

圖四

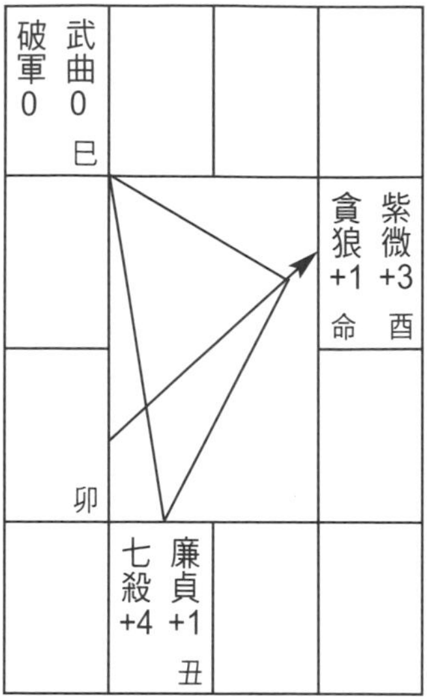
武曲 0
破軍 0
巳
紫微 +3
貪狼 +1
命 酉
卯
廉貞 +1
七殺 +4
丑

圖七

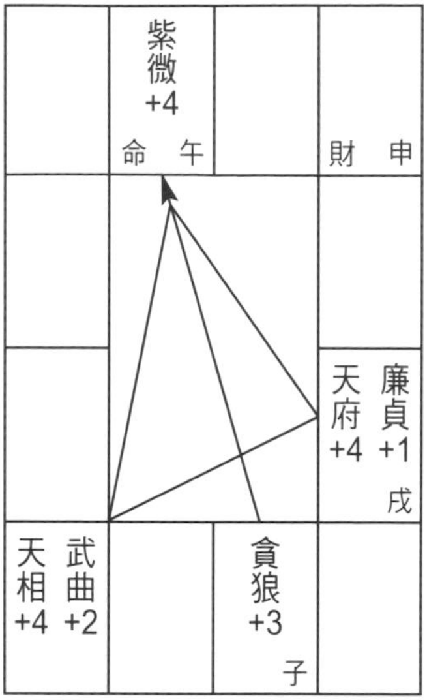
紫微 +4
命 午
財 申
廉貞 +1
天府 +4
戌
武曲 +2
天相 +4
貪狼 +3
子

圖五

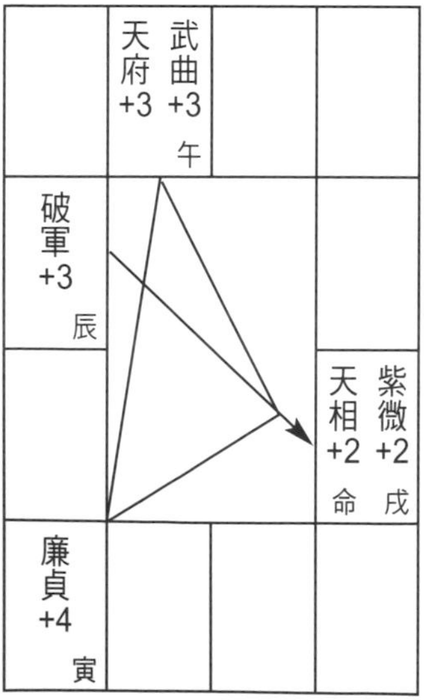
武曲 +3
天府 +3
午
破軍 +3
辰
紫微 +2
天相 +2
命 戌
廉貞 +4
寅

圖八

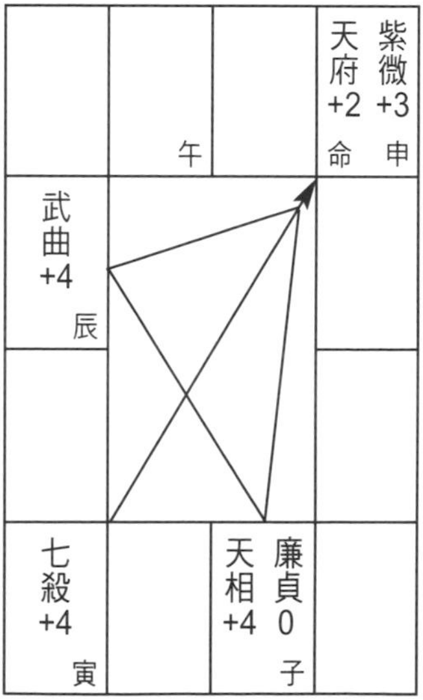
午
紫微 +3
天府 +2
命 申
武曲 +4
辰
七殺 +4
寅
廉貞 0
天相 +4
子

圖六

## 貳、「失勢」的紫微星（三方四正，會到陷地的紫府星系）

一、紫微坐命，若居於失勢的方位時，有如落難的皇帝一般，人生際遇如浪裡行舟，總難順心如意，或有生不逢時、有志難伸、壯志未酬的感慨。
二、個性較不穩定、浮躁，喜歡動態性的活動，靜態性的學習與成長較缺乏。
三、社交活動雖頻繁，唯恐交友不慎，或喜歡出入休閒場所，久習成癖好。
四、雖欲注重生活品質的提升，唯心性恐偏於慵懶，不修邊幅。
五、對理財、守財的管理概念較不足，錢財出入不易精打細算，致有寅吃卯糧之慮。
六、人生際遇，雖能化險為夷，但總有波折不斷之感。
七、雖有逢遇善緣之機，唯恐自己自視過高，導致錯失良機。
八、領導統御的能力雖強，唯帶領之方須循正道而行，不可偏離常理。
九、易與異性有投緣的機遇，唯恐桃花臨風，把持心性不易，致生情困之擾。
十、紫微化氣為尊，唯恐內斂不足，令人望而生畏。（須以修德來彰顯貴氣，凡事宜心存正念）

※「失勢」紫微星坐命宮，共有四種結構

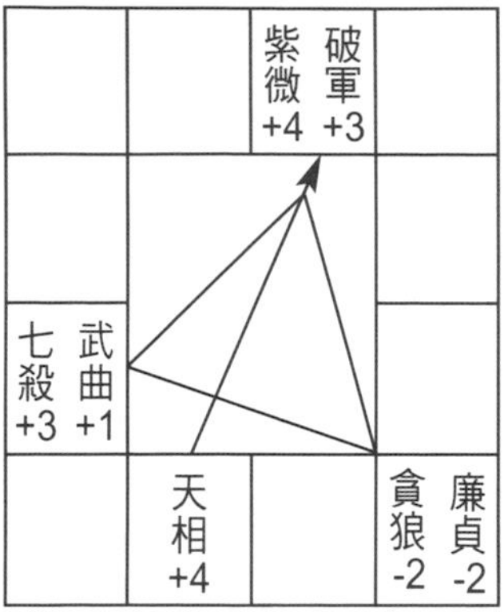

圖一

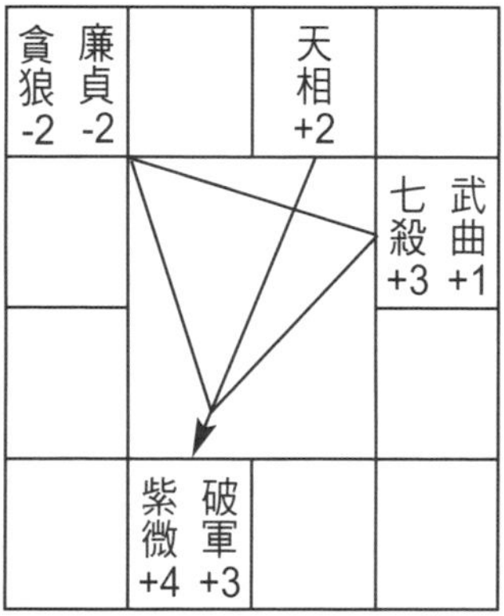

圖二

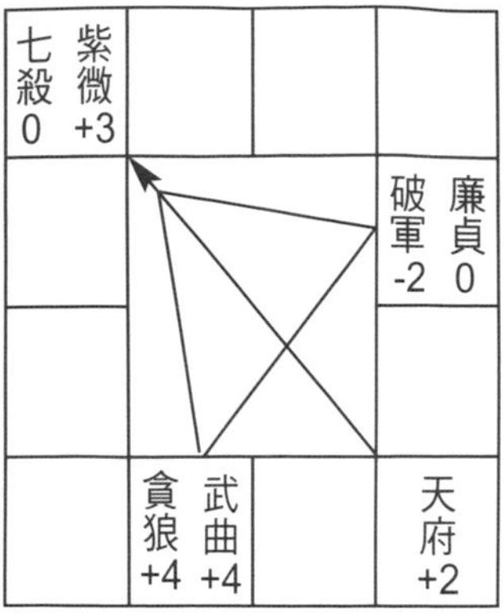

圖三

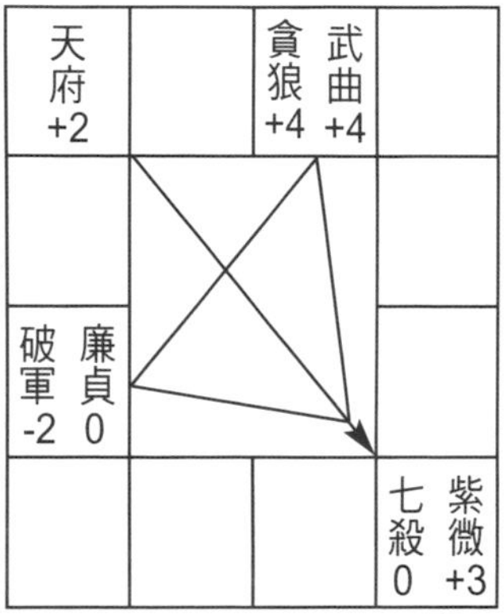

圖四

## ◎超越紫微星的宿命

**紫微**是中天主宰，北斗帝座之星，掌南北斗諸星的樞紐，北斗星系共有六顆：「紫微、天機、太陽、武曲、天同、廉貞」。這些星系的特性中，有足智多謀的智慧型國師─天機，有管人事行政的行政院長─太陽，有管財經的財政部長─武曲，有掌福利政策的內政部長─天同，有總統身旁的宰相為輔佐─廉貞，而紫微星便是統領著這一大團隊的首腦。所以，我們知道，在紫微斗數的原始設計理論，將它定位為領導中心，因此，紫微化氣為尊貴，這是毋庸置疑的。

紫微與天府這兩顆星，就好比皇帝與皇后，也就是帝星與后座，兩者都有著崇高的氣質，但凡事總有正反兩面的說法。比如說：「紫微星居任何宮位，它都不落陷，紫微也不化祿，因紫微本身即是祿主；它也沒有所謂的化忌，一國之君不怕化忌，但不喜歡陷地煞星或空刧來沖會，或夾命宮，或與其同宮……」。因為，紫微若處在強敵壓臨的處境時，會使其平添困擾，令他不得悠閒，或有被監禁之感，處處受制；或者權力被架空，有志難伸，導致自暴自棄，或偏離正道……等等。紫微化權，則有掌控大局的膽識與氣度；紫微化科，則會較偏重於安逸、享樂，如同太平時代的皇帝。不過，話說回來，在紫微星坐命的整體命盤基本結構裡，與紫微星同坐命宮者，共有下列五種組合：

紫府同宮
紫破同宮
紫貪同宮
紫相同宮
紫殺同宮

上列這五種坐命的結構中，如前已有詳述及所附圖表，相信對照一下，即可一目瞭然。至於其他紫微坐命的結構，前面也均有附圖表。不過，在此要說明的是：「不管你命坐紫微的哪一個方位，得勢者不可大意，或產生傲慢的心理。失勢者，不可因此氣餒，凡事在歷練與經驗當中總有轉寰與改善的空間」。一生當中，命好的人，有他的弱點所在，也有他需要成長與改善的空間，人一生下來，並不是完美無缺的，唯有透過歷練與領悟，去發覺屬於個人生命存在的終極意義。因此：

凡事沒有絕對的好，也沒有絕對的壞，
自認為是好的，其中必有不足之處，

自貶為不好的，必也有其良好的一面，
只要善者令其善增長，惡者令其惡能止，
好與壞的認定，就存在一念之間了。

紫微本為眾星所拱照，因此，其鋒芒畢露之象是需要收斂的，在《易經》中的「謙卦」，象徵著高山處於地下之象，比喻有德者，能虛懷若谷，容受納人之雅量，《易經‧謙卦》被喻為六十四卦中最為吉祥的大吉大利之卦。眾星之主的紫微，不管居於得勢或失勢的位置，只要能「勞謙以應」，便是人生最高的哲學。否則，孤僻、高傲將可能成能人生成就的致命傷。另一方面，「守正道而行」是非常重要的指標，因為，紫微是典型的領導者，在帶動多數人朝向一個既定的目標時，宜心懷慈悲，言行不可偏離常軌，唯恐有錯誤的示範作用。

紫微眾星拱，具有尊貴相，
得勢不可當，失勢有阻滯，
得勢不自滿，失勢不氣餒，

得勢澤被人，失勢可植福，
得失兩權衡，善惡可互補，
心常懷慈悲，隨緣利他人，
紫微恰其分，說也難推辭。

## ※紫微坐落兄弟宮

### ■紫微星在兄弟宮

意味著：「在自己的兄弟姐妹之中，有較具權威者，或喜發號施令、佔上風、支配別人。或雖有如上的人格特質，但也能以實際行動來照顧或利益手足。或也具有自我挑戰的特質，通常在其言行上，獨樹一格。或者主觀意識較強，通常能堅持自己的觀點。或許也有較為高傲的氣質，與手足之間的互動有距離感。或者在手足之間較為嚴肅，令人親近時有威迫的感覺。或也有孤芳自賞的氣質……」

### ■紫微星坐夫妻宮

代表著：「配偶具有陽剛的特質，在夫妻互動之間，喜好掌權或支配對方，由於心地仁慈，卻也能照顧伴侶。或者配偶也注重其人際的互動，交友廣闊、人緣甚佳。或者也較具有個人的主觀意識，凡事能自我肯定、認同自己的做法。或也重視夫妻間羅曼蒂克的氣氛，追求浪漫式的愛情」。

## ■紫微星坐子女宮

帝座之星坐落在子女宮時，這意味著：「子女之中，有較以自我意識為中心者，喜好多變化的生活方式，頗具才華，有個人獨特風格，與眾不同，能在群眾中出類拔萃。或也具有仁慈之心，對於同伴或晚輩能發揮關愛的特質，人際關係佳，通常也能得到別人的禮遇。個性直率、坦誠，當有所慾求時，父母能滿足他（她）的需求。或也帶有高傲的氣質，與父母之間的互動，流暢度須待加強……」

## ■紫微星坐財帛宮（經濟狀態）

代表著：「個人具有旺盛的理財企圖心，熱中於相關理財的經濟活動，錢財出入狀況頻繁。或有想賺大錢的野心，但通常易造成出入失衡狀態。或者在錢財的運用，理財概念不足，欠缺適當的管理能力。或者也有在花費上不知節制，恐有後繼無力之患。或不易積蓄辛苦賺來的金錢，卻輕易的把錢花出去。或在金錢上，有大賺大花的傾向，容易有先得後失的過患……」

## ■紫微星坐疾厄宮（健康狀態）

陰陽五行屬土的紫微星，當它坐落在疾厄宮時，代表著：「個人在脾胃、消化系統上，應有適當的保健之道，否則易造成腸胃及消化系統上的問題……」。關於這一部分，我們可以《黃帝內經・素問—陰陽應象大論篇第五・第三章》說明之。

中央生溼，溼生土，土生甘，甘生脾，
脾生肉，肉生肺，脾主口。
其在天為溼，在地為土，在體為肉，在藏為脾，
在色為黃，在音為宮，在聲為歌，
在變動為噦，在竅為口，在味為甘，
在志為思，思傷脾，怒勝思，（註）
溼傷肉，風勝溼，甘傷肉，酸勝甘。

※註：
「勝」：有制之以平衡之意。

■紫微星坐遷移宮（外出行運）

意味著：「個人注重出外行運的人際與公關，有常逢貴人常遇善緣的際遇。或自己也可能是別人的貴人，能有提攜、照顧後輩的雅量。或者也擁有廣闊的人脈幫助其事業上的發展。或也可能喜歡出入較高尚的場所，注重外在的個人形象。或者也表示著個人具有領導統御的能力，能積極且活潑的帶動團體，使其活躍起來。或也頗有異性緣的優勢，受人青睞或賞識。或在人生際遇的過程中，頗能受到長官的賞識，並賦與重任……」

■紫微星坐僕役宮（交友狀態）

具有「權星」之最的紫微星，當它坐落在僕役宮時，意味著：「在個人的朋友當中，有能夠提攜或照顧自己的人。或雖然有恃才傲物的朋友，但為人誠實、心善正直，從往來的互動流暢度來看，顯然較佔優勢。或者有想支配對方的傾向，個人與其互動時，不易取得平衡點。或者在朋友圈中，對方有領導（統御）的能力，令人在與其互動時，較屬於配合的一方。或者對方的人際關係佳，頗有人際桃花的傾向。或者與其交往時，較易出入於高尚的場所……」

## ■紫微星坐官祿宮（事業運勢）

紫微星為正宗的官祿宮主星，當它坐落在個人的官祿宮時，代表著：「個人對於事業的發展，具有強烈的企圖心，以及積極行動的力量。或者在其事業上，具有領導者的氣質與統御的能力，有帶領的動能與特色。或者在職場上，容易受到長官或老闆的青睞與賞識。或在事業上，容易發揮其才能，展現個人的企圖心與積極的意願。或在事業上，易遇貴人或常逢善緣，有助於個人的發展。或者也有提攜後輩的雅量，進一步栽培他們。或在職場上，較易接觸或涉及交際場所，以促進個人在事業上的發展……」

## ■紫微星坐田宅宮（居家狀態）

意味著：「個人喜居住於二樓以上的房子，或者視野較寬廣的高樓大廈，居家環境的佈置與擺設頗具有典雅的氣氛。或者喜歡將心思重視於居家生活品質的提升。也可能擺設優雅古典的飾品或字畫，以增添生活情趣。或在家也注重休閒，來調濟身心、紓解壓力……」

## ■紫微星坐福德宮（福報、精神、休閒）

紫微星是一顆頗具福報的星座，當它坐落在福德宮時，代表著：「注重自己的休閒與精神生活的提升。或者也重視心靈方面的成長與提升。至於，在休閒方面，無論食衣住行育樂，都有其特別偏好或講究之處。或者在個人一生的行運當中，有常遇貴人、常逢善緣的殊勝福報，所到之處頗能受到別人的禮遇。或也頗有異性緣，一生際遇多彩多姿（宜防桃花臨風之擾）……」

## ■紫微星坐父母宮（長輩緣）

意謂著：「父母親中的一方（父親）具有高尚的氣質，對子女雖能付出，但較缺乏融洽度。或不易與子女打成一片。或者他生性較喜閒處，缺乏與子女互動的積極心態，致令子女覺得有疏離感。或看起來較為嚴肅，有令人不易親近的壓迫感。或者對子女的教育方式較為隨緣，令其自然發展，主動參與的意願欠缺。或者他較注重外緣，往往忽略家庭的責任與義務……」

紫微坐落十一宮，凡事須得細端詳，
權星之最紫微星，各在宮中意不同，
兄弟宮中能利己，夫妻宮中掌家權，
子女宮中為貴氣，財帛宮中易花費，

疾厄宮中為脾胃，遷移宮中重人際，
僕役宮中己失勢，官祿宮中最得位，
田宅宮中享家福，福德宮中福報有，
父母宮中為清閒，如上應加多推演。

# 太陽星

話說北伯侯崇侯虎，為紂王督造鹿台二年四個月，今已完工，進宮來覆旨，紂王龍心大悅，便與妲己上了七香車，命比干、黃飛虎隨駕，前去鹿台觀看完工的情形。比干見鹿台造得如此金碧輝煌，心裡暗自嘆道：「君上已見昏庸，耗此工程，不知又壓榨多少的民脂民膏，台下埋了多少的冤魂，簡直荒謬至極。」紂王問妲己說：「鹿台已建好，不知何時可得神仙駕臨呢？」妲己回答說：「陛下可選定本月十五日（月圓之夜），在鹿台擺宴，設九龍席，只要心誠意至，到時神仙自會駕臨。」紂王聽了，倒也覺得爽快。

妲己早已安排看守軒轅墓穴中的同門姐妹們（動物靈），務必在月圓之日，駕臨鹿台，讓紂王信以為真。十五日夜色已臨，紂王便令皇叔比干陪宴，比干一到鹿台時，看見眼前所擺的宴席時，搖頭嘆道：「國事已見危難之兆，如今竟相信神仙能駕臨鹿台，恐怕又是妲己妖言所玩弄的把戲。」子時已到，只見風聲陣陣響起，狐狸精們個個駕著妖氣來到，有的變做道姑，也有的化做道人，依次進入九龍席飲宴。為了不驚動諸神仙們的雅興，紂王只好遠遠的隔著一層帷幕，見他們盡情享用擺設的宴席。

神仙們持金杯斟酒，依次向紂王敬酒，並祝賀君上長壽綿延，此時，比干發覺事有蹊蹺，因為，空氣中聞到一股騷臭刺鼻的味道，再加上這些狐狸精們，久未受此隆重大宴，便大膽的飲酒作樂起來，誰知，酒意甚濃之時，這些精靈們，一個個開始現出了狐狸尾巴，此情此景被比干看在眼裡，卻也不去戳破這天大的騙術，妲己眼見事跡即將敗露，便將紂王灌醉，命人攙扶回宮。當夜，精靈們個個醉酒，飛得進來，卻飛不回去，只好顛顛倒倒的走出鹿台，尋路回軒轅墓。比干情急之下，只得找黃飛虎一路跟蹤牠們的去處，最後總算在軒轅墓中，發現了牠們的巢穴。五更時分，比干取來一堆木材，堵住了洞口，一把火把墓穴燒得精光，衛兵進去一搜查，卻拖出數十隻被燻死的狐狸。

過了幾日，比干一早入宮覲見紂王，手捧著一件狐狸皮所製成的大衣，對紂王說：「冬令將至，微臣謹將這件狐皮袍，獻給君上保暖用。」紂王見此大衣縫製得如此精緻，便欣然接受，把它披在肩上。妲己一見，便知此狐狸大衣乃是牠們同門姐妹們的犧牲品，心中頓時生起恨意，盤算著如何報此奇恥大辱。

這天，妲己與胡喜媚正在鹿台陪紂王用早膳，不知怎麼了，妲己忽然大叫一聲，應身倒地不起，只見她兩目緊閉、牙關咬緊、臉色發紫……，把紂王嚇出一身冷汗。喜媚對紂王說：「妲己的舊病又復發了。」紂王焦急的問：「如何才能醫治這種心痛的病呢？」喜媚回覆紂王：「只要能取得玲瓏心一片，即可把娘娘的心痛病治好。」紂王問：「朝歌城中，誰有這玲瓏心呢？」喜媚裝腔作勢，有模有樣的屈指算來算去，然後對紂王說：「朝中有一大臣，此人有玲瓏心，只怕他捨不得。」紂王問：「是誰？」喜媚說：「亞相比干。」紂王接著說：「比干是皇叔，為了救妲己一命，想必他是會借的。傳手札，宣皇叔比干即刻進宮覲見。」

「比干」在相府接到紂王的傳令時，心想：「此去必凶多吉少。」只好無奈的進宮見駕，紂王對比干說了妲己臥病不起一事，並要求比干能借出玲瓏心一片，比干見紂王已昏庸愚昧到如此地步，自知商湯天下將斷送在紂王的手裡，心裡一陣悲悽，眼見大勢已去，難挽狂瀾，昏君已無醒悟之日，便取來魚腸劍，解開衣帶，在臨終前唱出一首勸紂王的詩句：

妖孽蠱惑受德失智，昏庸無道眾叛離兮，
怨聲四起民已流離，成湯天下將趨滅兮，
比干心腸蒼天可鑑，滿腔熱血死不足兮，
願王心智早日回醒，離心離德不可為兮。

一唱完，便持劍刺進心窩，把心取出，往地上一扔，掩上衣袍，一言不發的轉身就走。眾大臣見比干疾出午門，騎馬直奔北門家中，黃飛虎見狀有異，便令左右跟了出去。比干走了幾里路，見到路邊有一婦人在叫賣無心菜，比干勒住馬，問婦人說：「一個人若是無心，會怎麼樣呢？」婦人告訴他說：「人若無心，立即會死。」比干大叫一聲，啊！不妙！便從馬上倒栽了下來，滿腔熱血崩流滿地。

「比干」的魂魄來到封神台前，被封為「太陽星」，以彰顯比干忠貞愛國，鞠躬盡瘁，死而後已，如同太陽的光芒，普照大地一般，也象徵著他的心地光明、心量廣大、博愛與慈悲。在「紫微斗數」中的太陽星座，便以「比干」作為最具有代表性的人物。

| 星宿 | 五行 | 化氣 | 司主 | 主事 | 十年干之四化 |
|---|---|---|---|---|---|
| 太陽星 | 陽火 | 貴 | 官祿 | 交際、人事、公平、慈善 | 甲年化忌、辛年化權、庚年化祿 |

從「太陽星」所代表的人物「比干」來分析其星性的基本特質，約可歸納成下列幾項優缺點，如左列詳述之。

## ◎優點

一、「太陽星」是一顆心地光明、博愛與慈悲的星座，因此，凡是命宮（身宮）坐此星座的人，其心胸寬廣，心量也較大，凡事能顧慮到別人的處境，為他人設想。

二、「太陽星」也是一顆誠實無欺的星座，為人處事，能循光明正大的途徑，艱忍以赴，進一步達成他的目標。

三、在人際互動關係中，能付出能量去關照別人，也因此，交際的能力甚強。

四、面對困境時，能以堅毅的態度，克服萬難的邁向成功之路。

五、心性耿直，為人豪爽，不阿諛、諂媚，凡事有自己的價值觀與看法，不隨意委曲附從，或違背原則處事。

六、對是非善惡的認知明確，不易為人所蠱惑，心中自有定見，處事有原則。

七、不畏權勢，不攀附權勢，行事果斷、剛毅，事理分明。

八、交友廣闊，在朋友有難時，能及時伸出援手給予協助。

九、處事積極，人生奮鬥的過程總充滿著能量，似有取之不盡，用之不竭的活力。

十、心地善良、心腸軟，見人有難，能施、能捨。

十一、交際廣闊當中，易得異性緣的景仰，或者心生愛慕之意。

## ◎缺點

一、凡事雖能顧慮到別人的處境、為他人設想，唯恐設想太多，忽略自己，以致行事障礙重重。

二、本性誠實無欺，雖能光明正大處事，唯恐受人側目。

三、具有人際互動的優勢，雖能付出能量去關照別人，也因此，經常犧牲自己去成全別人（成人之美）。

四、遇到困境或挫折時，雖能艱忍以赴，唯恐心力透支，身心俱疲。

五、個性剛毅、耿直，處事決斷雖有原則，唯恐「乾剛獨斷」，剛柔未濟，權威逼人。

六、善惡是非雖有定見，唯直來直往之個性有欠婉轉或協調的空間。

七、雖不畏權勢、不攀附權勢，唯行事風格，恐有傲慢之過患。

八、四海之內皆兄弟，恐有交友不慎之過患，損及個人權益。

九、「太陽星」顧名思義為「晨昇日落，先勤後惰」，凡事開始熱切，結果落寞收場。

十、心地善良、心腸軟，唯慈悲的智慧不足，行善易生「愛見悲」。

十一、異性緣強，若心性把持不住，有桃花臨風之擾，或有情困難解之慮。

## ※太陽坐命十二宮位圖解

| | | | |
|---|---|---|---|
| 太陽+3 巳 | 太陽+3 午 | 太陽+2 太陰-1 未 | 太陽+2 巨門+4 申 |
| 太陽+3 辰 | 太陽星 | | 太陽0 天梁+2 酉 |
| 太陽+4 天梁+4 卯 | | | 太陽-1 戌 |
| 太陽+3 巨門+4 寅 | 太陽-1 太陰+4 丑 | 太陽-2 子 | 太陽-2 亥 |

## ◎太陽星坐「命宮」：

### 壹、「得勢」的太陽（三方四正，不會到陷地的紫府星系）

一、太陽星化氣為貴，由日出東方到日落晚霞，皆能發揮其光芒普照的本質，因此，命宮（身宮）坐太陽的人，具有積極向上的人生觀。

二、心量廣大，凡事能顧及周遭人的利益，並且積極以往。

三、具有領導統御的能力，凡事能夠「循於正道」，帶領團隊走向成長的目標。

四、心地光明，個性率直，為人乾脆，不喜拖泥帶水，處事有原則，對是非與善惡的界限分明，凡事有自己的主張與做法。

五、有嫉惡如仇的氣概，對不平之事，能挺身而出或平服。

六、個性耿直、率性，直來直往，言行如其人，不喜諂媚，或者攀緣，阿諛附從，誠信以往是其特色。

七、口才好，溝通能力強，對事能仗義直言，不過，易得罪他人而不自知。

八、人際交往廣闊，注重彼此互動情分，只要朋友有難，能挺力相助，助其脫困。

九、異性緣強，通常能獲得對方的青睞或者景仰，或者令人心生愛慕之意。

十、外在剛毅，心性善良，心腸軟，見人有難，能生憐憫心，想幫助他們。

十一、個性積極進取向上的精神，帶給周遭人活力與信心。

十二、處事決策明快，通常能掌握關鍵時機，積極以赴。

十三、對名利與錢財的觀念隨緣，通常較能犧牲自己的權益去成全他人。

※「得勢」太陽星坐命宮，共有五種基本結構

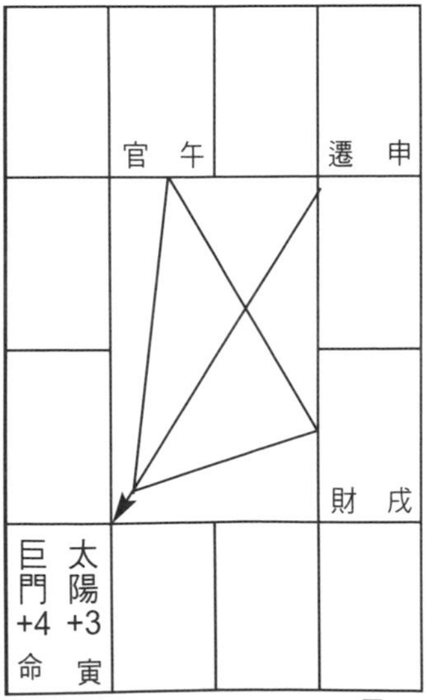


圖一

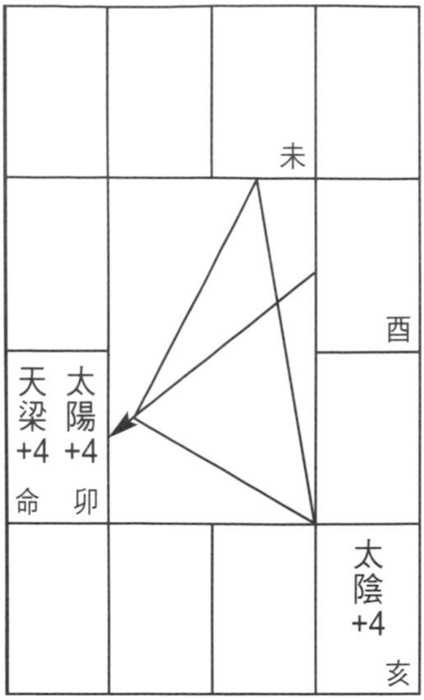
未
酉
太陽 +4
天梁 +4
命 卯
太陰 +4
亥
圖二

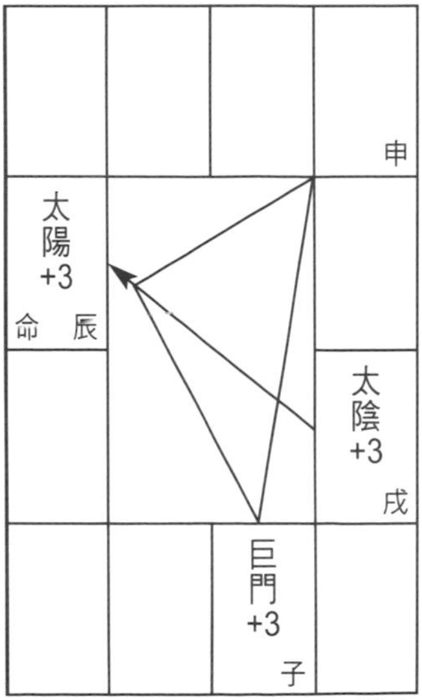
申
太陽 +3
命 辰
太陰 +3
戌
巨門 +3
子
圖三

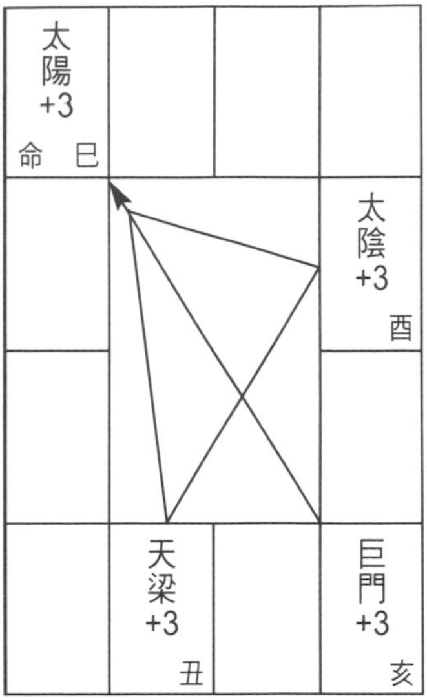
太陽 +3
命 巳
太陰 +3
酉
天梁 +3
丑
巨門 +3
亥
圖四

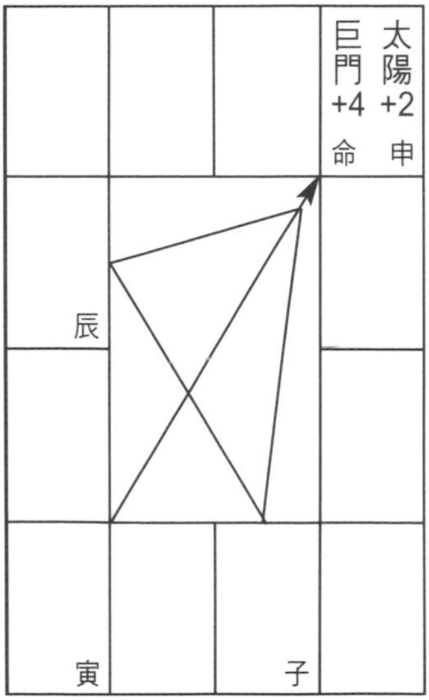
太陽 +2
巨門 +4
命 申
辰
寅
子
圖五

## 貳、「失勢」的太陽坐命宮（三方四正，會照陷地的紫府星系）

一、陷地或失勢的太陽，有如失去光輝，或受雲層遮蔽，或日落後的太陽，因此，人生歷程如同貴中無顯，或有秀而不實之象。

二、懷才不遇，或有志難伸之象，凡事欲行，總有受制之感。

三、有先勤後惰之象，如同日出漸漸日落，對人生有落寞感。

四、凡事經歷，有先損後益、先失後得、先苦後甘、先勞後獲。

五、在希望顧及周遭人的權益時，通常犧牲自己的利益去成全他人。

六、帶領團隊的領導方法或動力尚嫌不足，不易掌控團隊向心力。

七、率直與乾脆的個性，對事務的處理，穩定力稍嫌不足，決策恐有誤失之過患。

八、重視人際互動的友情，缺乏識人之智，恐有交友不慎之失。

九、心地善良、心腸軟，遇事易生「惜情」心態，理性不足，恐有「愛見悲」之慮。

十、與朋友交往，有初善終惡之過患。

十一、對錢財、名利追求之概念薄弱，理財與精打細算能力尚嫌不足。

十二、異性緣強，對彼此來往的認知理性不足，容易感情用事，致有情困難解之擾。

十三、遇事決策難定，顧此失彼，反而易失良機。

※「失勢」太陽星坐命宮，共有七種結構：

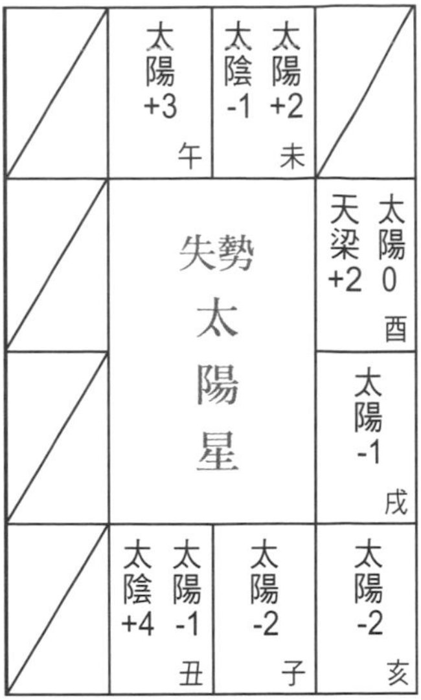


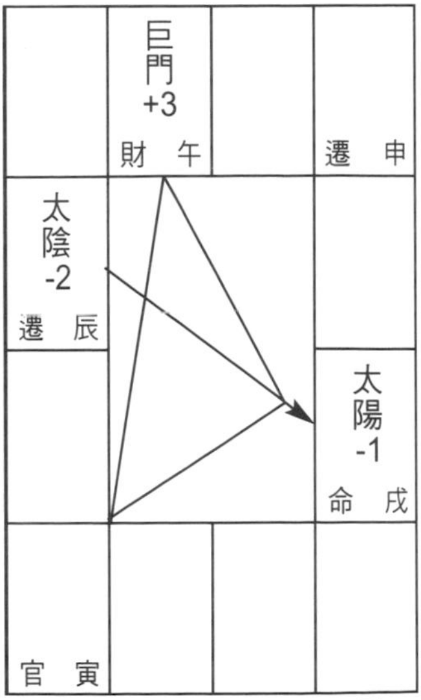


圖一

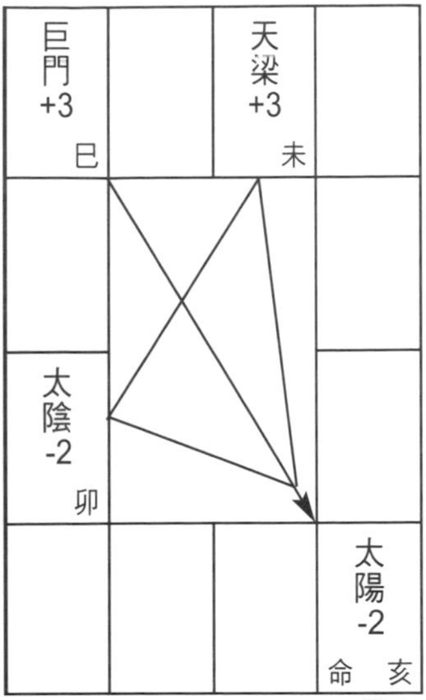


圖二

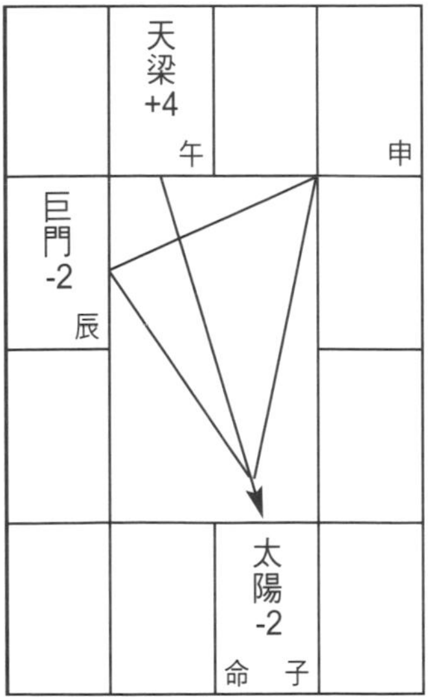


圖三

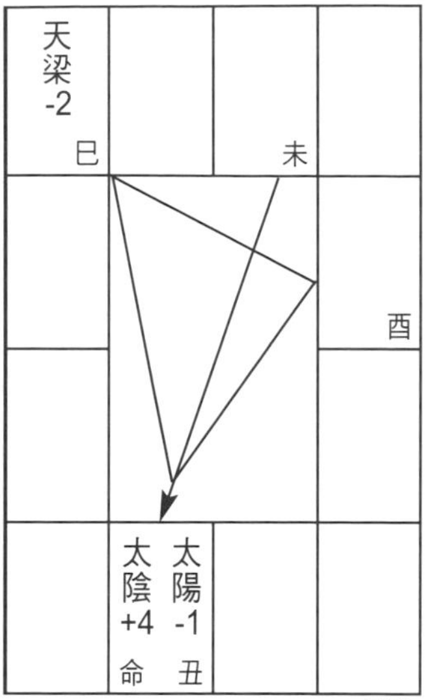

圖四

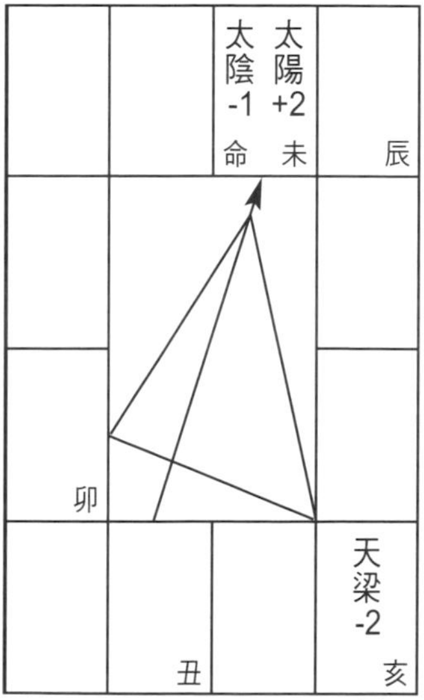

圖五

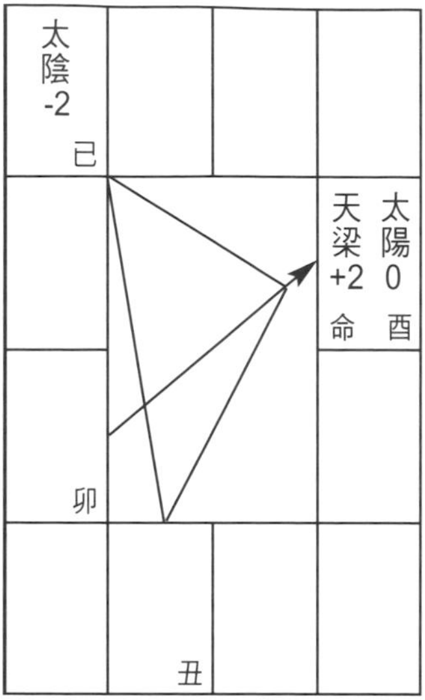

圖六

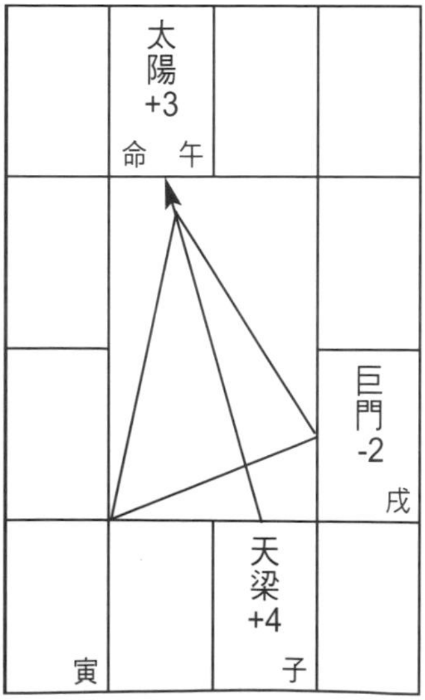

圖七

## 參、「命宮」三方四正會照陷煞、空劫、或同宮、或夾命宮

一、「太陽、太陰」同坐命宮在「丑、未兩宮」，一得地、一落陷，因此，視同坐落不

得勢宮位，這會消弱太陽的力量，尤其三方四正中，有可能會入陷煞與空劫，導致有志難伸，懷才不遇；或貴而不顯；或有生不逢時；或者情緒有游走兩極之處；自我情緒的管理能力有待加強；或對是非善惡的判斷能力不足；或者欲做決定之時，常有誤失之處……。（如下圖例一）

二、「陷地或失輝」的太陽，在會煞或夾煞時，人生歷程必然倍加艱辛；或者驚險重重；或浪裡行舟令人「有氣無力之感」。（如下圖：例二、例三、例四）

※「陷煞」會照太陽星坐命宮圖例：

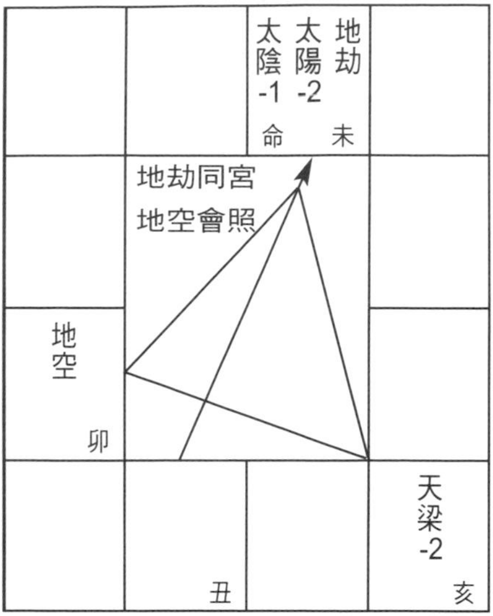

例一

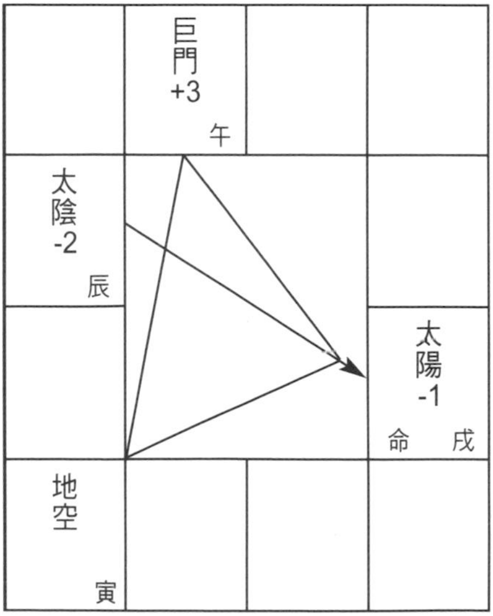

例二

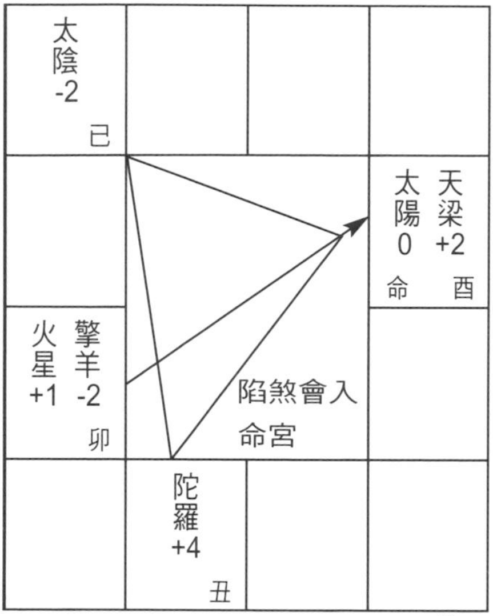

例三

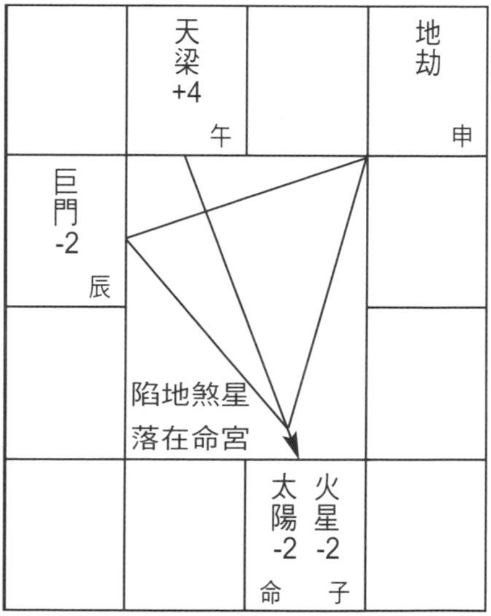

例四

## ◎超越太陽星的宿命

太陽星是一顆具足光明與熱能的星座，命宮（身宮）坐太陽之人，其人個性熱情、豪放，對人事物的看法，總抱持著樂觀的態度，因此，若說「天同星」是福祿壽仙的象徵，那麼，「太陽星」坐命身者，也許是菩薩的化身了，有的菩薩生來就具備能量，在顧及多數人的利益。而有的菩薩，在紅塵滾滾中，歷經多少的挫折與磨練，仍然不失其率性與慈悲的本質，為社會奉獻心力。

平日宜充實自己的專業知識外，在各方的學習與成長，也應有相當的通識，「博學」

與「多聞」、「自我成長」、「自利利他」，實是太陽坐命之人終身所需要邁向的目標。因為，「太陽」也意謂著「智慧」，如同菩薩背後的光環。因為學習，而不斷的開展自己的智慧，在面對多元化社會的時代，這是必備的隨身資糧。「千手千眼觀世音菩薩」的每隻手上，都拿著不同的法器，意謂著：「因眾生不同的心性，不一樣的需求，而施與因人而異的方便」。命（身）坐太陽的人，也當效法這種精神來充實自己的人生，行有餘力之時，則可回饋於更多的人。

太陽坐命（身）是可以將能量給予別人的人，儘管居於得地或落陷的宮位，仍不失其太陽光明的特性，所以，凡坐此命身之人，在社會上可扮演著相當重要的角色，帶動周遭的人發揮出人與人之間的互信、互賴與互助，使整個社會的生命共同體能走向一個良性循環的成長。因為，人與人之間的疏離感，正在快速的擴張，生命的相關脈動，似乎也令人覺得冷漠了起來。而太陽坐命身宮之人，即是欲挽狂瀾的實踐者。

太陽臨命身，心善與賢良，
官祿居本位，做事能清廉，
人際來往中，心性不為遷。
坐命身殊勝，此生不空過，

量大如斯日，可濟利與人，
得勢入命身，陷煞不來侵，
資糧倉廩足，如菩薩施與，
既施本不失，但見慧增長，
德亦日增進，為人所尊崇。
失勢入命身，不失本所願，
雖於泥沼中，奮力可出離，
一切禍福事，但在一念間。
凡夫急營求，賢者能施與，
太陽恰其份，一切皆隨喜。

## ※太陽星坐落兄弟宮

### ■得地太陽星在兄弟宮

意味著：「在兄弟姐妹之間，有心性較陽剛、耿直、頗富正義感的人，注重手足互動的情誼，也能盡自己的能力去照顧他們。或者也有對人生開創的積極企圖心，行動力強。

或外在剛直、嚴肅，但為人心慈，心量寬闊，頗有濟利於人之心。或也喜廣結善緣，人脈廣闊，且能以誠信待之。具有膽識與勇於承擔的特性，能發揮愛護手足的精神與毅力……」

## ■落陷太陽星在兄弟宮

代表著：「在兄弟姐妹之間，有心地善良的人，對手足之間的互動情分頗為重視，也有愛護及照顧手足的雅量，但因個人力量有限，難以落實照顧的願望。或者心性仁慈，見人有難，易生愛見悲（註）的憫人心態。或者也喜廣結善緣，交友廣闊（善惡難辨，遇事難以婉拒他人），自我意識的展現能力較為缺乏，往往在付出的過程中，心力有過度負荷之患」。

◎註：「愛見悲」

一、見他人有難或逢遇困境之時，內心產生不忍見其受苦的感受，可是，卻又沒有實質的能力去幫助他們，因此，雖有慈悲的心腸，但心境易為情境所影響，導致耿耿於懷。

二、見他人有難時，雖能及時伸出援手去幫助他們，可是，往往缺乏理智的判斷能力，或者適得其反。

## ■忌煞沖、會照或同宮（太陽星在兄弟宮）

這種格局可能意謂著：「在兄弟姐妹之間，有與我較為疏離者。或者在互動上，彼此心意難相通，彼此理念難有共識，或者與其聚少離多。或本身力量有限，難以發揮照顧手足的精神。或者難以展現個人才華，對人生開創的意願不甚積極，有心無力。雖然心地善良，但常交友不慎，易因友人之事，而招至個人的損失……」

兄弟宮中坐太陽，太陽普照如蔭德，
愛護手足心慈善，如同雨水潤大地。
若有忌煞同宮坐，或見忌煞對宮沖，
手足情誼易疏離，或者理念難共通，
日後聚少且離多，照顧手足力有限，
唯今若能知己運，當惜手足本因緣，
同是出自於父母，焉有疏離不相惜，
兄弟對宮為僕役，兩者互有因果牽，
若能善對手足情，僕役宮中自得意。

## ※太陽星坐落夫妻宮

### ■得地太陽星在夫妻宮

意味著：「配偶是個具有家庭責任心的人，雖然個性陽剛，也是正直的人，頗富正義感的特質，在兩性互動之間，較有掌權的傾向。或者為人心地善良，具有熱心助人以及嫉惡如仇的個性。或者外緣多，也喜廣結善緣，人際脈動活絡。或也注重個人意識的展現，主觀性較強，應事果斷。或者陽剛的個性較會忽視夫妻情感的互動，或忽略到伴侶的感覺與想法……」

### ■落陷太陽星在夫妻宮

代表著：「配偶雖然是個具有責任感的人，但在照顧家庭的義務上頗費心力。雖然具有陽剛的個性，對事業也頗具企圖心，但遇挫折之時，心事易往內積壓，不易紓解開來。或者交友廣闊，但通常易生初善終惡之過失。或者也較注重外緣，忽略伴侶的感受。或者為人也較木訥，較缺乏柔性與羅曼蒂克的氣氛來增進夫妻感情的融洽。或者個性也較為好動，在外時間雖多，但見忙忙碌碌，卻勞心勞力。或也有仁慈之心，卻有愛見悲的傾向……」

## ■忌煞沖、會照或同宮（太陽星在夫妻宮）

這可能代表的：「自己與伴侶之間的感情互動，心意難相通，或者默契不足，甚至有理念相違的傾向，致使日久易生隔閡，造成彼此的疏離。或者配偶想振興家運，但總有力不從心之處，或雖忙忙碌碌、勞心勞力，但所獲有限，難以顧及伴侶。或者夫妻間，難有心靈上的交會，對人生價值觀的認知態度頗有出入之處。或雖然注重外緣，交友廣闊，但偶有交友不慎之患，或者易生初善終惡的過失（損友不利於己）。或經常在外，難以顧及伴侶，致有聚少離多，造成彼此疏離的傾向。或對家庭的價值觀薄弱，難以承擔重責大任……」

夫妻宮中坐太陽，博愛仁慈如日照，
剛毅正直有擔當，蔭及配偶及子女。
若能陽剛調以柔，剛柔並濟兩相宜，
若有忌煞同宮坐，或見忌煞對宮沖，
夫妻互動頗辛苦，心意難通易疏離，
唯今若能知己運，宜當以智來面對，

畢竟兩情相悅合，結髮夫妻同扶持，
想必因緣是殊勝，或許往昔已種因，
今生遇緣來相會，宜當善惜此因緣，
若能調伏已心性，一切盡心為所為，
萬事心中無怨悔，善了此緣智慧人。

※太陽星坐落子女宮

■得地太陽星在子女宮

意味著：「子女中有個性較為陽剛者，為人耿直、坦誠、心地善良，頗有熱心助人的傾向。或子女對家務頗為關心，也能以實際行動來幫助家事。或者也能善解父母心意，適時照顧家務，具有承擔的風範。或為人有原則，自我肯定的能力強，遇到挫折時，通常能排除困難，不為所挫。或對於人生的規劃有其企圖心，能勇往直前，邁向目標。或也重視手足之間的情誼，通常能發揮友愛的本性，進一步照顧他們。或者廣結善緣，交友廣闊，通常能顧及朋友間的道義……」

## ■落陷太陽星在子女宮

代表著：「子女中有心地善良，且愛見悲者，雖然陽剛之氣稍嫌不足，但為人也具有耿直，頗有熱心助人的傾向，對家中的事務，雖能盡力而為，但頗有費心之感。或者雖能善解父母心意，但礙於本身能力有限，難以盡善盡美。或者對於其人生，具有強烈的企圖心，然當遭遇挫折時，有欲振乏力之感。或者與手足之間的互動，雖能顧及情誼，但往往在實際行動中，能力有限。或者雖喜廣為交友，但與朋友互動的過程中，付出不成比例，致有損己利人的傾向……」

## ■忌煞沖、會照或同宮（太陽星在子女宮）

若成立這種格局的話，可能意謂著：「子女中有個性較為懦弱者，雖然心地善良，但與父母之間的互動不易融入，或者彼此心意難通，甚至有默契不足的現象發生，縱使有幫助父母之心意，但總難以落實所願。或者與手足之間的互動，難以發揮互助、友愛的精神，或許也有聚少離多的現象。或者雖有照顧手足之心意，但礙於個人現實條件的不足，難以落實關愛的行動。或對人生價值觀的認知態度不甚積極，或者缺乏企圖心，在逢遇挫折與困難之時，易生退卻心態，或者心生消極。或者也喜歡廣泛交友，但常有遇人不淑，或所交損友，不利於己。或者在其人生際遇中，常有初成終敗、先得後失、初善終惡的過失……」

子女宮中坐太陽，博愛普照蔭家人，
生性慈悲心善良，善解人意心量廣，
個性陽剛有擔當，常逢貴人有解神。
若有忌煞同宮坐，或見忌煞對宮沖，
生來勞碌不得閒，費心費力難蔭家，
家長互動易違和，手足情意難調和，
心意難通默契違，外緣交友運有滯，
凡事易先得後失，或者招初善終惡，
唯今若能知己運，宜當審慎來思量，
一者宜調己心性，孝敬父母應當先，
二者宜惜手足情，此生相聚不容易，
三者當生積極心，凡有所為不拖延，
四者應有識人智，愛見悲心當詳審，
如此四事若已行，應是明者智慧人。

※太陽星坐落財帛宮

## ■得地太陽星在財帛宮

五行屬火的動態陽剛星座，太陽星從晨曦初現到傍晚的時分，太陽的位置時時刻刻在變動當中，因此，我們將太陽星也比喻為具有活潑變動的特質，當它坐落在本身的財帛宮位時，意味著：「個人對於錢財運用的狀況，具有財出財入的流動傾向，使得個人的財務，有經常變動的現象。或者對於運用錢財的狀況，常有出多進少，或勞多獲少的現象發生。或對於錢財的運用狀況，不甚計較，偶有缺錢之窘境。或者也有得財的福報，但通常較缺乏儲蓄的觀念。或有為他人散財之心，來促進彼此情誼的現象（惜情的心理傾向）：：」

## ■落陷太陽星在財帛宮

失輝的太陽星坐落在財帛宮時，代表著：「個人對於理財的概念欠缺，或者對於錢財的運用不甚注重。或者在錢財花費上不知節制，致有賺錢辛苦，花錢易的窘境。或者在人際上的花費易失平衡。或者為錢勞心勞力，卻又不易積聚錢財，往往財入財出，不成比例。或者沒有儲蓄的習慣，也少有危機的概念來因應日後的生活規劃。或者也有花錢衝動的心理傾向，不知節制……」

## ■忌煞沖、會照或同宮（太陽星在財帛宮）

這種財帛宮遇到忌煞的問題，如果成立這種格局的話，代表著：「個人欠缺理財的概念，不善於將本身的錢財做適當的規劃及管理。或者沒有儲蓄的習慣，經常將得手之財揮霍出去，致有寅吃卯糧之患。或勞心勞力，賺錢辛苦，難以自給自足。或者也有視錢財如路上土的傾向，導致人生財來財去，有空忙一場的現象。或者資源有限，常有缺錢之苦，或負債累累，不易脫離困境……」

太陽星坐財帛宮，火性為動不易守，
財入財出易流動，大往小來須審慎，
生命延續靠資糧，資糧以錢財為首，
財帛宮中太陽坐，生性欠缺理財心，
忙碌中財來財去，勞心費力所為何，
若能知解命中意，宜當積極來作為，
一者財來須守護，二者出入須衡量，
三者聚財可佈施，四者以此積福德，

五者熏習成習性，福則反增智慧人，
擁財可以有作為，唯須心性守正道，
若能加以慈悲心，自利利他大善人。

※太陽星坐落疾厄宮

## ■得地太陽星在疾厄宮

五行屬陽火的太陽星，當它坐落在疾厄宮時，顯然個人在身體狀況上得須留意有關「心臟及血液循環」的問題，關於這一部分，我們可以《黃帝內經・素問・陰陽應象大論篇第五・第三章》來加以說明：

南方生熱，熱生火，火生苦，
苦生心，心生血，血生脾，心主舌，
其在天為熱，在地為火，在體為脈，在藏為心，
在色為赤，在音為徵，在聲為笑，在變動為憂，

在竅為舌，在味為苦，在志為喜，喜傷心，恐勝喜，熱傷氣，寒勝熱，苦傷氣，鹹勝苦。（註）

◎註：

「勝」：有牽制、制之以平衡之意。

## ■落陷太陽星在疾厄宮

代表著：「個人在心臟或有關心血管方面的保健應加留意，血壓的穩定，也是一個需要長期觀察的指標。或者可能也有頭疼、眼疾方面的問題，宜應多加注意才是……」

## ■忌煞沖、會照或同宮（太陽星在疾厄宮）

個人的命盤上，若成立這種格局的話，可能代表著：「個人在起居以及飲食上，易引發心血管方面的疾病，這包括心臟、血液循環、血壓、頭疾、眼疾……等等方面的疾病。或者個人在情緒失調的狀況下，易引發如上生理器官的毛病……」

疾厄宮中坐太陽，火性為陽屬心臟，
心臟下行為小腸，上行其竅則在舌，
太陽在人為頭部，是故易患頭疾苦，
心臟主血行全身，血液循環多留意，
凡事坐息不顛倒，心平氣和心血順，
心之情志屬於禮，好禮之人心平和，
人若常違失於禮，其人心氣難調和，
一者飲食當節制，二者坐息不亂失，
三者心氣能調和，心血運行自規律，
若能如是善調身，無病在身壽久長。

※太陽星坐落遷移宮

## ■得地太陽星在遷移宮

具有動態性的太陽星，當它坐落在遷移宮時，意謂著：「個人出外的行運強，頗具企圖心與積極向上的精神，對於人際往來，或公關方面的應對，可說是個中高手，無往不利。或者外緣佳（異性緣），也喜歡熱鬧的氣氛，對於人際關係的互動，能以實際行動來關照他人，受人肯定或讚賞。或也有心地慈善，能隨緣隨分佈施，使他人受益。雖然具有剛毅的特質，但坦率、耿直、正義的個性，遇事能不屈不撓，反而更能激勵自己往目標邁進。或者心直吐真言，具有嫉惡如仇的特色。或者對朋友頗講義氣，通常能付出行動去關照他們……」

## ■落陷太陽星在遷移宮

代表著：「個人在外活動雖多，由於行運不佳，有常遇挫折的傾向，或者雖有強烈的企圖心與積極的行動，但常有對事誤斷或失察的現象發生，導致有時運不濟的失落感。或者在交友中，偶有所交損友，付出不成比例，或有初善終惡的現象發生（雖然心地善良，但遇事易生愛見悲）。或者在人際、社交的活動中，偶有損己利人的傾向。或在人際往來的互動中，易生人情困擾（異性緣或惜情心態）。或雖有積極的企圖心，但偶有善緣未具的缺憾，致使本身在受挫時，易生消極心態，或萌生退卻之心。或在外經常奔波勞碌，難得清閒，但所獲有限，或有勞多獲少的現象發生。或者也有注重外緣的朋友，忽視與自家內成員的互動與關愛……」

■忌煞沖、會照或同宮（太陽星在遷移宮）

具備陽剛且衝勁十足的動態星座，當它逢遇忌煞星時，可能代表著：「個人在出外的行運上，常有逢遇挫折的失落感，或者即使擁有企圖心，在付出行動的同時，常有判斷失誤或對事失察的過失（急躁有失）。或者偶有交友不慎，常為損友困擾或煩心，致有損己利友的窘境。或者在外的人際關係不佳，偶有得罪於人而不自知的現象。或在外行運不濟，善緣較難具足，以致常有缺臨門一腳的遺憾。或者出門在外，常為人情困擾（為情所困），個人剛毅的特性難以展現出來。或經常在外，個人的作息有日月反背的現象。或在外的活動中，偶有不順心之事，導致有心理鬱悶的傾向……」

遷移宮中坐太陽，格局若佳運勢強，
人際往來無不利，善緣處處逢貴人，
積極企圖有作為，耿直心性心量廣，
正大光明直中取，不以失志曲中求。
若有忌煞同宮坐，或見對宮忌煞沖，
出外行運有阻滯，勞心費力難得閒，

得少失多財難守，交友運勢易失利，
偶有蒙蔽失誤時，唯今若能知己運，
人生應對當推詳，一者當近善知識，
二者宜習識人智，三者固守己心志，
四者寧向直中取，五者善心不可失，
六者惜福能善施，一切隨緣量己力，
七者受挫心無怨，因應事中智增長。

※太陽星坐落僕役宮

## ■得地太陽星在僕役宮

有如陽光普照般的博愛星座，當它坐落在僕役宮（朋友宮）時，意謂著：「在個人所交往的朋友當中（或者與同事的互動），有心地善良、耿直、又具熱心的人，對友人頗講義氣，通常能以實際行動來關心對方。或者在朋友的互動中，通常人緣頗佳，也能凸顯個人特色，為人所肯定。或者在朋友當中，有心善、耿直、見義勇為的人，其人緣甚佳，具有不畏權勢的氣魄……」

## ■落陷太陽星在僕役宮

代表著「個人在交友的互動中，不易得到朋友的援助，反而有拖累或煩心之事。或者個人在與其互動時，通常付出不成比例，有損己利他的傾向。或者這方面的朋友，對個人來說，容易引起個人的困擾或煩惱。或者彼此心意難通、共識難達。或這方面的友人，常常運氣不佳，或者時運不濟，在其人生過程中，不易擺脫困境……」

## ■忌煞沖、會照或同宮（太陽星在僕役宮）

意味著：「個人在擇友方面，有判斷錯誤或失察的現象，導致人際互動的失衡，或付出不成比例，滋生個人困擾或煩惱。或者對方的人生觀較不積極，缺乏面對的勇氣，致使其人時運不濟。或者個人與其互動關係，彼此理念不易契合，或者在認知上有差距，致使心意有難達之象，或互動缺乏流暢……」

僕役宮中坐太陽，交友運勢如日照，
性雖陽剛秉正氣，不失博愛與慈悲，
與其往來受庇蔭，如同命中帶解神。

若有忌煞同宮坐，或見忌煞對宮沖，
交友運勢則有滯，或者缺乏識人智，
往來之中能損己，或者煩心不易離，
唯今若能知己運，當得知己與知彼，
一者不過度攀緣，二者當習識人智，
三者對友宜誠信，四者勵己能謙虛，
五者事不強出頭，六者宜近善知識，
如此六事若能行，何愁損友又臨身。

※太陽星坐落官祿宮

## ■得地太陽星在官祿宮

喜坐官祿宮位的太陽星，意謂著：「個人重視自己在事業上的成就，因此，其積極的動機與企圖心是無可比擬的，加上個人能付諸實際的行動來朝向理想的目標前進。或個人在事業上的應對，具有積極正面的態度，負責且熱愛自己的工作。或者在工作上，能堅守自己的原則，剛毅、耿直的個性，能不為境界所誘惑而改變自己的情操。或在個人的工作或事業上，具有勇於面對挑戰以及開創的精神，積極以赴，愈挫愈勇。甚至，在個人的崗位上，能夠顧及伙伴們的感受，通常能夠有利同霑，有福同享……」

## ■落陷太陽星在官祿宮

意謂著：「個人對於事業，雖有著積極的企圖心，但往往有判斷失誤或下錯決定的現象，以致事與願違。或者不善於人際、公關方面的運作，以致有善緣較不具足的現象。或在事業上，勞心勞力、奔波勞苦、勞多獲少。或者也有在事業的運作上，有先得後失、初成終敗的傾向。或者面對事業的魄力不足，往往在關鍵時刻上錯失良機，或做出錯誤的決定。或雖有照顧同僚的雅量，但由於本身能力有限，難以付諸於實際的行動……」

## ■忌煞沖、會照或同宮（太陽星在官祿宮）

身為官祿主的太陽星，當它坐落在官祿宮時，可謂名副其實，然而，若會到忌煞沖入（或同宮）時，這可能意謂著：「個人在工作或事業上，經常逢遇困境，或者常有時運不濟的傾向，甚至，可能也有中斷（斷斷續續）的現象發生。或者對於本身的工作，缺乏意願及企圖心。或者難以喜悅的心情（良好的態度）去面對本身的工作。或本身在遇到挫折，或面臨困難之時，難以有效的處理事情，或者消極的面對，或者生起退卻之心，顯然缺乏勇氣去面對職場上的考驗。或者在個人的工作事業上，勞心費力、奔波勞苦，但最終易與起放棄的念頭……」

官祿宮中坐太陽，得地銳氣不可當，
如日中天運勢強，積極企圖有作為，
心地耿直直中取，不屈己志曲中求。
若有忌煞同宮坐，或見忌煞對宮沖，
如此行運有滯礙，當得仔細來推詳，
人生事業欲成就，首見積極企圖心，
遇事判斷須謹慎，心性不可過躁急，
事緩則圓躁有失，消極心態不可有，
成功非一蹴而幾，只要能勵己心志，
縱有挫折也當忍，何愁事業不能成。

※太陽星坐落田宅役宮

## ■得地太陽星在田宅宮

具有動態性的太陽星座，在田宅宮，意味著：「個人的居家，喜歡寬敞及採光良好的環境，室內佈置傾向於亮麗，以及注重家庭生活品質，平日也喜歡居家有熱鬧的氣氛（好客）。或者居家中，有受祖上福蔭的現象。或者易受外界的事務影響，致使外出的時間長，居家的時間少，有聚少離多的現象。或對居家成員能付出關愛及照顧他們。或在家中，也有支配或掌權的傾向，個性雖然耿直，但心地善良，能勇於承擔家中事務……」

## ■落陷太陽星在田宅宮

代表著：「個人擁有房地產的福分較為不足，常為田宅之事煩心或困擾。或在居家中，心情難得清閒下來，致使欲振家運頗為費心。或者也易為外界環境影響，致有聚少離多的現象。或居家環境較為紊亂，難以用心規劃，改善居家品質。或者室內採光較為不足。或者往來的親朋好友較少。或在家庭中較缺乏融洽的氣氛，以及彼此有心意難通的現象……」

## ■忌煞沖、會照或同宮（太陽星在田宅宮）

這可能意味著：「個人擁有房地產上的福分不足，或難受祖上福蔭，常為居家瑣事煩心或困擾。或在居家中，與家中成員的感情不易融洽，偶有對立或爭執的現象。或者對於居家的生活品質不甚注重，或與親朋好友也少有往來。或者經常在外，不注重家中責任與義務，有聚少離多的現象。或個人的居家問題偶有變動或遷移的現象，難以安穩下來……」

田宅宮中坐太陽，得地祖上來福蔭，
若有忌煞同宮坐，或見忌煞對宮沖，
居家運勢有阻滯，聚少離多外緣多，
人在家中心難定，情緒反伏難自制，
唯今若能知己運，宜當盡力來對治，
一者當惜居家福，二者應盡己義務，
三者內外應調制，四者用心在家庭，
五者孝敬於父母，或可得於祖上蔭，
六者居家心平和，家中成員皆歡喜。
事在人為勵己志，何愁家運不興隆。

※太陽星坐落父母宮

## ■得地太陽星在父母宮

意味著：「父母親中有一方（父親）個性耿直，勵己甚嚴，凡事能堅守自己的原則，對子女要求較高，期望子女能出人頭地。或也能落實照顧家庭的責任與義務，對子女關心備至，也能無怨無悔的付出。或外表雖然較有嚴肅感，但內心熱情，頗能善解人意，顧及到家人的需求。或也有蔭及子女的福分，讓子女在未來的人生歷程中能得長輩的提攜（增上緣），有利於人際與事業的發展。或者父親在外的人脈與人緣佳，交友廣闊，為人熱心，頗能獲得別人的認同與肯定……」

## ■落陷太陽星在父母宮

代表著：「個人與父母親中之其中一方（父親），彼此感情的互動不易融洽。或者與對方心意難通，有默契不足、認知差距的現象，致使在互動之間易生隔閡。或者個性剛毅，為人正直，唯對子女的付出與照顧頗費心力，或有奔波勞碌之苦。或者父母之間的互動，彼此不易融洽，偶有心意難通、默契不足的現象發生。或者他的外緣強，往往疏於對家庭的照顧……」

## ■忌煞沖、會照或同宮（太陽星在父母宮）

這可能意謂著：「個人與父母親中之其中一方（父親），彼此感情的互動易生隔閡，或有代溝的現象，或者偶有對立的傾向，由於認知的差距，使得彼此的心靈顯得疏離。或者疏於對家庭的照顧與關愛，縱使想要振興家運，也顯得有氣無力。或者缺乏對於人生規劃的企圖心，遇事容易心生挫折，或萌退卻之心。或者較難感受到子女的需求與想法，不易與子女打成一片。或者欲與其互動時，卻有退卻之心，親子關係不易建立良性的循環。或者他的活動力強，經常周旋外在的事務，卻忽略照顧家庭的重要性。或父母之間，彼此互動的感情不易融洽，偶有違和之處，或有認知差距的現象……」

父母宮中坐太陽，得地蔭及家中人，
心性慈善且剛直，為家承擔一肩挑，
若有忌煞同宮坐，或見忌煞對宮沖，
蔭及家人福不足，須防長上緣不親，
或有隔閡來對立，於此當須細推詳，
一者宜惜親情緣，畢竟此生緣殊勝，
二者宜順父母性，與其互動應盡心，
父母對宮為疾厄，若能善盡子心意，
自身健康心愉悅，兩宮相對有因由，
若能知解盤中運，何愁忌煞來相侵。

# 太陰星

宮中的禁衛軍首領（相當於總統府侍衛長）武成侯黃飛虎的妻子「賈氏」，為人心慈賢淑，婦德持家，為國人所讚揚。紂王即位的第二十一年元旦，按照朝中慣例，百官要朝賀天子，百官的夫人也要在當天到中宮向皇后賀歲。這一天，黃飛虎的夫人「賈氏」也與夫君一同進宮參加祝賀活動。

中宮皇后妲己，自從上次軒轅墓穴的同門師姐們被比干和黃飛虎用一把火把牠們燒得精光之後，便一直懷恨在心，想藉有利之機報仇，然而，在除掉比干之後，尚有黃飛虎一人。這天，機會終於來了，大臣們在顯慶殿飲宴，各大臣們的夫人便相邀一一的來到中宮向妲己賀歲。「賈夫人」祝賀一番之後，妲己便藉機婉留「賈夫人」在中宮敘舊，此時，紂王恰好也來到中宮，眼見「賈夫人」天姿國色，便令她也來敬酒，「賈夫人」發覺此情此景於禮不合，便急於退出宮外，誰知，妲己與紂王竟輪番施壓，欲令「賈夫人」就範，

「賈夫人」見紂王如此荒淫，知已中計，心中怒氣不能自止，便嚴厲的喝斥紂王：「君不見臣妻，這是宮中的律法，身為國君，豈可知法犯法。更何況，我的夫君為國盡心盡力，為你的江山立下不少的汗馬功勞，你竟然聽信妲己讒言，欲欺辱臣妻。好個昏君，不知你與妲己將會落個如何下場！」

話一說完，便拿起酒杯向紂王的臉上扔過去。紂王大怒，便令隨駕護衛，將她拿下。「賈夫人」大聲說著：「我不犯王法，誰敢拿我！我的夫君啊！妾身為你保全了名節！」話才說完，便攀上護欄，跳下摘星樓，摔得粉身碎骨。西宮黃妃（黃飛虎之妹）見嫂子進宮，久久不見人影，心便著急了起來，才一會兒，便見左右來報說：「賈夫人為保全名節，已經在摘星樓跳樓自盡了。」黃妃一聽，心想：「大事不妙，這一定又是妲己所使的詭計。」便起身直往摘星樓一探究竟，誰知大勢已去，黃妃便指著紂王大罵道：「我的兄長黃飛虎，為你守住江山，我的父親也為你鎮守界牌關，昏君既然不遵禮制，貪色且欺臣之妻，致賈夫人於死地，你對黃將軍將如何交待？」另一方面又罵妲己：「妳迷惑紂王，蠱惑天子，如今又害我嫂嫂……。」說完便向前，一把抓住妲己，把她推倒在地，連番的打了幾十拳。紂王自知理虧，便向前勸架，誰知，在拉扯之間，黃妃的拳頭不長眼睛，卻一拳打到紂王的臉上。紂王怒從中來，一手抓住黃妃的頭髮，一手抓著衣服，便將她全身舉起，扔下摘星樓。

黃飛虎等不到夫人出中宮，便先回王府等著，心裡卻愈等愈急，侍女急忙來報：「夫人為保全名節，跳下摘星樓而亡，黃娘娘也被天子扔下樓。」黃飛虎心中氣不過來，便率領王府上下兵眾，反出朝歌，投奔西伯侯姬昌去了。

「賈夫人」的魂魄來到封神台前，因為她的廉潔、堅貞，為守名節而殉身，因此，便封她為主掌「太陰星」的主人，司掌：「心慈、賢淑、廉潔、名節、堅貞」。

| 星宿 | 五行 | 化氣 | 司主 | 特性 | 十年干之四化 |
|---|---|---|---|---|---|
| 太陰星 | 陰水 | 富 | 田宅 財帛 | 心慈、賢淑 廉潔、堅貞 | 乙年化忌 丁年化祿 戊年化權 庚癸化科 |

從「太陰星」所代表的人物「賈夫人」來分析其星性的基本特質，約可歸納成下列幾項優缺點，如左列詳述之。

**◎優點**

一、「太陰星」是一顆柔性的星座，屬於南斗星系（天府為主的星系）化氣為富，因此，太陰坐命之人，有一種「富」的氣質呈現。

二、情緒（脾氣）不易外顯，為人處事較為內斂。

三、心慈賢淑，個性溫柔，待人和氣。

四、太陰為田宅主，因此，善於理家，照顧家中子女。
五、太陰是屬靜態的星座，因此，凡有外出，均會以家中為慮。
六、對日常生活的起居坐息，有自己的原則，即使外在有變化，也能遵守自己的規範。
七、食衣住行方面，有自己的偏好，有潔癖，而且能堅守原則。
八、對於財物的出入，能有條不紊的規劃，並做適當的管理與應用。
九、凡事較會為別人著想，縱使減少自己的福利也無所謂。
十、內在思維慎密，想太多，有危機意識。
十一、待人處事，心性誠實，為人樸素，不喜誇張，虛偽。
十二、心腸軟，有憐憫心，行有餘力則願意去幫助別人。
十三、個性保守，凡事一步一腳印，穩健踏實不躁進。
十四、太陰之柔和與溫順，易逢善緣與異性緣，為對方所仰慕，或心生愛意，致有桃花臨風之擾。

◎**缺點**

一、人格特質雖內斂，唯恐心事往內放，不易紓解情緒或壓力，心結易致鬱悶或壓抑。

二、心慈賢淑，唯遇事較難紓發己見，因為，不想得罪於人。

三、善於理家、照料家中事務，唯走出戶外時間較短，固守家中時間長，心胸易受侷限。

四、從事靜態活動的時間較多，動態活動不足，易失動靜平衡之道。

五、日常的起居坐息，雖有自己的生活規範，唯恐過度偏執，造成適應力欠佳的現象。

六、對食衣住行有自己的偏好，愛乾淨（好潔淨）恐會形成「潔癖」，飲食偏好恐易形成「挑剔癖」。

七、為別人著想的多，焦點在外（宜學習如何善待自己）。

八、先天下之憂而憂，有危機意識，唯凡事想太多，付諸執行的太少，憑平自己的煩惱。

九、有「愛見悲」的人格傾向，唯恐受到情境影響不能自制，致使自己的權益受損。

十、個性雖保守，唯恐衝勁與活力不足，逢事不易面對挑戰，創新與突破的能力不足。

十一、較能安於現狀，唯對生活的情趣較無新意。

十二、面臨桃花臨風之擾時，不易斷然處置，致有藕斷絲連之過患。

十三、對環境變化的適應力不佳，易有焦慮的現象。

※太陰坐命十二宮位圖解

| | | | |
|---|---|---|---|
| 太陰-2 巳 | 天同-2 太陰-1 午 | 太陽+2 太陰-1 未 | 天機+2 太陰+1 申 |
| 太陰-2 辰 | 太陰星 | | 太陰+3 酉 |
| 太陰-2 卯 | | | 太陰+3 戌 |
| 天機+2 太陰+3 寅 | 太陽-1 太陰+4 丑 | 天同+3 太陰+4 子 | 太陰+4 亥 |

## ◎太陰星坐「命宮」：

**壹、「得勢」的太陰星**（三方四正，不會到陷地的紫府星系）

一、個性穩定，為人溫和，與人相處，不與爭鋒。

二、凡事能考慮到周遭人的需求，並有成人之美。

三、對理財方面的出入狀況，能夠妥善的規劃以應日常之需。
四、能妥善的積存錢財，做事保守，不喜橫發或突富的投機（投資）行動。
五、為人樸素，勤儉持身，凡事能潔身自愛、遵守禮制，不逾越常規。
六、心慈賢淑，凡事能按既定原則實施，外界變數不易干擾。
七、對所賦與的任務或責任，能不辭辛勞盡力以赴。
八、凡事心思慎密，對事考量周到，心求完美，期使能如所願。
九、對於職場的工作理念能堅守本位，廉潔自守。
十、逢遇挫折或困境時頗能激勵自己，堅忍以赴，不為所挫。
十一、人際互動當中，通常能廣結善緣，處處逢善緣。
十二、心地光明如皎潔之月，為人誠實，不喜阿諛、諂媚……。
十三、心地慈善，對弱勢者有憐憫之心的情懷。
十四、心性溫和，易為人所景仰或成心儀對象，致有桃花臨風之擾。

※「得勢」太陰星坐命宮，共有六種結構

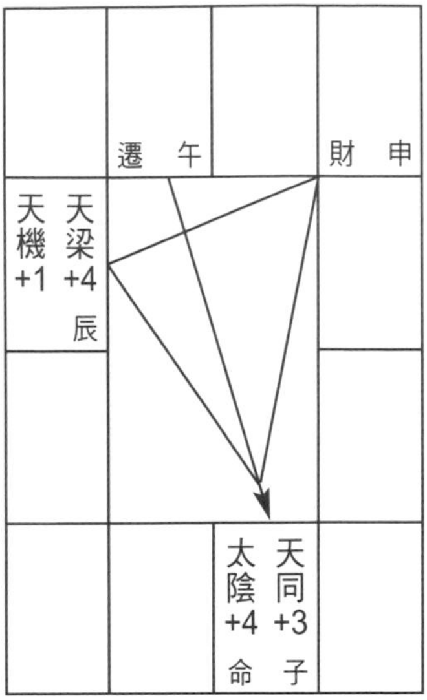
遷 午
財 申
天梁 +4
天機 +1
辰
天同 +3
太陰 +4
命 子
圖一

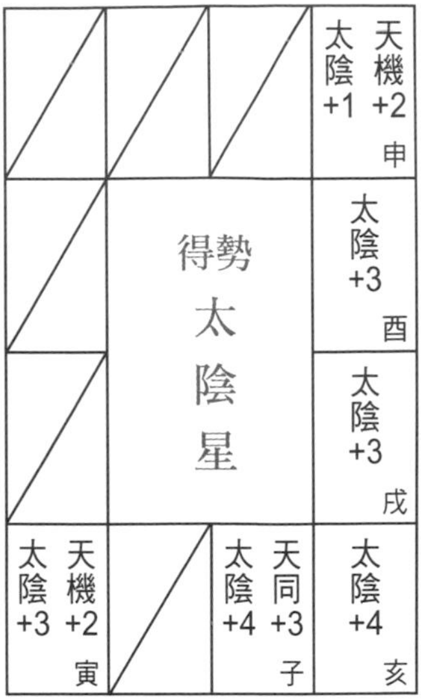
天機 +2
太陰 +1
申
得勢
太陰星
太陰 +3
酉
太陰 +3
戌
天機 +2
太陰 +3
寅
天同 +3
太陰 +4
子
太陰 +4
亥

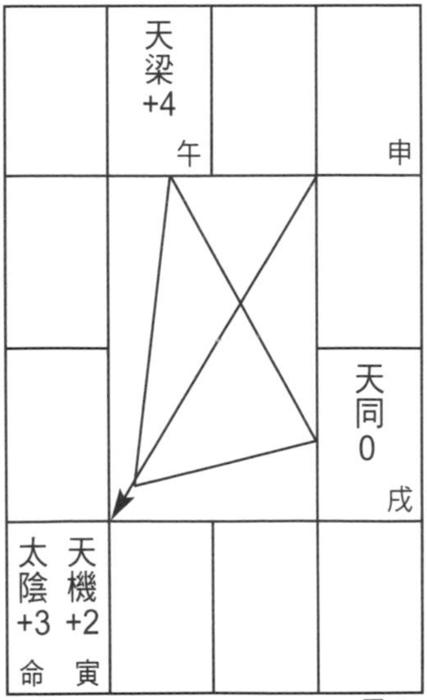
天梁 +4
午
申
天同 0
戌
天機 +2
太陰 +3
命 寅
圖二

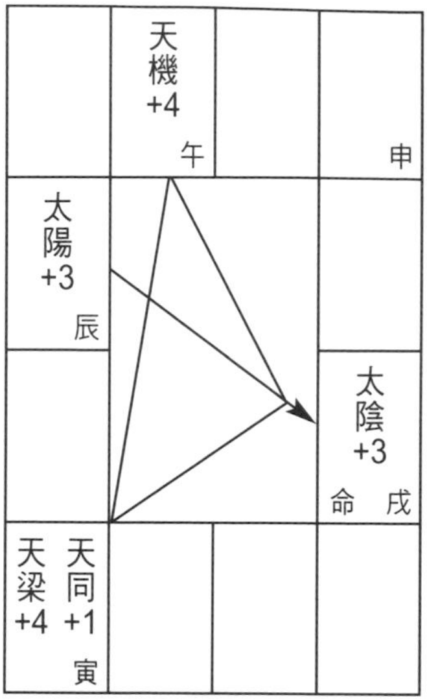
天機 +4 午
申
太陽 +3 辰
太陰 +3 命 戌
天梁 +4 天同 +1 寅
圖五

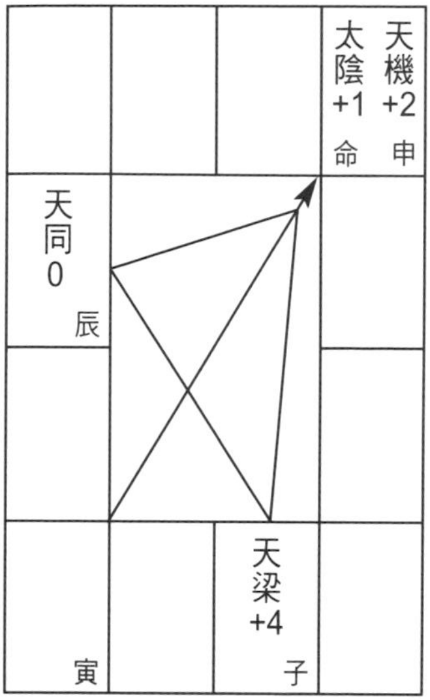
太陰 +1 天機 +2 命 申
天同 0 辰
天梁 +4 子
寅
圖三

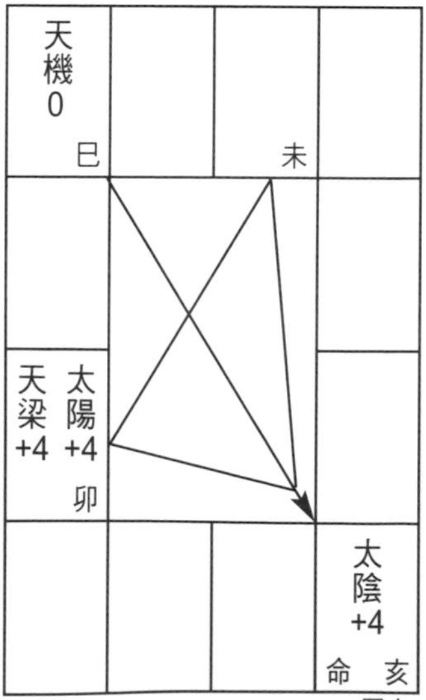
天機 0 巳
未
天梁 +4 太陽 +4 卯
太陰 +4 命 亥
圖六

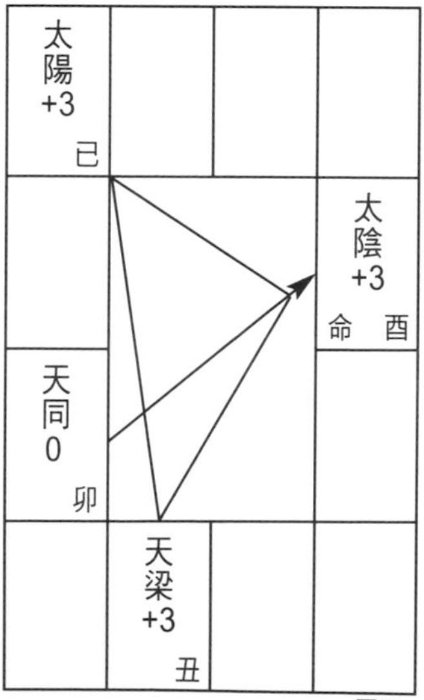
太陽 +3 巳
太陰 +3 命 酉
天同 0 卯
天梁 +3 丑
圖四

## 貳、「失勢」的太陰星（三方四正，會到落陷的紫府星系）

一、失勢的太陰星，有如月亮失去它的光輝，或者它的光芒受到雲層遮掩，因此，人生歷程當中，總有實力難以發揮之感。或有志難伸；或者生不逢時，難逢貴人……。

二、生活上的起居坐息，易有失去規律之象，或有日月顛倒，或不按正常起居坐息。

三、雖然個性耿直、保守，唯心性不穩定，宜學習自我情緒的控制與情緒管理。

四、對重大事情的判斷、認知，或決策，恐有誤失之過患。

五、人際往來當中，善友難辨，損友難離，易招池魚之殃。

六、於事有初成後敗、先甘後苦，於人際中有初善終惡之過患。

七、遇事雖能堅忍以赴，唯恐心事不易透露，或求適當管道紓解，致有鬱悶傾向。

八、凡事顧慮較多，因心思慎密，想得多，做得有限，致使精神緊繃。

九、心性較浮，穩定性不佳，動態的生活狀態愈多，身心愈有無力感。

十、人際互動，宜注重言行與操守，廉潔自愛。

※「失勢」太陰星坐命宮，共有六種基本結構

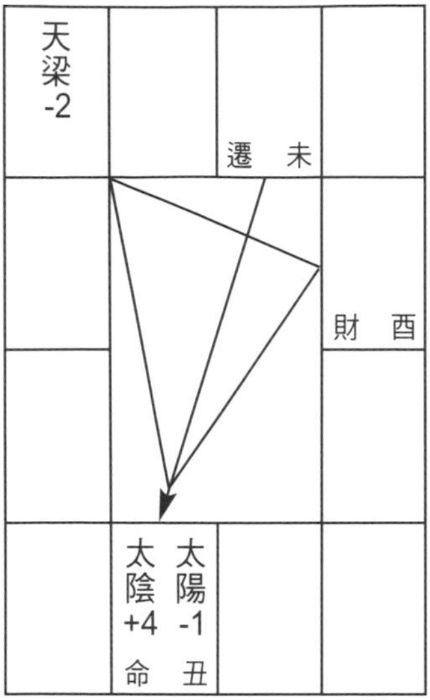

圖一

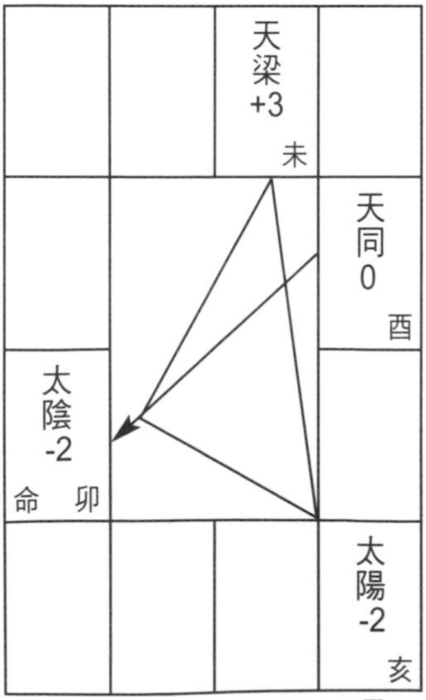

圖二

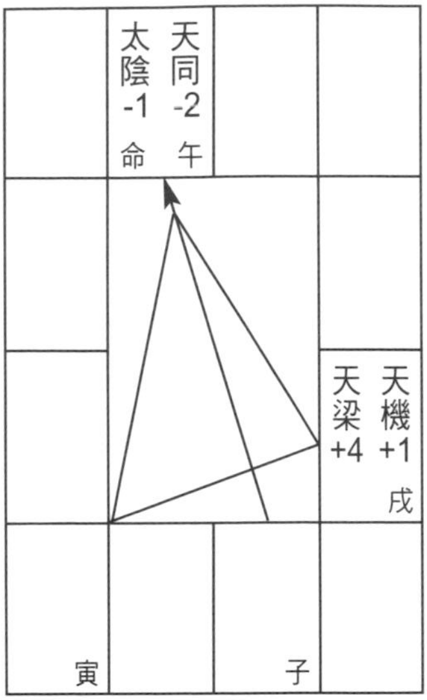
天同 -2
太陰 -1
命 午
天機 +1
天梁 +4
戌
寅
子
圖五

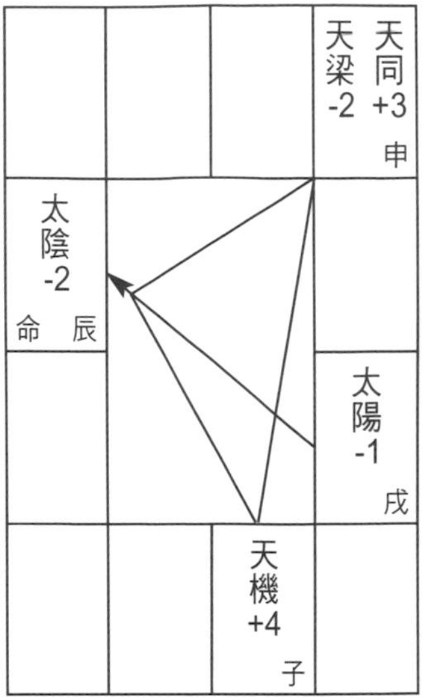
天同 +3
天梁 -2
申
太陰 -2
命 辰
太陽 -1
戌
天機 +4
子
圖三

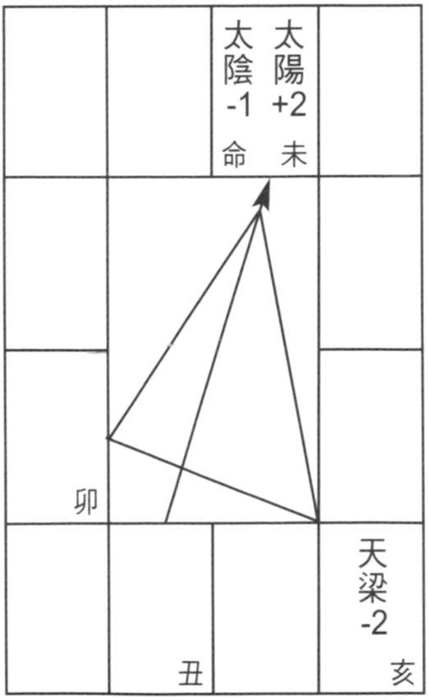
太陽 +2
太陰 -1
命 未
卯
天梁 -2
丑
亥
圖六

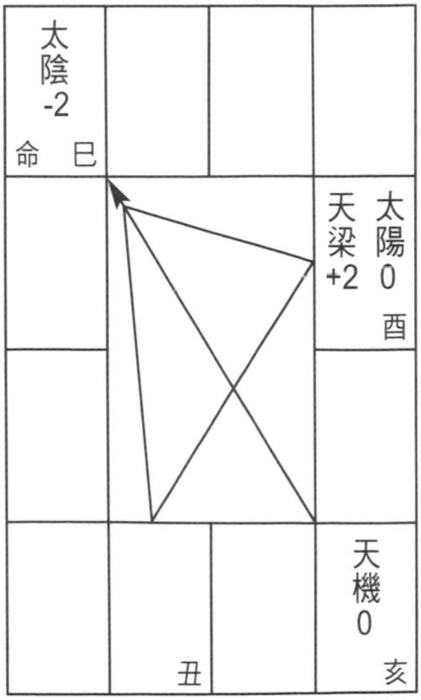
太陰 -2
命 巳
太陽 0
天梁 +2
酉
天機 0
丑
亥
圖四

## 參、「陷煞」可能會照太陰星：

◎（三方四正會照：陷煞、空劫，或與其同宮，或夾命宮）

一、一生多勞碌，或離鄉求發展，人生際遇如浪裡行舟。

二、祿有缺口，守財不易，唯恐財來財去，奔波勞累。

三、平日應充實保健常識，宜注意身體狀況，或者氣虛，或有體力不濟現象。

四、平日財務出入，宜防因財起糾紛，或有透支之慮。

五、逢遇挫折或困境，易受打擊，宜遠離水花藥酒，不可自暴自棄。

六、一生運勢多變，宜學習心靈淨化的藝術，使自己更充實，只要能透析現象的本質之後，反而有脫繭而出的可能性。

※「陷煞」可能會照太陰坐命宮的舉例：（如例一～例四）

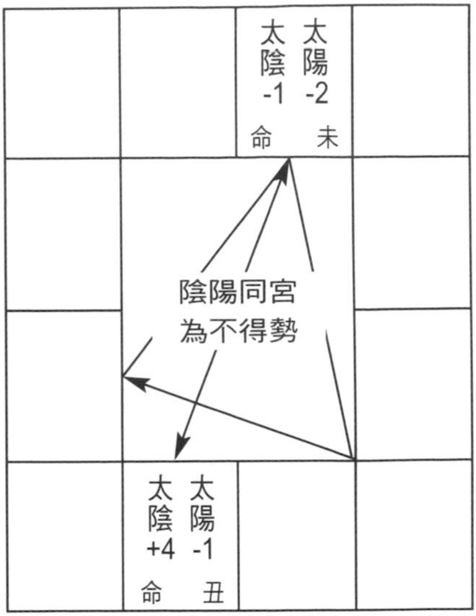
太陰 -1
太陽 -2
命 未
陰陽同宮
為不得勢
太陰 +4
太陽 -1
命 丑

例一

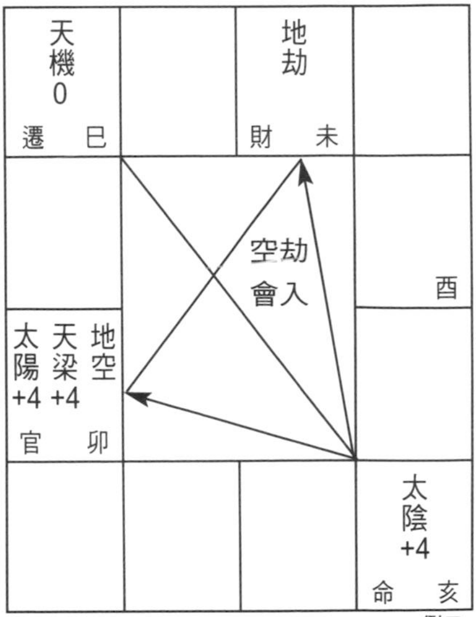
天機 0
遷 巳
地劫
財 未
空劫
會入
酉
太陽 +4
天梁 +4
地空
官 卯
太陰 +4
命 亥

例二

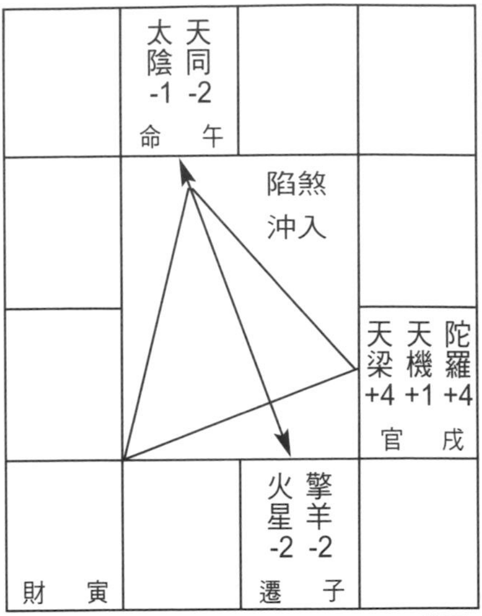
太陰 -1
天同 -2
命 午
陷煞
沖入
天梁 +4
天機 +1
陀羅 +4
官 戌
火星 -2
擎羊 -2
遷 子
財 寅

例三

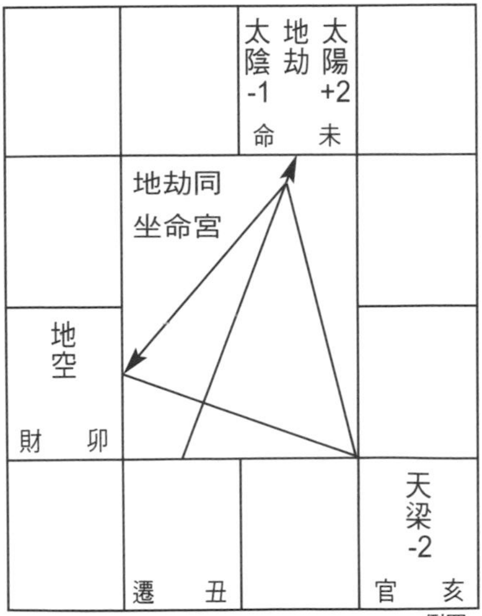
太陰 -1
地劫
太陽 +2
命 未
地劫同
坐命宮
地空
財 卯
遷 丑
天梁 -2
官 亥

例四

## ◎超越太陰星的宿命

**太陰星**是一顆溫柔的星座，他就像月亮的光輝一樣，晚上放出光芒，其光卻不刺眼而柔和。而太陽星的光芒耀眼具有相當的熱力，令人難以正眼視之，無怪乎，太陽的熱情無可擋，而月亮的光芒卻令人和藹可親，近之也溫。在「紫微斗數」中，通常把「太陽星」比喻為父親之星，把「太陰星」比喻為母親之星，一父一母，一陽一陰，一剛一柔，恰好具足乾坤相輔之道。如《易經・繫辭傳上》所提到的：

乾以易知。坤以簡能。
易則易知。簡則易從。
易知則有親。易從則有功。
有親則可久。有功則可大。
可久則賢人之德。可大則賢人之業。
易簡而天下之理得矣。天下之理得。
而成位乎其中矣。

命宮（身宮）坐太陰星的人，其人本性善良，具有賢淑與慈悲的心性，但美中不足的是太陰星（月亮之星）在個人命盤的顯示位置上，有「得地」與「陷地」之分，這就如同月亮的運行規則一樣，從日落時分起，月即初升，有如初夜將起，然後到中夜，至黎明前的後夜時分。這種運行的法則，與太陽星的運行規律，形成一個對比的現象。太陽星的光芒與其移位的動向來看，其人生有先精彩後落寞的意味，也有著先勤後惰的暗示，作為人生在生涯規劃上的啟示。太陰星則不然，因其光芒為柔和，從月升到天明，她的光輝始終不增也不減，令人有著溫馨的感覺。

因此，凡太陰星坐命（身）之人，雖然外在賢淑、冷靜、穩定、溫和……，唯其內在現象有如月亮運行的軌道一般，時刻都在移動她的方位，以配合宇宙間的運行之道，所以，內在的心思與情緒或有波動，或者抑壓在內，或者內有心事、苦事，不易為外人所知。在超越太陰星宿命的人來說，如何敞開心胸，凡事樂觀以待，讓自己活得有尊嚴、有意義，或許是一種不錯的做法。

另一方面，太陰星若坐在「陷地或失勢宮位」，或者在其三方四正中，有「陷煞、空劫」來會，或有「陷煞、空劫與其同宮、夾命宮」的話，其人一生中，若欲超越其宿命，得以「廉潔、堅貞」為勵志的目標，雖然苦其心志，不過，若能將這樣的功課當作是上天賜給我們的修行學分，那麼，或許今生福報不足的部分，可以透過個人惜福、植福、祈福……的部分，來善於補過，使我們在積極作為當中，從每一個因緣的過程，能處處逢遇善緣、處處逢遇貴人與善知識，讓我們的意識與思維能夠「轉識成智」，轉宿命中的定數為「可變數」，那麼，超越太陰星的宿命，將會成為生命中的可能。

太陰坐命本賢淑，心性善良似觀音，
如同牝馬承載物，無怨無悔盡己任，（註）
慈悲心腸如月照，如母有情愛護子。
失勢太陰須自勵，煞擾總難得清閒，
牝雞司晨不可為，翰音登天難持久，（註）
人生雖有運滯時，有如浪裡來行舟，
只要能習心性定，何懼浪濤險重重，
險陷在前不蹈涉，何來險境與凶驚，
唯有識透己之過，對治方能見其功，
一者離水花藥酒，二者能正己言行，（註）
三者樂善隨緣施，四者能濟殘疾者，
五者心胸常開朗，六者一切皆隨喜，

一切事中能自勉，難中能行學菩薩，
太陰本性恰其分，生來不枉此中行。

※註：

一、**牝馬**：能夠承載重物的母馬，在旅途當中又能跟隨著公馬前進，而不自亂步伐。

二、**牝雞**：意指母雞。

三、**翰音登天**：意指會叫的禽類或母雞（公雞），所叫的聲音，盡管聲音多麼的宏亮叫得有多遠，是不會持續太久的。

四、**水花藥酒**：意指在風花雪月場所，易感召而應驗。

◎「水」：指桃花運。　◎「花」：娛樂場所。

◎「藥」：指吃藥養生。　◎「酒」：酒類。

※太陰星在兄弟宮

## ■得地太陰星坐兄弟宮

意味著：「在兄弟姐妹之間，有個性溫柔賢淑者，善解人意，頗能體貼與照顧家中事務，對手足之間的情感互動，疼愛有加。或心性穩定，不善於爭強或凸顯個人色彩，為人隨和，頗顧人情世面，通常不易得罪他人。或者為人含蓄，謙虛自守，謹守個人本分，負責盡職。或與手足間的互動，感情融洽，通常能顧及他人的感受。甚至，對周遭環境的微妙變化比一般人來得敏銳，容易為別人設想，反而忽略自己……」

## ■落陷太陰星坐兄弟宮

代表著：「在手足之間，有善解人意的人，對家事頗為用心，能體貼父母親的辛勞，對兄弟姐妹關愛備至。或雖然心思慎密，但心事不為人知，往往易自尋煩惱，或者魄力不足，缺乏決斷的毅力。或者雖然心性溫和，但遇到困境時，不善於紓解情緒，致有鬱悶的傾向。或者較有危機意識，對未來人生的規劃，頗有自己的理想與做法，但無法如願之時，信心易受挫，或者心事不易排解。或與手足之間的互動，偶有默契不足，或心意難通之處，雖有照顧與關愛的雅量，唯恐心力有所不足之處。或者日後與手足之間的互動，有聚少離多，或甚少往來的現象……」

## ■忌煞沖、會照或同宮（太陰星坐兄弟宮）

這種格局一旦成立的話，可能意謂著：「在手足之間，有個性較為活潑好動者，雖然心性善良，但較缺乏善解人意之心，對於家事的料理，顯然缺乏心思，與手足之間的互動，偶有違和，或心意難通之處，彼此間的互動，不易流暢。或雖想關愛他們，但往往有心無力，或在日後的互動上，有甚少往來的傾向，致有手足疏離的現象。或者其人心思雖細膩，但往往易自尋煩惱，或者憂人之憂，或本身運勢易遇阻滯，不易突破思維突破困境。或者其人雖然心地善良，但易遇人不淑，或與朋友往來，付出不成比例，致有損己益他的傾向。或其人生較有晦暗運勢，人生觀易生消極，或者缺乏積極的企圖心，難以突破，心裡想得多，但卻做得有限……」

兄弟宮中坐太陰，心性和善與賢淑，
兄友弟恭姐妹情，愛護家庭有其方，
心思慎密能籌劃，家運興隆眾人誇。
若有忌煞同宮坐，或見忌煞對宮沖，
如此行運得端詳，晦滯運勢易招至，
生來勞碌費心力，或為錢財頗辛苦，
得財之時易耗失，或有遇人不淑時，

損己益他難權衡，若能知於己運勢，
須得勵己求改善，凡有過失宜補正，
若有善處當增長，秉性心善為天賦，
凡有所行當思量，近善知識遠小人，
明哲保身固心志，凡有利行宜佈施，
心存善念結善緣，此中之人最少有，
太陰星人本屬此，慈悲善良人所敬。

### ※太陰星在夫妻宮

## ■得地太陰星坐夫妻宮

意謂著：「配偶的個性溫和、賢淑，是個善解人意的人，對事務的處理方式，常以和善的心情或態度面對，在與伴侶的互動方面，雖有自己的見解，但不違人和，對自己的言行頗為重視，能夠固守心志，不為外物所遷。或對家事的料理有其獨到之處，通常能花費心思在家庭的照顧上，頗能體貼伴侶的心意，或為對方盡心付出、關懷備至。或也能付出心思，關懷伴侶的起居坐息，為其帶來心靈的依託，彼此心意相合，有共通的見解與默契，感情互動融洽……」

## ■落陷太陰星坐夫妻宮

代表著：「夫妻之間的互動，偶有違和之時，或者彼此見解有異，心意難通，默契不足，致使情感有疏離的現象。或者伴侶雖然善解人意，體貼對方，但卻不易得到對方的肯定或認同。或者為家庭勞心勞力，難以彰顯績效，致有心事往內壓抑的傾向。或者心地善良，通常為伴侶顧慮得多，而為自己者少。或者理家不易，常有挫折感或無力感……」

## ■忌煞沖、會照或同宮（太陰星坐夫妻宮）

這種格局可能意謂著：「個人與配偶之間的互動，有心意難通之處，或者默契不足的現象，尤其在彼此的認知態度上，不易求得共識，或偶有違和之時，致使雙方的感情流暢度，有日漸疏離的現象。或者伴侶間的溝通不易融洽。或者對方的思慮較為煩雜，想的多，至於要付諸實行時，則缺乏積極的動力。或者也較有被動的傾向，應對事情時，較缺乏積極與開朗的心態，致使個人的人際互動，範圍有限。或者也有心思雜亂，不易找到生活重心或焦點，致有消極度日的傾向……」

夫妻宮中坐太陰，得地和善且賢淑，
琴瑟和奏音調和，理家有方如化科。

若有忌煞同宮坐，或見對宮忌煞沖，
如此行運宜端詳，欲成婚配當思量，
已成家室共扶持，夫妻連理緣殊勝，
共興家運不容辭，如前已有細述說。

※太陰星在子女宮

■得地太陰星坐子女宮

意味著：「有個性溫和，善解人意，體貼父母的子女，能將家中事務料理得有條不紊。為人心地善良，有耐心及慈悲心，見人有難，易生不忍之心。或者也有家事方面的才華，也能將其能力發揮在家庭上。或對手足之間的情誼能發揮友愛之心，以實際的行動去幫助他們。或者在家謹守本分，與父母親互動融洽，也能適時的協助他們。或者心思較為細密，對事理的分析與應對通常能審慎處理，平穩的心性能在穩定中求發展……」

■落陷太陰星坐子女宮

代表著：「子女的其中之一，雖然個性溫和，但在逢遇挫折與困境時，易將心事往內積壓，致有鬱悶傾向。或雖本身心思慎密，在付諸實際行動時，易生初熱後冷，或有後繼無力的現象。或者個性雖然穩重，但心思較為雜亂。或與子女在親情互動上，較有默契不足，心意難通的現象。或者也能為家庭勞心勞力，但往往在付出的過程中，難以符合本身的期望。或者較缺乏開朗的個性，遇事易退卻，或者缺乏積極的企圖心……」。

## ■忌煞沖、會照或同宮（太陰星坐子女宮）

這種現象可能代表著：「與子女之一的親情互動，易生隔閡，或者彼此心意難以相互理解，偶有違和的現象。或與子女之間的互動，有疏離、緣薄、聚少離多的傾向。或子女個性較為好動，在面對其人生的過程中，所逢遇的挫折與考驗較多。或者也有想得多、做得少，凡事易自尋煩惱，抑鬱在心內。或者個性有較為柔弱的傾向，應對事情時，通常信心與企圖心較為不足。在面對自己的人生際遇時，通常勞心費力，偶有事與願違之現象發生……」

子女宮中坐太陰，為人和善且賢淑，
心思細膩解人意，為家分憂善理家，
才華洋溢且謙虛，親情和樂且融洽。
若有忌煞同宮坐，或見忌煞對宮沖，

心思煩雜易自擾，個性柔弱少積極，
親情互動有疏離，欲轉此運費盡心，
唯今若能知己運，當得細心來推量，
一者待子心慈悲，二者能無怨無悔，
三者宜知子女性，四者善方便引導，
五者天下父母心，適時關愛及照顧，
若能如實行五事，有如母鶴鳴在蔭，
其子應聲能和之，凡事同聲能相應，
同類自也能相求，親情互動同此理。

※太陰星在財帛宮

## ■得地太陰星坐財帛宮

意味著：「個人善於管理自己的財務，理財的心思細膩，對於錢財的收支與規劃能夠有效的運用。或對錢財的管理概念較為保守，也因此，能守住辛苦賺來的錢財。或者也有儲蓄的習慣，漸漸累積錢財以致富，對於額外的投資行為或冒險性的理財活動，則個性保守，不會輕易去嘗試。或者在個人的工作或事業上負責盡職，致有收入穩定的福報……」

■落陷太陰星坐財帛宮

代表著：「個人在理財方面的概念較為欠缺，或者由其管理財務時頗覺辛苦，耗費心力。或者對於錢財的收支與應用不善於規劃，或者收支易產生不平衡的現象。或者也有求財辛苦的現象。或者對於錢財運用的理念，雖然保守，但實際擁有的福報不足（因對宮為福德宮的關係，彼此有互為影響的作用）。或者在錢財的運用上，缺乏正確的判斷能力，偶有入不敷出的現象……」

■忌煞沖、會照或同宮（太陰星坐財帛宮）

這種格局一旦成立的話，可能意味著：「個人在錢財方面的福報不足，得手之財，偶有流失的現象，或缺乏理財的運用概念，致有寅吃卯糧的現象。或賺錢頗費心力，卻有入不敷出的現象。或者也有花錢不知節制的傾向，導致花錢容易，事後又為缺錢所苦，互相矛盾。或不善於理財，易有失誤或虧本的現象……」

財帛宮中坐太陰，福德宮中有庇蔭，
生性保守善理財，點點滴滴能儲蓄，

事業求財有福份，得手之財善運用。
若有忌煞同宮坐，或見忌煞對宮沖，
得財福分尚不足，何況又要獲更多，
費心費力求財苦，焉能入出有平衡，
得手之財易耗失，或有寅吃卯糧患，
唯今若能細思量，凡事皆有其因由，
一者擁有能惜福，輕易放捨易虧失，
二者對治己心態，凡事當止則須止，
三者應廣結善緣，或有貴人相提攜，
四者量力能佈施，施人反能培己福，
五者心常存善念，對宮福德或可增，
如此五事若能行，一切事中無怨悔，
果報福分漸漸有，不忘隨緣濟利人。

## ※太陰星在疾厄宮

## ■得地太陰星坐疾厄宮

意味著：「個人的健康狀況容易自我掌控，即使身體有恙時，也能順利痊癒。當太陰星坐落在疾厄宮時，其五行屬性為「水」，有關這一部分，在《黃帝內經》中，有這樣的一段記載：

北方生寒，寒生水，水生鹹，鹹生腎，腎生骨髓，髓生肝，腎主耳，其在天為寒，在地為水，在體為骨，在藏為腎，在色為黑，在音為羽，在聲為呻，在變動為慄，在竅為耳，在味為鹹，在志為恐，恐傷腎，思勝恐，寒傷血，（註）燥勝寒，鹹傷血，甘勝鹹，故曰：天地者，萬物之上下也，陰陽者，血氣之男女也，左右者，陰陽之道路也，水火者，陰陽之徵兆也，陰陽者，萬物之能始也，故曰：陰在內，陽之守也，陽在外，陰之使也。

◎註：「勝」：有制之以平衡之意也。

## ■落陷太陰星坐疾厄宮

除了上列的參考資料外，我們又可將這一部分做一些推理的延伸，所以，當落陷的太陰星居於疾厄宮時，意謂著：「個人的身體狀況，較有「陰虛」，或中氣不足的傾向。或者女性需留意婦科問題，男性則須留意泌尿系統的問題。甚至，在日常的行動上，下肢易碰撞或受傷，尤其在季節轉換之時，易招風寒之害……」

## ■忌煞沖、會照或同宮（太陰星坐疾厄宮）

個人的身體健康狀況來自於父母的基因，因此，若有這種格局坐命的話，可能意含著：「個人的身體狀況帶有遺傳的傾向，偶有不適或者氣虛的現象，令人提不起精神來。或者偶有身心勞累，不得休息的狀況，導致身體有虛弱的傾向。或因婦科問題、泌尿系統問題，常年不易根治，受其困擾。或者也有病急亂投醫的現象，不易尋得良醫來根治其病因。或於日常活動中，下半身較有碰撞或受傷的傾向。或者為生活奔波勞碌，身心有受累的傾向。或身體易招風寒（寒症），導致有疾難癒……」

疾厄宮中坐太陰，五行屬水性為寒，

屬水之性腎為主，水火既濟兩相宜。
水若未調體虛寒，心氣不調受其累，
若能知己身狀況，宜能以智善調身，
一者飲食重陰陽，偏於陰者氣難養，（註）
陽者過甚心上火，兩者調濟不偏廢，
二者動靜宜權衡，過動者易累身心，
三者宜有健身計，日常實行不偏廢，
四者能隨緣放生，或者濟利重殘人，
時時不忘利他心，助人利己福自增。

※註：

「陰陽」：陽氣者氣上升，為火性，為燥熱、陽亢之象，為熱性之屬。陰性者氣下沉，水性，屬寒，為陰虛之象。因此，凡體質較為燥熱者，在飲食方面不可過度偏勝於陽，否則，易生陽亢之象。凡體質陰虛者，則應適度的以採陽補陰方式來調整體質，若飲食過度偏於寒性之食物，則有助長陰虛的可能。

※太陰星在遷移宮

■得地太陰星坐遷移宮

意味著：「個人在出外的人際、公關或社交活動上能發揮正面的特質，廣結善緣，處處逢遇貴人。或者在外的人格特質頗能受人肯定，個性溫和，以謙虛及誠懇之心待人處事。或在人際互動之間能善解人意，顧及他人的感受，或也能發揮助人的熱切之心，適時的關心別人。或者出門在外，不論在其事業或工作上，能謹守本分，知進退之道，不逾距。或在外較有獲利的機緣，得而能守，不浮誇也不鋪張浪費。或心思慎密，對事情觀察的角度較為細膩，個性沉穩不急躁，遇事也不冒進。或待人和氣，通常能得到別人的認同或肯定，心性善良，也懷有濟利於人之心。或者出外，有易逢異性貴人之因緣，受其提攜或照顧……」

■落陷太陰星坐遷移宮

代表著：「出門在外的人際關係不易建立善緣，或者在考慮他人的立場與感受時，易將本身的福利施與他人，導致有付出不成比例的現象。或者逢遇挫折的機運較多，但也易興起退卻的念頭，缺乏精進的企圖心。或者應事的態度消極，致有後繼無力的現象。或在外時，易有意外的下肢受傷傾向。或者也有易招小人為害的傾向，令人難以防備。或也有得手之財不易守，致有花錢消災的現象。或在人際往來之間，易招損友之患……」

## ■忌煞沖、會照或同宮（太陰星坐遷移宮）

這可能意味著：「在外的人際往來之間，易招損友之患，導致有劫財之現象。或者在人際互動之間，不易建立善緣，有懷才不遇或貴人難逢的感嘆。或者心志易受外境所遷，雖出門在外，不見得諸事順利，但既外出，常有挫折，有無力之感，不知如何突破。或者在外個性較為柔弱，缺乏積極或強烈的企圖心，易為小人所乘。或在外賺錢辛苦，有勞多獲少付出不成比例的現象。或者在外易因疏忽的緣故，致有下肢受傷的傾向。或所交友人，不易辨別善惡，易為損友所傷，得不償失……」

遷移宮中坐太陰，心性溫和益友人，
人際互動有善緣，善解人意心慈悲。
若有忌煞同宮坐，或見忌煞對宮沖，
於此運勢頗不利，當得思量來對治，
一者心勿受境遷，二者宜有識人智，

三者能結善因緣，善緣處處有貴人，
四者宜固己心志，不因挫折萌退心，
五者謙虛能自守，六者宜博學多聞，
七者佈施喜悅心，內心積極有光明，
若能如此行七事，比如滴水能穿石，
或如鐵杵磨成針，終有見功之日時。

## ※太陰星在僕役宮

### ■得地太陰星坐僕役宮

意味著：「在個人的交友狀態中，有個性溫和、善解人意、心思細膩，又有氣質（風範）的人，其人言行得體，與朋友的互動也能進退得宜。或者也有個性保守的特質，應對事情時，通常能不急不躁，不為外境而遷己志。或者其人心地善良，見人受難之時，頗有同理心。或與其人往來時，通常不易得罪他人，遇事也喜以圓融方式面對，個性雖然被動一點，但友誼卻能延續長久。或者其人有種優雅的氣質，與人互動知於禮節與進退，對自己的言行頗能矜持……」

## ■落陷太陰星坐僕役宮

代表著：「個人所交往的朋友當中，雖有個溫和且善解人意的人，但其人之考驗較多，在生活上，也有勞碌身心的現象，心思也較煩雜，與朋友互動之間，個性較被動，心性也較不開朗，凡事易將心事往內積壓，致有悶悶不樂的傾向。或者與其互動時，較為費心，彼此的理念或價值觀不易達成共識，或者有各自的理念與想法。或者與其互動有大往小來，或為其操心的傾向……」

## ■忌煞沖、會照或同宮（太陰星坐僕役宮）

這可能意味著：「朋友當中，有心性較為悲觀者，或者其人在人生際遇當中缺乏一股熱勁，以及積極的企圖心，凡遇挫折或困境之時，易興起消極或退卻之心，或者心事易往內積壓，致有抑鬱的傾向。或者與其往來時，彼此的理念偶有違和之處，或者彼此理念難以達成共識，頗覺費心，或令自己困擾。或者其人，雖然心思細密，但通常想得多，卻做得有限。或者其人心性不易樂觀，與其互動難見愉悅的心情。或其人生運勢常見晦滯之象，有如烏雲蔽日，隱隱晦晦，即使見他（她）勞碌奔波，卻所獲有限……」

僕役宮中坐太陰，性格高雅與溫和，
與友往來知於禮，進退有據能和氣，
心性文靜不躁動，君子之交淡如水。
若有忌煞同宮坐，或見忌煞對宮沖，
如此行運當思量，兄弟宮位在對宮，
兄友弟恭童年運，友愛親善善緣續，
若見兄弟少和睦，日後交友運有滯，
僕役宮與兄弟宮，兩者互為因果牽，
唯今若能知己運，當從根本下功夫，
因中自會漸改善，何愁善緣不到來，
僕役宮中朋友運，善友如同善知識，
失之交臂甚可惜，焉能等閒來視之。

※太陰星在官祿宮

## ■得地太陰星坐官祿宮

意味著：「個人在工作或事業上，因心性穩定的緣故，能夠忠於本身職務，克盡職責，堅守崗位，也因此有獲財穩定的福報。或者在職場上，個性較為保守，凡事能穩定發展，不喜投機的行動，也因此能不受外在環境引誘而改變自己的志向。或者面對職場時，個人的分析力強，心思細膩，通常能固守本分，而不躁進或逾距。或個人的工作較屬於穩定性、固定性的範圍，也因此更能忠於職守，盡心盡力，樂在工作，而不懈怠。或者面對事業的態度保守，能謹守分寸於職務上，有助於整體發展。或在職場上，是個性較為理性、溫和、注重溝通的人，在工作配合度上，是個極佳的人選……」

## ■落陷太陰星坐官祿宮

代表著：「個人在工作或事業的經營上，常見勞碌之象，或有奔波之苦。或者在職場上，心性穩定不足，遇事有得不償失的現象，或有判斷失誤的過患。或者缺乏強烈的企圖心，凡事有先熱後冷、先得後失、後繼無力的現象。或者遭遇逆境之時，易興起退卻之心，或將心事往內積壓。或者個性有柔弱的傾向，易為小人所乘。或者在職場上的工作心情不易產生愉悅感。或與伙伴間的互動不易產生共識或默契。或在職場上為賺錢頗覺辛勞，往往有勞多獲少的現象……」

## ■忌煞沖、會照或同宮（太陰星坐官祿宮）

這可能意謂著：「個人在工作或事業上常遭逆境的考驗，由於本身掌控的能力有限，致有辛勞之象。或在職場上，有勞多獲少、得少失多的現象，但也易導致判斷失誤之患。或者在職場上，有懷才不遇，或者善緣難遇難得貴人提攜的憾事。或在工作或事業上，偶有中斷的現象，致使內心難以安定下來，心情也不易愉悅。或在職場的人際互動上，較缺乏良性的動力，或與伙伴之間不易達成共識，互動的流暢度有限。或者遇到挫折時，易興起消極的意念，致使自己面對工作時鬱鬱寡歡。或者工作能力，不易受到別人的肯定，也易為小人所乘……」

官祿宮中坐太陰，心性穩定有操持，
為人負責且盡職，忠誠固守分內事，
心思細膩不躁急，利己或者蔭上司，
若有忌煞同宮坐，或見忌煞對宮沖，

如此行運頗不利，當得慎重來思量，
官祿對宮夫妻運，若已成婚善經營，
古有財色同論說，色指夫妻能和合，
欲將事業上顛峰，兩宮之運得推敲，
未成婚者為閒宮，得視官祿之運勢，
加以四化來考量，祿權科忌在其中，
一者身雖在職場，宜結善緣勿孤寡，
二者須振作己心，宜去消極轉積極，
三者宜有識人智，勿為小人有機乘，
四者心境宜開朗，或有助於事業運，
五者宜近善知識，從之而學長知識，
六者遇事不氣餒，挫折考驗誰人無，
七者常生補過心，謙虛以對最吉利，
若能七事漸行之，何愁事業運不通。

※太陰星在田宅宮

## ■得地太陰星坐田宅宮

意味著：「個人喜將心思或重心放在家庭的照顧上，與家中成員互動融洽，並也能用心照顧家人，或者也習以在家安享家中和樂的氣氛。或者也喜將家庭佈置得體，使人有優雅的感覺，樸素而不浮誇。或者也擁有田宅或不動產的福報，因為，太陰星為田宅主的緣故。除能蔭及家人外，頗能發揮家事的料理能力，將家裡整理得有條不紊。或者也重視居家的和諧與圓融的氣氛，與親朋好友往來，也能建立良性的互動。或者也屬於勤儉持家型，生性樸素，不但能孝敬父母，手足情深，也能疼愛子女……」

## ■落陷太陰星坐田宅宮

代表著：「個人在居家狀態，有勞心費力或操勞的現象。或在居家環境中，心情不易開朗起來，或即使在家，身心也不易穩定下來。或個人對於家庭的付出，通常有無力感，難以彰顯家運。或本身擁有房地產的福分較為不足，即使努力獲得，也會經營得辛苦。或在家中，心情不易愉悅起來，與家人的互動也會有被動的傾向。或與家人的心意難通，或在理念上不易達成共識。或本身照顧家庭的能力較為不足，頗有勞累的傾向。或居家中的採光有不足的現象（宜避免室內過度陰暗）。或者家中的氣氛，較為凝滯，缺乏一股歡樂的氣氛。或者在外的時間多，居家的時間少……」

## ■忌煞沖、會照或同宮（太陰星坐田宅宮）

這可能意謂著：「個人在居家生活的時間少，或與家人聚少離多。另一方面，在與家人的互動上，偶有心意難通之處，致使家庭氣氛不易融洽。或者在擁有房地方面的福報不足，雖欲為家庭分憂解勞，但卻能力有限。或家中的格局、角落、陰濕、採光方面，尚有不足之處，或室內氣氛凝滯。或整理家務的能力欠佳。或者也易受到外在環境的影響，在外的時間多，顧及家理的心思較不足。或購置不動產的判斷能力欠缺，易導致失察的現象。或在家居生活中，缺乏一種圓融、和諧、歡樂的氣氛，個人的理念與做法，不易得到別人的認同或共識。或缺乏照顧家中成員的能力，即使努力付出也頗覺艱辛。或者常為家事紛擾，招至本身煩惱，難以排解家中的鬱悶。或對家庭的付出較為被動，個性也較為消極，缺乏一份積極的動力……」

田宅宮中坐太陰，太陰本為田宅主，
善顧家則善理家，福報之中有田宅，

居家和樂且融洽，善於教子益配偶。
若有忌煞同宮坐，或見忌煞對宮沖，
居家運勢有阻滯，聚少離多家緣薄，
即使居家心難定，心意難通易違和，
如今若能惜家福，一切因中由家起，
緣中能愛屋及烏，果中自有善緣來，
如同格物能致知，齊家如同治國理，
易經風火家人卦，或可以其為勉勵。

## ※太陰星在福德宮

### ■得地太陰星坐福德宮

意味著：「個人注重精神層次的領域，以及自我心靈的提升，因此，也具有穩定的心性，為人樸素不浮誇，在休閒方面，也較傾向於靜態或追求心靈成長的活動。或者也有錢財方面的福報（因對宮為財帛宮）的緣故。或者也具有悲天憫人的胸懷，心地善良，行有餘力之時，能濟施於人。或個人具有開朗的個性，內在心靈充實，能積極面對人生……」

■落陷太陰星坐福德宮

代表著：「個人在精神層次的領域上，缺乏一份積極追求的動力，或者個人的心思較為紊亂，偶有剪不斷、理還亂的傾向，或有自尋煩惱的傾向。或者面對個人的內心世界時，不易開朗，偶有消極的傾向。或對個人休閒狀態的規劃，偶有不知所措的傾向，或者靜態的部分過多，導致有動靜失衡的現象……」

■忌煞沖、會照或同宮（太陰星坐福德宮）

這種格局可能意謂著：「面對個人的人生際遇時，常因為生活奔波勞碌，使自己的身心難得清閒下來，導致有思緒煩雜的傾向。或者對於生活品質的提升，缺乏積極與勇於面對的企圖心，在逢遇挫折當前時，易興起退卻或消極的念頭，致使運勢難以通達。或者缺乏識人之智，易為小人所乘，或招暗處事非。甚至，在擁有錢財方面的福報不足，偶有得即耗失、先有後無的現象。或者也有貴人難逢、懷才不遇的憾事（因為福報不足的現象）。或者生來勞碌，缺乏追求心靈成長的意願，然而，對於自我的提升也缺乏積極的意願，或有隨波逐流的傾向……」

福德宮中坐太陰，與生俱來福分濃，
心性沉穩心神定，財帛宮中有福田，
面對人生有操持，心靈成長能積極，
利己利人心慈悲，太陰當能堪此任。
若有忌煞同宮坐，或見忌煞對宮沖，
於財福報有所損，想必當得種福田，
善於耕者易收獲，不理福田難見功，
福德宮中福報因，身心靈互為其果，
六親宮中宜端詳，若於其中運有滯，
當得審度福德宮，若能知過且善補，
因中若調果則善，事理如同水穿石，
終有見功之日時，何愁宿命不能解。

※太陰星在父母宮

## ■得地太陰星坐父母宮

具備賢德的太陰星，當它坐在父母宮位時，意謂著：「父母親中（母親）的一方，在個人成長的歷程中，對家人的照顧，頗為用心且能無怨無悔的付出。或與子女的互動融洽，彼此的心意能通，並能善解子女的心思，以溫和、柔性的態度來引導子女，具備和諧與賢淑的特質。或者也有善於理家的特質，對家庭事務能料理得有條不紊。或與親友往來，互動流暢，且能顧及人情世故……」

## ■落陷太陰星坐父母宮

代表著：「父母親中（母親）在照顧子女的成長過程中頗覺艱辛，或有勞心勞力的現象，但往往付出不成比例，偶有事與願違的傾向。或與子女之間的互動，彼此心意不易溝通或理解，導致親子關係的不流暢，或子女不易體會父母的辛勞，兩者之間有疏離的現象。或其心思雖細膩，對子女關懷備至，但易招致子女的依賴性，以及缺乏個人的獨立性。或者為家庭事務操心勞碌，但其心思往往不被家人所理解。或者與親友的互動，偶有難以兼顧人情之處……」

## ■忌煞沖、會照或同宮（太陰星父母宮）

這種現象可能意味著：「父母親中（母親）的一方在照顧子女成長的過程中，難以擔負重任或有難言之隱（或有苦處，難以令人理解），導致與子女之間的互動，有心意難通與默契不足的現象，日久與之有疏離的傾向。或者與子女之間的認知、價值觀有所差異，卻又難在其中取得協調，致有親情疏離的傾向。或者也有難以理解子女的心意與做法，有單方面想改變子女的認知或做法。或者子女與其（母親）聚少離多，或許，想避開彼此見面的尷尬現象，導致親情有愈見疏離的傾向。或與親友往來的層面上，缺乏積極的意願，或有疏離及避免於人情世故的應對……」

父母宮中坐太陰，善德賢淑有擔當，
親子教育有其方，循循善誘柔性對，
理家有道家運亨，子女能受母德性，
疾厄宮中有解神，只為此身從因來。
若有忌煞同宮坐，或見忌煞對宮沖，
如此現象得思量，於人行運當有滯，

一者父母緣疏離，難見貴人相提攜，
二者衣食者父母，難見長輩恩光至，
三者未具回饋恩，難見左輔右弼來，
四者少敬於父母，人情世故易疏離，
五者少念父母恩，魁鉞貴人難會至，
如此五事若具知，因中有過能善補，
一者貴人易會至，二者長上提攜緣，
三者易得輔助力，四者受困解神至，
五者宜將同理心，以此回饋有緣人。
以言教者易招訟，以德示者人則從，
為人父母當慎思，為人子女當體恤，
兩者若能相調濟，便能捨我執為是。

# 七殺星

武成侯黃飛虎得知夫人賈氏為保全名節，不甘受紂王之辱，奮不顧身的跳下摘星樓而亡，隨即與府中弟兄打點出城，投奔西伯侯姬昌。在出城前夕，黃飛虎與其弟黃明，於深夜潛入宮中，準備向紂王討回公道，誰知，與紂王一言不合，竟在宮中與紂王殺了起來，大戰幾回合後，竟分不出個上下，兩人即奔出宮外，與府中弟兄們在城外會合，直奔西岐而去。一路上，黃飛虎心想：「我妹妹黃妃、妻子賈氏竟然遭此毒手，枉我黃家一門忠烈，為商紂守住大片江山，如今，卻落得如此下場……」

話說紂王的兩個兒子，太子殷郊，次子殷洪，當時，因為其母姜皇后受到誣陷，一劍刺死誣告者，使得紂王派人沿路追殺二子，而那欲擒故縱之人，便是黃飛虎也。可見武成侯黃飛虎外表雖剛毅正直，卻也是個明辨是非、內心仁慈之人。就連與比干丞相一齊放火燒了軒轅墓穴中的狐狸精們，也是一樣的嫉惡如仇。

在沿路逃亡的過程中，黃飛虎過關斬將，歷盡艱辛，總在生死邊緣中殺出一條出路，尤其商紂太師聞仲領兵追擊，其勢難以阻擋。因此，在面對其中的危難時，曾受道德真君解圍。在潼關一戰，被一道火龍鏢打著，正中胸膛，陷在生死邊緣，幸好道德真君之愛徒黃天化（陀羅星）取來丹藥，才將黃飛虎救活。飛虎醒來才知，黃天化乃是他失散十餘年的長子，兩人相擁而泣，自不在話下。黃飛虎與其父黃滾（潼關守將）一齊投奔了西伯侯姬昌，受到文王及武王的禮遇，其封爵仍延襲舊號「武成侯」。開國軍師姜子牙也命他為兵馬大元帥，展開了一連串武王伐紂的大業。在歷經無數的戰陣中，黃飛虎均能攻無不克，唯獨在澠池縣一戰中，被總兵夫人高蘭英以太陽金針取了性命，結束其一生在沙場上的豐功偉業。

武成侯「黃飛虎」的魂魄來到封神台前，被封為主掌「七殺星」的主人，司主戰將、將星，化其權力為「權」，化氣為「耗」，主一生中，為人忠貞，不懼生死，不畏艱難，披荊斬棘的勇猛精神。

| 星宿 | 五行 | 化氣 | 司主 | 特性 | 十年干之四化 |
|---|---|---|---|---|---|
| 七殺星 | 陰金（體）<br>陰火（用） | 耗 | 將星<br>權力 | 肅殺、紀律<br>（開創、忠誠） | 無 |

從「七殺星」所代表的人物「黃飛虎」來分析其星性的基本特質，約可歸納成下列幾

項優缺點，如左列詳述之。

## ◎優點

一、「七殺星」是一顆具有忠貞、愛國情操的星座，為人外表剛毅、威嚴，內在卻有著熱情的個性。

二、事理分明，能明辨善惡與是非，不為奸邪所蠱惑。

三、為人正直，不依附權貴，不喜阿諛奉承。

四、應事忠誠，對人耿直，交付之事能盡職且克服萬難的去完成。

五、獨立性強，自主性強，通常能獨當一面，是個極佳的開創（領導）能手。

六、毅力強，通常遇到困境，皆能堅忍以赴。

七、個性直來直往，不喜拐彎抹角，快言快語，嫉惡如仇。

八、與朋友交往，通常能顧及正義並維護他們。

九、人生的歷程中，應事積極，通常充滿活力。

十、處事簡明、扼要、乾脆，決策果斷、明快。

十一、膽識過人，逢遇障礙能勇往直前、身先士卒。

◎缺點

一、剛毅、威嚴的個性，易令人有距離感，他人近之有逼人之感。
二、是非善惡分明，唯缺乏權變，致有固守難以變通之慮。
三、個性正直，同聲相應者寡，同類相求者有限。
四、為人誠實，心直口快，易得罪於人而不自知。
五、獨立性強，易忽略團隊整合的力量，或分工合作的重要性。
六、遇到困境時，雖能堅忍以赴，唯仍需建立以智取勝的要領。
七、雖能真心的對待朋友，唯付出不成比例，能得知己者少。
八、人生歷程充滿活力，唯需加強自我成長，開發潛意識，以剛柔並濟因應未來。
九、剛直的個性，若於決策或果斷過程應加審慎才是，否則易有誤失之過患。
十、雖膽識過人，勇氣可嘉，宜輔以智取，否則易招致傷痕累累。

※七殺坐命宮之共十二宮位圖解

| | | | |
|---|---|---|---|
| 紫微+3 七殺0 巳 | 七殺+3 午 | 廉貞+1 七殺+4 未 | 七殺+4 申 |
| 七殺+4 辰 | 七殺星 | | 武曲+1 七殺+3 酉 |
| 武曲+1 七殺+3 卯 | | | 七殺+4 戌 |
| 七殺+4 寅 | 廉貞+1 七殺+4 丑 | 七殺+3 子 | 紫微+3 七殺0 亥 |

**◎七殺星坐「命宮」**（七殺星不落陷，無祿權科忌）

**壹、「得勢」的七殺星**（三方四正，不會照陷地的紫府星系）

一、標準的「殺破狼」格局，人生的際遇中，有大起大落的現象。

二、為人具有正義感，唯心性宜循正道發展。

三、個性剛直，外出易逢貴人，也能發揮助人的同理心。

四、性情中人，處事雖明快，唯對錢財入出，應審慎保守。

五、有領導者的風格與特性，唯應講究團隊向心力與帶領的藝術。

六、有橫發的傾向，唯在因應過程，尚需保守，不可受外境誘惑。

七、有開創與冒險的精神，唯凡事宜往常理發展。

八、雖對錢財有競求之心，但也能在適當時機，或順因緣濟利於人。

九、事業心強，通常能具魄力，積極以赴。

十、具有特殊才華，出外易遇貴人，或逢善緣，於財能有所獲。

※「得勢」七殺星坐命宮，共有八種結構（取相對應位置）

| | | | |
|---|---|---|---|
| | 七殺 +3 午 | 廉貞 +1 七殺 +4 未 | 七殺 +4 申 |
| 七殺 +4 辰 | 得勢 七殺星 | | |
| | | | 七殺 +4 戌 |
| 七殺 +4 寅 | 廉貞 +1 七殺 +4 丑 | 七殺 +3 子 | |

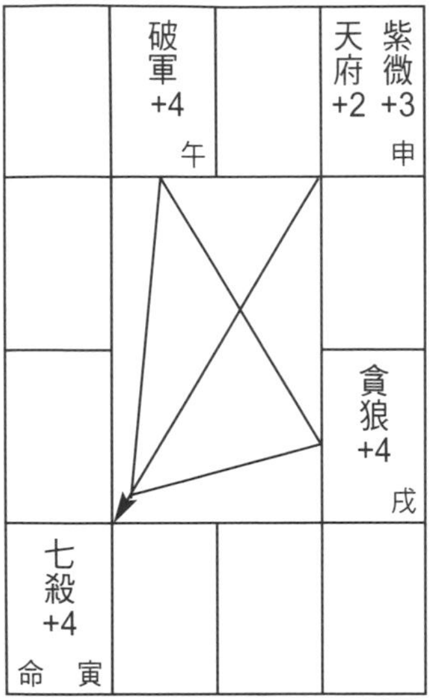
破軍 +4
午
紫微 +3
天府 +2
申
貪狼 +4
戌
七殺 +4
命 寅

圖三

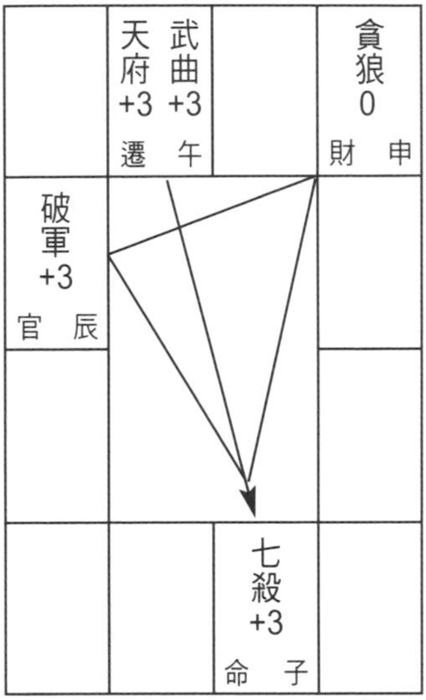
武曲 +3
天府 +3
遷 午
貪狼 0
財 申
破軍 +3
官 辰
七殺 +3
命 子

圖一

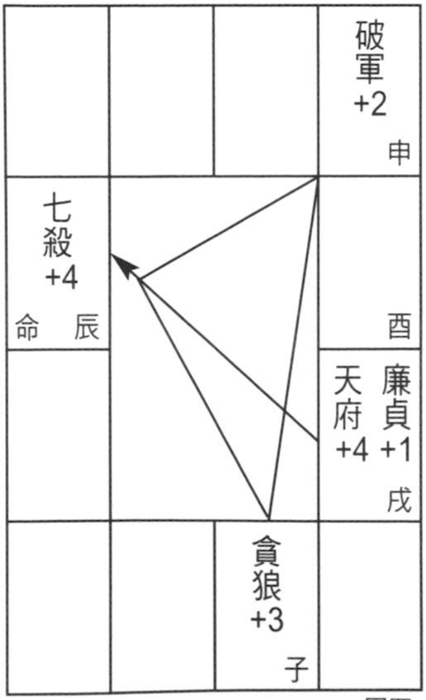
破軍 +2
申
七殺 +4
命 辰
酉
廉貞 +1
天府 +4
戌
貪狼 +3
子

圖四

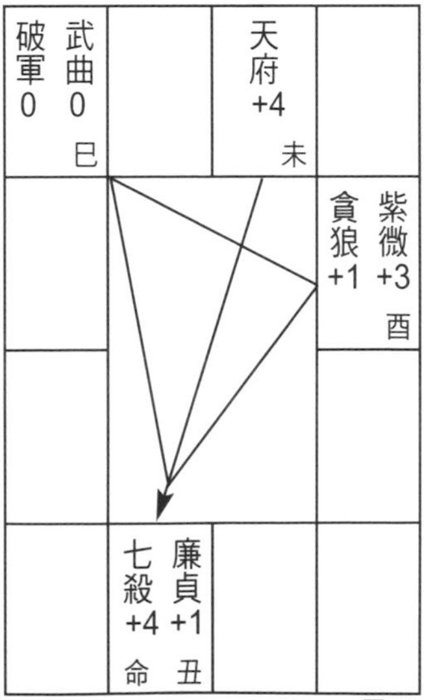
武曲 0
破軍 0
巳
天府 +4
未
紫微 +3
貪狼 +1
酉
廉貞 +1
七殺 +4
命 丑

圖二

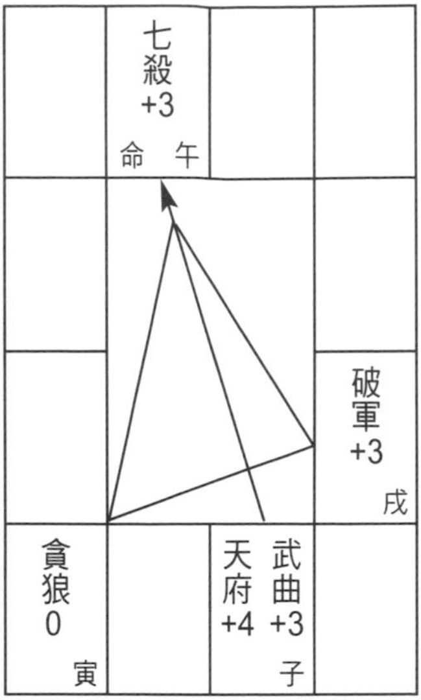

圖五

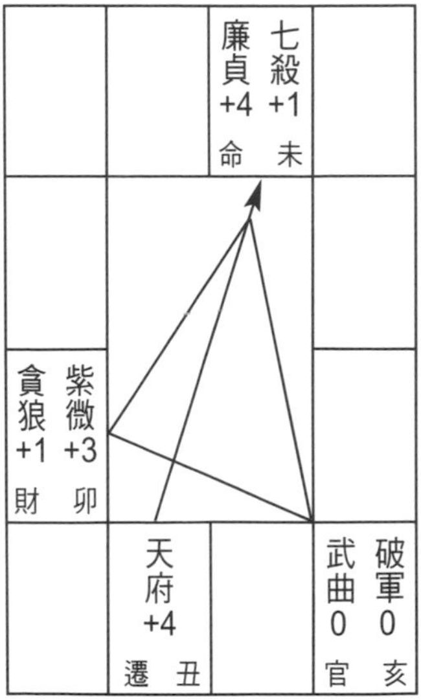

圖六

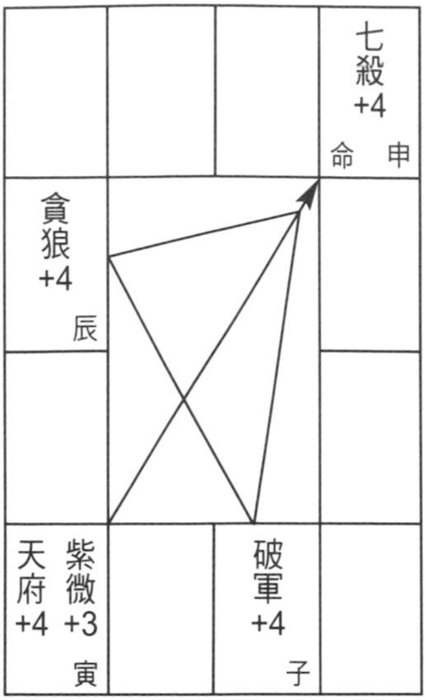

圖七

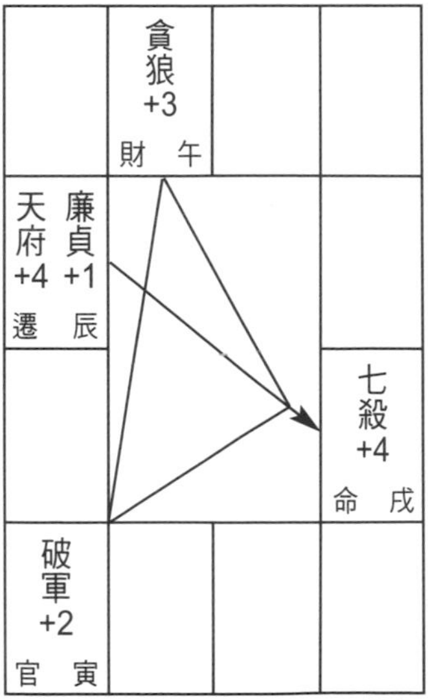

圖八

## 貳、「失勢」的七殺星（三方四正，會到落陷的紫府星系）

一、失勢的七殺星，仍然有其強大的爆發力，雖然在事業上或有一番發展，或能獨樹一格，唯恐財來財去，空忙一場。

二、具有強大作戰能力的七殺星，在事業（官祿）發展上，宜循正道而行，若有所行，應時時心存善念。

三、個性恐過度剛毅、獨斷，致使溝通管道不易暢通。（宜能接受忠言逆耳之善語）

四、內在雖有著熱情個性，唯外表似木訥，令人不易親近。

五、雖能廣泛結識朋友，對友人甚講義氣，唯對抉擇善友的辨識能力需加強，恐有交友不慎之過患。

六、七殺星本身化氣為「耗」，在人生歷程中，無論榮辱成功或失敗，需能進退得宜，否則恐有過與不及之失。

七、個性有剛強之勢，宜能柔以濟之，否則恐有自陷險境之過患。

八、快言快語，易得罪於人而不自知，宜多習愛語以對治之。

九、人生際遇中，應事易有初善終惡之失。

※「失勢」七殺星坐命宮，共有四種基本結構

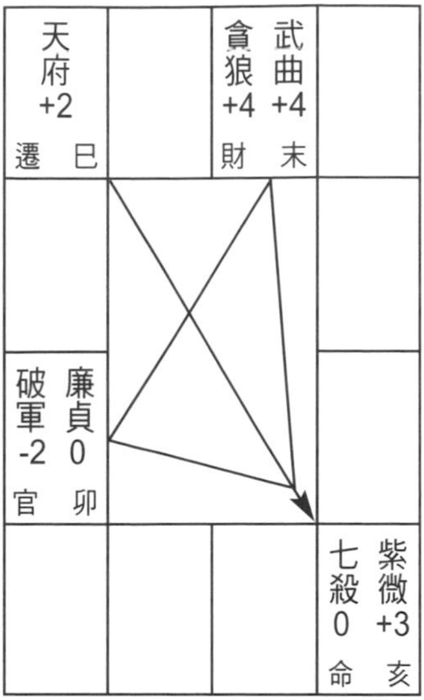
天府 +2
遷 巳
武曲 +4
貪狼 +4
財 未
廉貞 0
破軍 -2
官 卯
紫微 +3
七殺 0
命 亥

圖一

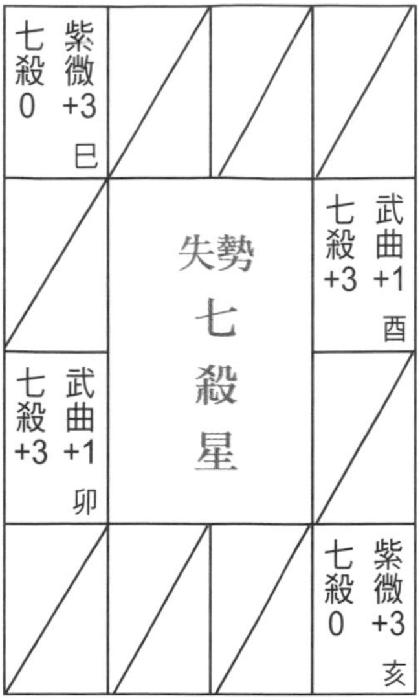
紫微 +3
七殺 0
巳
武曲 +1
七殺 +3
酉
失勢
七殺星
武曲 +1
七殺 +3
卯
紫微 +3
七殺 0
亥

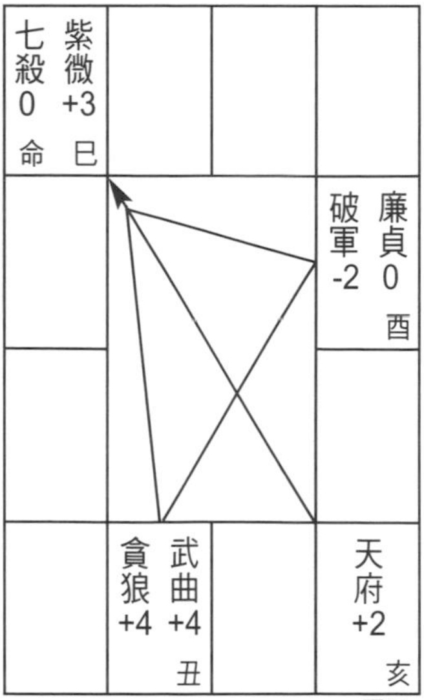
紫微 +3
七殺 0
命 巳
廉貞 0
破軍 -2
酉
武曲 +4
貪狼 +4
丑
天府 +2
亥

圖二

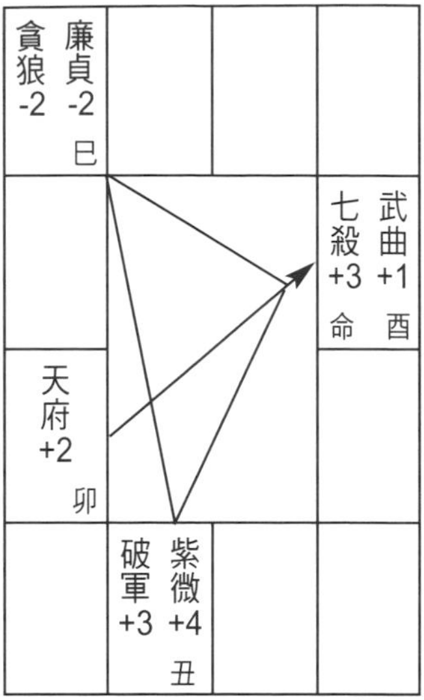

圖三

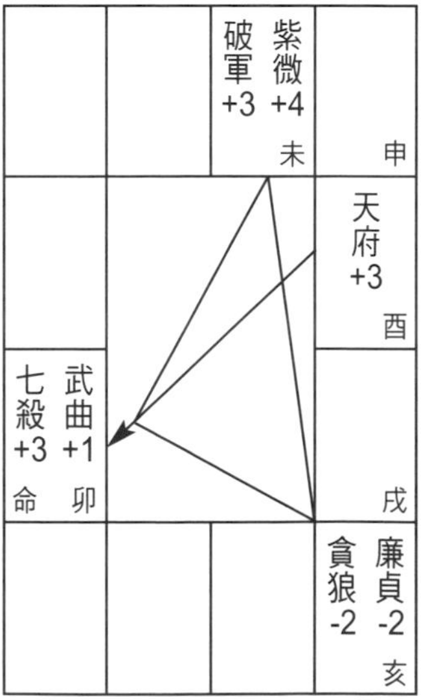

圖四

## 參、七殺星（三方四正會照：陷（忌）煞、或與其同宮、或夾命宮）

一、內心苦事不易為外人所知，因為鬱悶壓力，恐有負面紓解情緒的傾向。

二、所面臨的生活環境，有處處受限之感，或有如大鵬展翅難沖天，生未逢時，處境艱難。

三、面對日常事務有雜亂現象，有剪不斷理還亂之感。

四、交友宜當審慎，恐所往來者，善緣不聚，或所交非人。

五、宜當時時心存善念，凡有所行，不可偏離正道，恐有招凶之過患。

六、心性當習仁慈，遠離暴惡之氣，凡事宜當向上成長，彼我互相勉勵為要，以此來化解諸多災難，邁向光明的人生。

七、勉勵自己向上成長，雖然去除不好的習氣不是一件容易的事，但也許是生命這場戲裡最好的舞台，以及面對自我挑戰的努力空間。

八、行事當循正道，不可偏離常軌。

※舉例說明：（見左圖例一～例四）

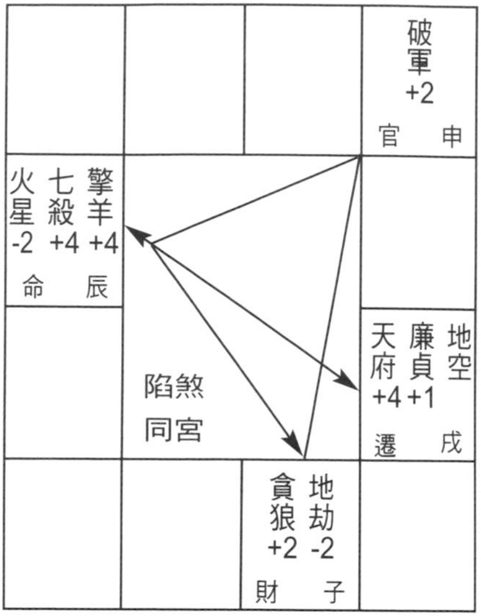


例一

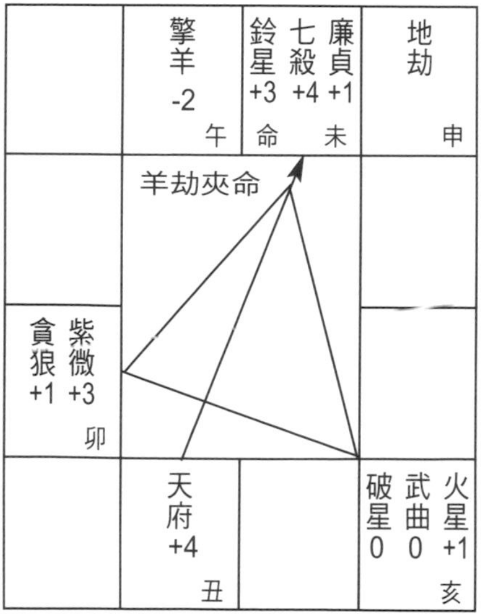


例二

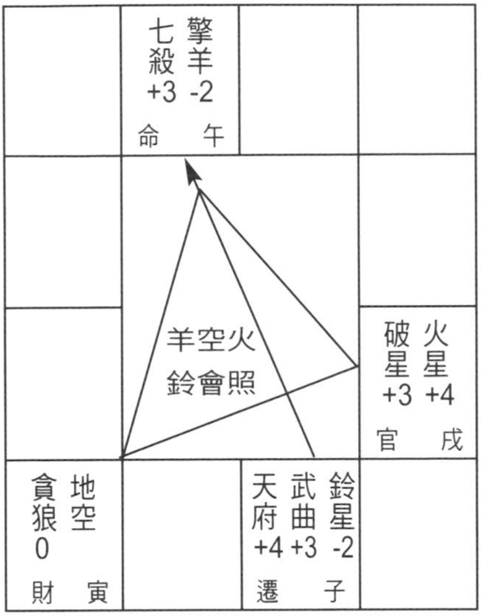


例三

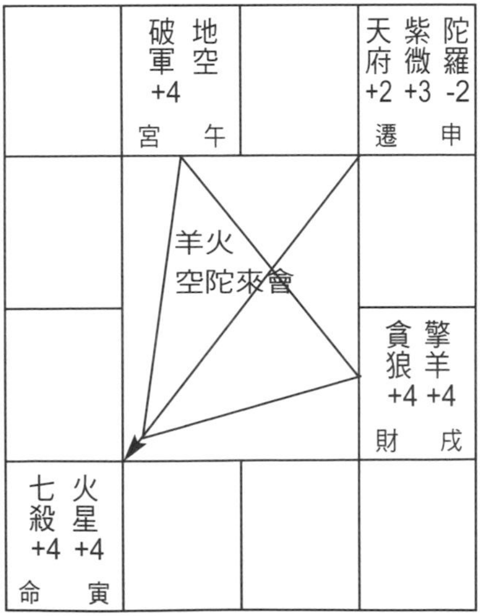


例四

## ◎超越七殺星的宿命

**七殺星**是一顆戰將的星座，它代表著剛毅、不屈不撓，與勇於征服困難的先鋒，跟其他星座比起來，顯然面對挫折與壓力的系數，七殺星可謂是名列前茅了。「太陰星」過於柔弱；「天府星」面對挑戰，又無力承擔；「貪狼星」面對考驗時，心性恐易受動搖；「紫微星」面對考驗時，若無左輔右弼相濟助的話，恐有張惶失措之慮……。因此，凡七殺坐命之人，不管「失勢」或「得勢」，都有耐受壓力與突破難關的毅力。唯七殺星本身化氣為「耗」，在面對人生的種種關卡上，雖能力敵但終非長久之道，宜習「智取」以保存實力，俾以能夠走更遠的路。

人生得意之事少有，不得意事十有八九，唯有耐受力強的人，才能在滾滾紅塵中不為挫折或困境所打倒，七殺是排除障礙的積極作為者。不過，相對的，也因七殺坐命之人，其一生歷程中，也佈滿著荊棘與考驗，所以，也就容易傷痕累累，隨時得面臨新的挑戰。有人說：「七殺坐命之人，身上比較容易有疤痕。」我想，這也許是其所面對本身生活環境比較容易感召受傷的因緣吧！若能體悟到本身這種「宿命結構」的話，為了能化難呈祥，你可以採取捐血，或者隨緣量力去濟助重大傷害患者，也許是個「積善因、得善果」的佈施方法。

**七殺星**坐命之人，因為七殺星本身不落陷，又無四化（祿權科忌），所以說，七殺星的個性，不輕易被改變，雖然是一種特色，也是一個致命傷。因衝動的個性容易造成有勇無謀的傾向，或者有一意孤行的現象，導致人生歷程中成少敗多的現象。其實，在整個「紫微斗數」的現象學領域裡面，每一個星座都有其優缺點，這就好像是：「人一來到這個世上，就有某些的功課要我們去做的，人沒有絕對的完人，除了聖者以外」。因此，在這相對的世上來說，有優點即有缺失，凡事有好的一面，亦會有壞的一面，這也正是我們的改善空間，只要能朝著這個路線前進，你將會發現到：「屬於自己的生命意義」。

**七殺星**坐命之人，一生中所面臨的境地與考驗或許會比別人多些，不過，宜時時「心存善念」才是，若能由內在意識改變起，那麼，我們所行的一切，不管待人處事也好，或者工作、事業也好，將會把自己導向一個善的境地，如此「善心善行」，即是趨吉避凶最根本的做法之一，也是能到達善的彼岸的最好方法。

七殺坐命性剛強，童年環境歷練多，
成年披荊創事業，中年氣力有衰時，
生來有如帶將星，生性不懼困境考，
得勢七殺正氣稟，為人正直常勵己，
凡事寧向直中取，不向曲中去附從，
困境雖然偶時有，不為挫折所屈服，
外雖剛毅內有情，為人誠信最不欺。
失勢七殺需自惕，急躁之性當戒之，
心性宜當習以柔，凡事心存於正念，
損人利己不可為，依於常理循正道。
命坐七殺運起伏，人生際遇如行舟，

先盛後衰需得防，初成終敗總無常，
得之還得防失走，得運之時當惕勵，
物極必反為易理，飛龍在天防亢悔，（註）
如是認知若無礙，則為文武兼備人。
多聞有利己成長，行有餘力能善施，
自利利他量己力，是則名為善補過，
過往之惡令止息，未來之善令增長。

※註：

一、**飛龍在天**：本語出自《易經・乾卦》，在乾卦中有六陽爻，其九五爻之爻辭為：「飛龍在天，利見大人」。

二、亢龍有悔：為乾卦之上九爻，其爻辭為：「亢龍，有悔」。

三、綜合本句**飛龍在天防亢悔**之意為：「人生如果在得意之時，得以物極必反的原理來自我警惕，若不知節制或善知進退之道時，飛龍在天之勢，勢必難以持久，如同仰箭射空，雖箭勢力猛，但畢竟有勢盡掉落之時。因此，每個人在自己一生的過程裡，通常離不開陰陽，或者互為消長的法則」。

## ■七殺坐落兄弟宮

居無陷地的七殺星，當它坐落在兄弟宮位時，意味著：「在手足之間，有個性剛強、正直、具有正義感的人，雖然心直口快，但能以率直的個性與兄弟姐妹們互動，且能彰顯個人的行動特質來保護他們。或者個性活潑、好動，具有冒險犯難，或面對挑戰的精神與毅力，遇到挫折或面臨困境時，也能以無比的毅力來突破僵局。雖然外表剛毅但心腸軟，具有嫉惡如仇的豪氣。或不為惡勢力所屈服，但人際關係卻缺乏一份柔性。或心性較為急躁，遇事易顯發衝動的個性。或也較有主觀的意見及看法，與兄弟姐妹之間的互動，較屬於個人主義型，直來直往，較少顧及他人的感受，或者與手足之間心意較難相通，默契難達，或者其人之言行，易令家人困擾……」

兄弟宮中坐七殺，七殺之性如戰將，
衝鋒陷陣不可當，雖然七殺所居位，
無落陷與化忌分，只因七殺性剛強，
躁急心性少婉轉，手足之間難融入，
好動之性難安定，少了柔順體貼意。
若能知此手足運，宜能以智來化解，

一者應以身作則，漸漸薰習來引導，
二者誨人能不倦，包容心性能久遠，
以身示者人則從，以言教者易爭訟，
手足之情緣殊勝，善緣善了心無礙。

## ■七殺坐落夫妻宮

意味著：「配偶具有剛直、正義、率直的特性，為人心直口快、做事乾脆，不喜拖泥帶水，唯缺少一份柔性的氣質，以及體貼伴侶的心意。或剛毅木訥的個性中，欠缺浪漫的心思以及幽默的氣氛，導致令人近之有嚴肅感。或者處事較有原則，缺乏圓融的溝通技巧。或者個性較為急躁，應對事情時，通常反應直接，較會忽略環境的因素以及伴侶的感受。或與伴侶的心意不易達成共識，導致彼此有認知差距，或偶有對立的傾向……」

## ■七殺坐落子女宮

代表著：「子女中有個性活潑、好動、心性不定者，或者也有橫衝直撞、不畏險難者，由於剛毅、判逆的個性，不易調伏其心性，頗為父母親帶來相當的困擾。或者難以理解父母心意，較有我行我素的傾向，身心不易安定下來。或者活潑好動的個性，易帶來身體方面的刑傷或疤痕。或個性較為衝動，與父母之間的互動，偶有違和之處。或者也有膽大的傾向，通常能不懼艱難，面對高難度挑戰，但往往欠缺對環境的評估能力，導致傷痕累累……」

## ■七殺坐落財帛宮

雖為權星，化氣為耗的七殺星，當它坐落在財帛宮時，意味著：「個人對於錢財的運用與管理的能力欠佳。或者有賺錢辛苦，花錢易的心態。或者也有財來財去，缺乏儲蓄的概念，導致有空忙一場的傾向。或也有花錢乾脆、衝動的傾向，事後卻又為缺錢所苦。或守財的能力不足，缺乏危機意識。或雖有財難守，難以將自身的錢財做出適當的管理與規劃。或喜將錢財做投資（投機）的活動，但通常先得後失或先有後無。或個人的福報不足，常為缺錢所苦（因為對宮為福德宮的關係）……」

## ■七殺坐落疾厄宮

陰陽五行屬性為「陰金」，陰者臟也，七殺為陰金，臟者為肺經，呼吸系統為肺經的一部分，因此，當七殺星坐落在疾厄宮時，代表著：「個人的肺部與呼吸功能較弱，容易「遇緣則發」（註），因此，平日宜做好這方面的保健」。至於有關疾厄宮的問題，在《黃帝內經・陰陽應象大論篇第五》中，有如下的說明，可作為這方面的參考：

※註：「遇緣則發」：指個人身體的健康狀況，容易在環境（觸媒）的變化下，產生不適應的現象。比如說：居住在空氣品質不佳的地區，易引發本身呼吸器官的不適（支氣管過敏的現象）。或者在季節交換之時，也易引發這方面的毛病。

西方生燥，燥生金，金生辛，辛作肺，肺生皮毛，皮毛生腎，肺主鼻，其在天為燥，在地為金，在體為皮毛，在藏為肺，在色為白，在音為商，在聲為哭，在變動為咳，在竅為鼻，在味為辛，在志為憂，憂傷肺，喜勝憂，熱傷皮毛，寒勝熱，辛傷皮毛，苦勝辛。

**※五行歸類表：**（依據陰陽應象大論篇選列）

| | | 金 |
|---|---|---|
| 天 | 方位 | 西 |
| | 季節 | 秋 |
| | 氣候 | 躁 |
| 地 | 五音 | 商 |
| | 五色 | 白 |
| | 五味 | 辛 |
| | 五臭 | 腥 |
| 人 | 五臟 | 肺 |
| | 九竅 | 鼻 |
| | 五體 | 皮毛 |
| | 五聲 | 哭 |
| | 五志 | 憂 |
| | 病變 | 咳 |
| | 病位 | 肩背 |

## ■七殺坐落遷移宮

意味著：「個人在外的人際關係頗為重視社交活動，不但個性剛毅且有正義感，具有積極的企圖心，通常能面對環境的挑戰，具有突破困境的毅力。或在外的活動力強，處事雖然乾脆，但也頗有原則，注重主觀意識的展現，卻忽略周遭人的感受。或也具有勇於開創的精神與毅力（身體易招刑傷之患），為人有正義感，講義氣，做事光明正大，不喜阿諛奉承，或攀緣附會於人……」

## ■七殺坐落僕役宮

代表著：「在友人當中，有不乏個性耿直、剛毅、講義氣之人，為人心直口快，有個性急躁的傾向，但通常外剛內柔，外表看似剛毅木訥，內在卻有著熱情的特質，也具有熱心助人的傾向。或者與其互動時，因對方過剛的特性，不易取得彼此的平衡點。或者彼此的默契不足，甚至心意難通，從整體的互動現象來看，似缺乏一種柔性感。或者與其互動，對方較為強勢，有付出不成比例的傾向，至於彼此情誼的維繫也難持久，致使交友的運勢常有變化不定的現象……」

## ■七殺坐落官祿宮

意味著：「個人在工作或事業上，具有強烈的企圖心，通常能面對挑戰，凡遇挫折時，也能克服萬難，思以突破。或者也具有開創、革新的氣魄，為人不但有正義感且能忠誠的面對自己的工作或事業。或在職場上，以個人的專業取勝，雖然有勞碌的現象，但也能維持其追求理想的精神，不懼艱難的勇往直前。或在職場上，所表現出來的氣勢較為陽剛，令人近之有威嚴感。或在執行工作的過程中，通常能展現其權威性，或領導的統御能力。也代表著披荊斬棘的精神與毅力（在身體上會漸耗能量，或有刑傷之患），因此，在權星的背後，化其氣為耗，所以，較有先成後敗、先得後失、先盛後衰……等的現象」。

官祿宮中七殺坐，做事操持有擔當，
為人耿直有正義，堅持理想有作為。
若有忌煞同宮坐，或見忌煞對宮沖，
個人意志易受挫，或者事業少積極，
尤其心性宜把持，慎勿受境遷己志，
凡事寧向直中取，千萬不可曲中求，

不得勢時當自勉，知於進退宜固守，
廣結善緣有貴人，為人忠誠則得志，
一朝或有沖天時，得志之時當保守，
謙虛以應是良方，剛柔並濟不偏廢，
當戒飛龍常在天，日久亢龍則有悔。

## ■七殺坐落田宅宮

代表著：「個人在居家的品質上較不講究，或者與家人的聚會時間少，即使在家中，與家人的互動易有違和之象，或令家人困擾。或者外在環境的因素，導致本身在外的時間多，居家的時間少。或在擁有房地產方面的能力不足，即使勉強擁有，也將會負擔得很辛苦。也可能對於居家的環境或室內的整理，欠缺一份主動積極的意願，導致有紊亂的傾向……」

田宅宮中七殺坐，家運或有晦滯時。
若欲扭轉此行運，當得重整己思維，

家宅運勢若興盛，回饋於斯理當然，
一者動靜宜調濟，過動不調身勞累，
二者家和心愉悅，人生際遇自殊勝，
三者敬家宜有道，或有祖上來福蔭，
四者居家樂融融，何愁家運不興盛。
五者隨緣量力施，濟人如同迴向己，
若能如是行五事，或有宿命轉運時。

## ■七殺坐落福德宮

意味著：「個人在追求心靈成長的動機較為欠缺，往往因俗務的牽扯，致使個人的精神狀態不易穩定下來。或者在休閒與紓解壓力方面，易為俗務干擾，個人通常難以掌握。或常有煩雜之事纏身，身心不由自主，心靈難以找到寄托。或者個人在錢財方面的福報不足，致使身心為其煩惱，或為其所苦（這是因為對宮為財帛宮的關係）。或者個人的活動力較強，整日奔波，身心難以安定下來。甚至個人的精神狀態較為亢奮，常受外在環境，而影響本身心靈的安定……」

福德宮中七殺坐，權星易耗己心力，
勞心勞力不得閒，心靈空虛難實在，
或有福報不足處，錢財獲得頗辛苦。
若能善解己之運，心緒若定重思維，
一者有過能善補，往昔過失不重覆，
二者心性能習柔，凡事過剛易招損，
三者心常觀己過，宜懷懺悔感恩心，
四者逆來能順受，無怨無悔隨順緣，
五者多廣結善緣，從中或有善知識。

## ■七殺坐落父母宮

這代表著：「在父母之其中一方，有個性剛毅、正直、凡事較有原則者，外表雖然嚴肅，內心卻是熱情豪放。因此，在親子互動的情分，較有疏離感，或者子女與其互動時，顯得近之有威，或有嚴肅之感。或者父母之間的感情互動有不流暢的傾向，或偶有心意難通、默契不足、違和的現象，也因此影響子女與其互動的流暢度。或對子女的要求較高，卻疏於瞭解子女的心性與個別差異的問題。或者也有堅持己見的傾向，在家中缺乏一份柔性、感性的氣氛。或其承擔家務的責任時，顯然有勞碌身心、難得清閒的現象……」

父母宮中坐七殺，七殺秉性性剛強，
為人威嚴有擔當，待子宜知其心性，
因勢利導剛也柔，過剛治器易招損，
過柔又難見其功，兩者既濟不偏廢，
父母能慈應子女，子女熏習則相應，
如是兩者親子情，世上則為甚稀有。

# 武曲星

西伯侯「姬昌」自被紂王軟禁於羑里以來，長子伯邑考因思父心切，把西岐的政事交付給二弟姬發，以代理其職務，一路便往朝歌城而去。在姬昌七年之劫已滿，歷劫歸來之後，更全心投入西岐的內政，治理得有條不紊。姬昌（文王）晚年又訪賢，得遇姜子牙，拜為丞相，使姬昌如魚得水般的把政治推向另一個高峰。到姬昌臨終的前一刻，仍囑付姬發（周武王）拜姜子牙為相父，在武王伐紂期間，國師姜子牙（天機星）便是運籌帷幄的能手，輔助武王推翻了無道的商紂王。

**姬發**（武王）本性仁慈，愛民如子，在籌備伐紂期間，極力建設西岐城，使其成為百姓安居、民豐富庶的地方，尤其在經濟方面，推動了很多的建設方案讓民間來參與，並由政府支付百姓勞資所得，在治安方面也做到了路不拾遺。在法治方面，即使百姓犯了律法，只要先劃地為牢，百姓們也都能遵守……。可見，在姬發治理下的西岐，日復一日的強壯起來。這天，姬發在眾臣的擁護之下，授權相父姜子牙為統領大元帥，兵馬元帥黃飛虎（七殺星）、李靖（天梁星），哪吒（火星）、楊戩（擎羊）、黃天化（陀羅）……等先鋒官的加入，擇期揮兵伐紂，一路往朝歌城而來。

從過關斬將到屢屢破陣，以致兵臨城下時，姬發仍以愛民為念，不敢傷害朝歌城的民眾，直到紂王自己在摘星樓焚身自盡，這才結束了伐紂的重責大任，為「周朝」建立了史上最為悠久的政權，前後計有八百多年。原朝歌城的政事交由紂王的叔叔「箕子」治理，可見武王心胸之大，真是難以比擬。這支攻無不克的遠征軍又回到原來的西岐，武王得天下稱帝，建都於此。

「周武王」在位十九年，其一生以勤政愛民，致力於民生經濟的改善，並以國泰民安為己任，壽終之後，在封神台前，以他的豐功偉業，被封賜為掌管「武曲星」的主人，司掌武勇（具備武德）及財富，成為「紫微斗數」中，作為「財富之神」的代表人物。

| 星宿 | 五行 | 化氣 | 司主 | 特性 | 十年干之四化 |
|---|---|---|---|---|---|
| 武曲星 | 陰金 | 財 | 財富<br>權力 | 財經、剛毅<br>領導、開創 | 甲年化科　己年化祿<br>庚年化權　壬年化忌 |

從**「武曲星」**所代表的人物「周武王」，來分析其星性的基本特質，約可歸納成下列幾項優缺點，如左列詳述之。

## ◎優點

一、「武曲星」是一顆帝座之星，化氣為「財」，為財帛宮主，主財旺之星，命坐武曲之人，對於參與經濟活動或者投資理財……均有過人之處。

二、對於財務的出入規劃能具體的執行，使財經日旺，成為理財高手。

三、對於財務應用狀況，能妥善評估，有量入為出的危機意識。

四、喜將錢財做有效的投資，以財養財，使財運活絡。

五、外表陽剛，內在心腸軟，通常也喜以財物濟施於人。

六、個性剛毅，凡事堅守原則，有自己的主張與見解。

七、遇事冷靜，對事理與是非分明，主觀積極。

八、具有領導者的風範，在帶領團隊過程中，經常能帶來利益。

九、善惡分明，不喜阿諛、奉承，具有嫉惡如仇的特性。

十、對事業與財經的經營，頗具積極性與強烈的企圖心。

十一、與朋友往來，通常能顧及正義，進一步照顧他們。

十二、處事喜乾脆、俐落，凡事簡明、扼要，對狀況的瞭解又能有效的掌握，做出明確的決定（若遇忌煞來會，則不在此論）。

## ◎缺點

一、「武曲星」雖為帝星，主掌財經大權，唯在經營過程，恐野心過大，易招致損失。

二、武曲為權星，主掌領導之權，唯恐個性過度剛毅、不苟言笑，令人不易親近，如有威嚴壓迫之感。

三、具有積極的謀利野心，唯在追逐財利過程，恐易受外境（名利）影響。

四、喜以財投資獲利，唯在運作過程，慾望擴張，導致招險之患。

五、個性耿直，直言直語，得罪於人而不自知。

六、個性過於陽剛，遇事易獨斷專行，缺乏溝通與共識。

七、事理難辨，主觀性強，缺乏權變事宜的應變力。

八、剛柔未濟，不易找到知心的朋友。

九、與朋友往來，雖能顧及正義，唯恐有交友不慎之過患。

十、過度追求財經，致使經常錯過生命中某些美好的事物或經驗。

十一、積財為富時，唯恐過度執著財物，慳吝成性。（宜能適度濟施，回饋社會，產生一個善的循環效應）

※武曲坐命十二宮位圖解

| | | | |
|---|---|---|---|
| 武曲0 破軍0 巳 | 武曲+3 天府+3 午 | 貪狼+4 武曲+4 未 | 武曲+2 天相+4 申 |
| 武曲+4 辰 | 武曲星 | | 武曲+1 七殺+3 酉 |
| 武曲+1 七殺+3 卯 | | | 武曲+4 戌 |
| 武曲+2 天相+4 寅 | 貪狼+4 武曲+4 丑 | 武曲+3 天府+4 子 | 武曲0 破軍0 亥 |

## ◎武曲星坐「命宮」

**壹、「得勢」的武曲星坐命宮**（三方四正，不會入陷地的紫府星系）

一、為人心性穩定，做事有條理，出外易逢貴人。

二、行動力足夠，應事積極，極具開創魄力。

三、具有領導者的氣質，能帶領團隊開創一番事業。

四、對於財物的經營與管理，通常能有效規劃，積聚財富。

五、個性雖剛毅，對人際關係的經營藝術頗能掌握個中要領。

六、能善用錢財，處理人際事務上的繁雜關係。

七、堅守個人處事的基本原則，但頗懂人性，也能處處建立善緣。

八、出外人緣好，善於周旋人際關係，易引起異性的好感或仰慕。

九、心性剛直，內心柔軟，有助人的熱切心態。

十、事理分明，能掌握相關利基，決策明確，效果顯著。

十一、無論在事業或財務的運作上，具有強烈的企圖心，且能獨樹一格。

十二、對於如何理財致富之道，頗有獨到的見解與其經營方式。

※「得勢」武曲坐命宮，共有八種基本結構

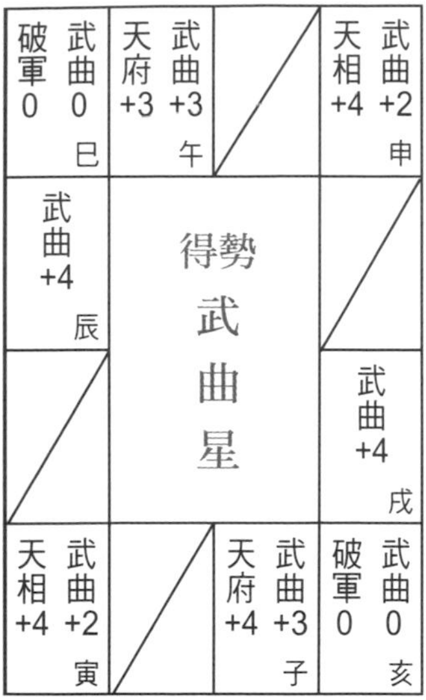

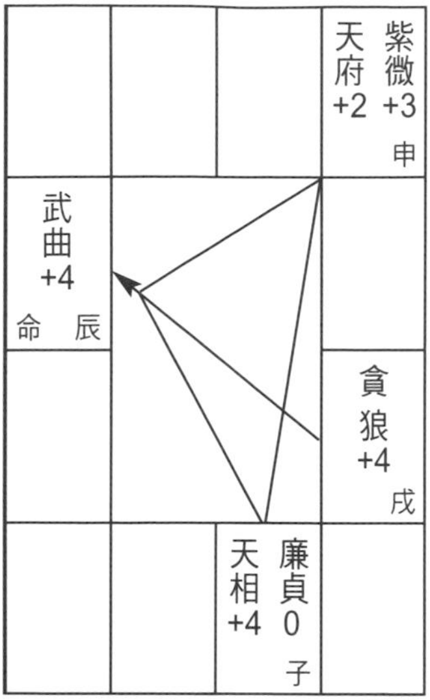
天府 +2
紫微 +3
申
武曲 +4
命 辰
貪狼 +4
戌
天相 +4
廉貞 0
子
圖三

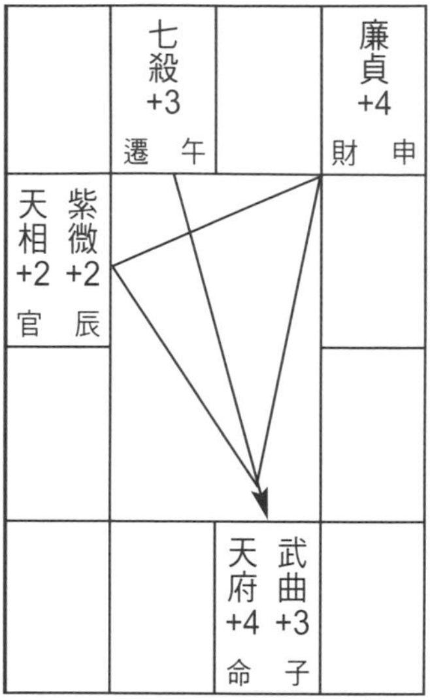
七殺 +3
遷 午
廉貞 +4
財 申
天相 +2
紫微 +2
官 辰
天府 +4
武曲 +3
命 子
圖一

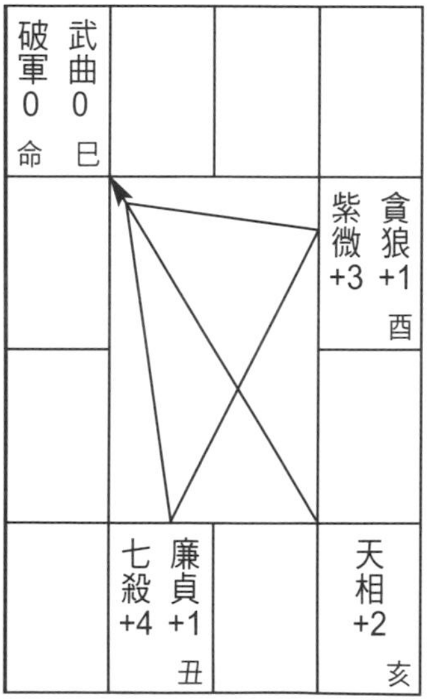
破軍 0
武曲 0
命 巳
紫微 +3
貪狼 +1
酉
七殺 +4
廉貞 +1
丑
天相 +2
亥
圖四

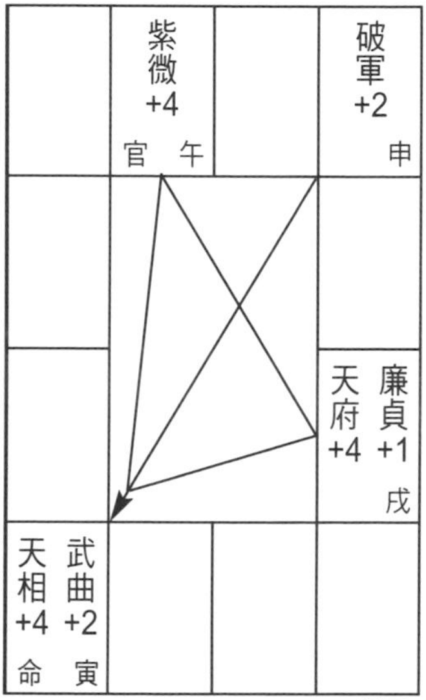
紫微 +4
官 午
破軍 +2
申
天府 +4
廉貞 +1
戌
天相 +4
武曲 +2
命 寅
圖二

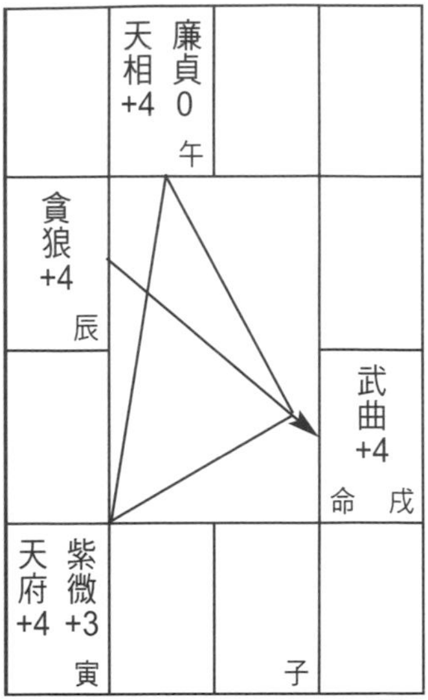
天相 +4
廉貞 0
午
貪狼 +4
辰
武曲 +4
命 戌
天府 +4
紫微 +3
寅
子
圖七

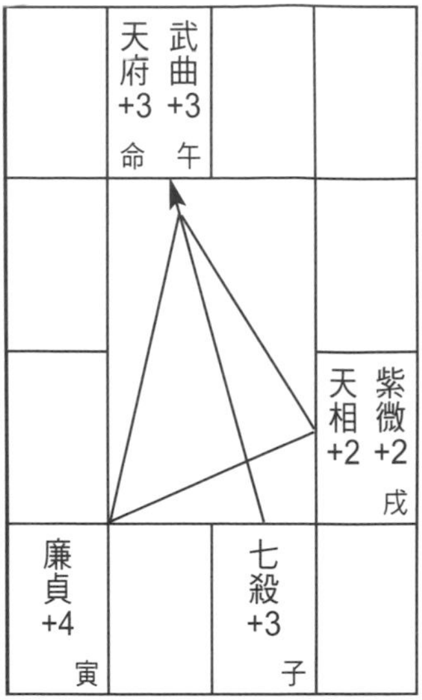
天府 +3
武曲 +3
命 午
天相 +2
紫微 +2
戌
廉貞 +4
寅
七殺 +3
子
圖五

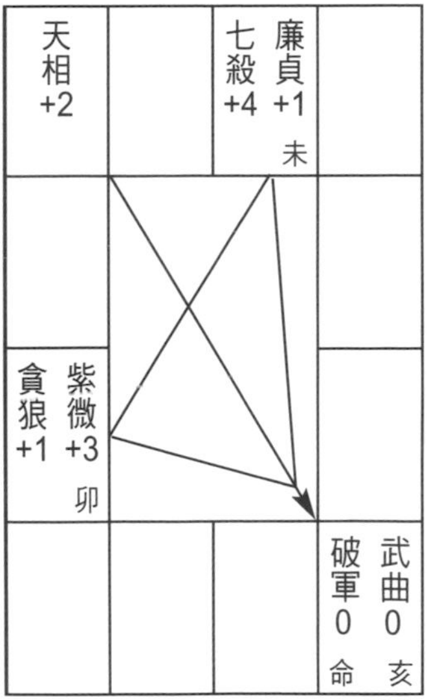
天相 +2
七殺 +4
廉貞 +1
未
貪狼 +1
紫微 +3
卯
破軍 0
武曲 0
命 亥
圖八

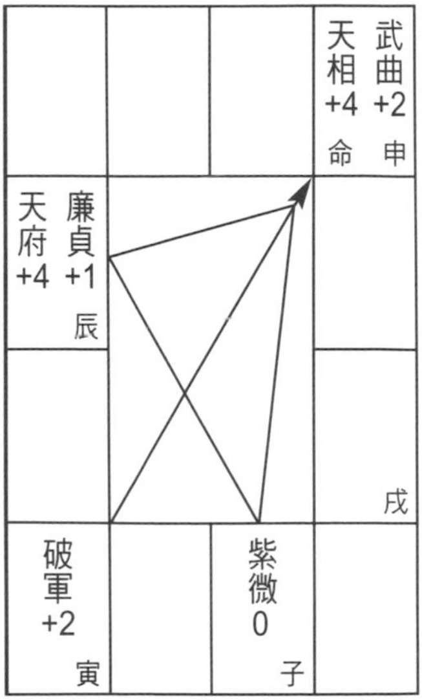
天相 +4
武曲 +2
命 申
天府 +4
廉貞 +1
辰
戌
破軍 +2
寅
紫微 0
子
圖六

## 貳、「失勢」的武曲星坐命宮（三方四正，會到落陷的紫府星系）

一、個性剛毅，唯在其事業或工作崗位上，宜學習以柔濟剛之勢，否則恐有凌駕主管的犯上現象。

二、處事雖喜乾脆、俐落，唯在決策或執行過程，缺乏溝通或協調的藝術。

三、為人個性雖積極，但恐心性過急，對事物判斷的分析能力，有誤失之慮。

四、凡事雖有強烈的企圖心，唯恐後繼無力，或支援不繼，致有捉襟見肘之慮。

五、於人生際遇的過程中，雖然獨立能力強，唯恐個性過剛，令人有難以親近之感。

六、「武貪」坐命之人，唯恐慾望過大，不知節制，致有理財不慎之患。

七、「武破」坐命之人，宜應對錢財的出入保守，否則恐有財來財去、空忙一場的現象。

八、「武殺」坐命之人，對於理財的觀念，宜建立正確的認知，否則恐有遇事判斷失誤，產生劫財的現象。

九、「武貪」坐命之人，在投資理財部分，宜循正道而行，若偏離常軌，恐有財損之過患。

十、「武破」坐命之人，賺錢辛苦，聚財又不易，因此，在事業經營上，宜循正道，勿因慾望過大而招致財損。

十一、「武殺」坐命之人，賺錢過程，經常挫折連連，財來財去，聚財不易，因此，宜循正常管道，將收入做適當的儲蓄管理。

※「失勢」武曲坐命宮，共有四種基本結構

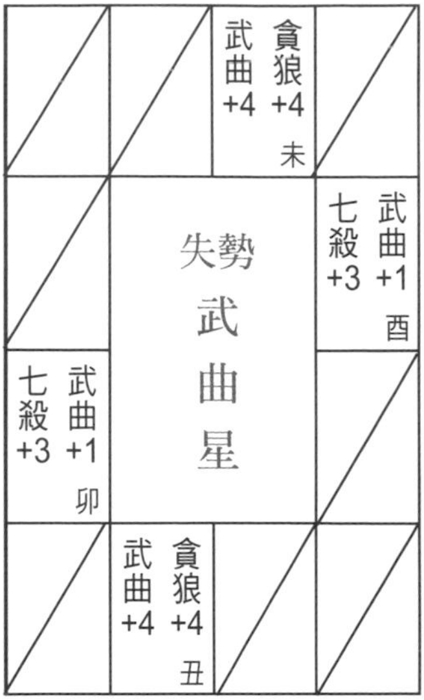


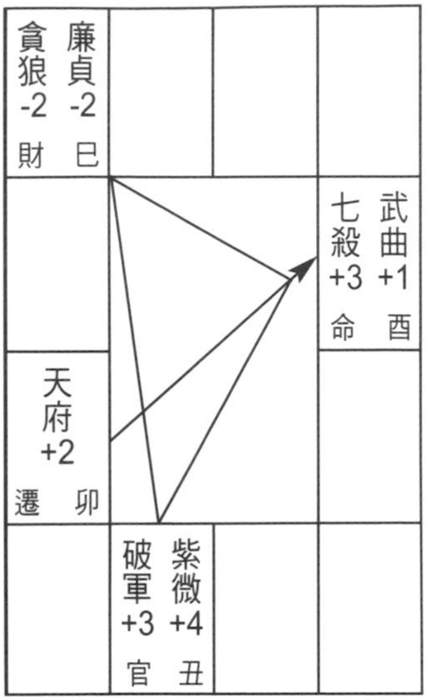

圖一

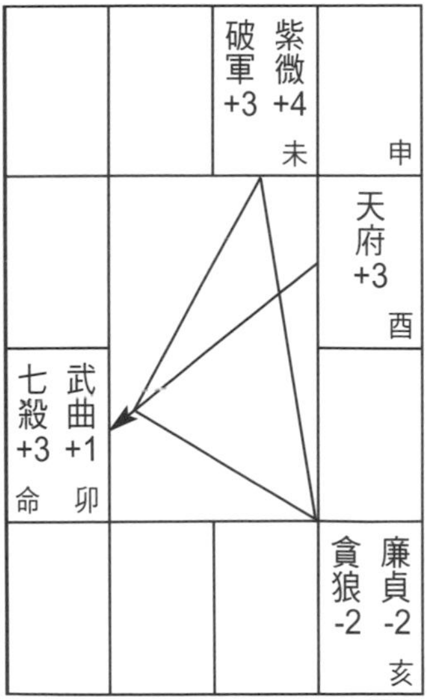

圖二

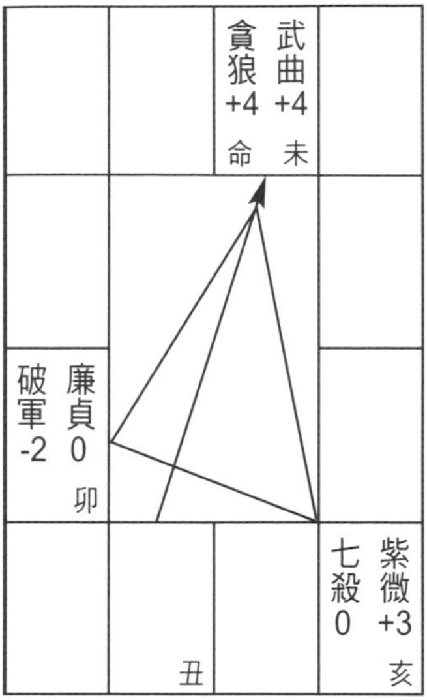


圖三

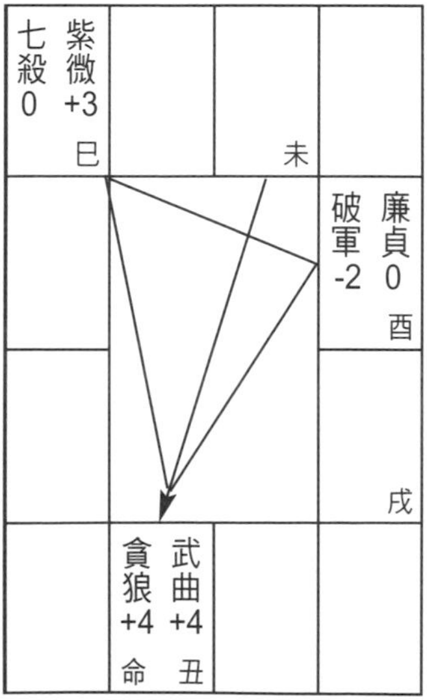


圖四

## 參、武曲星逢陷煞或化忌（會照或同宮）

命坐武曲之人，若其命盤的三方四正有陷煞（落陷的：羊陀火鈴；地空、地劫）沖入；或兩側相夾命宮；或者忌煞同宮會照、沖入者……。這意味著賺錢辛苦，常靠巧藝或勞力維生，因此，對理財觀念宜保守，勿因賺錢辛苦花錢易，財來財去，或者到頭來空忙一場，而導致寅吃卯糧之象。（如左圖四個範例）

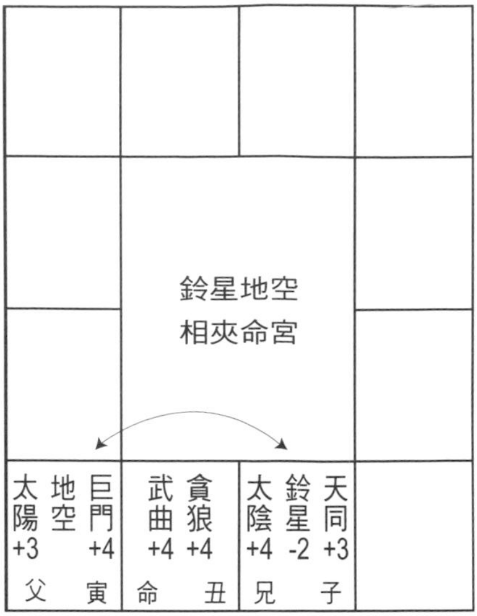
鈴星地空
相夾命宮
太陽 +3
地空
巨門 +4
父 寅
武曲 +4
貪狼 +4
命 丑
太陰 +4
鈴星 -2
天同 +3
兄 子
例一

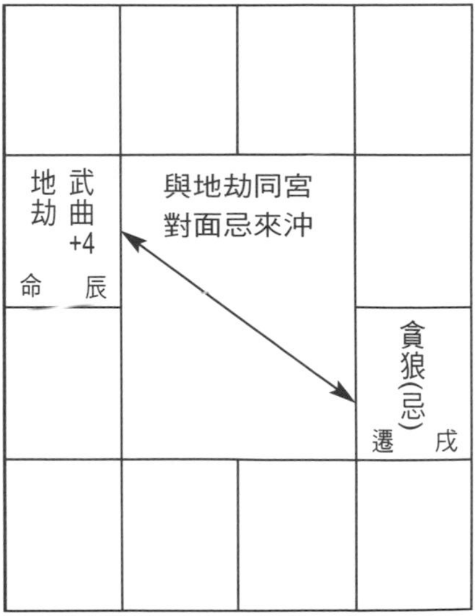
地劫
武曲 +4
命 辰
與地劫同宮
對面忌來沖
貪狼(忌)
遷 戌
例二

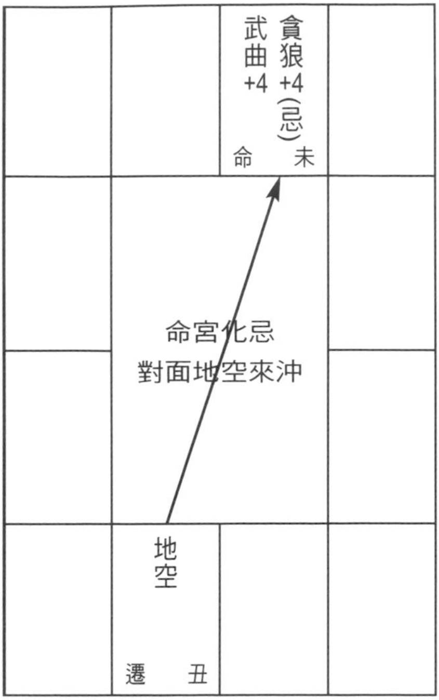
武曲 +4
貪狼 +4 (忌)
命 未
命宮化忌
對面地空來沖
地空
遷 丑
例三

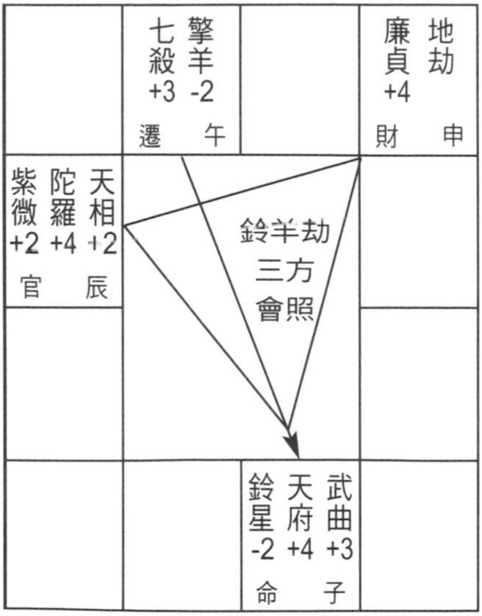
七殺 +3
擎羊 -2
遷 午
廉貞 +4
地劫
財 申
紫微 +2
陀羅 +4
天相 +2
官 辰
鈴羊劫
三方
會照
鈴星 -2
天府 +4
武曲 +3
命 子
例四

## ◎超越武曲星的宿命

武曲星是一顆跟財帛有極大關係的星座，化其氣為「財」，在「紫微斗數」中，以它代表主掌「財庫」的象徵，更何況它又是一顆正格的帝座星。我們可以從這層代表的意義中來延伸進一步的特性。所以，凡是武曲星坐命之人，終其一生當中，對於參與或投資的相關財經活動，或者以巧藝、勞碌賺錢的事業、工作……來說，可謂是刻苦銘心的體驗。武曲星也相當於「寡宿」這個星座，雖能周旋於人際間的互動，但與六親關係（父母、兄弟、夫妻、子女、朋友、本身孤剛。註：在命宮的三方四正中，若本身化忌或與陷煞同宮、或會照沖入的話，才可能成立此項論點）的緣分較薄弱，因此，學習剛柔並濟的人生觀，則有助於建立善緣，以彌補武曲星過度剛毅的缺失。

過剛易招損，
過柔難調濟。

我們知道，在「紫微斗數」中有所謂的四化，這四化是「化祿、化權、化科、化忌」，武曲坐命有以下四種祿權科忌的現象：（若命宮無四化的現象，至少在大限宮干或流年

中，會遇到其中四化中的「祿、權、科、忌」，因此，不可等閒視之）

一、**武曲化祿：（己年）**

由前世因緣進入此世時空的「緣起」現象，也就是說：「命宮（身）坐武曲之人，在此生命因緣存在的事實中，以從事或投資，或以財經累積致富，為此生本命中的重心，也是接續來生因緣果報的一個開始。」因此：

在一個新的緣起，將要來接續此生的生命過渡中，我們的內在意識，自然會有一種動力，傾向或偏重於那個令人吸引的方位去，化祿，就會形成一種積極競求的意識展現。

二、**武曲化權：（庚年）**

由前世因緣，轉換到此生時空因緣中的變數，「化權」也意味著「掌控」的意思，那麼，到底是我來掌控財帛呢？或者是財帛來掌控我呢？基本上，我們可以把「控制」看做是一種「業力」，也就是說，你的命盤上，化權星掉落在哪個宮位，代表著這輩子業力的所在，如果，化權星落在你的朋友宮上，顯示著：「你這個人很重視朋友，但是，你卻被朋友控制住了」。

化權星，就是你被那磁場吸力的所在，
也是引力的所在，當朋友的能量大於你時，
你便會不自覺的傾向那個所在，而不自知。

簡單的說，當你越想賺錢的能量越強時，你就會被錢的能量吸引，你的注意力就會在上面執著，一旦被熏習成一種慣性時，你可能就會有滿身的錢味，因為，你被錢控制住了。

三、**武曲化科：（甲年）**

前世因緣中，有未了的功課，尚有未完成的作業，有所執著的事尚未盡了，因此，來到此生的時空中，繼續去完成往昔未了的心願。從因果理論來推斷的話，也許可以將「化科」做以下的解讀：「一者是因前世的願力而來。二者或許是前世尚未善了的某些造作之業所造成的果報，必須再來續此因緣，好去完成這個缺憾。三者是前世的作業中，沒有這一道題目，因此，想在來世因緣際遇中去嘗試著做這樣的功課」。因此：

化科星是一種緣續的象徵，
到底續的緣是善緣還是惡緣呢？
端視個人由內在意識顯現於外在的行為而定。

## 四、武曲化忌：（壬年）

在此世因緣的果報上，有緣散或緣滅的現象，比如說：「因汲汲營求財帛的豐足，卻往往事與願違，處處善緣未具，導致今生求財辛苦，與財無緣之現象產生。」佛陀曾說過，人生有四種苦：「求不得苦，愛別離苦，怨憎相會苦，五陰熾盛苦。」然而，求不得苦，或許是世間上大多數人共同的通病，有的人想要，可是偏偏要不到。有些人想發財，即使用盡辦法，絞盡腦汁還是求不得苦。「化忌星」進入本命的命（身）宮，就有這種現象。因此：

此生求財不得，尚得探討來時路，
於往昔因緣中，是否慳吝與不捨，
於累積財富中，是否自私自利，
是否貪求成性，導致今生所受果報呢？

對於想超越武曲星宿命論的人來說，以上論述僅提供另類的一種參考罷了，但話說回來，唯有我們從生命的基礎上，將內在意識的認知轉換成一種可以改變宿命的具體做法，那就是：「轉識成智」。將此生缺陷的所在，透過對自我有深切的瞭解之後，善於補其過失，那麼，能對我們約束的魔咒，將會以自己的實踐力去解除的，只要你願意去做、只要你相信自己有這個能力，你就有改變宿命的可能。

**武曲星**坐命之人，終其一生，或許離不開對於錢財的注意力，然而，也有幾種現象，必須去留意的，那就是：

一、想錢的人要不到，卻自暴自棄—「化忌」。

二、有錢的人，卻想要得更多，想要掌控得更多—「化權」。

三、對於擁有財帛的態度，能以積極的行動去競求，唯其較傾向於個人的擁有—「化祿」。

四、不管有沒有錢，他會盡力扮演好自己的角色，以平常心的態度面對，對於財帛的競求之心隨緣—「化科」。

有錢好辦事，但通常是要辦什麼事呢？基本的原則應該是「心態」問題，有錢的人能惜福、植福，並且能進一步去造福別人的話，這可是世間上最有福報的人，因為，有福的人，不將它據為己有，反將這份能量，在適當的因緣上，隨緣隨分的量力為之，使他人受益，這是自利利他的偉大行徑，也是投資報酬最直接的方法。然而，凡是為錢財所苦的人，也不必氣餒，只要隨時心存善念，凡有賺錢的來源或管道，宜守正道而行，慎勿偏離常軌。在行有餘力之時，則可隨緣、隨分量己之力，少量佈施於弱勢者或貧困者，一塊錢不算少，「但求發心」願別人也能「遠離窮苦」，只要能不退此心，如滴水之石，終有穿透之日，只要你願意付出這樣的能量，有一天，這樣的能量，也會回到你的身上，令你遠離貧窮之苦。

武曲坐命財帛主，生來競求總費心，
祿權科忌變化多，財來財去有定數，
財富之人能惜福，自利利他能施與，
以財濟利心寬廣，不為財帛困心性，

如此心行如菩薩，應為天人所尊崇。
無財之人不氣餒，此生有識能植福，
捨於慳吝之習性，凡事盡心盡力為，
若有所行循正道，不可偏離於常軌，
若有過失宜善補，滴水之功可穿石，
心存善念便是因，順心承受有善果。

※武曲星在兄弟宮

## ■得地武曲坐兄弟宮

意味著：「手足之間，有經濟能力較佳者與其互動時，也能以實質的財物來幫助兄弟姐妹們。或者其人對於理財或經濟的資訊頗為重視，在運作的過程中，通常能為自己帶來實質的利益。或者與手足之間的互動，較有自己的見解，通常也能自我肯定，自信心強，在面對挫折與考驗時，能以無比的毅力去突破困境，改善自己的生活品質。或對於兄弟姐妹頗為關心，並能在經濟方面，予以適當的協助。雖然個性較為陽剛，心直、乾脆，但為人坦誠，具有寬大的心量，且能行以佈施來濟利他人……」

## ■落陷武曲星坐兄弟宮

代表著：「在手足之間，有個性陽剛、心直口快之人與其互動，不易找到彼此的共識，或者也有心意難通、默契不足的現象。或其人主觀意識較強，不易接納家人的意見，生活重心也較為自我。或與手足之間較有疏離感，對家中成員欠缺照顧的能力。或者其人較有利己的傾向，忽略對兄弟姐妹的照顧與關愛。或者其人的生活方式常為理財的活動忙碌，難得見其清閒下來……」

## ■忌煞沖、會照或同宮（武曲星坐兄弟宮）

雖為財星卻遇煞，則有形成化氣為寡宿的可能，這種現象可能意味著：「手足之間，有個性雖陽剛，但其情緒卻雖發難制者與其互動，偶有違和現象，或者易令自己感招煩惱，難與其心意相通或建立良好的默契。或者其人也較為自我，與兄弟姐妹之間的互動不易親近或有疏離感，或者也有我行我素的個性，導致與手足之間的情分緣薄。或者在日後，與手足間的往來有疏離的傾向，導致有聚少離多的現象。或者也有較為利己的傾向，通常會忽略周遭的感受或看法。或者在經濟、財務能力不足，難以發揮實際行動來利益手足們……」

兄弟宮中坐武曲，化氣為財蔭手足，
心性耿直有正義，友愛並能護手足。
若有忌煞同宮坐，或見忌煞對宮沖，
手足互動有疏離，兄弟情緣少助益，
其人運程易阻滯，為財辛勞為利苦，
或能知於手足運，宜當以柔來對治，
剛柔兩者若調濟，或可彌補手足情，
手足因緣本殊勝，個人運程自不同，
以身作則易遵從，以言教者易爭訟，
但願惜此手足情，一切隨緣來面對。

## ※武曲星在夫妻宮

### ■得地武曲坐夫妻宮

意味著：「配偶較有剛毅的個性，為人正直，有原則、敢言，在家中有掌權的趨勢（缺乏柔性的氣質），夫妻之間的互動尚屬和諧，武曲星較有個人主義的色彩，自我肯定的能力強，在兩者之間，常扮演著帶動與引導的角色。或者伴侶在經濟能力上，能盡其責任與義務來照顧家中所需。或者伴侶對於財務的規劃與管理運用的能力強，注重理財方面的資訊，通常能從其中獲利。或者擁有獨立的經濟能力，且也能以穩定的財力來幫助配偶。

## ■落陷武曲星坐夫妻宮

代表著：「配偶雖具有剛毅、正直的特質，但有強烈的主觀意識，與伴侶的互動通常缺乏柔性或感性的氣質，導致感情偶有不流暢，或有難以融入的現象。或者彼此心意難通，在個人的認知或價值觀上，不易達成共識，或有心靈疏離的傾向。或者伴侶頗為重視理財，在過程中，偶有先得後失的現象。或勞心費力，付出與所得不成比例。武曲星，帶有一點寡宿的特性，因此，夫妻在互動之間，伴侶通常缺乏善解人意的心，或缺乏營造良好氣氛的能力，導致彼此感情的互動，偶有阻滯的現象……」

## ■忌煞沖、會照或同宮（武曲星坐夫妻宮）

武曲雖為財星，但在會煞的情況之下，有可能化其氣為寡宿，這種現象若成立的話，可能意味著：「配偶的個人色彩強烈，通常不易感受到對方的想法，缺乏一份體貼與善解人意的心。或與伴侶的感情互動心意難通，或彼此的理念或價值觀不易達成共識。或者相聚日久，偶有違和，感情有日漸疏離的傾向。或對方的情緒表達，有難發難制的現象，導致互動偶有違和之處。或對方較有孤僻的傾向，而外在的環境不易改變其思維與做法。或者在照顧配偶的能力上有所不足，欠缺個人財務管理與應用上的能力，往往有勞心費力的傾向。或者不善於理財，辛苦賺來的錢，往往輕易的讓其耗失。或欠缺儲蓄的觀念，不易建立危機意識以因應家中的開支。或伴侶所從事的行業，賺錢較為辛苦，然而，賺來的錢卻又守不住，在照顧家庭的責任上，顯然能力有限……」

夫妻宮中坐武曲，得地財帛盈且豐，
家財庇蔭能富足，衣食無缺享天倫。
若有化忌同宮坐，或見忌煞對宮沖，
夫妻互動易阻滯，心意難通少和樂，
唯今若能知己運，宜當以智來化解，
一者先以身作則，常持包容心對待，
二者當盡己本分，善於引導是良方，
三者以勤儉持家，凡事惜福及感恩，
四者知性可對應，急躁或有易失時，
五者生命共同體，置之度外不可取，

六者關懷與勉勵，或有思維轉變時，
既成夫妻緣殊勝，攜手共渡艱難時，
易經卦中水地比，比者即是親與愛，
親比之愛有財象，夫妻同心財帛來。

## ※武曲星在子女宮

### ■得地武曲星坐子女宮

意味著：「子女中，有個性剛毅、正直、做事有原則者，在人生觀方面具有積極的面向，也能以實際的行動去實現或達成自己的目標。與父母的互動尚屬順暢，唯較有個人的主見或看法，但本身獨立性強。或在人生的歷程中，能以實質的行動來利益父母，或改善父母的經濟狀況。或外表雖然木訥一點，但內心是具有著熱情的人，唯不善於適度的表達自己的情感，令人有近之嚴肅的感覺。或者對於本身財務的規劃具有相當的能力，由於個人有穩固、保守的心態，通常能在既定的目標中獲利。或者其人具有理財的能力，通常能固守自己的財力，在穩定中發展……」

《易經》

※風澤中孚（九二）：鳴鶴在蔭，其子和之。

◎解意：鶴在山邊的另一個角落鳴叫，小鶴也會應聲相應。

◎比喻：為人父母者，宜正己言行，以身作則，將會使人感動而產生共鳴，更何況是近在身邊的家人呢？

## ■落陷武曲星坐子女宮

代表著：「子女中有個性較為陽剛者，與父母親的互動主觀意識較強，通常在堅持自己做法的同時，易忽略周遭人的感受。或也缺乏善解人意的心，與父母的互動偶有不順暢的時候，或令父母煩惱、憂心。或者個人內在的心思不易為父母所理解，卻也有疏於溝通的傾向，導致親情的互動偶有疏離的現象。或者其人個性較為好動，常為瑣事煩擾，難得清閒下來。或者與父母的互動心意難以相通，或默契不足，導致彼此之間的親情，有近之不親，遠之難顧的現象。或者日後與父母親聚少離多，難以落實到照顧的責任上。或者對於錢財的運用，缺乏自我管理的能力，往往到手之財便會輕易的耗失。或者日後也有賺錢辛苦的現象，並為生活奔波勞碌，欠缺儲蓄的概念，或者所獲有限，常為缺錢所苦……」

## ■忌煞沖、會照或同宮（武曲星坐子女宮）

武曲會煞的情形，一旦進入個人的子女宮時，表示著有寡宿的意味，寡宿有與人違和的意味，因此，當它坐落在子女宮時，表示著：「子女中有個性剛強、心急口快，為人較為好動者，與其互動易生隔閡，或者不易建立良性的親子關係，與其之間的互動有距離感。或也傾向個人主義的伸張，強烈的主觀意識易忽略父母親的感受與想法。或與父母親的互動較為我行我素，但在實際生活中缺乏應對的技巧，導致易令父母擔心或煩惱。或者其價值觀念與態度不易與父母心意相通（隔閡），或偶有違和的現象。或者其人不善於理財，得手之財通常輕易的耗失，缺乏危機意識與儲蓄的概念。或者個人情緒的部分，難得樂觀起來，易產生自我壓抑的傾向而悶悶不樂。或勞心勞力的辛苦賺錢，卻有難以回饋的隱憂，在日常生活上，也易為錢所苦，奔波勞碌……」

子女宮中坐武曲，命中帶財蔭父母，
得地勢力不可當，積極企圖志實現。
若有忌煞同宮坐，或見忌煞對宮沖，
財蔭父母頗辛苦，與子互動易隔闔，
子女人生考驗多，為人父母總不忍，
唯今若能知子運，宜有良方來對治，

一者天下父母心，身先以慈及儉行，
二者善導子惜福，心生慈悲植福田，
三者以言教者訟，以身作者則能從，
四者常存悔過心，觀己過失宜改正，
若能如是行四事，積善之家慶有餘。

※武曲星在財帛宮

## ■得地武曲星坐財帛宮

化氣為財的武曲星，當它坐落在財帛宮時，可謂是適得其所，這意味著：「個人容易有獲財的福報，或者在錢財的應用上具有理財規劃的能力，由於個人的保守心態常能為其在錢財上獲利。或者也熱中於理財的專業與資訊，而能掌握財經方面的潮流或動向，並從理性分析中從中獲利。或對錢財的應用觀念保守，也因此能漸漸累積致富。或者也較有容易獲財的機運，獲利之時，又能妥善運用。或者也有掌財經大權的傾向，位極一時，令人仰慕。或也有得而能守的心態，通常能將既有的錢財做有效的運用與規劃。或者也有慈悲心腸，以財施濟利於人……」

## ■落陷武曲星坐財帛宮

代表著：「個人欠缺在錢財方面的管理與運用能力，常為賺錢勞心費力，經手之財又輕易的耗失。或者對於理財方面的興趣濃厚，但通常有判斷失誤的過患，導致錢財有耗損的現象。或者個人在錢財的管理運用上，易受衝動心理的影響，導致經手之財難守常有耗失的傾向。或者也指不善理財，常為缺錢所苦，以及欠缺危機意識……」

## ■忌煞沖、會照或同宮（武曲星坐財帛宮）

這可能意味著：「個人在獲財的福分上有所不足（因為，對宮為福德宮的關係），甚至欠缺對於管理錢財的概念，導致有財來財去的傾向。或者常為缺錢所苦，導致有寅吃卯糧的現象。或者視錢財如過路財神，易將到手之財輕易的花費出去，事後卻又為籌措錢財所煩惱。甚至也缺乏危機意識的建立，難以建立良好的儲蓄習慣以因應日常所需。或者可能也有借貸過日卻難以清償的現象。或在工作、事業上，所賺來的錢難以落實到照顧家人的義務上，導致有為財辛苦為財忙的現象。或在錢財的運用上，常有難言之隱或者有苦難言的傾向，顯然對此有無力感卻又難以改變思維來突破困境……」

財帛宮中坐武曲，財星居於財帛位，
坐擁財運遇順勢，想必往昔種善因，
而今果中有回饋，武曲坐此得其位。
若有忌煞同宮坐，或見對宮忌煞沖，
生來財運有阻滯，為財辛苦為財忙，
勞心勞力費思量，所獲有限又難守，
唯今若能知己運，當得細心來改善，
一者有因必有果，善佈施者善得福，
慳吝之心不可有，一已之私福有限，
隨緣隨分量己力，一切佈施在發心，
願窮困者得離苦，我也因此受其福。
二者凡事能惜福，窮困之中不生怨，
己身當得善盡力，無怨無悔隨順緣，
辛苦獲財實不易，宜戒衝動少劫財。
三者獲財取正道，光明坦蕩心無欺，
縱使艱辛來度日，也是甘之有如飴。
若能行於此三事，植福之人如植樹，

雖不見其日日長，但卻漸漸有所增，
人生福分各不同，慎勿羨人貶自己，
一切因中福樹種，自有他日收成時。

※武曲星在疾厄宮

## ■得地武曲星坐疾厄宮

陰陽五行屬陰金的武曲星，在人體器官上為「臟」，金者為肺（肺經），因此，個人的肺臟（呼吸系統）宜應注重保養，尤其在入秋或季節轉換之時，得須特別留意這方面的問題。有關這一部分，在前章「七殺星在疾厄宮」已有詳細的敘述，現將《黃帝內經・金匱真言論篇第四・第三章》，有關這部分的說明摘錄出來，提供給諸位參考：

西方白色，入通於肺，開竅於鼻，藏精於肺，
故病在背，其味辛，其類金，其畜馬，其穀稻，
其應四時，上為太白星（註一），是以知病之在皮毛也，
其音商（註二），其數九，其臭腥（註三）。

※註解：

一、**「太白星」**：指金星而言，因「金」為白之故也。

二、**「其音商」**：古代五聲音階中的其中一個音級，尚有「宮、角、徵、羽」四個音級，「宮音」相當於現在的金屬樂器所發出來的樂音，因金屬樂器之屬性，故也名為「金樂」。金樂顧名思意為「金」，金有陽金與陰金之別，「陰金之樂」入人之「肺經」。

三、**「其臭腥」**：指生肉的氣味。

## ■落陷武曲星坐疾厄宮

這意味著：「個人在日常生活，容易有肺經（呼吸系統）方面的毛病。或者在季節交換之際易引起這方面的問題出現。或者也有中氣不足的虛耗現象，雖然經過適當的治療但不易真正痊癒，反而帶有一點困擾影響平常的健康狀況。」

肺經者，上走呼吸道，其竅在鼻，下走大腸為出口，辛辣入肺經，過之易傷肺，大腸亦受其牽連。

憂悲情志若過之，傷及肺經魄有損。
金樂為弦可調情志，過之令人少樂觀。
色之若白可調濟，過之心思少積極。
金者為義重義氣，失調或者氣不足。
過之以火來相制，不足當以土生之，
金性之理若相應，身心平衡兩相宜。

## ■忌煞沖、會照或同宮（武曲星坐疾厄宮）

這可能代表著：「個人對於本身肺經方面的毛病常疏於照顧或保養，導致有遇緣則發作的傾向。或者在肺經方面的問題，常帶著些許疾患不易痊癒。或者本身的呼吸道較為脆弱，卻又難把問題的核心根治……」

**《三因極—病症方論》**

七者不同，各隨本臟所生所傷而為病。
故喜傷心，其氣散。怒傷肝，其氣擊。

憂傷肺，其氣聚。思傷脾，其氣結。
悲傷心包，其氣急。恐傷腎，其氣怯。
驚傷胆，其氣亂。雖七診（註）自殊，無不驗於氣。

※註：

「七診」：此處是指診斷人的七種情志狀態，「喜、怒、憂、思、悲、恐、驚」，也就是人的七種情緒所散發出來的現象。

## ※武曲星在遷移宮

### ■得地武曲星坐遷移宮

意味著：「個人外出的行運強，不論在人際互動、公關或社交活動上，均能嶄露頭角協助其人生或事業上的發展。或者在外的經濟活動能力強，對於資金的運用均能有效的管理與規劃，並較有獲利的福分。或者也較能濟施財物於人，使他人因而受益。或出門在外，雖有嚴肅感但不失其內在熱情與喜於助人的心腸。或者出門在外，容易有得財的機會。或能將錢財善於規劃或儲存，以應日常所需。或在外也較講義氣，為人耿直，不喜阿諛、奉承，有直言不諱的個人特色，但通常也有曲高和寡的傾向，不易找到共鳴……」

## ■落陷武曲星坐遷移宮

代表著：「個人在的人際互動、公關以及社交活動上，偶有挫折與考驗，由於帶點孤僻的個性，缺乏社交活動的能力。或者出外也有費力賺錢而勞碌的現象，但通常勞多獲少。或者在外，對於錢財的運用管理易受外界影響而有誤判，導致耗失的現象。或在外的人脈、善緣有限，難逢貴人或善知識，而有懷才不遇的感嘆。或在外容意受事物誘引或因衝動的心理，導致錢財容易耗失。或者在一生的運勢中，求財頗為辛苦，縱使為財費盡心力，卻有難如心願的憾事……」

## ■忌煞沖、會照或同宮（武曲星坐遷移宮）

化氣為財的武曲星，當它逢遇到忌煞星時，顯然的，個人在獲財的福分上受到因緣環境的牽制，而有不得於志的現象，因此，也代表著：「個人在外的人際經營不易獲得善緣，或不易逢遇貴人的提攜，有懷才不遇的傾向，卻也常有事與願違的憾事。或者在外賺取錢財頗為勞碌辛苦，常為缺錢所苦，卻也無力改變現狀來突破困境。甚至，在外花錢不知節制，有財難守，或有為了享受而先負債的現象。或對於錢財的運用，除了不善管理之外也容易受到慾望衝動的影響，而不知有所節制。或也偏好投資理財的活動，但通常先賺後賠，或者先得後失、先有後無（賺錢的途徑，宜尋正道而行，凡事不宜偏離常軌）……」

遷移宮中坐武曲，得地勢力不可當，
領導統御有其方，為人耿直有正義，
財星在外易得利，左右逢源善緣多。
若有忌煞同宮坐，或見忌煞對宮沖，
如此行運易阻滯，求財辛苦考驗多，
況有錢財不易守，得手之財易耗失，
若知己運宜保守，凡事當止則須止，
廣結善緣謙柔應，隨緣隨份量力施，
凡事惜緣也惜福，得勢之時宜保守。

※武曲星在僕役宮

## ■得地武曲星坐僕役宮

意味著：「在個人的朋友中不乏有耿直、正義感的人，其人對於人生的規劃頗具有企圖心，在朋友受困之時，通常能以實際的行動來幫助他們。或者在朋友當中不乏有經濟能力佳的人，其人有較佳的理財能力，也較有得財或獲利的機會。或者其人具有領導統御的能力，也有心直口快的傾向，唯個人的心思不易為人所理解，因此不易找到知心的朋友。或者其對人生所因應的態度較為務實，理性多卻少份感性的意味。或者其對於個人的錢財運用能夠有效的掌控與管理，是具有理財概念的人……」

## ■落陷武曲星坐僕役宮

代表著：「在所交往的朋友當中有個性雖耿直但較為木訥者（缺乏風趣的性格），與其相處個性不易開朗。或者其人在人生際遇中有較多的挫折感，面對其生活的因應有勞碌及難得清閒的現象。或者與其互動，彼此的認知、價值觀有差異之處，或者有默契不足的地方。或者其人的生活過得較為清苦，常有奔波勞碌之象，或有勞多獲少付出不成比例的現象。或者也可能常為錢財所困，難以從中突破改善現狀。或者也有錢財難守，不易將辛苦賺來的錢儲蓄起來……」

## ■忌煞沖、會照或同宮（武曲星坐僕役宮）

若成立這種格局的話，武曲星有可能受制，而有化氣為「寡宿」的可能，因此，可能意味著：「個人與朋友的互動流暢度可能有打折的傾向，因此不易找到共同的焦點，或減少與其往來的機會。或者與其往來之間，個人的付出有不成比例的現象，或有受其困擾的可能性。或者其人在生活層面上易招挫折或無力感，導致有缺乏企圖的傾向。或者常為日常瑣事煩擾，導致缺乏樂觀的心性，有消極面對的傾向。或者其人在賺取錢財的過程中，宜循正道而行，凡事不可偏離常軌。或其人有缺錢之苦或有舉債的現象……」

僕役宮中坐武曲，交友運勢受其蔭，
友人耿直心無曲，獲財得利循正道，
若有忌煞同宮坐，或見忌煞對宮沖，
朋友運勢有阻滯，磨練挫折考驗多，
賺取錢財頗辛苦，心性受挫易消極，
得手之財易耗失，事後追悔難補過，
如此循環又反覆，貴人漸離煩惱增，
若能知己朋友運，宜當與其相勉勵，
一者出外習謙柔，貴人處處善緣至，
二者惜福不浪費，得手之財當保守，
三者心性宜樂觀，愉悅心情助運勢，
四者獲財循正道，凡事慎勿離常軌，
五者隨緣隨力施，濟人之利反饋己，

六者常檢視己心，過剛處事易招損，
若能行於此六事，想必定是智慧人。

※武曲星在官祿宮

■得地武曲星坐官祿宮

財星坐鎮在事業的宮位上，有如日中天的氣勢，因此也意味著：「個人在事業上具有領導與統御的能力，尤其擅長於資金的運用，通常能為其帶來可觀的收入。或者對於市場的分析能力強，無論潮流的趨勢或走向，均能做出適切的因應為其帶來利益。或者也有掌財經大權的傾向，對資金的運用具有精確判斷的能力。至於在個人的人格特質上，有剛毅、木訥的傾向，令人近之有嚴肅之感……」

■落陷武曲星坐官祿宮

代表著：「個人在工作或事業上雖有積極的企圖心，但易因趨利的衝動心理，導致有判斷失誤的傾向。或者在領導統御上欠缺圓融的因應，導致偶有人情違和之象，不易凝聚團隊的向心力，頗有受挫之感。或者在事業上，本身較欠缺資金與管理的能力，導致有誤判及資金耗失的現象。或在職場上，為賺取金錢頗為勞心費力，付出與所得不成比例。或者在工作或事業上有資金不足，或投資得多，卻獲利少（投資與獲利，不成比例），或者偶有舉債的現象。或在本身的職務上有不適其所的感嘆，或者悶悶不樂。甚至也可能在職場上，貴人難遇，善緣難聚，難以施展所長。也可能有勞碌、不得清閒的現象……」

## ■忌煞沖、會照或同宮（武曲星坐官祿宮）

若成立這種格局的話，可能代表著：「在個人的工作或事業上，偶有行業選擇誤判的傾向，導致在職場上不易發揮所長，悶悶不樂。或在職場上，對於專業的發揮難展其才，有懷才不遇之憾。或者有貴人難逢，善緣難俱足（不易融入人際互動中），導致挫折與考驗較多。或在職場上缺乏積極的企圖心，尤其在人際互動的善緣有限，難以突破困境，開創新的格局。或在事業上容易有判斷失誤，導致財務虧損的傾向，或偶有寅吃卯糧之患，常為缺錢所苦。或者在工作、事業上，有變動或中斷的傾向，導致常為事業煩惱。或在事業上有連連虧損的狀況，卻又無力挽回頹勢，有愈陷愈深的傾向。或者在工作上，與人的互動不易融洽（有距離感，致使自我孤立起來），難得長上提攜或得到伙伴的支持。或在工作上，為了賺錢頗為勞心勞力，付出與所得不成比例。甚至對工作缺乏自信心，不甚積極，導致有退縮的傾向。或在事業上也有舉債的可能，但不易從中脫困，導致有陷入險境的疑慮。或在事業上容易有偏離常軌的傾向（因此，凡事宜循正道而行）……」

官祿宮中坐武曲，其勢有如日中天，
領導統御有良方，事業獲利財豐盈，
剛中正直不邪曲，官商有道眾人誇。
若有忌煞同宮坐，或見忌煞對宮沖，
事業行運有阻滯，為財忙碌頗辛苦，
若能知己之運勢，則有良方可對治，
一者心性宜調柔，處事以謙來應對，
二者應建立善緣，互動和諧運勢通，
三者心性宜積極，面對考驗不退卻，
四者勿剛愎自用，獨斷或有誤失時，
五者則樂在工作，指日可待轉運時。

※武曲星在田宅宮

## ■得地武曲星坐田宅宮

意味著：「個人重視住家的生活品質，尤其對於居家環境的規劃與佈置頗為用心。甚至喜歡寬敞的空間，家中或有擺設一些藝品，以金屬類（也可能喜歡玻璃製品或水晶）為個人的興趣或嗜好。或在家中責任心重，也有掌權的傾向。或也較有原則，通常能將個人特色展現在居家中。或在經濟財力上能提供較好的物質條件來回饋家人。或者也擁有房地產方面的福報。甚至也有好客的現象，喜歡家裡熱鬧的氣氛……」

## ■落陷武曲星坐田宅宮

代表著：「個人在居家生活中，較為忽略住家環境的管理，或者在外的時間較多，有疏於照顧家中成員的傾向。或者在家庭的責任與義務上顯得有些能力不足。或與家人的互動較有主觀的意見，不易和樂融洽。或者在居家生活中不易安定下來，顯然易受外在環境的影響。或者即使擁有不動產也難以承擔房貸壓力，導致財務拮据。或在居家中較缺乏與親友之間往來的互動……」

## ■忌煞沖、會照或同宮（武曲星坐祿宮）

這可能意味著：「個人在擁有房地產方面的福報不足，即使勉強擁有，也有負擔沉重的傾向。或者缺乏對家人照顧的能力，導致有家道中落的傾向。或與家人的互動較缺乏圓融的溝通技巧，偶有違和之象，或主觀意識強烈，不拘言行，而有負面的傾向，頗有帶給家人困擾。或者在居家的生活疏於管理住家的環境。或少與親朋好友往來，在以居家為人際互動的部分，顯得缺乏主動積極的動力。或有在外的時間多，居家的時間少。或在家時不易定下心來，常受外在環境的影響，而有聚少離多的現象……」

※武曲星在福德宮

■得地武曲星坐福德宮

意味著：「個人擁有錢財方面的福報，通常也能以財物來濟施於人，具有寬廣的心量（因為，對宮為財帛宮的關係）。或者個人具有隱性的陽剛氣質，在不自覺中會表現出來而不自知。或者對於錢財方面的運用具有積極的企圖心，也較能從中獲取適當的利益。或個人在休閒方面的規劃較傾向於動態，或者也有傾向於人際、社交方面的活動。或對於經濟與時勢的資訊頗為留意，或在這方面有其獨到的見解之處……」

■落陷武曲星坐福德宮

代表著：「個人在擁有錢財方面的福報較為不足，通常為其奔波勞碌而不得清閒，然而，得手之財又有耗失的傾向。或也有聚財不易的隱憂，為財辛苦為財忙。或在個人的休閒活動方面缺乏規劃的心思，導致有常年勞碌難得清閒的傾向。或者個人的心思易為瑣事所牽制，難得令自己的精神得到適當的紓解與放鬆。或者個人在日常的應對上有較為嚴肅的傾向，令人近之有威的感覺……」

## ■忌煞沖、會照或同宮（武曲星坐福德宮）

這種現象可能表示著：「個人在獲取錢財方面的福報，顯然有不足的現象（因為，化忌星若不在財帛宮的話，便會由福德宮沖入財帛宮，造成個人在賺取錢財的困難度或挫折感）。或者也容易有視錢財如過路財神，一擲千金的傾向（花錢乾脆），但卻在事後為財辛苦為財忙。或者也有較為孤僻的傾向，由於曲高和寡的緣故，不容易找到知心的朋友（因為，武曲化忌，將可能帶有寡宿的意味，顯得有孤獨感）。或者在賺取錢財的管道上，宜循正道而行，凡事不可偏離常軌否則，易感招個人的煩惱，致使心神不易安定下來……」

福德宮中坐武曲，生來財報福分濃，
得財尚且能佈施，何況利及於六親，
或許往昔善濟施，而今能獲如是果。

若有忌煞同宮坐，或見對宮忌煞沖，
福德宮中有缺口，為財奔波與勞碌，
得手之財不易守，況且常有耗失時，
唯今若能知己運，當得善補此不足，
一者惜福能植福，一切際遇無怨尤，
二者求財循正道，一切得失俱隨緣，
三者心性當謙柔，廣結善緣捨孤僻，
四者心性當習定，挫折之時不慌亂，
五者隨緣量力施，濟人如同濟己親，
六者常懷慚愧心，隨時隨地觀己過，
七者心常懷善念，但願窮者能離苦，
若能如是行七事，其人智慧不尋常，
誰說宿命不能轉，唯有智者堪勝任。

## ※武曲星在父母宮

■得地武曲星坐父母宮

意味著：「父母親之中有個性較為剛毅、正直、堅守原則者，對子女的期待甚高，與子女之間的互動尚屬和諧，唯外表較有嚴肅感，令人近之有威。或者在經濟方面能提供相當的物質條件讓子女生活無慮。或者較有個人的見解並以此來引導子女。或者父母之間較缺乏一份浪漫的格調……」

■落陷武曲星坐父母宮

代表著：「父母之間的相處缺乏浪漫的格調外，有默契不足的現象，或許彼此的價值觀與認知程度不同，導致有心意難通之處。或者父母在照顧家庭的能力上頗為艱辛，有勞碌身心之象。或者常為錢財所苦，照顧家庭頗費心力。或者個性較為嚴肅，令人有不易親近之感（有木訥或不苟言笑的特質）。或者不善理財，常將得手之財輕易的耗失，缺乏危機感……」

■忌煞沖、會照或同宮（武曲星坐父母宮）

這種現象可能意味著：「父母中之其一者缺乏理財的能力，在輕易耗失錢財的狀況下，缺乏對子女的照顧，導致在經營一個家庭時頗為辛苦。或者父母之間的互動，彼此的認知有差異，導致偶有違和的現象。或父母其中之一偶有疏於照顧子女的現象，或與子女的互動有距離感，導致有親情日漸疏離的傾向。或者也有個性較為消極的傾向，通常在遇到挫折或困境之時，易生起退卻的念頭。或可能行事有個人主義的傾向，卻忽略到周遭人的感受……」

《易經》

※坤卦：《象曰》：地勢坤。君子以厚德載物。

◎解意：「**坤**」象徵著大地的形勢，因此，君子應當效法大地，以寬厚的德行負載萬物。

※水地比卦《六二》：比之自內。貞吉。

◎解意：家運的興盛，宜由團結內部開始，因此，這是吉利的卦象。

※水地比卦《上六》：比之無首。凶。

◎解意：雖然大家聚集在一起，卻看不見為首帶頭的人，因此，這是凶險的卦象。

◎比喻：家人之間，宜注重團結、並建立默契與共識，才能使家運興盛起來。

# 天機星

崑崙山元始天尊的愛徒「姜子牙」，自受命下山準備助西伯侯姬昌伐紂以來，眼見因緣尚未成熟，只得暫時在西岐磻溪隱居，等待時機到來，平日誦《黃庭》經書，悟道修真，閒來無事就到渭水河邊的柳蔭樹下垂釣。這天，他心想：為師要我下山，算起來也將近八年了，正好應了師父所說的：「二四年來窘迫運，八年之後蒙主顧」，心裡正嘆息著。這時候，正好來了一位樵夫名武吉，見姜子牙提起魚竿，線上懸著一根針，也不見釣餌，笑著對他說：「有志者不在年高，人若無謀慮，豈不空活百歲，看你釣魚不用鉤，也沒有用餌，就是在此釣上一百年，也不可能釣上一條魚的。」姜子牙對著樵夫說：「老夫雖然如此垂釣，志不在魚，只不過是在此等候青雲路開，有朝一日飛黃騰達罷了。」接著又說：

寧向直中取，不向曲中求，

不為錦鱗設，只釣王與侯。

話說西伯侯姬昌（文王），自從羑里歷劫歸返西岐以來，用心政事，治理得民富物豐，百姓安居樂業，就連從朝歌城湧入的難民也都能受到安撫與照顧。這一天，姬昌在靈台下安歇，三更時分，忽然夢見一隻白額猛虎，生著翅膀，向他撲了過來……。文王於夢中驚醒，嚇出一身冷汗，隔日經輔佐大臣散宜生（左輔星）說明夢境：「祝賀大王，此夢乃大吉的徵兆，意味著大王不日將得棟樑之材，這是興周的好預兆。」

這天，散宜生來到市場，恰好遇著樵夫武吉遇難，武吉便一五一十的把他在渭水河邊遇見老者的事說了出來。宜生心想：「或許這老者便是侯爺要找的棟樑之材」。一日，文王與左右輔臣，一為出遊，二為訪賢，向磻溪方向前近，途中正好見著一個樵夫，邊挑著材擔邊唱著：

春水悠悠春草奇，金鱗未遇隱磻溪，

世人不識高閒志，只作溪邊老釣磯。

文王一聽，乍然醒悟著說：「此間定有高人。」可是，連續找了三天，文王仍不見賢士人影。到了第四天，文王帶上聘禮，率領百官，前有兵馬開路，君臣一路往磻溪走來……。文王隻身走進樹林，正好見姜子牙在溪邊垂釣，子牙早已算知今日文王駕到，便有意無意的唱著：

西風起兮白雲飛，歲已暮兮將焉為，
五鳳鳴兮真主現，垂釣絲兮知我稀。

自此之後，君臣相會，子牙八十歲時才得遇文王，總算時來運轉，封子牙為丞相。然而，在文王壯志未酬之際，卻已年紀老邁，壽終之時傳位於次子姬發（周武王），並拜子牙為相父，輔佐治理國事。據說西岐的封神台，就是姜子牙承師命元始天尊建造的，其主要目的是將商紂自取滅亡期間，以及武王伐紂過程中，凡以身殉國或戰亡的人，均能在封神台前受封，以慰在天之靈，令其有所歸屬與去處。然而，在武王伐紂成功，建立了新政權的時候，諸般人等皆已進入封神台受封，唯獨姜子牙（受武王封為齊王）高壽，尚未歸天，為完成封神任務，只好自封為「天機星」的主人，圓滿的完成了封神榜的重責大任。

姜子牙可稱為周朝開國的第一國師，其一生中以其智慧及深遠的謀略，以國家興亡為己任，置個人死生於度外的超然胸懷，完成武王伐紂的大業。不但是子牙的巧智，他更擁有身懷絕技的五術（元始天尊的愛徒）及治國方略，把剛建國的周朝政權，治理得有條不紊，他的文韜武略以及豐功偉業，至今在民間仍廣為流傳著。因此，自封為掌管「天機星」的主人實不為過，司掌「善令」（具備文武之德）。成為「紫微斗數」中，作為智慧與兄弟之「善神」的代表人物。

| 星宿 | 五行 | 化氣 | 主 | 特性 | 十年干之四化 |
| --- | --- | --- | --- | --- | --- |
| 天機星 | 陰木 | 善 | 智慧、謀慮<br>兄弟、宗教 | 開創、機智<br>謀略、善良 | 乙年化祿 丙年化權<br>丁年化科 戊年化忌 |

從「天機星」所代表的人物「姜子牙」來分析其星性的基本特質，約可歸納為下列幾項優缺點，如左列詳述之。

## ◎優點

一、「天機星」是一顆具備文韜武略的謀略之星，因此，其思想特質傾向於「謀定而後動」，外表冷靜，內在思維慎密。

二、凡事皆具創意，其內在思考模式與執行方式與眾不同，自樹一格。

三、遇事有突破障礙以及不懼艱難的挑戰毅力，能以智謀迎刃而解。

四、處世、應事有原則，分析力強，有自己的見解與做法。
五、對朋友的往來情分頗能顧及正義，行有餘力時，更能思及照顧或回饋他們。
六、身懷特殊才藝，通常在團體中能獲得別人的肯定與讚賞。
七、心地仁慈，凡有所行，能顧及到周遭人的權益。
八、口才好，具有良好的說服能力，頗能面面俱到，不易得罪他人。
九、處處易逢貴人與善緣，自己也能成為別人的貴人。
十、能夠擔起重責大任的策略或規劃（宰相人才），做事有條有理。
十一、具備開創與突破的特質，是個極佳的開路先鋒，遇難又能呈祥的吉人。
十二、心思慎密，記憶力強，凡經手之事能巨細靡遺的按部就班如數家珍。
十三、因應時勢變局的能力強，隨時能調整自己的心態面對挑戰。

## ◎缺點

一、「天機星」顧名思義是顆「動腦」的星座，因此，凡事喜以自己的思維模式應對，以致於有「傷腦筋」的名號。
二、思維模式與行事方針經常與眾不同，所以較難與別人達成共識。
三、雖具有自己的創意與思維模式，唯恐想得多、做得少，注重想法，執行不周。
四、凡事先天下之憂而憂，容易把事情想起來放著，自尋煩惱。

五、心思細密，事必躬親，容易造成身體過勞的疲憊狀態。

六、與朋友往來，雖具正義，但恐付出不成比例。

七、腦筋不易放鬆，身體較易產生緊繃現象。

八、計算之心思慎密，容易造成事事計較心態。

九、處處雖有貴人，唯恐自以為是、自認聰明，導致人生際遇中經常錯失善因緣。

十、極佳的幕僚人員，唯恐心思過沉，令人覺得冰冷、不易親近。

十一、雖具開創與勇於突破的特質，唯不易知止於進退，自招損失。

十二、面對新的變局時，不易調整心態去因應。

※天機坐命十二宮位圖解

| | | | |
|---|---|---|---|
| 天機 0 巳 | 天機 +4 午 | 天機 -2 未 | 天機 +2 太陰 +1 申 |
| 天梁 +4 天機 +1 辰 | 天機星 | | 天機 +3 巨門 +4 酉 |
| 天機 +3 巨門 +4 卯 | | | 天機 +1 天梁 +4 戌 |
| 天機 +2 太陰 +3 寅 | 天機 -2 丑 | 天機 +4 子 | 天機 0 亥 |

◎天機星坐「命宮」：

**壹、「得勢」的天機星坐命宮**（三方四正，不會照陷地的紫府星系）

一、人生際遇具有運籌帷幄的能力，通常是個謀定而後動之人。
二、應事冷靜，外表不虛浮，對事物的觀察能力甚強。
三、具有領導統御的能力，凡事能以智謀深慮帶動整體發展，是個智慧型的人物。
四、具有創意、創新、開創、勇於面對挑戰不懼艱難突破困境的魄力。
五、對事理分析的能力強，凡事是非分明，做事光明正大。
六、心地善良，在人際間互動往來，不易受外境誘惑而影響本身心志。
七、具有良好的口才表達與溝通能力，善於領導團隊，因材分派。
八、心性穩定，具有悲天憫人的胸懷。
九、恪守個人本分，盡己之責，凡事不逾越尺度，不做非分之想。
十、對自己要求甚嚴，凡事能事必躬親，或者積極參與。
十一、對財帛的應用與管理有條不紊，於能施之時，也能濟利有緣者。
十二、為官不貪，為商依於商道，君子愛財，取之有道。
十三、外表看似冷靜、木訥，唯內在充滿熱情的特質。
十四、善用巧智與口才，是個溝通、辯論、談判高手。
十五、天機化氣為「善」，對宗教或心靈的成長，頗有追求的意願。

十六、熱愛自己的工作，且能用心投入其中也在所不惜。

※「得勢」的天機星坐命宮，共有六種基本結構

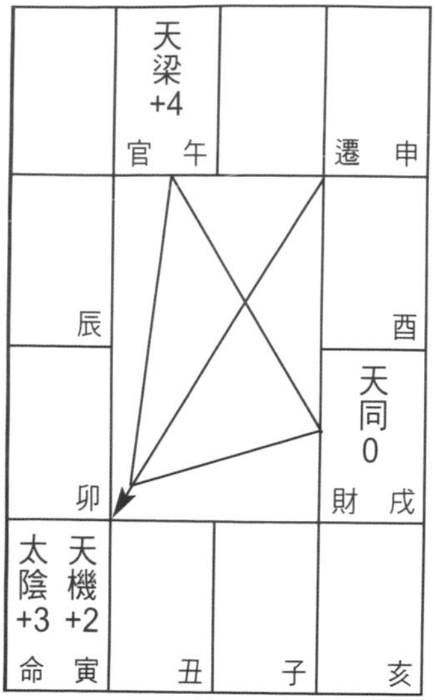

圖一

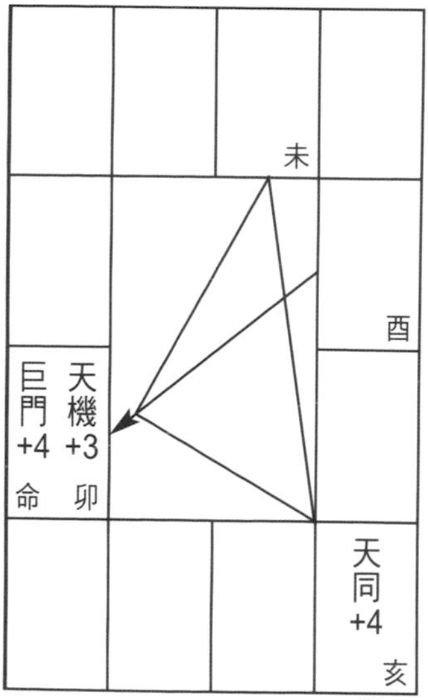

圖二

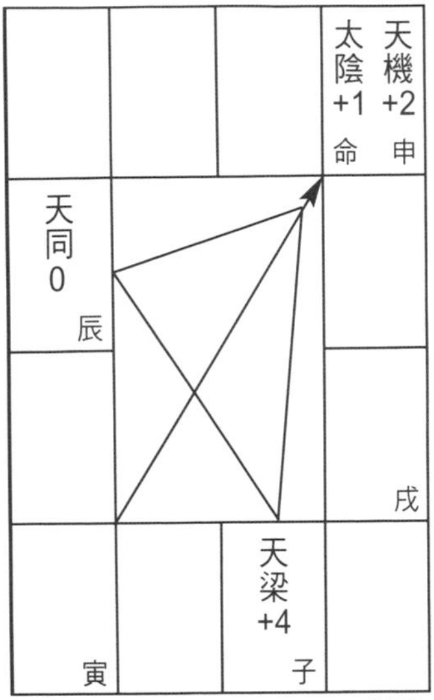
天機
+2
申
太陰
+1
命
天同
0
辰
戌
寅
天梁
+4
子

圖五

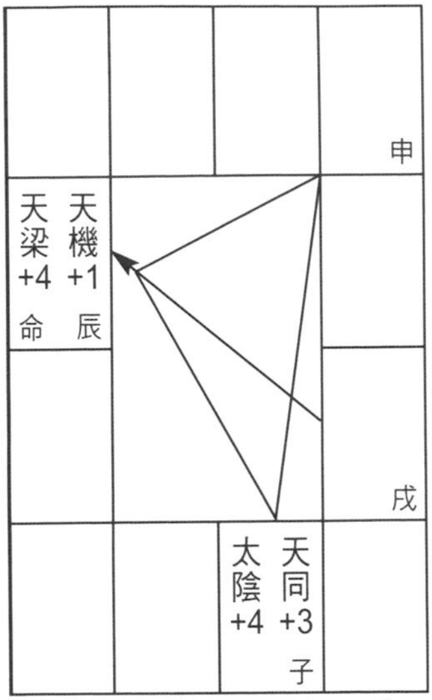
申
天機
+1
辰
天梁
+4
命
戌
天同
+3
太陰
+4
子

圖三

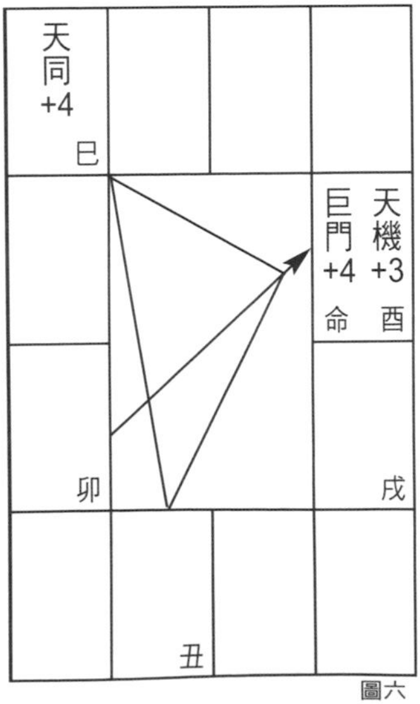
天同
+4
巳
天機
+3
酉
巨門
+4
命
卯
戌
丑

圖六

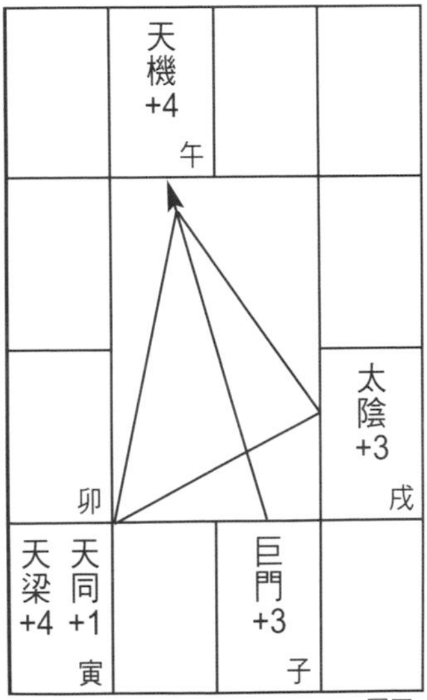
天機
+4
午
太陰
+3
戌
卯
天同
+1
寅
天梁
+4
巨門
+3
子

圖四

## 貳、「失勢」的天機星坐命宮（三方四正，會到陷地的紫府星系）

一、雖具有運籌帷幄的能力，但因心思過密，常錯失時機。
二、應事冷靜，計算心思細密，腦筋經常思考，不易休息或放鬆。
三、凡事雖能智謀深慮，帶動整體發展，唯恐行動過於保守。
四、面對困境時，雖能不懼艱難，唯思維受限，不易通權達變。
五、對事理分析的能力強，唯凡事易自尋煩惱、自傷腦筋。
六、自我意識強烈，不易受他人觀念或想法改變。
七、自認能力甚好，唯有懷才不遇或有志難伸之感。
八、恪守個人本分，不易發揮開創意志，致只能守成或以專業安身。
九、對自己要求甚嚴，容易導致專權或過勞現象。
十、凡事事必躬親，易造成同伴或同僚壓力（有被監督的壓力）。
十一、對財帛應用疏於精打細算，以致常造成支出與收入失衡的狀態。
十二、巧智與口才雖能發揮，但總有事後招非議或適得其反的現象。
十三、熱愛自己的工作，在用心投入時，恐過勞會造成身體疲憊現象。

※「失勢」的天機星坐命宮，共有六種基本結構

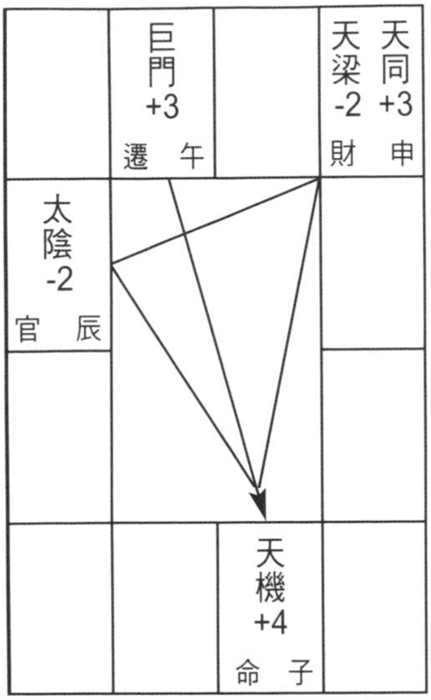


圖一

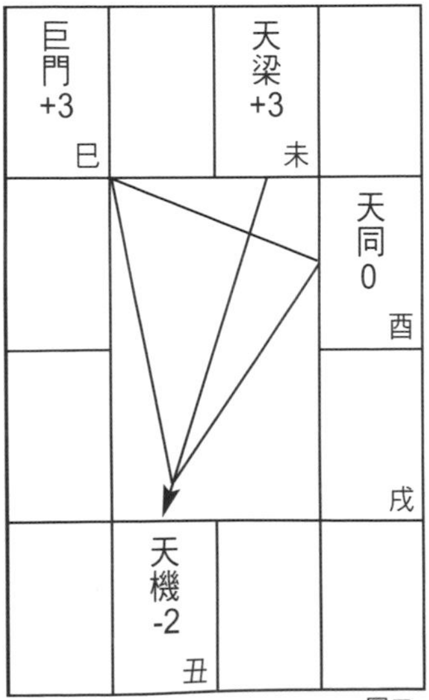


圖二

※「天機星」三方四正會照、沖入忌煞、相夾、或同宮的舉例

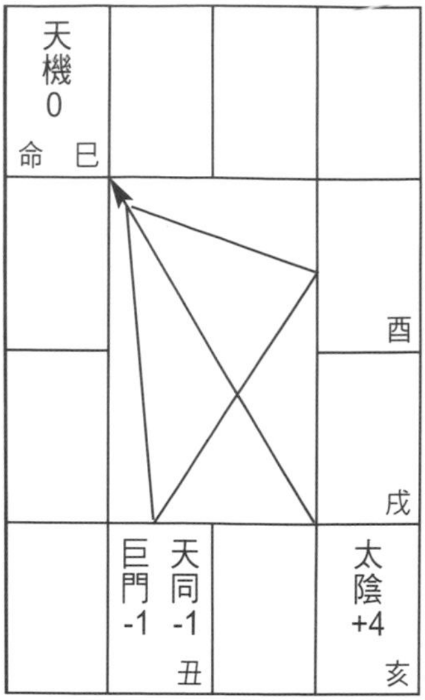


圖三

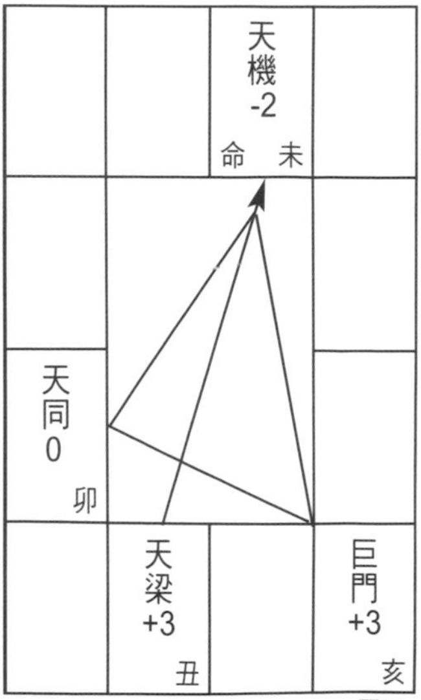


圖四

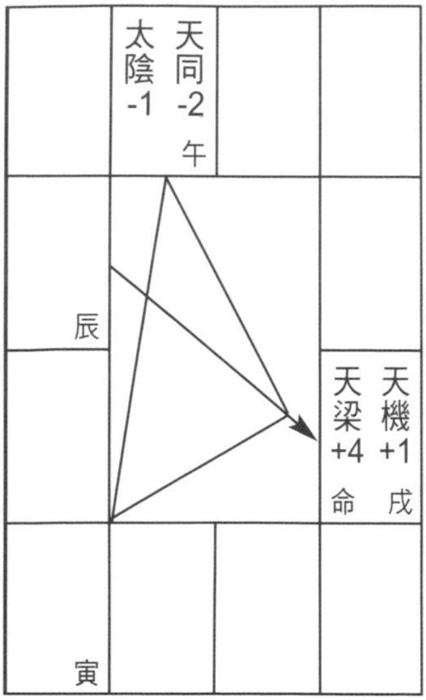


圖五

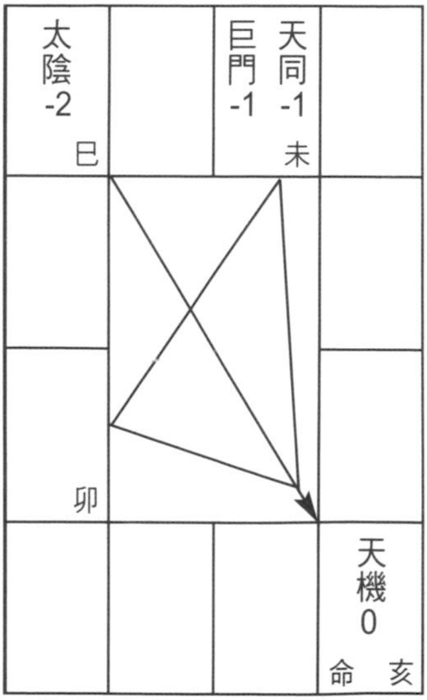


圖六

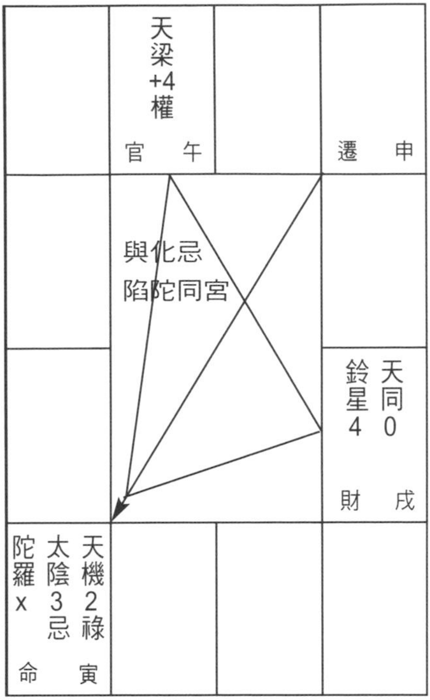
天梁 +4 權
官 午
遷 申
與化忌
陷陀同宮
鈴星 4
天同 0
財 戌
陀羅 x
太陰 3 忌
天機 2 祿
命 寅

例一

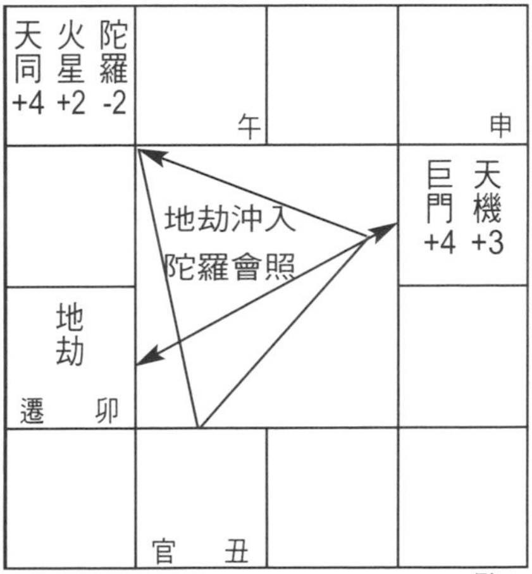
天同 +4
火星 +2
陀羅 -2
午
申
地劫沖入
陀羅會照
巨門 +4
天機 +3
地劫
遷 卯
官 丑

例二

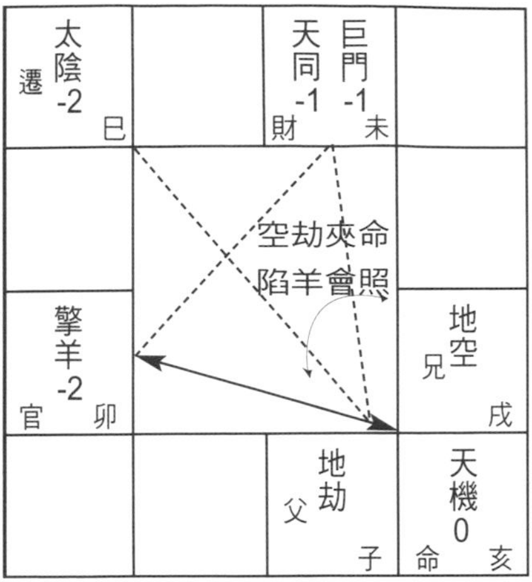
太陰 -2
遷 巳
天同 -1
巨門 -1
財 未
空劫夾命
陷羊會照
擎羊 -2
官 卯
地空
兄 戌
地劫
父 子
天機 0
命 亥

例三

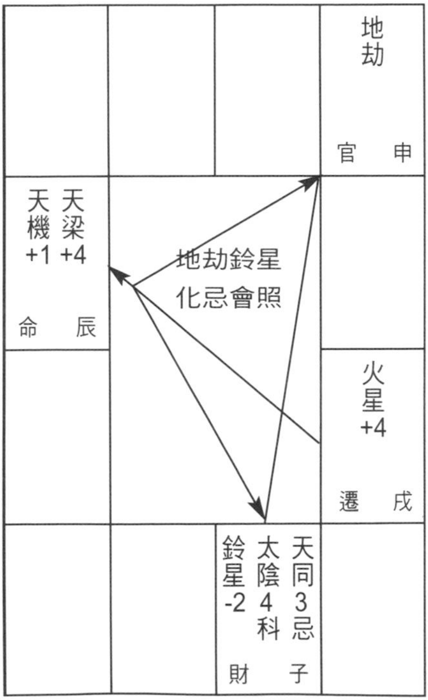
地劫
官 申
天機 +1
天梁 +4
命 辰
地劫鈴星
化忌會照
火星 +4
遷 戌
鈴星 -2
太陰 4 科
天同 3 忌
財 子

例四

## ◎超越天機星的宿命

**天機星**是一顆極具開創力且能面對考驗與突破難關的智多星，在「紫微斗數」中，它化氣為「善」，可以說是極具仁慈與善良的特質，因此，凡得勢天機星坐命之人，基本上頗兼具有能文能武的潛在能力，在人生的旅途中極具耐心與毅力。所以說，以天機星的巧智來應付生活上的各種情境是綽綽有餘的。但是，你的命盤如果是坐於失勢宮位或三方四正逢陷煞或化忌星來會照的話，請你不要氣餒，這也許是你此生中的必修課程，不要忘了，你的巧智並沒有失去也未被奪走，只是意味著：「面對人生的過程中，在你前進的道路上，佈滿著凹凸不平與荊棘的障礙，考驗著你等著你用自己的智慧去突破它、通過它」。

以「紫微斗數」的先天論來說，凡是陷地煞星、化忌星所在的宮位，即是考驗我們的場所，也是人生的歷練場，如果你選擇逃避的話，相對的，你生命中的某些重要部分可能會因此而空過，因為，你放棄了這道題目。以緣起、宿業、續情、業障的角度來看「化祿」、「化權」、「化科」、「化忌」的話，你可以從自己命盤上的生年四化（已排好命盤上的祿權科忌），套用到緣起……等的理論上。

**◎化祿**：表示著我們來到此生的時空中，遇著新的緣起，而從此生的緣起，視其形成善的緣起，或者是惡的緣起，而接續或過渡到未來的時空，準備著接應那宿業、緣續、緣變的果報，或者緣滅，隨應另一個緣起。

◎**化權**：表示著我們生命力傾向的宮位所在。

◎**化科**：意味著此生中，對往昔有未了的宿業，或尚待去續緣的事件，在面對過程中，能以豁然的態度或以不執著的方式，使其人生從那一部分（宮位）能夠從中超脫出來，並以自身的行動力去影響別人。

◎**化忌**：意味著我們的前世因緣過渡到此生的時空中，有未善了的業障，這要看落在哪個宮位而論，因此，「化忌」所在的宮位，即是我們運勢最弱的所在，因此，必須嚴肅看待「化忌」的問題。

具備智慧型且深謀遠慮的天機星，由於他的善心足可在其一生中植福並施福於周遭的人，但若能施之而不求回報的話，那麼，他將是個值得敬佩與令人讚賞的人。唯美中不足的是：「天機星坐命之人，頭腦思維慎密，對周遭環境的感受程度較為敏感，所以，不容易自我放鬆。因此，宜學習在適當的時間裡，讓頭腦暫時放空，將自己的腦波狀態暫時歸零，以輕鬆的心情讓自己隨時能充電，面對每一天的開始」。總之，學習如何讓自己靜心、澄慮，以及自我放鬆，將是一門重要的課程。否則，以天機坐命的宿命論來說，將會有心思過密或自尋煩惱的可能性，導致精神在繃緊的狀態，雖然外表看似冷靜、沉穩，但還是有他的弱點所在。

在超越天機星坐命的具體做法中，平日宜多接觸綠色植物，或者以培養草木或花卉為興趣，或者多接觸大自然，讓自己的視野能遼闊，以此來平衡自己的身心狀態。另一方面，也可多聆聽一些絲竹（五行屬木）之樂，或者是水樂，以五行中的水來生木，透過音樂方面的情志療法（註）來平衡並放鬆內在的思緒。也可以在衣著方面多搭配一些藍綠色及紅白相間的色系，以增添穿著的活潑性。在養生保健方面，則可視自己的能力與程度來學習「瑜珈」或拉筋，練習放鬆全身的肌肉，讓自己回到原點，隨時自我充電。在平時，凡對於自然生態環境的維護宜多加留意。如此的話，則可彌補本命不足之處。（註：**情志療法**為《中醫心理學》的專有名詞，主要是針對個人的身心狀況，利用五行音樂來調理其情緒之發紓，使身、心靈能達到平衡與協調）

天機坐命中，本性心善良，
凡事能觀勢，善於用謀略，
機智與應對，無人能比擬，
唯心智細膩，盤算忌過之。
得勢或失勢，不失其善心，
若欲用智謀，則應利我他，
自他均受益，斯名為善人。

若用計較心，所得為私利，
自他不相應，福則有所損。
福報人人有，端視多與寡，
善用智慧心，生命共成長，
凡事存感恩，只要心念正，
因地中有善，果則善報來。

※天機星在兄弟宮

## ■得地天機星坐兄弟宮

身為兄弟主的天機星，當它坐落在此宮位時，適得其所，這意味著：「在手足之間，有心地善良、善解人意、為人熱心者，與兄弟姐妹之互動能關愛有加，並以實際行動來利益他們。或者也有個性沉著，思考慎密，在應對事務時採取較持保守的做法。或者雖然屬於沉穩型、智慧型的人，但其內在性格有較為急躁的傾向，因此，似有緩急難以相濟的傾向。或者個人有樂於助人的雅量，通常能發揮友愛的精神去幫助別人。或者也屬於智慧型的人物，平日注重思考與謀略，屬於機智善巧型，由於個性保守，通常能固守本業，或者依據現實環境的評估得以漸進發展。

## ■落陷天機星坐兄弟宮

代表著：「手足之間，有心地善良者，不過，彼此的互動不易融洽，或者心意難通，導致有默契不足的現象。或者其人的想法與觀念與實際的因應方式有相當的差距，想得多，做得卻有限。或其人雖熱心，但通常付出不成比例，導致有身心受累的傾向。或雖有照顧兄弟姐妹的雅量，但礙於本身能力有限，難以落實關愛的行動。或與手足間的理念有差距，導致心意難通，或有默契不足的現象。或者也有庸人自擾的傾向，想得較多，而付諸實行者少……」

## ■忌煞沖、會照或同宮（天機星坐兄弟宮）

這可能意味著：「手足之間，有自尋煩惱者，想得多，卻不切實際，有令兄弟姐妹困擾的傾向。或者與手足間的互動，由於彼此的認知或價值觀有相異之處，導致偶有默契不足或違和的現象。或者由於疏離感，致使日後有聚少離多的現象，手足之間難以互相的關照。或其人的想法及做法有不切實際的傾向，由於應變的能力較弱，因此，不易從事件中學到正面的因應方式，或接受善知識的引導，而導致屢屢錯失時機的現象。或者其人有內在抑鬱的傾向（因為，個人的理念不易得到別人的認同而自傷腦筋）……」

兄弟宮中坐天機，得地銳勢不可當，
善巧機智眾人誇，心地善良熱心腸，
蔭及手足及僕役，有福同霑能分享。
若有忌煞同宮坐，或見忌煞對宮沖，
手足情意難通融，交友運勢受波及，
若能知己之運勢，當有對治之良方，
一者知其不足處，須以耐心對待之，
二者善以身作則，漸次熏習以引導，
三者手足重情義，以此擴及於朋友，
天機本為兄弟主，其性受制難發揮，
若能誨人於不倦，手足情誼日更深。

※天機星在夫妻宮

## ■得地天機星坐夫妻宮

意味著：「配偶是個心地善良又善解人意的人，具有巧智與多方面的才華，與其互動融洽，通常會有照顧對方的心思，也能付諸實際的行動，為其貢獻本身的智慧與才華。或對方的心思較為慎密，策劃與執行能力強，個性雖然保守，但通常能固守本位，負責盡職。或者為對方設想較多，通常能顧及到對方的感受。或伴侶的機智與沉穩個性能彌補自己不足的地方。或其思考能力強，雖見沈著穩重，但卻有急躁的傾向……」

## ■落陷天機星坐夫妻宮

代表著：「配偶是個心地善良之人，唯在面對夫妻間的感情互動，較會忽略對方的感受，或者缺乏營造浪漫的心思。雖然伴侶是個心思細膩之人，但往往會想得較多，導致易令對方困擾。或者與其互動，彼此的心意或默契不易達成共識，導致彼此的認知有差距。或對方有自尋煩惱的傾向，想得多而付諸於執行的動力不足。或者也較有抑鬱的傾向，因為，個人的認知與理念不易與伴侶找到共同的焦點。或也較缺乏主動積極的意願，致令感情的互動有每況愈下的傾向……」

## ■忌煞沖、會照或同宮（天機星坐夫妻宮）

這可能意味著：「夫妻之間的互動，彼此心意難通或有默契不足的現象。或者在理念及認知上不易找到互動的焦點，偶有違和的現象。或與配偶的認知差距過大，凡事有個人的見解與因應方式，但往往有感情疏離的現象。或對方的心思粗糙，不易察覺對方的感受，因此缺乏善解人意的心思。或者對方的個性較為柔弱，凡遇挫折之時，易心生退卻或產生消極的念頭。或者伴侶的個性不易開朗，心事想得多，付諸實行的卻有限。或者在照顧伴侶的能力有限，甚至彼此心靈的交集有疏離的傾向……」

**《易經・繫辭上》**

君子之道，或出或處，或默或語，
兩人同心，其利斷金，同心之言，其臭如蘭。

※天機星在子女宮

## ■得地天機星坐子女宮

意味著：「有善解人意的子女，其人心地善良，聰明又乖巧，通常能體貼父母的心意。或者思路敏捷，具有創意或巧思，具有熱心助人的好心腸。或者也有多方面的才華，表達與溝通的能力強，能言善道，通常能在群眾中嶄露頭角，為人所注目。或者具有巧智，應變與適應的能力強，通常能不懼挫折克服萬難。或子女的獨立性強，並能以實質的行動來回饋父母親……」

## ■落陷天機星坐子女宮

代表著：「子女中有個性善良者，雖有善解人之心意，但與父母親的互動較有自己的見解，導致偶有心意難通或有默契不足的現象。或者心思雖細膩，但易忽略本身與周遭人事物的相互因果關係，導致個人的認知與現實環境有脫節的現象。或個人雖有敏銳的觀察力，但往往缺乏應變的能力，導致有不切實際的傾向。或者個人雖有創意與革新的心思，但往往不易得到別人的認同。或個性較為好動，身心不易安定下來，令父母有傷腦筋的傾向。或個人的心思較為紊亂，常為瑣事所紛擾，導致有累積壓力、鬱悶難解的傾向。或者子女的個性較為柔弱，雖然心思細膩，但有自尋煩惱的傾向。或雖具有能言善辯的能力，但易招咎或有背後是非……」

## ■忌煞沖、會照或同宮（天機星坐子女宮）

這意味著：「子女中有個性好動、主觀意識較強烈者，不易知解父母的心意，與其互動時，有心意難通或隔閡的現象，子女也較有我行我素的傾向，無形中帶給父母煩惱。或者心思偶有阻滯，想法與做法有不切實際的傾向。或者缺乏正面思考的角度，父母在引導的過程中頗費心力。或有自尋煩惱的傾向，有如陀螺般的執著某些觀點，易令家人困擾。或由於個性軟弱，缺乏積極的企圖心，凡遇挫折時，易心生退意，導致也有抑鬱的心理傾向。或想得多，做的卻有限，說得多，起而行的少。或與父母之間的心靈默契有日漸疏離的傾向……」

子女宮中坐天機，生性善良解人意，
蔭及父母及家庭，為人巧智有聰明，
以智利人行善事，能言善語眾人誇。
若有忌煞同宮坐，或見對宮忌煞沖，
為人活潑且好動，機智巧思有阻滯，
父母引導費心思，互動或有違和時，
唯今若能知己運，當思良方來對治，
一者父母當以慈，循循善誘來引導，
二者以身來作則，儉德持家甚重要，
三者待子無怨尤，因勢利導能容忍，

四者宜借重因緣，借力使力或可轉，

五者親近善知識，唯須因緣際會至，

易經之中有坤卦，坤者象徵為母馬，

牝馬利貞為吉象，當須忍辱以負重。

※天機星在財帛宮

## ■得地天機星坐財帛宮

具備創意性與流動性的天機星座，意味著：「個人有以智慧賺取錢財的傾向，或貢獻個人的才華及巧智來賺取個人所需。或以機智、智謀、投資、分析……等能力取勝。或者也有以創新、發明（因智慧財產權，所獲的財利）、隨順潮流趨勢或因應現實的需求面，而開發這方面的市場來獲取個人所需。或者個人錢財有流通的投資傾向，但因個人的保守心態，反而能掌握錢財的走向並從中獲利。或錢財雖有流動的傾向，相對的，財庫就有不穩定的現象，易為財利花費心思……」

## ■落陷天機星坐財帛宮

代表著：「個人在錢財的運用上缺乏管理的能力，往往易因誤判而有損財的可能。或對於錢財的運用缺乏保守的態度，易受衝動心理影響而有招致損財的過失。或為賺錢頗為勞心費力，奔波勞碌，然而，得手之財不易守住，反而輕易的耗失掉。或者有財難守卻又為缺錢所苦，有為錢傷腦筋的現象。或在錢財的運用上缺乏規劃的心思（儲蓄的習慣），或有負債的可能，難以脫離困境……」

## ■忌煞沖、會照或同宮（天機星坐財帛宮）

若成立這種格局的話，意味著：「個人缺乏管理錢財的能力，往往辛苦得來的錢財卻令它輕意的耗失，導致常有寅吃卯糧之患。或者也缺乏危機意識（沒有儲蓄的概念），但又常為缺錢所苦。也可能有有舉債的傾向，常為債務困擾，導致日常支出拙絀，生活品質大受影響。或者也有花錢不知節制的傾向，事後卻又為缺錢懊惱，導致惡性循環，深陷財務困境之中。或有判斷失誤，導致投資失利、為錢所苦的窘境。或者個人在錢財方面福報不足（因為，對宮為福德宮的緣故），縱使絞盡腦汁、費盡心力，所獲仍然有限，或者事與願違。甚至有常為錢而傷腦筋的鬱悶傾向……」

財帛宮中坐天機，智力獲取為其道，

巧智運用有利基，通權達變善因應，
得財之時善運用，流通或有得利時。
若有忌煞同宮坐，或見忌煞對宮沖，
於人財利有阻滯，為財勞碌及辛苦，
得守之財易耗失，想必福德尚不足，
唯今宜當思對治，或有轉運時機臨，
一者凡事宜惜福，得財不易勿耗失，
二者固守己心志，心境慎勿受境誘，
三者積糧待冬臨，財物不可耗用盡，
四者勤儉可積存，如同積沙可成塔，
五者常懷慚愧心，隨緣量力來佈施，
福德宮中植福田，種苗成長如回饋，
此生因財來受困，想必往昔少善因，
因中知解若能行，果中自有善緣來。

## ※天機星在疾厄宮

## ■天機星坐疾厄宮

天機星的陰陽五行屬「陰木」，在人體上代表著「肝功能以及筋絡系統」，關於這一點我們可以《黃帝內經．陰陽應象大論篇》為參考依據，並以此來推論天機星坐落在疾厄宮，顯現在個人身體狀況的種種現象。

**黃帝內經．素問．陰陽應象大論篇第五》**

東方生風，風生木，木生酸，酸生肝，
肝生筋，筋生心，肝主目，其在天為玄，
在人為道，在地為化，化生五味，道生智，玄生神，
在天為風，在地為木，在體為筋，在藏為肝，
在色為蒼，在音為角，在聲為呼，在變動為握，
在竅為目，在味為酸，在志為怒，怒傷肝，悲勝怒，
風傷筋，燥勝風，酸傷筋，辛勝酸。

**《黃帝內經—金匱眞言論篇第四》**

東方青色，入通於肝，開竅於目，藏精於肝，其病發驚駭（註一），其味酸，其類草木，其畜雞，其穀麥，其應四時，上為歲星（註二），是以春氣在頭也，其音角（註三），其數八，是以知病之在筋也，其臭臊。

◎註：

一、「**驚駭**」：恐懼不安的樣子，肝病多驚駭。

二、「**歲星**」：指木星。因肝臟之五行分類為木，以此之意延伸為木星之故。

三、「**其音角**」：古代五聲音階中的一個音級，若以現代的樂器來比擬的話，應是絲竹樂器所演奏出來的樂音。而絲竹之樂屬木性，透過木樂的演奏，其樂音可調和入的情志，木樂入於肝經，可緩和人之情緒與達到紓解壓力的效果。

## ■忌煞沖、會照或同宮（天機星坐疾厄宮）

這意味著：「個人的身體狀況有長期勞累的跡象，容易造成肝功能（能量）耗損的情形，導致個人的情緒也因而受到影響，失去調節的功能。或者個人缺乏日常坐息的規劃，易因坐息顛倒而影響身體健康，導致肝臟相關功能的失調。或者也可能在飲食上失調，影響肝臟的運作功能。或者在情緒表達的部分有易怒或驚駭的傾向。甚至缺乏紓解壓力的正常管道來平衡身心……」。關於這一部分，以下提供所摘錄的文獻來對照這方面的說法。

**《東醫寶鑑》**

七情傷人，惟怒為甚，

蓋怒則木尅脾土，

脾傷則其四臟俱傷矣。

**《醫學眞傳》**

喜、怒、憂、思、悲、恐、驚，謂之七情。七情通於五臟。

喜通心，怒通肝，憂傷肺，悲思通脾，恐通腎，驚通心與肝。

※天機星在遷移宮

## ■得地天機星坐遷移宮

意謂著：「個人在外出的行運上，注重人際關係與社交活動，處事樸實，待人誠懇，易逢貴人，以及善緣處處。也有個性沉穩，機智善巧的思維，臨機應變的能力強。或者也有樂於助人的好心腸，通常能貢獻智力以成其事。有創意、點子多，也具有創新、突破、改革的意味，因此，在團隊的領導統御上頗能得心應手。或者也善於溝通與談判技巧，通常能為其事業帶來利益。或者也較有活潑、難得清閒的傾向（雖然外表沉穩），卻為應付日常瑣碎之事而忙碌不堪。或者人緣佳，也能獲得別人的肯定與讚賞……」

## ■落陷天機星坐遷移宮

代表著：「個人在出外的行運上，在人際關係或社交活動，缺乏主動、積極的動力，也因此個人的善緣有限（人緣不佳），難逢貴人提攜。或者在機智與應變能力上往往受到限制，有懷才不遇的感嘆。甚至在人際互動的溝通上，往往不易將個人的理念以適當的方式表達出來讓人能夠理解。或雖有熱心的特質，但往往付出與收獲不成比例，導致有受挫之感。或者雖然樂於助人，但往往所提出的主意或策略與實際狀況有差距，有吃力不討好的現象。或在決策當下，偶有對事誤判的疏失，導致有壓力難以排解的過患……」

## ■忌煞沖、會照或同宮（天機星坐遷移宮）

這可能意味著：「在出外的行運上欠缺人際與社交方面的積極性，因此，有不易建立善緣以及難逢貴人提攜的傾向。或者缺乏企圖心，對人生觀的認知角度有消極面對的狀態，因此，個人的才華與能力不易獲得別人的賞識，有鬱鬱寡歡的傾向。或者個人的理念及做法與現實狀態有差距，不易得到別人的理解或認同。或在外有懦弱的傾向，當遇到挫折時，易心生退卻念頭或採消極應付的做法。或雖然心地善良，但對周遭環境的變化，缺乏適應能力，往往有遇事不知所措的現象。或者也有熱心助人的傾向，但因愛見悲的緣故，損己益人，但往往付出不成比例。或在外的心思較為紊亂，不易發揮正面巧智、創意的特質，本身的理念難得實現，有自尋煩惱的傾向……」

遷移宮中坐天機，巧智機靈無能比，
運籌帷幄在自心，行事風格有創意，
領導統御有良方，雄才謀略志易得。
若有忌煞同宮坐，或見忌煞對宮沖，
懷才不遇志難伸，在外行運有阻滯，

若能從中細推敲，當得思量來對治，
一者心應生積極，出門在外結善緣，
二者處事應審慎，凡事不可執為是，
三者謙虛以應事，經驗當中生智慧，
四者宜有沉穩性，凡事獨斷不可行，
五者福禍本相依，人際交往同此理，
天機本為智慧主，知行合一無難處，
天生本質善心性，讚嘆希有此等人。

※天機星在僕役宮

## ■得地天機星坐僕役宮

意謂著：「在人際往來的互動中，不乏有心地善良、善解人意的朋友，也具有機智聰慧的特質，對朋友不但有誠信，且也有熱心助人的傾向。或者其人創思佳，應變能力強，具有開創與勇於突破的精神。或其為人自信心強，具有組織與領導統御的特質，個性能言善辯。或與其互動流暢，通常也能彼此關照，友誼得以如細水長流。或其人也有沉穩的特質，唯在行動之時較有急躁的傾向（內沉外躁）……」

## ■落陷天機星坐僕役宮

代表著：「在朋友的往來之中，雖有心地善良的人，但其機智或做法往往與現實狀態有差距，不易與別人有共識，因此，與其互動時，有理念難以相合之處，造成本身的困擾。或者其人的理念與做法，往往有不切實際之處，難以在現實狀態中找到平衡點。或可能也有自認聰明的傾向，但缺乏實際操作的能力（說得多，做的卻有限）。或者對方雖然熱心（定力不足，易喪失本身立場），但往往在幫忙的過程中，有吃力不討好的現象。或其人也有愛見悲的傾向，缺乏對事理明確判斷的能力……」

## ■忌煞沖、會照或同宮（天機星坐僕役宮）

這種現象可能意味著：「在往來的朋友當中，有理念難以相通者，甚至在互動上有不易流暢、令自己傷腦筋的傾向。或者其人的人緣不佳，與朋友往來較為被動，缺乏熱忱。或者對方的理念與現實狀態有極大的差距，在作為上，較以自我為中心（理想重於實際），堅持自己的理想。或者也有理念不易獲得朋友的認同，在執行上，有困難重重的現象。或者其人的某些理念或價值觀，因為堅持的緣故，不易找到改善的空間（執持己見，不易和同）。或者在面對人生的過程中，通常缺乏積極的活動力，凡遇挫折時，缺乏應變的能力，易心生退卻或興起消極的念頭。或者其人的個性較為柔弱，缺乏自我肯定與自信的能力……」

僕役宮中坐天機，天機本為兄弟主，
對友關懷有照應，重視友情如兄弟，
機智有勇性沉穩，誠信交往重信義。
若有忌煞同宮坐，或見忌煞對宮沖，
兄弟行運有阻滯，彼此互動少流暢，
或有理念難相通，甚至默契難調和，
與其互動費心力，大往小來易失衡，
唯今若能知己運，當思良方來對治，
一者誠信以對待，二者互動以謙遜，
三者關愛量己力，四者隨緣不強求，
五者自知者有智，六者知他者則明，
七者宜因勢利導，如此七事若能行，

當知是名智慧人，廣結善緣利己運。

※天機星在官祿宮

■得地天機星坐官祿宮

意味著：「運用才華展露在自己的工作或事業上，頗能得心應手，甚至個人具有沉穩的特質，心思雖細膩，但也具有高度的行動力，是個起而能行的積極行動者。或也具有領導統御的才能，在帶領團隊的過程中，頗有其獨到之處，對伙伴也有照顧及提攜的雅量。或在工作、事業上，負責盡職，是個極佳的輔佐人才，創思佳，應變的能力強，有創新與突破格局的氣魄，通常能為團隊帶來相關的利益。或也具有極佳的溝通與說服能力（談判的技巧）。或在工作、事業上，以行政及策劃能力為其特色，至於，在執行的部份，也是有積極行動力的。或在職場上有個人的風格，忠於職責，堅守原則，不為外境誘惑而改變自己的志向。或在本身職務上，也能不斷追求自我成長來因應工作所需……」

■落陷天機星坐官祿宮

代表著：「在職場上不易將自己的才華展露出來，有懷才不遇或才華難顯的缺憾。或在職場上偶有行政上的疏失，或有失策的現象，導致易陷窘境、不易脫困的遭遇。或缺乏溝通的能力，個人的理念難以與團隊達成共識，導致有執行上的障礙。或雖能堅持自己的理念，但在執行層次上，往往與現實狀況有差距，導致有滯礙難行之時。或在工作上勞心費力，心情難以愉悅，往往有鬱鬱寡歡的傾向。或在職場上的人緣欠佳，與人的互動有距離感，在應事的時候也較有嚴肅感，令人有不易親近之感。或在工作上雖有個人的理念與風格，但往往不切實際，難以付諸實現。或者因為盡職的緣故，容易在個人的工作崗位上產生過勞的現象。或者為了事業終日忙碌，難得清閒下來，也缺乏放鬆與舒解壓力的管道。或者也有耗費心思，導致在精神上有緊繃的感覺……」

## ■忌煞沖、會照或同宮（天機星坐官祿宮）

這種格局可能意味著：「個人的才華在職場上，不易發揮所長或受到別人的肯定，有受挫或心生退卻的念頭，導致有意志消沉的傾向。或者在職場上有工作中斷的傾向，而有工作上的壓力或困擾。或在職場上的人緣不佳，善緣不足，在人際互動之間缺乏主動積極的意願。甚至，面對工作的態度鬱鬱寡歡，不易讓自己快樂起來，缺乏樂在工作的精神。或者工作上心緒紊亂，想得多，付諸實行的有限，有自尋煩惱的傾向。或本身的理念不易獲得伙伴的支持或認同，偶有一廂情願或自怨自艾的傾向。甚至為了工作，勞碌身心，難以改變思維、突破困境……」

官祿宮中坐天機，善巧機智才華顯，
因應變局創意新，領導統御展其志，
官祿場上得意時，功成不居反謙守。
若有忌煞同宮坐，或見忌煞對宮沖，
事業行運有阻滯，宜當仔細來推敲，
一者宜當知己力，選擇行業要適當，
力有未逮勿強求，凡事路遙知馬力，
二者謙柔來應事，凡事不可急居功，
三者宜建立善緣，或有得緣相助時，
四者心不生消極，適才適用得其所，
五者踏實來應事，慎勿偏向曲中求，
六者宜培養實力，博學多聞有助益，
個人福分本不同，羨慕他人事無補，
宜當自立及自強，事業運勢將不同。

## ※天機星在田宅宮

## ■得地天機星坐田宅宮

意味著：「個人注重居家生活的品味，喜歡花費心思在家庭的規劃與佈置上，令住家有優雅的氣氛。或者在居家生活中與家中成員互動融洽，且能發揮細心、耐心照顧精神。或在家庭中能以本身的智慧或才華來幫助家中成員，使他們能獲得成就。或在居家生活中喜以某方面的興趣作為研究或探討……」

## ■得地天機星坐田宅宮

代表著：「個人對居家生活的品味不甚講究，或有疏於照顧家庭的傾向。或者也有聚少離多的現象，與家人相處的時間有限。或在居家中身心不易安定下來，有難得清閒的傾向。或在購置不動產上負擔頗為吃力。或與家人的互動較有個人的見解，導致心意難通或有默契不足的現象。或在家中個性不易開朗，也有較為被動的傾向……」

## ■忌煞沖、會照或同宮（天機星坐田宅宮）

這可能意味著：「個人易受外在環境影響，在外的時間多，疏於照顧家中成員，導致與家人互動不易流暢。或者在擁有房產方面的福分不足，即使勉強擁有也不易擺脫經濟負擔的壓力。或與家人的理念不易達成共識，導致偶有違和的現象，令家人憂心或困擾。或對家中的管理與運作缺乏關愛與參與的心思，與家人的心靈互動有日見疏離的傾向……」

田宅宮中坐天機，居家創意巧思多，
機智才華蔭家人，循循善誘興家運。
若有忌煞同宮坐，或見忌煞對宮沖，
居家行運有阻滯，當得思量來對治，
一者居家知動靜，出入時間宜權衡，
二者當以同理心，家人本是同船渡，
三者居家宜放鬆，和諧氣氛興家運，
五者居家重整理，紊亂無緒不可趨，
六者置產宜慎重，衡動心性當留意，
七者愛子有其道，子女對宮相會照，
如此七事若能行，堪稱天機智慧者。

※天機星在福德宮

## ■得地天機星坐福德宮

意味著：「個人的心地善良常有悲天憫人之心，見人有難易伸援手去幫助他們，使他們脫離困境。或者也具有宗教方面的緣分，也能自我勉勵往心靈成長方面提升。或者也有樂於助人的天性，通常能以實際的行動去關懷與照顧有緣的人。或者個人的領悟力及應變能力強，有多樣的才華，在人際方面易遇貴人，或者善緣處處，而本身也是別人的貴人。或者也善知人性，擅長溝通與談判的技巧。甚至為人正直，不畏權勢，對人和善又能堅守個人心志，不為外物所遷。或者也有博學的傾向，凡事重思考，有沉穩的個人特質，但在付諸於行動之時，具有乾脆的氣魄。或個人雖有沉穩的特性，但因個性活潑的緣故，往往難以讓自己清閒下來（福報中帶有勞碌的命運）……」

## ■落陷天機星坐福德宮

代表著：「為人心地善良，雖有熱心助人的雅量，但不得要領，令自己在付出的過程中，有身心疲憊之感。或個人心思較為紊亂，難得放鬆自己，或尋求適當的紓解管道。或平日忙忙碌碌，常為日常瑣事煩擾，缺乏對休閒規劃的心思。或個人的理念在執行之時，與現實狀況有差距，不易落實目標，或如期達成自己的理想。或對於心靈成長方面，缺乏積極探索的企圖心。或也有遇事易受挫的傾向，導致面對日常事務時，缺乏積極的動力……」

## ■忌煞沖、會照或同宮（天機星坐福德宮）

這種現象可能意謂著：「常為平日的事務煩忙或瑣事頻繁，對於生活品質的提升，缺乏規劃的心思或不甚講究。或常為生活奔波勞碌，難得清閒下來，因此，心思有紊亂的傾向，缺乏休閒的規劃來放鬆身心或紓解壓力。或也缺乏追求心靈成長的動力，導致有心靈空虛的傾向。或者在錢財方面的福報不足（因為，對宮為財帛宮，化忌沖的現象，將會對福德、財帛兩個宮位造成相互影響的因果關係）。或也有自尋煩惱的傾向，想得多，做的卻有限，導致抑鬱的情緒難以排解，有憂鬱難解的現象。或者心情不易開朗，鬱鬱寡歡，面對人生的道路，有不知如何前行的疑惑……」

福德宮中坐天機，天生智慧秉性高，
心善慈悲能施捨，福田自耕也利人，
心量廣大如納川，捨己利人也無妨。
若有忌煞同宮坐，或見忌煞對宮沖，
於財福報有不足，只因忌煞會福德，
唯今若能知己運，宜當思量來對治，

一者凡事能惜福，事物當能盡其用，
二者當耕己福田，隨緣量力濟利人，
三者宜能習靜慮，心思過度易傷神，
四者遇挫不消極，宜能豁然去面對，
五者心事不壓抑，正面紓解有其道，
六者能近善知識，充實心靈智慧長，
七者常懷慚愧心，常觀己過植善根，
福田若種如植樹，不見其長日有增，
若能如實行七事，或轉宿命可待時。

## ※天機星在父母宮

### ■得地天機星坐父母宮

意謂著：「父母之其中一方，有個性溫和且善解子女心意者，對子女能以其智慧及才華善加引導。或也具有心地善良，平日喜廣結善緣，有熱心公益或樂於助人特性。或其個性沉穩，但較有嚴肅感，心思細膩，對事情的處理態度冷靜，能有條不紊的因應。或具有積極的企圖心，也有付諸實踐的動力。或父母之間的感情互動尚屬融洽，彼此心意也能透過溝通來瞭解……」

## ■落陷天機星坐父母宮

代表著：「個人與父母之其中一方在互動上，有心意難通或默契不足的現象。或父母之間的感情互動不甚融洽。或與子女的互動較為嚴肅，令人有不易親近之感，缺乏融洽度。或為家庭事務頗為勞碌，身心難得清閒下來。或個性不易開朗，易將心事往內積壓，導致有悶悶不樂的傾向。或其以個人的才智，來引導子女時不易得到共鳴，頗有受挫之感。或者（父母之一）個人的才智，在人生際遇中，不易將其理念適當的展現出來，有懷才不遇之憾。或者也有熱心助人的雅量，唯在付出過程中有不成比例的傾向。或在其人際互動的範圍有限，有善緣較不具足、貴人難逢的現象……」

## ■忌煞沖、會照或同宮（天機星坐父母宮）

這種現象可能意謂著：「父母之間的相處，有心意難通或默契不足，偶有違和的現象，甚至彼此的心靈距離，有愈拉愈遠的傾向。或者疏於對家人的照顧（有心無力），與子女的理念不易達成共識，使得彼此之間的互動顯得有距離感。或也缺乏積極正面的人生觀，心胸不易開朗，易將心事往內積壓，導致有鬱悶的傾向。或者父母（之一）的心思較為紊亂，易為瑣事煩擾，難以發揮其才智來因應日常狀況。或有想法不切實際的傾向，說得多，但卻做的有限，與現實有差距。或者對於環境的適應力薄弱，凡遇挫折或逆境時，易興起退卻的念頭。或者在其人生的過程中，本身的理念或做法不易得到別人的認同，然而，本身也缺乏積極的動力來思以突破。

**《序卦傳》**

※夫婦之道，不可以不久也，故受之以恆（註一），恆者久也。

※傷於外者，必返其家，故受之以家人（註二）。

※家道窮必乖，故受之以睽（註三），睽者乖也。

◎註：

一、「恆」：易經六十四卦中的【雷風恆卦】，依卦名解其意為：「恆久」。

二、「家人」：易經六十四卦中的【風火家人卦】，依卦名解其意為：「注重家庭倫理」。

三、「睽」：易經六十四卦中的【火澤睽卦】，依卦名解其意為：「家道中落之時，必然會有乖違的現象」。

# 巨門星

在神話故事中，以「馬千金」來代表巨門星的主要人物，話說「姜子牙」承師命剛下崑崙山時，曾在朝歌城開館算命，為人卜卦指點迷津，這天，來了兩位小姐湊熱鬧，硬是要看相，子牙舉目一看，竟然是兩個琵琶精化成人形要來拆他的台，子牙只得將計就計的把兩個妖精抓了起來。與比干丞相一起進宮見駕，妲己早知兩位受難的精靈，實是軒轅墓中的同伴所化，因此，便慫恿紂王說：「姜子牙乃妖言惑眾，一派胡言。」紂王不明究裡，當場下令要格殺他，誰知子牙一溜煙，就在眼前消失了。

自此之後，子牙便到城外去尋他四十年前結拜老友，終於在宋家庄找到結義兄弟「宋異人」，兩人相遇之情狀自不在話下。子牙也就暫時在此安住下來。這天，義兄宋異人跟子牙說道：「為兄幫你找一門親事，也好讓你在晚年時期成家立業……」子牙一聽，嚇得說不出話來，但也拗不過義兄的一番好意，也就不知如何是好。過了幾天，義兄來向子牙說：「聘禮已下了，對方是馬家庄員外的千金，今年六十八歲，尚未出嫁，這門親事就這麼定了」。

自從子牙迎娶馬千金進門之後，終日但見他沉思、習武或自已舉棋佈局，似乎陶醉在個人的世界裡，總無視乎她的存在，這也難怪馬千金開始抱怨起來，自迎娶不到一個月以來，兩人總是處在冷戰的狀況，夫妻之間的感情卻每況愈下，馬千金內心鬱悶難解，竟開始嘀咕起來，愈演愈烈，甚至成天與子牙吵鬧……。可是，子牙卻一副無辜模樣，也不與她爭論，讓她發紓情緒。不到三個月的時間，兩人也就各自離異了。事隔多年，直到馬千金得知姜子牙封侯拜相時，羞愧得無地自容，竟也尋短去了。

當「馬千金」的魂魄來到封神台前，被封為掌管「巨門星」的主人，「巨門」兩字意味著：「馬千金所居住的宮殿之門與一般的宮殿不同，它是用一副特別巨大的門所製成的，其中也意含著人們的口舌是非如同那一扇巨大的門一般，經常是口無遮攔，因言語不當而四處招惹是非，或得罪於人而不自知。」因此，在「紫微斗數」中，便引用這種象徵性的含意，以「馬千金」這號人物，來作為「是非之神」的代表。

| 星宿 | 五行 | 化氣 | 主 | 特性 | 十年干之四化 |
|---|---|---|---|---|---|
| 巨門星 | 陰水 | 暗 | 是非<br>晦暗 | 性急、多疑<br>口舌、消極 | 丁年化忌　辛年化祿<br>癸年化權 |

從「巨門星」的代表人物「馬千金」來論紫微斗數的星性特質，可將其分析為下列幾項優缺點：

### ◎優點

一、巨門星是一顆跟口才表達有關係的星座，因此，命坐巨門的人，他們的說話能力是相當強的，也常有一鳴驚人的傾向。比如說：「有些民代為民喉舌，辯論、談判專家，以口才為事業的教育工作者，外務人員，政治、公關、演講家、廣告、行銷人員……等，這些相關行業的能力展現，也多跟巨門星所坐落的宮位有關係」。

二、具有良好的溝通與表達的能力。

三、喜活潑或熱鬧的氣氛，平日交友狀況廣闊。

四、做事講求效率，行動力強，凡事傾向速戰速決，不拖泥帶水。

五、凡事喜簡明、扼要、明確的應對態度。

六、古道熱腸，雖喜助人，亦嫉惡如仇。

七、喜在在人際互動場面紓發己見，說服能力強。

八、生性熱情，喜熱鬧氣氛，與人聊天時甚能掌握個中要領。

九、對人、對事的應對態度有自己的人格特質，頗能與眾不同。

十、有自己的人生觀，通常會堅持或懷自信的看法，不易受外界改變。

十一、可發揮辯才能力，擴展外交能力，利己利人。

## ◎缺點

一、雖具良好的口才表達能力，唯恐過與不及，出言傷人而不自知。

二、化氣為「暗」，因此，凡事不宜以言語得罪於人，恐招是非或背後受人中傷。

三、雖喜交友，但當須明辨，唯恐交友不慎，招人疑謗。

四、應事有煩雜、難以釐清之象，宜當大處著手，以大局為重。

五、凡事宜當樂觀以應，逢遇挫折時，慎勿自暴自棄。

六、以言能立功，亦可以言毀於一旦，凡出言當須謹慎以對，失言必導致後悔莫及。

七、外表雖有樂觀之象，唯內有心事不易紓解，積壓致成鬱悶。

八、個性稍急躁，思慮欠周詳，應事恐會亂了陣腳。

九、須戒出言不遜，玩人喪德。

十、應事角度宜客觀因應，否則易有偏頗失慮之過患。

十一、做事雖講求效率、行動力強，唯恐欠缺協調或溝通，以致應事有損。

十二、凡事喜簡明、扼要、明確，唯宜加強判斷力或應多就教前輩，補其不足之處。

十三、心地善良，雖喜助人，唯恐際遇總有初善終惡之憾。

※巨門星坐命十二宮位圖解

| | | | |
|---|---|---|---|
| 巨門+3 巳 | 巨門+3 午 | 天同-1 巨門-1 未 | 太陽+2 巨門+4 申 |
| 巨門-2 辰 | 巨門星 | | 天機+3 巨門+4 酉 |
| 天機+3 巨門+4 卯 | | | 巨門-2 戌 |
| 太陽+3 巨門+4 寅 | 天同-1 巨門-1 丑 | 巨門+3 子 | 巨門+3 亥 |

◎巨門星坐「命宮」：

**壹、「得勢」的巨門星坐命宮**（三方四正，不會照陷地的紫府星系）

一、為人心地善良，巧智聰明，能言善道。

二、為人正直，凡事顧慮周詳，決定之事，行動力強、效率高。

三、為人積極，對事業有強烈的企圖心。

四、應事雖喜簡明、扼要，但心思頗細密，謀定之後，執行力強。

五、與朋友往來通常能顧及正義，並付出能量去關心他們。

六、有熱人助人的好心腸。

七、明辨善惡，事理分明，應對之間有與眾不同的魅力感。

八、自我肯定的能力強，遇挫折之時，愈挫愈勇。

九、所處的環境是非多，排除困境的能力強。

十、外力不易改變其心志，或有主觀的思維模式。

十一、口才、溝通、辯解的能力強，以「愛語」利己利人。

十二、喜周旋於人際間，有桃花臨風的傾向，受人注目。

※「得勢」巨門星坐命宮，共有五種基本結構

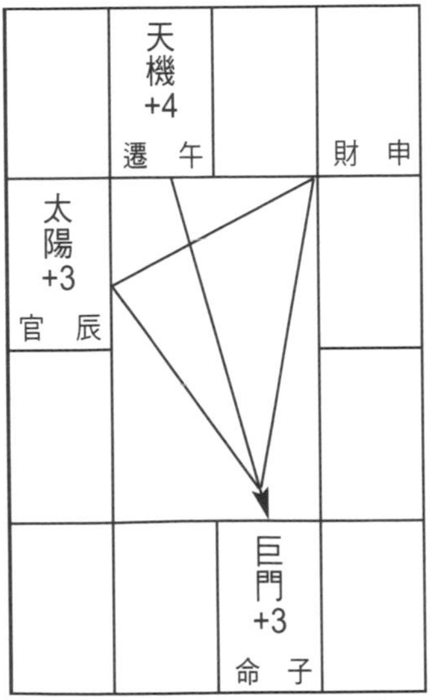


圖一

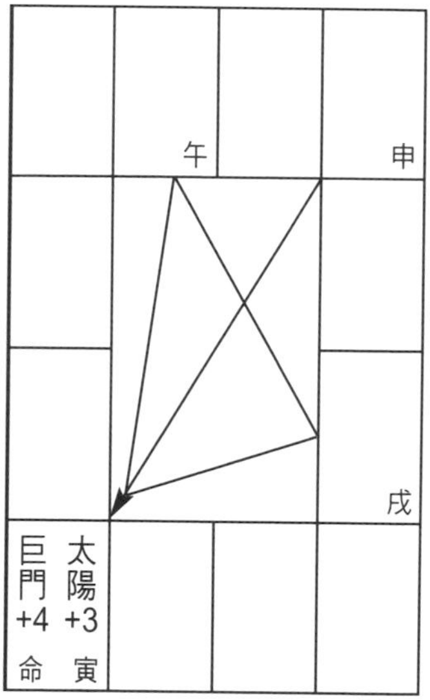
午
申
戌
巨門
+4
命
太陽
+3
寅
圖二

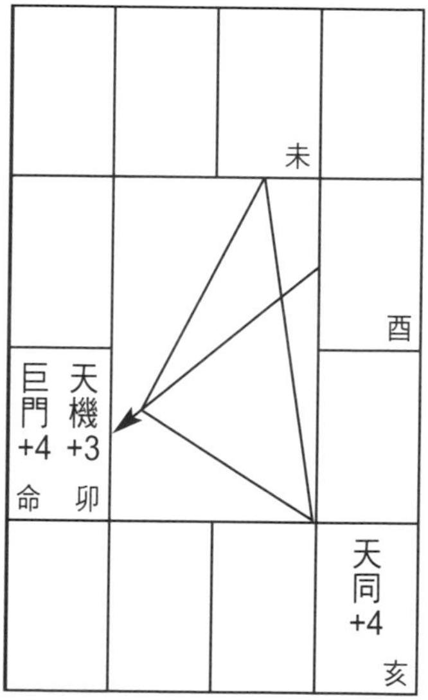
未
酉
巨門
+4
命
天機
+3
卯
天同
+4
亥
圖三

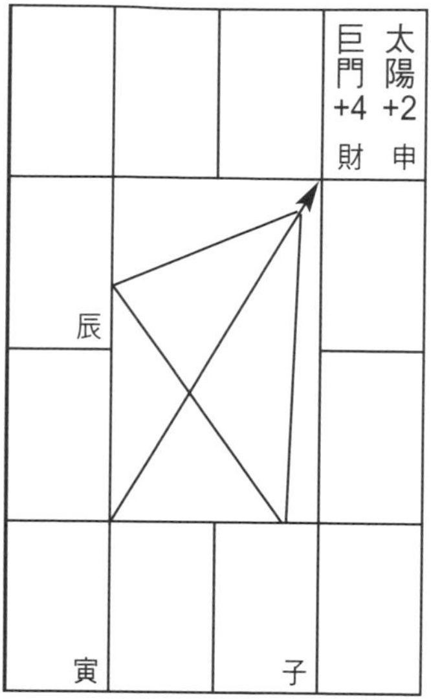
巨門
+4
財
太陽
+2
申
辰
寅
子
圖四

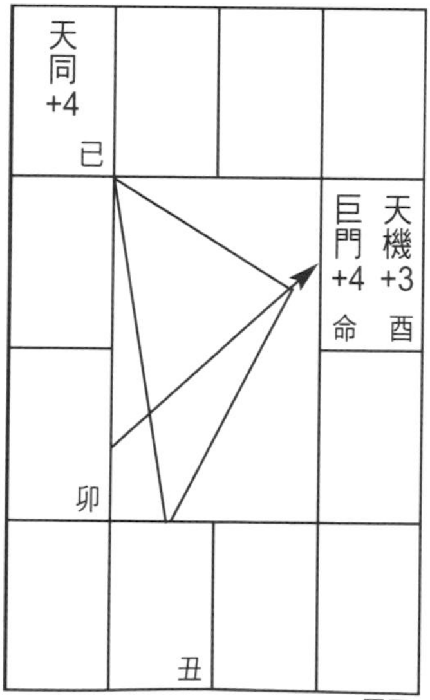
天同
+4
巳
巨門
+4
命
天機
+3
酉
卯
丑
圖五

## 貳、「失勢」的巨門星坐命宮（三方四正，會到落陷的紫府星系）

一、心地善良，巧智聰明，唯在能言善道中，易得罪於人而不自知。
二、做事雖講求效率，唯恐對於錢財的出入規劃不夠嚴謹。
三、對事業雖有強烈的企圖心，唯對於選擇事業的判斷能力恐有失慮之處。
四、雖喜簡明、扼要、乾脆，唯恐應事過於草率。
五、與朋友往來雖能顧及正義，唯恐有大往小來之失。
六、喜助人，但「愛見悲」，易導致成為濫好人一個。
七、個性孤剛，雖喜交友或熱鬧場所，唯恐與人寡合，導致心靈受創。
八、出門在外，恐易交友不慎，致有損財之過患。
九、賺錢不易守財難，宜學習財務管理的技巧。
十、逢遇挫折時，易灰心喪氣，提不起精神來，或有欲振乏力、消極之感。
十一、過度堅持己見，應事恐自招損。
十二、心急口快，言出易生是非，或有玩人喪德之患。
十三、心事總往內心放著，有難言之隱，不易為外人所知。
十四、凡事宜習對治已過之道，輔以識人之智，則可減少是非與勞碌、奔波之苦。

※「失勢」巨門星坐命宮，共有七種基本結構

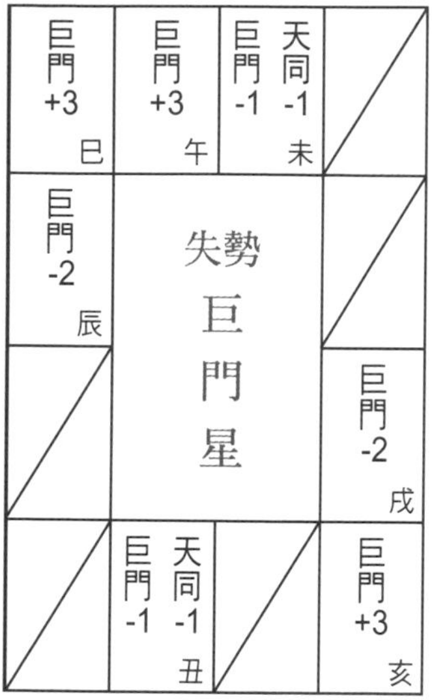


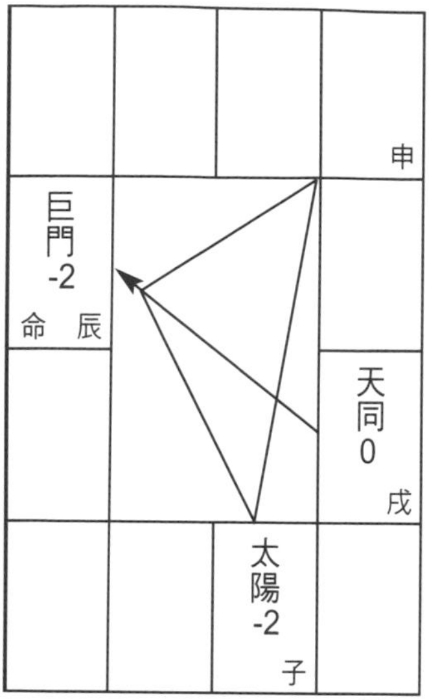


圖二

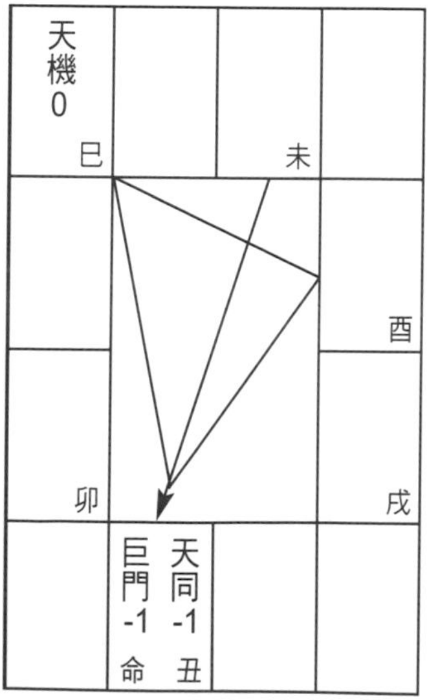


圖一

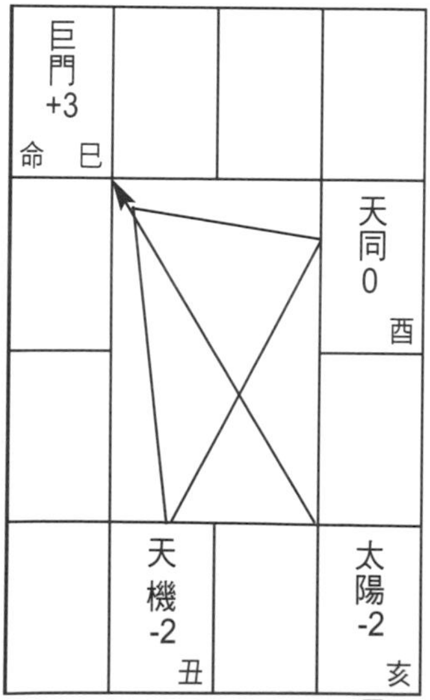


圖三

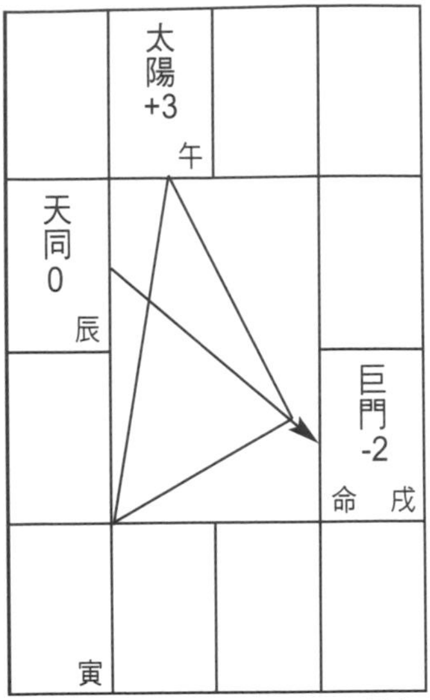
太陽 +3 午
天同 0 辰
巨門 -2 命 戌
寅
圖六

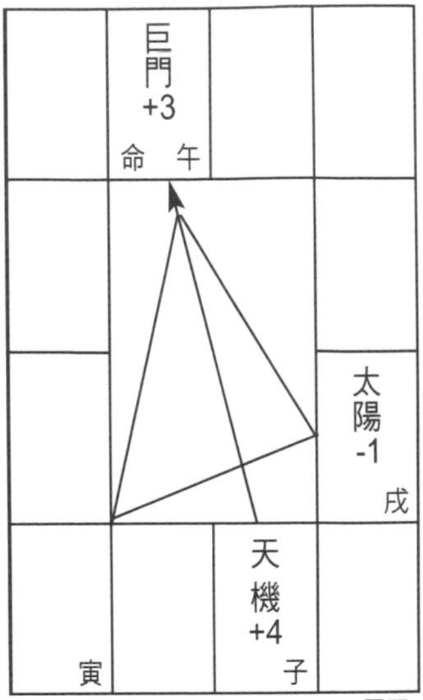
巨門 +3 命 午
太陽 -1 戌
天機 +4 子
寅
圖四

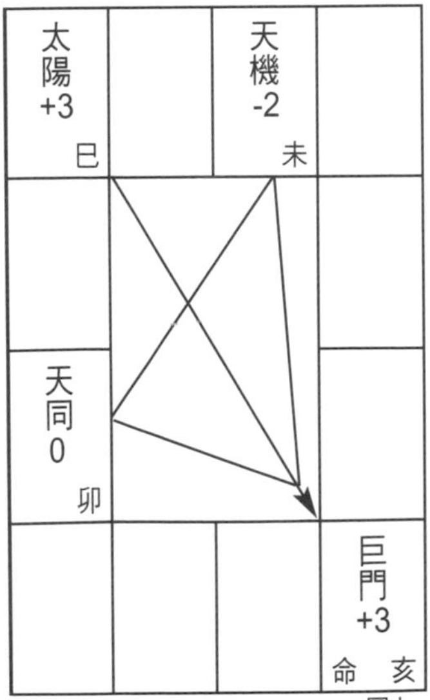
太陽 +3 巳
天機 -2 未
天同 0 卯
巨門 +3 命 亥
圖七

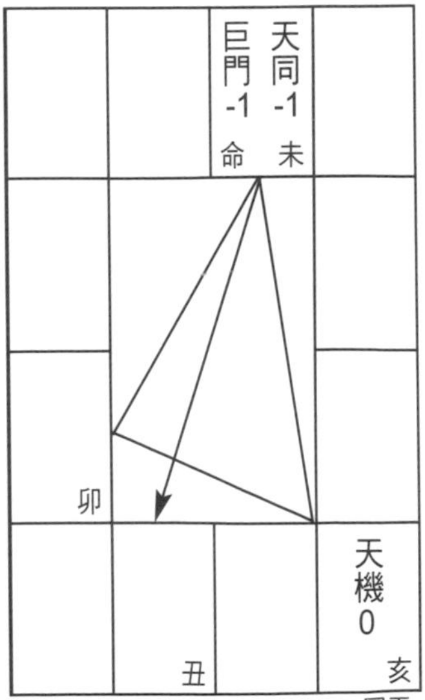
巨門 -1 天同 -1 命 未
卯
丑
天機 0 亥
圖五

## ◎超越巨門星的宿命

巨門星是一顆跟口才表達有相當大關係的星座，在五行的歸類當中屬於「陰水」，水在《易經》中的卦象為「坎」，「坎卦」為六十四卦中的四大難卦之一，坎卦為險難之象，坎為水象，有暗動、隱晦不明之意。因此，凡是巨門星坐命宮（身宮）之人，顧名思義為命坐「坎卦」。從「紫微斗數」的論點來看，巨門星有兩大特色：「一者是口說的能力。二者是情緒的狀態」。

世間上的任何現象，基本上是相對的，在兩極之間有它的平衡點，要擺脫相對的兩個端點進入平衡狀態，就好像進入中道的領域一般，這是非常不容易的事，也因此，自古以來的聖者無不以此為努力的目標。就現象的事理來看：「善惡本對立，好壞亦如是，有來即有往，有此故有彼，美醜一念間，意識在分別……」

巨門星坐命之人當然也不例外，有好的口才與溝通能力，或擁有極佳的說服能力，然而，不可疏忽的是：「巨門化氣為暗，表面認為是好的事，往往在背後隱伏著是非，自己招惹而不自知。」命坐此星座之人，一生當中的考驗頻繁不斷，運勢有「隱晦之象」，致使有志難伸，或有貴人難遇之感，也意味著：「人生在某些重要的關鍵時刻上，總有欠缺臨門一腳的遺憾」。

以超越巨門星的宿命論來看，要從面對人生的基本心態上著手，應該是一個不錯的做法，可以由內在的「自我意識改變」做起，若能建立一個新思維、新做法的話，那宿命的老調就難以對你產生束縛的作用。比如說：「巨門坐命之人，一生中最大的忌諱就是經常在言語上得罪於人而不自知，若能從中學習「愛語與人」。那麼，第一道宿命的關卡，對你來說，這道障礙就被消除了」。

其次是「情緒的掌控」，若能知道自己不足之處，宜下定決心，學習如何改變自己浮躁的個性，這「善補其過」的做法，也是一個釜底抽薪的根本之計。尤其巨門星化氣為「暗」，在面對生命的過程中，凡遇到挫折磨難時，容易萌起退卻之心或者心生消極。從斗數的因果論來推斷的話，這也許是上天賦與你此生的功課，說不定也是前世尚未善了的業障，在此世時空交會的當下，你必須再一次的，勇敢去面對這項考驗，唯有透視到自己生命中的不足之處，你才會擁有無限的改善空間來完成這項尚未完成的功課。《孟子‧梁惠王篇》中提到：「天之將降大任於斯人也，必先苦其心志，勞其筋骨，餓其體膚，空乏其身，行拂亂其所為……」，這對我們來說，應該有很大的勵志作用。

巨門坐命考驗多，因其化氣為晦暗，
生來即帶口語業，雖是此生宿命定，
唯今仍可轉斯業，是福是禍在認知。

得地化權利大眾，陷地化忌招是非，（註一、註二）
人生宜習愛語施，對治口業之缺失。
言語利人植福德，善緣處處無不利。
仗語玩人易喪德，運勢晦滯自感召。
性急之時當忍辱，隱忍對治己習氣，
悲觀無濟於世事，宜習樂觀勇面對。
超越宿命如水滴，終有穿石之日時，
鐵杵可能磨成針，轉化生命當如是。

※註：

一、得地化權：命坐「巨門得地」或「巨門化權」。

二、陷地化忌：命坐「巨門落陷」或「巨門化忌」。

※巨門星在兄弟宮

## ■得地巨門星坐兄弟宮

意謂著：「在手足之間，有耿直、口才佳，且直言不諱者，與兄弟姐妹之間的互動尚屬融洽，喜以言語表達關懷，也有照顧家人的雅量，由於有心急口快的個性，彼此間的感情互動較有起伏性的變化。或者也具有愛語和說服的能力，能因應環境變化而調整因應的方式，適應力強。或在溝通與談判方面的能力強，由於口才的優勢，通常能為其帶來利益。或也具有「愛語」的特性，能將其應用在人際關係上，為其建立優勢的人脈或善緣……」。（備註：得地的巨門在兄弟宮，雖有正面的多項特質，但巨門化氣為暗，也因此，手足之間的情感互動，總有時好時壞的現象，雖然善於溝通或表達，但也會因此形成負面的效應。）

## ■落陷巨門星坐兄弟宮

代表著：「在手足之間，有為人耿直、心急口快者，雖然口才能力好，但往往在互動中過於注重個人的想法，不易與其達成共識或默契。或者雖有照顧手足的雅量，但有內柔外剛的現象，不易讓人理解他的想法與作為。或在表達個人的意見時，易忽略他人的感受。或其對人生的規劃有積極的企圖心，與執行的動力，但往往在人際互動之間不易建立善緣，偶有受挫之感。或有快言快語的個性，往往易於得罪人而不自知。或與手足之間的互動偶有理念不合之處，導致彼此的心靈距離有愈拉愈遠的傾向……」

■忌煞沖、會照或同宮（巨門星坐兄弟宮）

這種現象可能意味著：「與手足之間的互動，彼此的理念或做法不易達成共識，或者也過於強調個人的主觀意見，導致偶有違和或對立的現象。或對方心急躁進（缺乏沉穩的個性），不易接受他人的引導或建議，有我行我素或剛愎自用的現象。或在表達意見與作為時，易忽略家人的感受，且在言語上有傷害家人的傾向。或者在外易感招口語上的是非，得罪於人而不自知。或與家人的互動不甚融洽，易給家人帶來困擾。或其個性不易開朗，對於挫折的適應力不佳，易將苦悶往內積放，導致有抑鬱的傾向……」

兄弟宮中坐巨門，為人心直有正義，
愛語利人眾人誇，積極企圖有作為，
愛護手足能施與，兄弟宮中受其蔭。
若有忌煞同宮坐，或見忌煞對宮沖，
手足互動不易親，彼此理念難相契，
心急口快易招咎，手足情誼易疏離，
唯今若能知己運，宜當以智來引導，

一者手足相見親，對之愛語相勉勵，
二者家人宜同心，團結協力家運興，
三者宜借助外緣，知性或可導其行，
如人常入於香室，久薰身則帶香氣，
引導手足亦如是，循循善誘心甘願。

※巨門星在夫妻宮

## ■得地巨門星坐夫妻宮

意味著：「配偶個性耿直，有直言不諱的特質，心腸雖軟也有剛毅的特質，在彼此的互動上通常較有掌權的傾向。或能以愛語、柔語，來關愛或引導對方，彼此感情融洽。或者伴侶的口才甚佳，溝通、表達與說服力強，通常能在其人際互動中（有好的人脈）獲得好評。或者伴侶對於人生的規劃具有積極的企圖心，又能以實際的行動力朝向自己的目標與理想前進。或對伴侶有較高的期望，常能以關愛及鼓勵引導其向上……」（備註：因巨門星化氣為暗，為是非之星，因此，當它坐落在夫妻宮，而且居得地之位時，雖然有滿多積極正面的特質，但往往易因表達的拿捏失當，而有招至莫名的過失，這意謂著：夫妻之間的感情互動有時好時壞，或有隱晦的現象，不可不慎。）

## ■落陷巨門星坐夫妻宮

代表著：「伴侶是個心地善良且能體貼對方的人，但往往與伴侶的互動，在溝通或語言的表達上心意難通，或彼此的認知上有差距，導致有默契不足的現象。或者個人的付出、理念、做法，不易為對方所理解，但在互動上又難以正面的溝通方式來適當表達出個人的心思，因此，易將心事往內積壓，導致有鬱悶的傾向。或者對方在人生的際遇過程中較有晦滯運勢，在所經歷的事件中，不易將個人的理念付諸於實現，頗有挫折感。或者伴侶雖然賢淑，但往往在表達上缺乏正面的互動，導致彼此的心靈默契有日漸疏離的傾向……」

## ■忌煞沖、會照或同宮（巨門星坐夫妻宮）

這種現象意謂著：「夫妻間的感情互動，心意難通，默契不足，由於伴侶的言行，有我行我素的傾向，往往忽略對方的感受，導致有對立或違和的現象。或伴侶在表達、溝通上過於注重個人的見解，缺乏沉穩的個性，急躁行事，易招過咎。或本身在言語表達上缺乏柔軟的心性，易因直言不諱而傷害對方，致使彼此感情的互動有日漸疏離的傾向。或者伴侶在人生的際遇中缺乏挫折適應的能力，易生消極的念頭或者有退避的傾向。或伴侶在應事時缺乏豁然的態度，易自尋煩惱，心事往內積壓，導致有悶悶不樂的傾向。或者伴侶的人生際遇似有晦暗運勢，不易改變思維突破困境……」

夫妻宮中坐巨門，人生際遇真不同，
夫妻和合有其道，愛語（註一）及他不刻薄，
順語（註二）互勵有默契，心意相通興家運。

◎註：

一、「**愛語**」：與人互動之間，以柔軟的態度及積極正面的語言說出讓對方感覺和悅讚嘆對方的優點（不揭人缺點），像這種種可利及他人的語言，能適時的表達出來，使對方有溫馨的感覺。

二、「**順語**」：在彼此的溝通或語言表達上，能以積極正面的態度來肯定對方，因此，順語就是：與對方保持溝通的流暢度，以肯定對方的優點為原則（不做刻意的挑惕），或以順勢的方式引導對方達成彼此的共識或默契。

※巨門星在子女宮

## ■得地巨門星坐子女宮

意味著：「子女中有心善、耿直、熱心、口才甚佳者，與家人的互動尚屬融洽，溝通與說服能力強，對於人生的規劃具有積極的企圖心，與父母之間的互動通常較具優勢。或者子女的自我肯定能力強，在逢遇挫折時，通常能以無比的毅力去克服困難。或者也有孝順之心，但通常居於主導的角度……」。（備註：化氣為暗與是非之星，與父母親的互動狀態可謂是變化多端，因此也意謂著：較有類似戲劇性的曲折離奇。）

## ■落陷巨門星坐子女宮

代表著：「子女中有心善、熱心、直言不諱者，但由於心急口快，欠缺正面溝通的技巧，易因言語表達不當而傷及家人。或與家人的互動較有主觀的見解，但通常易忽略家人的感受。或者個性較為急躁，有難發難制的傾向。或與父母親的互動彼此心意難通，或者難以達成共識，導致彼此的心靈距離有愈拉愈遠的現象。或者個人的理念與做法疏忽與家人溝通，有獨斷而行的傾向（剛愎自用）……」

## ■忌煞沖、會照或同宮（巨門星坐子女宮）

這種現象可能意味著：「子女中有缺乏理解父母心意者，在溝通表達之間有我行我素的傾向，難以顧及家人感受。或與父母的互動難以互通心意，甚至偶有違和之處，造成父母的困擾。或者個性急躁，有好動成性的傾向，不易讓心性穩定下來。或者對於挫折適應的能力不佳，偶遇困境之時，易萌生退卻的念頭，或以消極的心態面對。或與父母親在對話之間缺乏柔性，易語出傷人（缺乏自省的能力）……」

子女宮中坐巨門，善巧機智應對佳，
體貼父母心細膩，日常互動能融洽。
若有忌煞同宮坐，或見對宮忌煞沖，
親情互動有阻滯，彼此心意難相通，
心急口快性好動，只因言語少柔性，
語出驚人傷和氣，剛愎自用執為是，
若能知己子女運，當思良方來對治，
一者慈悲無怨悔，二者以身來作則，

三者順子性引導，四者柔軟語對待，
五者傾聽子心聲，六者順勢來引導，
七者自有兒孫福，八者願子得幸福，
如此八事若能行，世間父母甚稀有。

## ※巨門星在財帛宮

### ■得地巨門星坐財帛宮

意味著：「個人對於錢財運用甚為用心，喜將錢財流通並從中獲利。或將錢財應用在事業的投資，對於生意的經營之道頗為熱中。或在錢財的運用方面，有出入頻繁的跡象。或者為財務細心規畫外，也有為錢財勞碌辛苦的現象。或者在錢財的花費方面，通常較為爽快、大方、乾脆」。（備註：化氣為暗的巨門星，不喜坐在財帛宮，即使巨門不落陷，巨門也意味「巨大的門」，因此，財帛宮則有大出大入的現象，通常會不知節制，其最終也易因出入失衡而有漸漸耗失錢財的傾向。）

### ■落陷巨門星坐財帛宮

代表著：「個人缺乏理財的概念，易將辛苦獲得的錢財輕易的花費出去，導致收入與支出有失衡的狀態。或缺乏危機意識，難以將所得的錢財做適當規劃或儲蓄下來，導致有寅吃卯糧的過患。或者為了賺錢，在付出的過程頗為辛苦，有勞碌的現象。或者有財難守，易受衝動心理影響，有花錢大方、爽快、乾脆的傾向（花錢難以自制）。或在錢財的出入狀態，開銷與收入不成比例，導致有入不敷出的現象。或者常為缺錢所苦，為了賺錢，勞累辛苦，卻又難以維持平衡狀態」。（化氣為暗，其中隱含著是非的含意，這意謂著：個人在錢財的出入方面易招爭議，或有暗處流失的傾向（無法自我掌控，卻又莫名其妙的耗失）。或者掌控錢財的穩定度不足，易因判斷失誤而導致錢財耗失。）

## ■忌煞沖、會照或同宮（巨門星坐財帛宮）

這種格局可能意味著：「個人不但欠缺理財的能力，可能也有收入與支出失衡的狀態，導致常為缺錢所苦，或有寅吃卯糧之患。或者在工作上，所賺來的錢財不敷使用，甚至可能偶有財源中斷的現象。或在賺錢的能力上福報不足（因為，對宮為福德宮的關係），得財雖然辛苦卻又容易耗失，難以積存下來。或者視錢財如過路財神，凡是花費出去的往往比賺進來的多，顯然不成比例。或者花錢難以節制，易受衝動心理影響，導致有財庫虧空的傾向……」

財帛宮中坐巨門，善於理財及獲利，
巨門化氣而為暗，過度流通易耗失，
暗中隱含著滯晦，錢財暗耗不易守，
即使運勢正盛時，凡事當須以保守，
財帛對宮為福德，福報不足易耗失，
得財之時宜植福，福田利人積善因，
善因自有成果時，若能知己財帛運，
福德宮中為根本，今生少財莫怨尤，
若不知從根本治，縱使費盡百般心，
勞碌身心總有限，當得從因細推量，
一者宜心存善念，君子愛財取正道，
二者隨緣隨己力，量力佈施濟利人，
三者宜習心量廣，少貪反則能多獲，
四者福田當耕種，不計形式利有緣，
五者得財當感恩，縱使微少也當然，
如此五事若能行，當是善耕福田人。

※巨門星在疾厄宮

## ■巨門星坐疾厄宮

巨門星五行屬性為「陰水」，在易經中屬於「坎卦」，坎為水，有暗動之象，因此，當疾厄宮坐落巨門星時，得留意有關身體的泌尿系統，我們可從《黃帝內經》的文獻中，節錄這部分的資料來參考，並以此來呼應巨門星坐落在這宮位的現象。

**《黃帝內經素問-陰陽應象大論篇第五・第三章》**

北方生寒，寒生水，水生鹹，鹹生腎，腎生骨髓，髓生肝，腎主耳，其在天為寒，在地為水，在體為骨，在藏為腎，在色為黑，在音為羽（註一），在聲為呻，在變動為慄，在竅為耳，在味為鹹，在志為恐，恐傷腎，思勝（註二）恐，寒傷血，燥勝寒，鹹傷血，甘勝鹹……。

◎註：

一、「**在音為羽**」：古時候演奏樂器所產生的樂音分類，計有「宮、商、角、徵、羽」五種，「羽樂屬水性」，若以現代樂器演奏的分類來看，當屬與水性有關的樂音，比如：演奏起來有如行雲流水的古箏、豎琴、箜篌、吉他、鋼琴、水晶音樂，或潺潺的流水聲……，類似這些的樂音或聲音，因其屬水性，透過聆聽者的感受，水樂則入於人之「腎經」，有安定情緒之功，尤其是焦慮與驚恐。在安定神志方面均有其顯著的效果，因此，也有人應用音樂五行的原理，來治療個人情志，或開發其潛能，由於這種方式的應用，一般通稱為「情志療法」或「音樂療法」。

二、「**勝**」：有制之以平衡之意。

## ■忌煞沖、會照或同宮（巨門星坐疾厄宮）

這可能意味著：「個人在日常生活的狀態有勞碌身心之象，易招至個人的疲累，以及在腎臟（泌尿系統方面）的問題。或者個人常為生活與瑣事忙碌，難以清閒下來，有耗損身心的現象。或者也須留意，是否有隱疾的問題，導致個人偶有精神不濟或氣虛的現象……」

《黃帝內經素問—宣明五氣篇第二十三》

◎五味所入，酸入肝，辛入肺，苦入心，鹹入腎，甘入脾，是謂五入。

◎五精所并；精氣并於心則喜。并於肺則悲。并於肝則憂。并於脾則畏。并於腎則恐。是謂五并，虛而相并者也。

◎五藏所惡；心惡熱，肺惡寒，肝惡風，脾惡濕，腎惡躁，是為五惡。

◎五味所禁（註一）；辛走氣，氣病無（註二）多食辛；鹹走血，血病無多食鹹；苦走骨，骨病無多食苦；甘走肉，肉病無多食甘；酸走筋，筋病無多食酸。是謂五禁，無令多食。

◎五臟所藏；心藏神。肺藏魄。肝藏魂。脾藏意。腎藏志。是謂五臟所藏。

《黃帝內經靈樞—本神篇》

腎盛怒而不止則傷志（註三），志傷則喜忘其所言。

※註：

一、「**禁**」：是避免或禁忌之意。
二、「**無**」：不可過度之意。
三、「**志**」：指人的五種不同意識和精神狀態，這五意識是：「神、魂、魄、意、志」。

※巨門星在遷移宮

## ■得地巨門星坐遷移宮

意味著：「個人在外的人際關係與社交活動熱絡，不但口才佳、說服力強，甚至在溝通與談叛的技巧上也是個中高手。或者對於人生的規劃具有積極的企圖心，個性活潑，適應力佳，通常行動的能力強。或者也有嫉惡如仇的個性，心地善良，有熱心助人、直言不諱的特性。除了快言快語之外，為人耿直，應事時有乾脆、明快、不拖泥帶水的個性，是個有效率的行動者。或者在人際往來之間擅於施展口才，能言善道，通常為其帶來相當的利益。或者也能以愛語利人，建立多面性的人脈資源。或者在外也較有口福，能品嚐多方面的高尚飲食……」（備註：得地的巨門星在遷移宮，雖然具有多項正面特質，唯巨門化氣為暗，為是非之星，因此，縱使命坐此宮位的人，凡事仍應保守一點，若過度展現個人風格時，鋒芒畢露則易招咎，或引來無端是非的過失，所以，若能以謙虛兩字來作為人生座右銘的話，則是再好不過了，否則，有暗處的是非之事，這是不容易察覺或化解的。）

## ■落陷巨門星坐遷移宮

代表著：「個人在外，雖然人際互動頻繁，但個人的理念或做法不易獲得他人的認同，導致善緣有限，有懷才不遇或才華難顯的感嘆。或者在外的活動力雖然強，唯心直口快，易因直言不諱的個性而招來暗處的是非，導致運勢常有晦滯之象，不易從中突破困境。或雖有樂於助人的個性，但往往過度熱心易招初善終惡的過失。或偶有表達時機失當之處，易招至不必要的煩惱或是非，導致有口才招咎的困擾。或因個人有處事明快、乾脆的衝動心理，而缺乏正確的判斷力，導致偶有失誤的損耗（沉穩的能力不足，易因外在環境的變化而影響個人的價值觀判斷）……」

## ■忌煞沖、會照或同宮（巨門星坐遷移宮）

這種現象可能代表著：「個人在人際方面的活動力有限，缺乏互動往來的技巧，因此不易擴展人際範圍，善緣有限不易施展長才或受到貴人的提攜，因此似有懷才不遇的缺憾。或者個人缺乏表達與溝通的技巧，往往易因說話不當得罪於人而不自知。或個性較為急躁，缺乏沉著應付的能力，因此而招致損失。或者往往因戲言之故而導致人際違和，喪失許多良機，或自招災咎而不自知。或者在外的人緣不佳，常因說話不當而得罪於人，不易找到知心的朋友。或個人理念與做法難以獲得別人的認同或共識，導致常有受挫之感。或對於環境的適應能力不佳，凡遇挫折之時，易心生消極之念或者興起萌退之心……」

遷移宮中坐巨門，積極企圖有作為，
人際運作展長才，能言善道熱心腸。
若有忌煞同宮坐，或見對宮忌煞沖，
在外行運有阻滯，宜當仔細來推量，
一者宜當行愛語，愛語利人結善緣，
二者順語不違和，因勢利導不招咎，
三者應當慎口語，暗處是非惹煩惱，
四者鋒芒不可露，謙虛以應則離過，
五者雖樂於助人，唯其立場不可失，
六者常能觀己過，過失之處宜補正，
七者善處使增長，時時惕勵不退失，

如此七事若能行，便是人中智慧者。

※巨門星在僕役宮

## ■得地巨門星坐僕役宮

意味著：「在個人所交往的朋友當中，不乏有口才好、溝通及談判能力強者，與其互動尚屬融洽。或對方心地善良，有直言不諱的個性。或與其互動，有乾脆、明快的爽直個性，個性雖然急躁，但有極佳的行動力與企圖心朝向自己的理念與目標邁進。或者也有樂於助人的個性，通常能伸出援手來幫助朋友。或者與其互動尚屬融洽，彼此的理念或做法須透過溝通來相互了解，並為大家帶來利益……」。（備註：化氣為暗的巨門星，在居於得地的宮位，雖然有多項正面的特質，唯在與其往來的互動上，較有戲劇性的起伏變化，有初善終惡或先好後壞的現象，甚至有暗中較勁的意味，可能在個人交往朋友（工作伙伴）的狀態，有新舊更迭的傾向。）

## ■落陷巨門星坐僕役宮

代表著：「個人與朋友（工作伙伴）的互動往來，彼此的理念與做法不易達成共識或默契，導致有心意難通之處。或對方較有個人的見解，不易與其建立雙向的溝通管道，因此，易疏忽周遭人的感受，頗有執意而行的傾向。或者其人的溝通與表達能力欠佳，易因言語不當而傷及他人，或得罪於人而不自知。或者對方的人緣不佳，與其往來時不易建立正面的互動。或其人心性較為急躁，應事有草率的傾向，缺乏負責盡職的態度，導致運勢晦滯。或因其直言不諱的個性，往往言語失當，不但容易傷及周遭的人，也為自己招來暗處的是非，平添困擾。或在個人的交友運勢中，有更迭變化及晦滯的現象，使得友誼難以穩定發展……」

## ■忌煞沖、會照或同宮（巨門星坐僕役宮）

這種現象可能意味著：「個人的交友運勢晦滯，不易得到朋友的助益，甚至在互動之間，彼此的理念與做法不易達成共識，或者偶有違和之處。或對方缺乏溝通與表達的意願，有我行我素的傾向，甚至忽略到周遭人的感受與想法。或其人緣不佳，缺乏人際互動的正面性，戲言易自招災咎，或者得罪於人而不自知。或對方對於環境的適應力不佳，凡遇挫折之時，易生起消極的念頭或有心灰意冷的傾向。或與其互動頗費心力，不易建立正面且積極的效應，甚至有初善終惡的現象，給自己帶來困擾……」

僕役宮中坐巨門，朋友心善樂助人，
能言善道有其方，積極企圖有作為，
唯其化氣為暗動，是非夾雜難釐清。
若能思以來對治，當可轉化為助力，
一者對其施愛語，若有善處當讚揚，
二者順語不違和，因勢利導善因應，
三者有利能同霑，體貼他人如待己，
四者應有識人智，各人適應自不同，
五者謙虛來對應，鋒芒畢露不可行，
六者宜近善知識，凡有損友當遠離，
七者個人宜博學，以此利益於友人，
八者常檢視己身，過失之處善補正，
如此七事若能行，僕役宮中不為害，
宿命只對認命人，智者當不為所拘。

※巨門星在官祿宮

## ■得地巨門星坐官祿宮

意味著：「個人對事業的發展具有積極的企圖心，對工作盡職，有領導的氣質。或對工作有積極開創，革新、勇於突破的行動力，能因潮流變化而調整因應，對環境的適應力強。或有溝通、談判與說服技巧，通常能為其工作（事業）帶來實質的利益。或也有從事以口才為職業的相關工作，不但樂在工作且能為其帶來利益。或也有自行創業的可能，由於具備積極的企圖心，通常能在事業上發揮其專業的能力，為其帶來利益。或在職場上，做事講求效率、明快、乾脆，具有積極的行動力，在溝通上，有快言快語及直言不諱的個性。或對於生意場上有敏銳的觀察力，頗能成為職場上高手。或在職場上，有獨當一面的能力……」（備註：化氣為暗與是非之星，當它坐落在此宮位時，雖然具有多方面的優點與正向特質，但巨門星帶有急躁的性質，在缺乏沉穩、安定的狀態下（謀略不足），往往會忽略別人的感受與想法，因此，縱使巨門星是一顆善於經營的星座，唯其背後易招人議論，或有無端的暗處是非，徒增個人困擾。）

## ■落陷巨門星坐官祿宮

代表著：「在工作（事業）上須以個人的專業，來從事其職務，但較缺乏溝通與說服的能力，然而卻有直言不諱的個性，易因言語表達的誤失得罪於人而不自知，因此，頗有勞心費力或有運勢難以通達的現象。或在工作上有勞碌身心的傾向，面對工作的態度，缺乏開朗的心性，鬱鬱寡歡。或對本身的工作雖然負責盡職，但偶有失察或誤判的現象，導致錢財耗失。或對工作（事業）行業的選擇缺乏明確的判斷能力，導致有不知所措的茫然心態，凡遇挫折或面臨困境時，易心生消極或退卻的念頭（挫折的適應力不佳）。或在職場上的人際互動有限，不易從中建立善緣（善緣不具足，即使遇到貴人，又難受其提攜），有懷才不遇或才華難顯的窘境。或者個人對於工作（事業）的推展缺乏積極的企圖心，難以從中獲得所謂的成就（有一事無成的感嘆）……」

## ■忌煞沖、會照或同宮（巨門星坐官祿宮）

這種格局可能意味著：「個人在工作或事業上，缺乏抉擇或判斷的能力導致易遭挫折，或偶有工作中斷的傾向。或者在個人的職務上不易發揮所長，甚至有懷才不遇的感嘆。至於在人際互動中缺乏融洽的應對技巧，或不擅於利用溝通的管道來表達個人的理念與做法，導致難以展現個人的企圖。或者在事業上缺乏與伙伴互動的默契。或面對工作的態度與表現缺乏積極的動力。或對工作變化的適應力欠佳，常有不知所措之感。或在工作的應對上偶有隱暗的是非，其原因可能來自於言語失當，導致有徒增困擾的過失。或對工作上的挫折適應力不佳，凡逢遇逆境之時，易心生退卻或以消極的心態面對。或在事業的發展上容易面臨晦滯運勢（因為，巨門星化氣為暗，暗有晦滯之意），不易轉逆境為順境……」

官祿宮中坐巨門，擅長營務展專業，
溝通談判能力佳，生意場上顯長才，
口才教化也得宜，利己利人得利益。
若有忌煞同宮坐，或見忌煞對宮沖，
如此行運有阻滯，當得思量來對治，
一者獲利當有道，生意得以順綿延，
二者當慎心急躁，剛愎自用或有失，
三者得守當須守，勢力不可全用盡，
四者進退兩個字，宜知進止當有時，
五者當廣結善緣，謙虛以應易得利，
六者勿心生消極，物之終否泰必來，
七者所行循正道，正業正命則坦然，
八者當慎己言語，勿招背後生是非，
九者得利宜回饋，濟利他人福綿延，
如此九事若能行，官祿場中得意人。

※巨門星在田宅宮

## ■得地巨門星坐田宅宮

意味著：「個人喜歡較為寬敞的居家環境，對於室內的佈置及整理頗有自己的創意與心思。或者居家喜歡方正的格局，注重家庭生活的氣氛（喜歡熱鬧）以及在家中享受烹飪的口福。或在家中較有掌權的傾向，也可能是家中的發號施令者。或也可能在外的時間較多，與家人聚會的時間少。（備註：化氣為暗與是非之星的巨門星，當它坐落在田宅宮時，較有一廂情願的傾向，因為，在家庭中，自我意識的展現恰好適得其所，在正面與負面的效應之間，通常僅有一線之隔，所以，易因表達欠缺自制力而招至家中負面的氣氛，也容易帶給家人困擾。或在購置田宅或不動產時宜應格外留意。）……」

## ■落陷巨門星坐田宅宮

代表著：「個人對於居家生活的品質或者室內的佈置與整理缺乏心思，常受外界環境影響，導致在家的時間少，與家人的相處有聚少離多的現象。或者在家時心神不易安定下來，有不知所從之感。或與家人的互動注重個人的見解與做法（主觀意識強），通常會忽略家人的感受及想法。或不易將個人的理念與做法訴諸於溝通，因此，與家人有心意難通或默契不足的現象。或在家中有直言不諱的個性，易因言語不當而傷及家人，帶給家庭困擾。或在居家處身心不易開朗，難以放鬆或紓解壓力，易將心事往內積壓，導致在家中有鬱悶的傾向。或者擁有房地產的福報不足（因為，田宅宮視同財產的一部分，因此，可將田宅宮視同財帛宮），即使勉強擁有，如負重擔（如：房貸壓力）。或難以繼承祖產，即使擁有，守成不易。或在購置房地產，缺乏細膩的心思。或居所偶有變動的現象，或也可能常出門在外，居無定所……」

## ■忌煞沖、會照或同宮（巨門星坐田宅宮）

這可能意味著：「個人缺乏照顧家人的責任，在家中較以自我為中心，有我行我素的傾向，卻忽略家人的感受與想法。或在家中，缺乏溝通與協調的能力，個人的理念與做法難以讓家人理解，導致有心意相違或偶有對立的傾向。或也可能因言語失當傷及家人，帶給家庭困擾。或在家中的時間少，常因外界影響個人坐息，與家人聚少離多。或在家中心神難安，不易定下心來適度的放鬆自己，有好動的現象。或在家中心事不易為家人所知，有鬱悶不樂的傾向。或也可能經常出門在外，居無定所，與家人的聚會時間少，缺乏居家團圓的氣氛。或居家中，與親朋好友甚少往來。或在家中，與子女的互動缺乏融洽的氣氛（因對宮為子女宮，忌煞沖照的話，將會有這種現象）。或對居家環境的整理缺乏積極主動的心思，不擅於整理內務。或擁有房地產的能力不足，難以承擔房貸的長期壓力……」

田宅宮中坐巨門，居家創意巧思多，
喜居寬敞重氣氛，室內佈置常更革，
愛語順語益家人，一家和氣樂融融。
若有忌煞同宮坐，或見忌煞對宮沖，
居家行運有阻滯，當得思量謀改善，
一者居家當愛語，傷及家人不可為，
二者順語益家人，言語當中不違和，
三者居家心性定，外界誘惑當衡量，
四者心事不內積，可與家人共謀和，
五者居家重整理，紊亂難以興家運，
六者重人情世故，親朋好友勿疏離，
七者置產當慎重，衝動趨之易招咎，
八者宜調己心性，溫和柔順待家人，
九者當盡己心力，同心協力家興隆。
如此九事若能行，巨門定是智慧人。

※巨門星在福德宮

## ■得地巨門星坐福德宮

意味著：「對於個人的休閒方面，注重日常生活的衣食住行育樂，尤其在飲食方面有其偏好之處。或者較偏向好動，動態的生活面通常是主要的特色之一，交友廣闊，難以讓自己清閒下來。或個人也喜與人聊天，從互動當中建立善緣與人脈，也喜以愛語及順語來勉勵或利及他人。或者個人的心思喜追求潮流趨勢，或給自己新的創意及新思維，有敏銳的觀察力，適應趨勢變化的能力佳。至於在個人的心靈成長方面，尤以心思較傾向於物質取向（不易令自己的心緒安定下來，身、心靈之間偶有失衡的傾向）。或個人對於挫折的適應力強，凡遇挫折之時也能積極面對，勇於突破困境……（備註：由於巨門星化氣為暗，是一顆是非之星，因此，即使得地的巨門星有以上的多項特質外，個人宜多注意言語的表達，成敗關鍵均在於斯也。）」

## ■落陷巨門星坐福德宮

代表著：「個人常為生活忙碌，身心難以適度的放鬆下來。或缺乏對於休閒的規劃，常為生活瑣事煩擾，身心難以安定下來。或個人的雜事多，心緒較為紊亂，缺乏追求心靈成長的概念。或對於挫折的適應力不佳，凡遇逆境時，易生退卻或以消極的心態去面對，導致鬱悶，或將心事往內積壓，心情難見開朗。或者擁有錢財方面的福報不足，通常得勞心勞力才能有所收獲，然而，得手之財又有入不敷出的現象，常有缺錢的苦悶（因為，福德宮的對宮為財帛宮，每個人一生中財報的多寡，與個人福德宮的星性坐位，是有其彼此之間的關連性）。或有因言語失當，而招至背後是非不斷的過失（心急口快），令自己的心靈受到干擾……」

## ■忌煞沖、會照或同宮（巨門星坐福德宮）

這種格局可能代表著：「個人缺乏提升生活品質的概念，常為生活奔波勞碌，難得清閒下來。或者也為日常瑣事煩擾，心緒紊亂，面對事情的因應不易理出頭緒，遇事易慌亂，頗有雜亂無章的傾向。或面對人生的心態不甚積極，欠缺挫折適應力，在逢遇逆境時，易消極面對或心生苦悶，將憂鬱的心情往內積壓，精神易受創。或者常因言語誤失，有招至隱暗是非的困擾，或者雖知小人來犯，卻又難以遠離為患。或勞碌身心，獲財有限，常為缺錢所苦（錢財方面的福報不佳），或有寅吃卯糧之患。或也缺乏追求心靈成長的意願，有心靈空虛的傾向……」

福德宮中坐巨門，生活所需能講究，
口才表達秉性高，愛語順語能益人。
若有忌煞同宮坐，或見忌煞對宮沖，
化氣為暗隱是非，福報之中有不足，
為財辛苦費心力，得手之財易耗失，
心靈成長少意願，心神易耗難安定，
行運當中有阻滯，當防是非常隨身，
唯今若能知己運，當思良方來對治，
一者心性當積極，對治巨門化暗氣，
二者盡心及盡力，勞碌辛苦無怨言，
三者愛語及順語，互動之間無是非，
四者獲財得須守，輕易耗失受其苦，
五者心性宜定守，躁進得咎惹是非，
六者惜緣且惜福，平實待人結善緣，
七者福田宜耕種，只因宮中少福德，
八者心性宜開朗，逆來順受生智慧，

九者心懷慚愧心，善於補過省自身，
十者隨緣隨份施，願大眾福報殊勝，
如此十事若能行，宿命焉能束縛你，
只要智慧能生起，巨門當是福報人。

※巨門星在父母宮

## ■得地巨門星坐父母宮

意謂著：「父母中之其中一人對子女的要求較高，在親子互動方面也能以柔軟語、愛語來引導，或激勵子女向上。或者也有好的口才與溝通能力，通常在人際往來之間有好的人脈與善緣。或個性也較活潑，夫妻之間的感情互動尚屬融洽，唯有掌權的傾向。或與子女的互動有活潑、開朗的一面，頗能適應潮流的趨勢與走向。或者也有樂於助人的雅量，心性坦率，處事乾脆、明快，有直言不諱的個性。（備註：化氣為暗、是非的巨門星，即使得地的坐落在此宮位，有著多項的特色，但與子女的互動往往較有起伏性的變化，良好與失落的兩種狀態，具有明顯的戲劇性變化，因此，愛怨心情也易參雜在其中）。」

## ■落陷巨門星坐父母宮

代表著：「父母中之其中一人與子女的互動，有理念或心意難以相通之處，導致與子女之間有距離感。或缺乏瞭解子女的心思，忽略溝通的方法，與子女之間的心靈距離有愈來愈遠的傾向。或為人也較嚴肅，心胸不易開朗與子女互動時有不易親近的感覺。或在引導子女時，易因心急口快，言語有失當之處，傷及家人。或父母之間的感情互動彼此心意難以溝通，偶有對立或違和的傾向。或其在人生際遇中缺乏善緣，甚至有懷才不遇或才華難顯的現象。或雖有樂於助人的雅量，但往往付出不成比例，甚至可能招來背後是非，給自己帶來困擾……」

## ■忌煞沖、會照或同宮（巨門星坐父母宮）

這可能意味著：「父母中之其中一人，缺乏照顧子女的心思，與子女的互動有疏離的傾向。或者缺乏照顧家庭的責任，導致父母之間的感情互動，偶有對立、違和的狀態，彼此的心靈距離有愈離愈遠的傾向。或也缺乏主動溝通與瞭解對方的意願，忽略子女的想法，未能善盡家長的責任。或其缺乏積極的人生觀，對於挫折的適應力不佳，凡遇逆境時，易興起退卻的念頭或採取消極的心態面對。或在家中，易因言語失當傷家家人，帶給家庭困擾。或缺乏持續關愛子女的能力，子女不易從中得到實質的助益。甚至其個性不易開朗，凡遇瑣事煩擾時，易將心事往內積壓，導致有鬱悶的傾向。或在家中缺乏言行的自制力，我行我素的結果，易帶給子女負面的效應……」。

父母宮中坐巨門，生性活潑有作為，
關愛子女無不至，言行導其向善地。
若有忌煞同宮坐，或見忌煞對宮沖，
於此行運見緣薄，當得思量來對治，
一者言行當勵己，愛語以對無違逆，
二者順語因勢導，凡事不可相牽制，
三者天下父母心，關愛父母宜實際，
四者子能代其勞，互動之間善引導，
五者心當習柔軟，建立善緣來影響，
六者同理心對待，如同對待己子女，
七者父母同貴人，善於因應遇善緣，
若欲貴人來提攜，此宮位中有文章，
如此七事若能行，當是殊勝智慧人。

# 廉貞星

**「費仲」**本為商朝的上大夫，然而，自從紂王從女媧宮燒香祈福返回之後，即日夜念茲女神，費仲得知紂王心事，便心生一計，建議紂王說：「陛下可納冀州侯蘇護之女為妃，蘇妲己國色天姿，溫柔賢淑，早為國人所傳誦，如此，則可免去廣徵天下美女，勞師動眾或受宮中大臣非議，也可免去陛下相思之苦。」可見，紂王納妲己為妃，導致商朝走向敗亡，費仲可謂是助紂為虐的關鍵人物。由於費仲與妲己的理念相近，在殘害宰相商容、亞相比干、姜皇后、黃妃之後，宰相之位便輕易的拱給了費仲，掌握朝中大權，其勢如望風披靡，不可一世，唯獨「聞太師」的威嚴能制化他，令他尚有些許顧忌。

西伯侯姬昌（周文王）之所以被困在羑里七年，也是費仲所設下的計謀，不過，在姬昌被囚禁前夕，曾為費仲演先天神數，告訴他說：「丞相死得蹊蹺，註定要被雪水淹身，凍死冰內。」事隔多年之後，在武王與各路大小諸侯積極進逼朝歌城而來時，朝中除了

「聞太師」外，似已無大將可用。「聞太師」建議紂王，可責令費仲領兵征討，費仲被將此一軍，嚇出一身冷汗，可是，局勢至此，卻也無可奈何。

炎炎夏日，軍旅顯然為熱氣所逼，行進速度不但緩慢，途中經常紮營休歇，然而，天氣卻突然驟變，不但颳起了涼風，涼而變冷，漸漸下起雪來，幾萬個將士，哪有隨身攜帶禦寒的衣物呢？雪一連下了整夜，隔天，西岐的將士進營一探商軍情況時，竟然發現整營的兵馬被冰雪凍得全軍覆沒，連丞相費仲也不例外，應了當時文王所料的：「被雪水淹身」。

「費仲」的魂魄來到封神台前，由於他的心思詭異，心術不正，計謀陷害忠良、以此代彼，屯積財物足以富可敵國……的種種事蹟，被封為掌管「廉貞星」的主人，「廉貞」兩字意味著：「廉潔、堅貞。」以「廉貞星」所代表的含義來警惕世人，為人心志不可偏離正道。也因此意，在「紫微斗數」中便引用「費仲」來作為「廉貞星」的代表人物。

| 星宿 | 五行 | 化氣 | 司主 | 特性 | 十年干之四化 |
|---|---|---|---|---|---|
| 廉貞星 | 陰火 | 囚 | 官祿<br>次桃花 | 欲望、交際<br>官祿、事業 | 甲年化祿<br>丙年化忌 |

從「**廉貞星**」的代表人物「費仲」來論「紫微斗數」的星性特質，可將其分析為下列幾項優缺點：

◎優點

一、廉貞星是一顆具有權力且執行力強的星座，因此，喜交友並周旋於人際中，善用智謀來達成自己設定的理想與目標。

二、具有領導統御的能力，人際關係佳，能善用或投資人際資源。

三、對於事業有強烈的企圖心，做事積極又努力，只要設定目標，通常能朝目標前進，達成既定的成就。

四、對學問的追求、成長與熱愛，擁有積極的態度以及探索求知的意願。

五、為人有內涵，注重人際往來的禮節，不踰越本分。

六、有良好的人際魅力，通常能博得異性的注目，或者令人心生仰慕、愛戀。

七、對本身的工作或事業有盡職的忠誠，能全心投入在自己的工作崗位上。

八、擁有特殊才藝或才華，在團體中被注目或受到肯定。

九、為人勤勞、廉儉、忠貞，堅守崗位。

十、對本身事業以外的行業或活動也有興趣參與。

十一、頭腦靈活，頗具創意，心思細膩，行政能力強，舉止謹慎。

◎缺點

一、廉貞星雖有掌權的機會，唯恐利用權謀達到私人的目的。

二、喜交友並周旋於人際中，但恐有交友不慎之過患。
三、是個極佳領導者，雖擅於人際運作，唯恐有識人之失或誤判之過患。
四、對事業有強烈的企圖心，雖能積極努力以赴，須防身體過勞、心理負荷過大。
五、為人較不拘禮節，隨性而往，喜周旋於人際之間，唯須防踰越本分。
六、喜熱鬧氣氛，結識異性的機緣多，易生桃花臨風之擾。
七、對短期投資或投機的事業當慎，恐有慾望過當之失。
八、在團體中喜彰顯自己、搶風頭或引人注目。
九、喜多方參與有利可圖的事業，唯須防焦點渙散，導致資源或財物流失。
十、心思精於盤算，唯舉止較輕浮，宜防仗勢（仗財）凌人的缺失。
十一、為人勤勞，喜以智謀獲財，唯德不彰，宜防人財兩失。
十二、聚財之道，應循正道而行，宜防博奕，恐招是非或致官非臨身。

※廉貞星坐命十二宮位圖解

| | | | |
|---|---|---|---|
| 廉貞-2 貪狼-2 巳 | 廉貞0 天相+4 午 | 廉貞+1 七殺+4 未 | 廉貞+4 申 |
| 廉貞+1 天府+4 辰 | 廉貞星 | | 廉貞0 破軍-2 酉 |
| 廉貞0 破軍-2 卯 | | | 廉貞+1 天府+4 戌 |
| 廉貞+4 寅 | 廉貞+1 七殺+4 丑 | 廉貞0 天相+4 子 | 廉貞-2 貪狼-2 亥 |

## ◎廉貞星坐「命宮」

**壹、「得勢」的廉貞星坐命宮**（三方四正，不會照陷地的紫府星系）

一、個性穩重，做事積極，行事效率強。

二、心地善良，能顧及周遭人的感受，也有嫉惡如仇的氣概。

三、對事業的經營有強烈的企圖心，善於規劃與執行。

四、有領導者的風範，人際運作能力強。

五、出外易逢貴人，也容易成為別人的貴人。

六、心胸坦蕩，行事循正道，君子愛財，取之有道。

七、處事講求和諧、圓融，允文允武，善於處理人際關係。

八、經手財物的能力強，善於理財或做適當的投資性行動。

九、人緣佳，頗能獲得異性的仰慕。

十、處事應對之間，喜以和諧或圓融收場。

※「得勢」廉貞星坐命，共有八種基本結構

| | | | |
|---|---|---|---|
| | 廉貞0 天相+4 午 | 廉貞+1 七殺+4 未 | 廉貞+4 申 |
| 廉貞+1 天府+4 辰 | 得勢 廉貞星 | | |
| | | | 廉貞+1 天府+4 戌 |
| 廉貞+4 寅 | 廉貞+1 七殺+4 丑 | 廉貞0 天相+4 子 | |

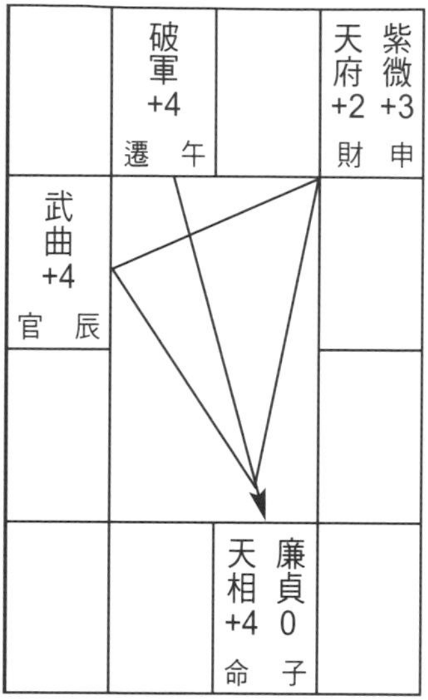
破軍
+4
遷 午
紫微 +3
天府 +2
財 申
武曲
+4
官 辰
廉貞 0
天相 +4
命 子

圖一

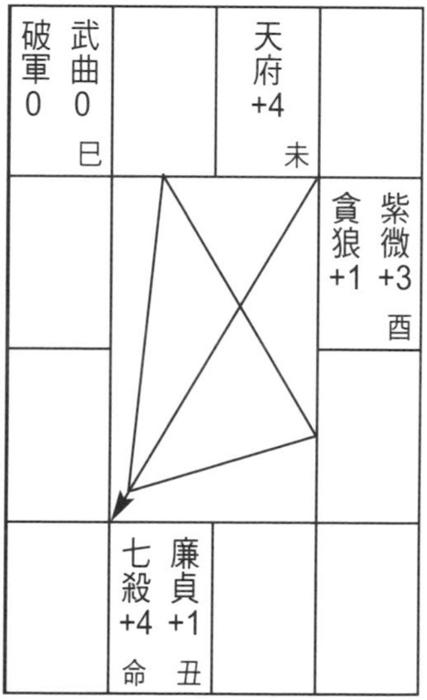
武曲 0
破軍 0
巳
天府
+4
未
紫微 +3
貪狼 +1
酉
廉貞 +1
七殺 +4
命 丑

圖二

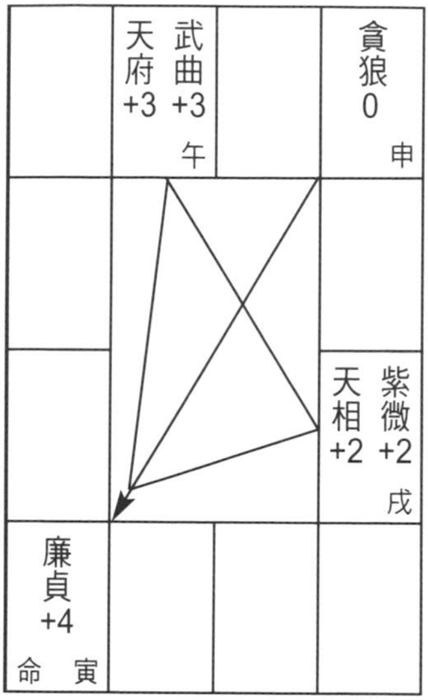
武曲 +3
天府 +3
午
貪狼
0
申
紫微 +2
天相 +2
戌
廉貞
+4
命 寅

圖三

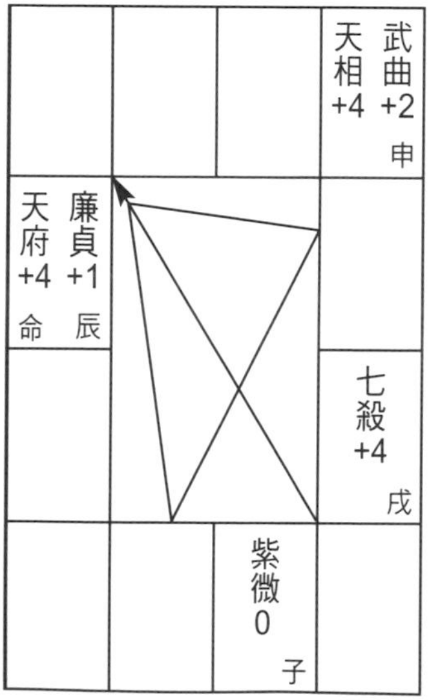
武曲 +2
天相 +4
申
廉貞 +1
天府 +4
命 辰
七殺
+4
戌
紫微
0
子

圖四

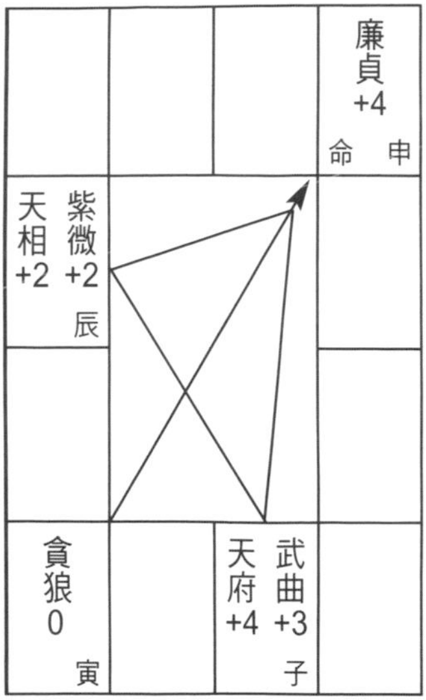
廉貞 +4
命 申
紫微 +2
天相 +2
辰
貪狼 0
寅
武曲 +3
天府 +4
子

圖七

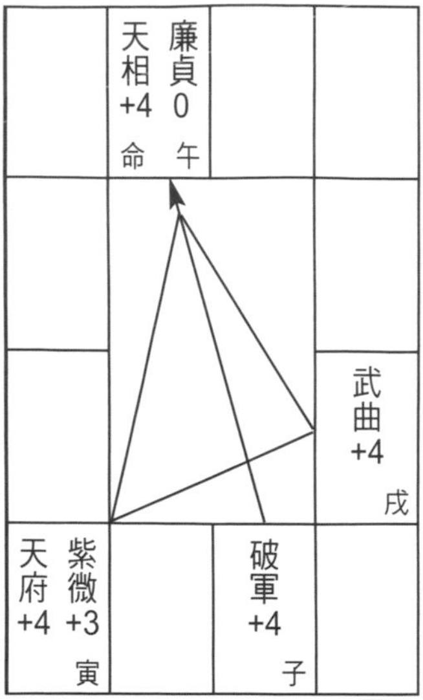
廉貞 0
天相 +4
命 午
武曲 +4
戌
紫微 +3
天府 +4
寅
破軍 +4
子

圖五

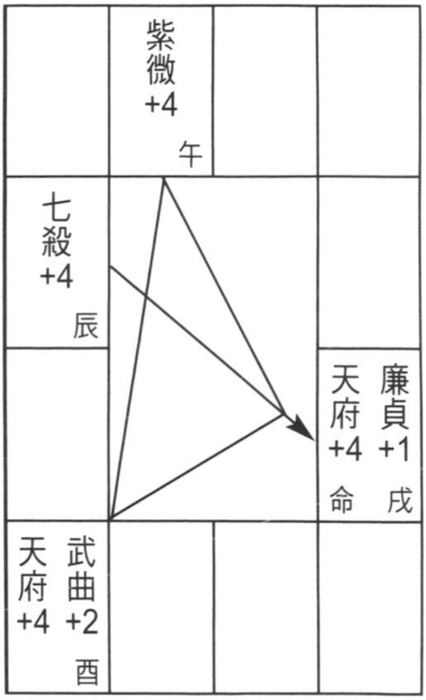
紫微 +4
午
七殺 +4
辰
廉貞 +1
天府 +4
命 戌
武曲 +2
天府 +4
酉

圖八

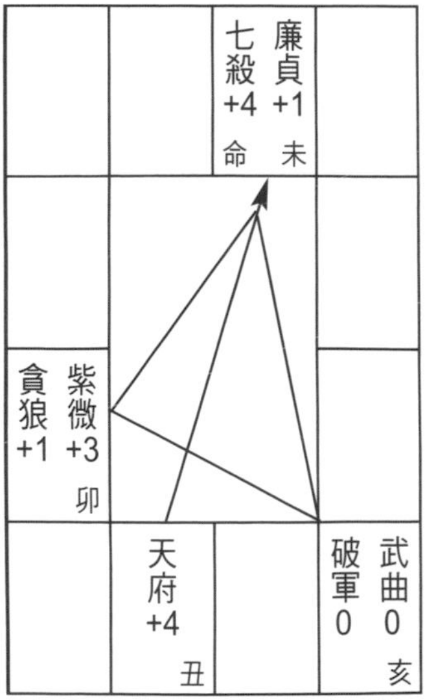
廉貞 +1
七殺 +4
命 未
紫微 +3
貪狼 +1
卯
天府 +4
丑
武曲 0
破軍 0
亥

圖六

## 貳、「失勢」的廉貞星坐命宮（三方四正，會到落陷的紫府星系）

一、做事雖有積極心態，唯凡事宜循正道而行，不可偏離常軌。

二、對周遭人事物的敏感度強，唯恐於人際往來之間，違失於禮。

三、對事業雖有強烈的企圖心，唯恐心思偏頗，違反常理操作。

四、諸事欲行，宜防慾望過大，恐招先順後逆、先得後失之過患。

五、得財辛苦，經手之財難守，六字須記：「愛財取之有道」。

六、個性較輕浮，得勢之時，玩人易喪其德，玩物易喪其志。

七、雖喜熱鬧氣氛，應對之間，恐有淩人之勢。

八、有權易恃其勢，財厚德反不彰，宜多惜福，培德與人。

九、雖有廣泛的人際關係，唯不易找到真心的朋友。

十、朋友來往雖有頻繁之勢，唯恐交友不慎，舉事有失。

十一、凡事或有物極必反之象，比如交友：「或有初善終惡之損」。

十二、投資若慾望過大，恐有陷於財務危機之險。

十三、謹遵法紀，行事若違常理，恐有囚困之象。

※「失勢」廉貞星坐命宮，共有四種基本結構

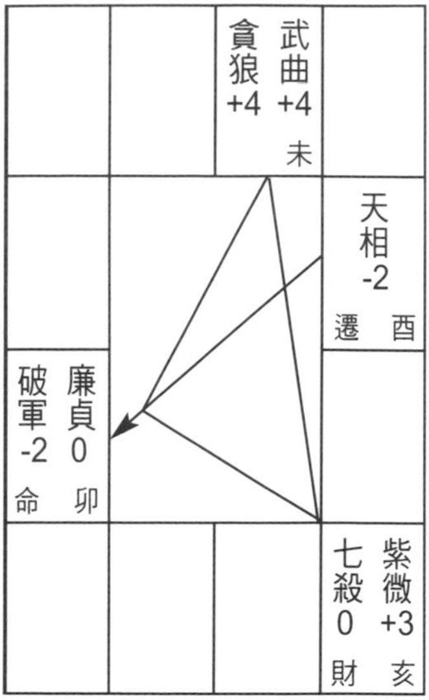
武曲 +4
貪狼 +4
未
天相 -2
遷 酉
廉貞 0
破軍 -2
命 卯
紫微 +3
七殺 0
財 亥

圖一

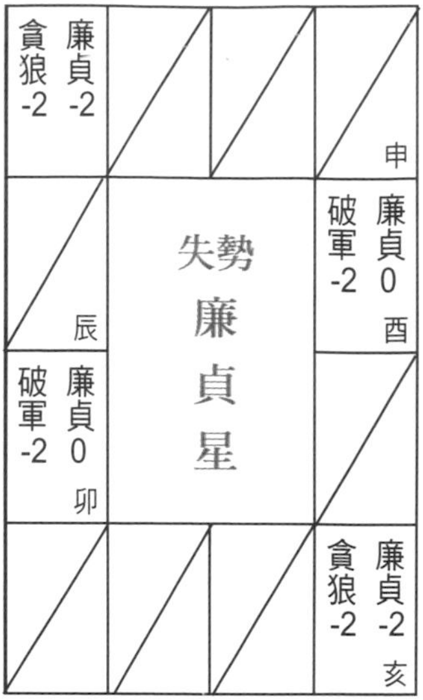
廉貞 -2
貪狼 -2
申
辰
失勢
廉貞星
廉貞 0
破軍 -2
酉
廉貞 0
破軍 -2
卯
廉貞 -2
貪狼 -2
亥

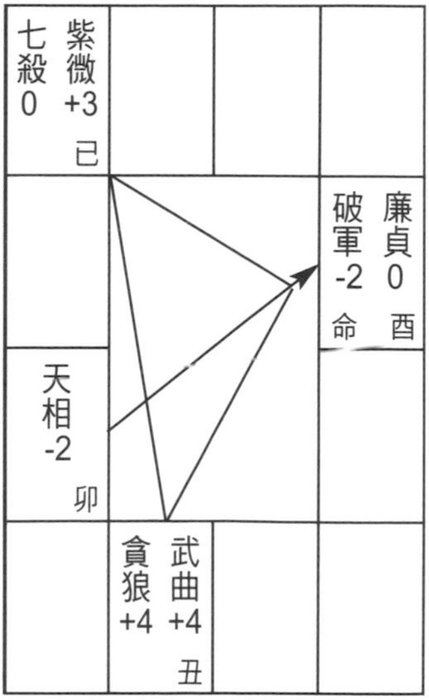
紫微 +3
七殺 0
巳
廉貞 0
破軍 -2
命 酉
天相 -2
卯
武曲 +4
貪狼 +4
丑

圖二

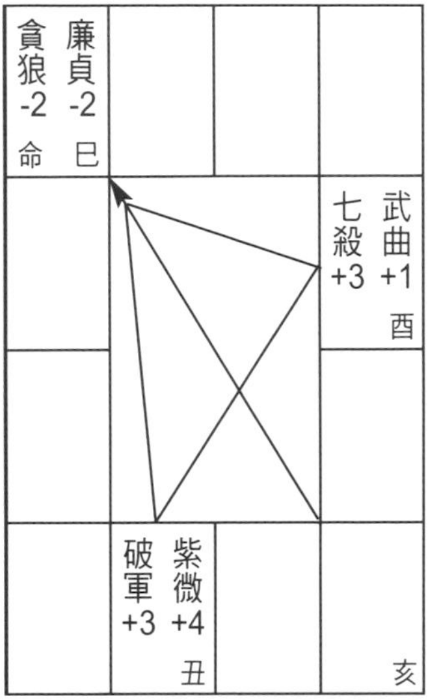

圖三

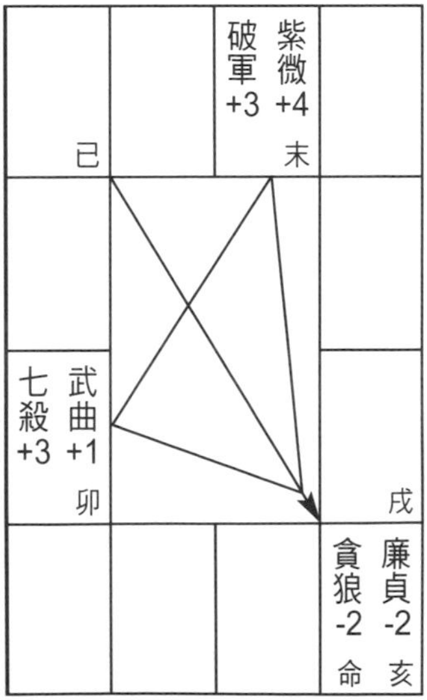

圖四

## ◎超越廉貞星的宿命

**廉貞星**是一顆擅長人際關係的星座，坊間有一些斗數的書，把廉貞星的特性寫得危言聳聽，令命坐此星座的人們，對自己未來人生的道路，顯得不知如何是好。其實，凡事沒有絕對的壞，當然了，以命理學的角度來看，也沒有任何一張命盤是絕對好的。從命理專業來分析「紫微斗數」的準確性時，事實上，它包含著一個「循環理論」的概念，那就是：「假設有A的存在，它可能出現B的行為，進而形成C的結果……，因此，根據推測的結果，A等於C。」若從這樣的角度來論述個人一生行運的話，或許有些偏頗，格局也會小了一些。

假設某年某月某日某時，同時出生的人共有兩百個人，那麼，依照斗數命盤的排法，應該有二百張一樣的命盤才對，可是，命盤模式是固定的，而人是活動的，人有其出生環境、條件以及其背景，思想、觀念的不同，所以，我們只能依據個人出生時的「生命密碼」來解讀其生命過程的一些共同現象，然而，對於個人現象的判讀與分析，顯然是一個極大的變數，不可全數將同命盤的人做相同的解釋。如同本書中經常提到的：「每個人都有改善的空間，超越宿命的可能，端視個人如何認知自己的過失之處，然後，善於去補其過，如此的話，生命中的禍福吉凶即可能產生大逆轉，屆時，命理或許就成為無理可循的笑談了」。

**廉貞星**的主要特質，基本上，它跟「人際」與「慾望」有著密切關係的星座，廉貞本身因其化氣為「囚」，有囚困的意味，因此，凡命坐此命之人，對於「人際」與「慾望」兩者之間，宜拿捏得當，否則，過當之處，將有如「囚繩」般的困住當事人。比如說：「當你想以小本去投（資）機賺到大錢時，你的慾望過大就會招來險境，自己感召囚籠來困住自己。假如你的人際關係能力強，你所面對的人事問題就會愈複雜，在行業當中容易招惹是非，或者感召桃花的機會不斷，如此的話，當然會對自己的人生走運造成更大的衝擊」。

**廉貞星**也是一顆善良的星座，並沒有一般書中所說的那麼邪惡，我們可以看到社會上有無以計數的人們，在默默的奉獻他們的能力來幫助需要的人，比如說：醫師、護士、教授、老師、社工、秘書、經理人員……以及社會上從事服務性工作的人。因為，他們在工作崗位上的努力、付出，與被服務的對象之間有一種人際互動的無形善緣，而廉貞星又善於知解人性，所以說，服務性的工作對他們來說，正可讓他們發揮專長，讓更多的人因他們而受益。在此，我們要強調的是：「善惡總在一念之間，若能瞭解自己生命中的缺失所在，即有機會去善於補過，生命即擁有了轉寰的空間」。

得勢廉貞星，其人心慈善，
三方四正中，總有吉星照，
善知解人性，調和人際間，
為人有修養，學問又淵博，
心慈為本性，服務利他人，
積德能行善，廉貞堪其任。
命居失勢地，宜調己心性，
諸事宜平常，慾望不擴張，
凡事循正道，不可離常軌，
計較難持久，如仰空射箭，
箭出力道足，勢盡還落地，

如順風投沙，逆風反撲己，
如同磨刀石，但見日減損，
如易經有言，飛龍雖在天，（註）
亢龍終有悔，物極勢反復，（註）
凡事有消長，萬物同此理。
失勢廉貞命，當體會此理，
日常能惜福，培德能與人，
心性常觀照，務使不偏離，
廉貞囚得解，自此可脫離。

※註：

**飛龍在天，亢龍有悔**：此兩句出自《易經》，「乾卦」六爻的爻辭是：

初九：潛龍勿用。

九二：見龍在田，利見大人。

九三：君子終日乾乾，夕惕若，厲無咎。

九四：或躍在淵，無咎。

九五：飛龍在天，利見大人。
上九：亢龍有悔。
用九：見群龍無首，吉。

※廉貞星在兄弟宮

■得地廉貞星坐兄弟宮

意味著：「在手足之間有知書達禮者，與家人互動融洽，也甚注重和諧的氣氛，能對兄弟姐妹關愛與照顧，頗能擔負家中的責任與義務。或者在人際往來之間易結善緣，有處處逢遇貴人的傾向。或與手足間的互動，能以其智慧及才華來助其成長。或對其人生的規劃具有積極的企圖心，並能以其成就來回饋家人。或者也有好學的動力，能將其所學應用在日常生活上。也能善解家人的心意，對家庭有向心力，也頗具責任感……」

■落陷廉貞星坐兄弟宮

代表著：「與手足之間的互動，彼此的心意較難相通，默契不足。或其對人生的理念與做法，雖具有積極的企圖心，但易因慾望過大而有招至財物耗失的現象。或與手足間的感情互動不易取得共識，有日漸疏離的傾向。或其在人際互動中，雖然交友廣闊，但缺乏識人之智，不易找到知心好友。或因人際往來頻繁，勞累身心，不易在其中獲得正面的效應。或其較注重個人的理念與做法，偶會忽略家人的感受與建議。或與手足之間的互動感情不易融洽，缺乏和諧的溝通技巧……」

## ■忌煞沖、會照或同宮（廉貞星坐兄弟宮）

這也許代表著：「與手足之間的理念或做法不易求得共識，至於彼此感情的互動有日漸疏離的傾向，或少有溝通及互相往來的關照。或者對方雖有照顧手足的雅量，但往往能力有限，有心無力。或其雖有廣闊的人際關係，但易因交友不慎，導致付出不成比例，有耗失財物的傾向。或與手足之間的互動彼此默契不足，缺乏溝通與瞭解。或其對人生雖充滿積極的企圖心，但因人際關係繁雜，常為人情所困，導致有被束縛的現象。或其缺乏挫折的適應力，易因逆境的考驗，而產生退卻，或消極面對的念頭。或其與手足之間的往來較為被動，顯得有距離感……」

兄弟宮中坐廉貞，知書達禮通人情，
友愛兄弟情融洽，負責盡職蔭兄弟。

廉貞落陷與煞坐，或見忌煞對宮沖，
廉貞化其氣為囚，手足情誼難通融，
兄弟對宮為僕役，兩者運勢相牽制，
若欲交友運勢通，兄弟宮中有文章。
易經卦中水地比，比則互為相親愛，
易經風火家人卦，家人喻家庭倫理，（註）
因勢利導有其方，兩卦或可為勉勵。

※註：

**《易經・風火家人卦》**

九五：王假有家，勿恤吉。
象曰：王假有家，交相愛也。
◎解意：一家人應當相親相愛、和睦共處。

**《易經・火澤睽卦》**

九二：遇主於巷，無咎。
象曰：遇主於巷，未失道也。

◎解意：手足之間的互動，應有權變的因應方式，在不違背原則之下，若能主動積極去異中求同的話，這也並無不可。

**《易經・水山蹇卦》**

象曰：山上有水，蹇，君子以反身修德。

◎解意：山上有水，山有險阻之意，不易涉水過去，因為，若強行通過的話，就會產生困難的現象。因此，君子以此比喻來勉勵自己：「當與手足之間的互動產生困難之時，必須反過來檢討自己，到底發生困難的原因何在，並由本身的修養與品德著手，一步一步的去克服困難」。

※廉貞星在夫妻宮

## ■得地廉貞星坐夫妻宮

意謂著：「伴侶具有溫柔賢淑與知於禮節的特質，為人溫和而不急躁，個性沈穩，在其人際互動中頗能廣結善緣，建立好的人脈，不但有逢遇貴人的運氣，或也可能受其提攜。或者伴侶為人負責盡職，忠於職守，且有獨當一面的能力。或者也喜歡營造夫妻間浪漫的氣氛，彼此互動融洽。甚至，彼此的心意有互通之處，也能默契相投，共同為家庭打拼。或者也善解對方心意，並願以本身的才華與智力來幫助對方，使其有所成就。或其與親朋好友的互動，注重往來的和諧關係……」

## ■落陷廉貞星坐夫妻宮

代表著：「與伴侶的互動，在認知與價值觀上缺乏共識，偶有心意違和之處或者默契不足。或對方較注重個人意識的表現，往往忽略到周遭人的感受。或缺乏溝通與瞭解的意願，致使雙方的心靈距離有愈拉愈遠的傾向。或對方雖交友廣闊，但往往有所交為損友的傾向，導致付出不成比例，或者有財物耗失的現象。或在夫妻間缺乏相知相惜，以及浪漫的氣氛。或伴侶較缺乏溝通的技巧，情緒有難發難制的傾向。或伴侶對於人生的規劃具有積極的企圖心，唯其慾望有擴增的趨勢，導致遇事有先好後壞或有初善終惡的傾向。或其對家庭的付出往往有心無力，不易在家庭的經營中獲得成就感……」。

## ■忌煞沖、會照或同宮（廉貞星坐夫妻宮）

這種格局一旦成立的話，可能意謂著：「伴侶雖想極力為家庭付出，但往往付出不成比例，導致有心無力或對婚姻的經營缺乏成就感，難以從受挫過程中突破困境。或伴侶雖交友廣闊，但易為損友付出，導致有財物耗失的傾向（缺乏識人之智）。或與伴侶的互動彼此有心意難通之處，或者默契不足，致使彼此的心靈距離有愈離愈遠的傾向。或其對於人生雖具有積極的企圖心，但易因慾望過大，先賺後賠、先好後壞。或雖有廣闊的人際關係，易因惜情心態而有損己或付出不成比例的現象。或與伴侶在感情互動上缺乏一份柔性的對待。或伴侶偶有悶悶不樂，心事不易為對方所瞭解，缺乏挫折適應力以及持續的動能。或伴侶希望以其才華及智力來幫助對方獲得成就，但往往有力不從心之嘆……」

夫妻宮中坐廉貞，善解人意才華顯，
積極企圖有作為，蔭及伴侶及家人。
若有忌煞同宮坐，或見忌煞對宮沖，
夫妻行運有阻滯，當得思量來對治，
一以愛語來互動，二以順語無違和，
三以勉語來激勵，勉其應有識人智，
積極當中勿過度，凡事當止則須止，
至於休閒宜抉擇，遠離損友無災咎，
夫妻命運共同體，同心協力興家運，
溝通互動重瞭解，彼此默契可連心，
和諧本為治家本，感情融洽財能守，

欲振家運訣在此，夫妻同心利斷金，
同心之言臭如蘭，門庭則顯氣象新。

## ※廉貞星在子女宮

### ■得地廉貞星坐子女宮

意味著：「在子女中有知書達禮、善解人意者，能為家庭分擔事務，減輕父母的辛勞。或頗有上進心，對學問的追求能督促自己朝目標邁進。或與父母互動融洽，彼此心意或默契能通，心性穩定，對於人生的規劃具有積極的企圖心。或者其人緣佳，機智與應變力強，逢遇貴人的機緣多，不但責任感重也有忠於職守的強烈使命感。或者個性溫和、開朗，與父母相處融洽，也有照顧兄弟姐妹的雅量……」

### ■落陷廉貞星坐子女宮

代表著：「子女中有個性較剛毅者，與父母的互動偶有心意難通或者默契不足的現象。或者較有個人的主觀意見與做法，易忽略家人的感受與建議。或者對人生雖有積極的企圖心，但往往有慾望過大，而招至財物耗失的傾向。或其雖喜廣闊交友，但往往缺乏識人之智，在人際往來之間容易有初善終惡的傾向。或其人生性較為好動，活動力強，喜歡潮流的走向或熱鬧的氣氛。或與父母的互動缺乏善解人意的心思，甚至在言行上易令父母擔心或造成些許困擾……」

## ■忌煞沖、會照或同宮（廉貞星坐子女宮）

這種現象可能意味著：「子女中有善解人意者，雖能體貼父母心意，但往往心有餘而力不足。或雖與父母的互動尚屬融洽，但偶有心意難通之處，或個人的理念與做法易令家人操心。個性雖然活潑開朗，唯在追求成長的過程中頗為勞心費力，歷盡艱辛才能有所收穫。或在其人生際遇中，交友廣闊，但也易為損友所傷。或者其心性易為外在環境影響，易因慾望的擴張，導致有付出與收獲不成比例的現象。或者為人有惜情的心態，往往有難以婉拒的情結，致使在人際互動之間頗有勞累之感。或在其人生際遇中有懷才不遇、才華難顯，或有志難伸的傾向。」（備註：廉貞星化氣為囚，尤其在它化忌時，顯然有凸顯囚困的意義，因此，若過度偏重某部分，將有被其囚困的可能。關於這部分，以下會有一些敘述來輔助這方面的說明。）

子女宮中坐廉貞，知書達理眾人誇，
體貼善解父母心，心意相通默契足。

若有忌煞同宮坐，或見忌煞對宮沖，
親子互動有阻滯，理念默契少相應，
唯今若能知己運，當思良方來對治，
一者待子應以慈，循循善誘心無怨，
二者愛語及子女，鳴鶴在蔭子和之，
三者剛柔並濟施，過剛招損過柔失，
四者以身教則從，重言教者易招訟，
五者居家重和諧，和氣融融家運興，
六者導其心地善，善者逢凶易化吉，
如此六事若能行，天下父母同此心，
家中熏習能成器，當解父母心煩憂。

※廉貞星在財帛宮

## ■得地廉貞星坐財帛宮

意味著：「個人在理財方面具有積極的企圖心，頗能應用其才華發揮在獲利的事業上。或者個人在人際互動與人脈往來之間，具有個人的魅力，通常有助於財利的獲益。或對理財方面的資訊具有高度的興趣，也可能有投資的行動，並從中獲利的傾向。或可能也具有理財的專業，對於錢財的出入狀況頗有規劃的心思。或者能善用有利的環境掌握投資利基從中獲取財利。或將錢財投資在人脈經營上，以利於事業的發展。或者個人有管理財物的能力，並漸漸累積致富……」。（備註：化氣為囚的廉貞星，當它坐落在財帛宮時，雖然有如上的優勢與特質，但凡事當止之時則須止，慾望不可無限擴張，否則易招囚困的窘境。比如：當你的起心動念想要的更多時，若不知適可而止的話，則有招至耗失的過患。）

## ■落陷廉貞星坐財帛宮

代表著：「對於理財方面雖然具有積極的企圖心，唯易因衝動心理的緣故，往往有誤判而耗失財物的過失。或可能因為慾望的過度擴張，導致有先得後失或先好後壞的現象。或在賺錢方面勞心勞力，有付出不成比例的傾向。或因錢財的流動度大，缺乏保守、穩定的財務管理計劃，有錢財出入失衡的狀態。或可能常為缺錢所苦，或有寅吃卯糧之患。或也可能將部分錢財花費在人際、公關或社交活動上，卻有付出不成比例的現象。或也可能為借貸而承擔長期壓力。或可能有博奕心態，卻難在其中獲利……」

## ■忌煞沖、會照或同宮（廉貞星坐財帛宮）

這可能意味著：「個人在理財方面具有積極的企圖心，雖然能夠以保守的心態來管理自己的財物，但易為人情所困而有耗失錢財的可能。個人能發揮賺錢的專業能力，唯在人際、公關或社交活動上得有相當的耗費。或偶有慾望擴張的時候，易因衝動心理而誤判，導致有耗財的過失。或也樂於投資理財方面的活動，但往往有先賺後賠或者有先好後壞的現象。或為賺錢頗為身心勞碌，得手之財有不敷使用的狀態，或有難以清償借貸的壓力，常為缺錢所苦。或可能將部分錢財，花費在人際、公關或社交活動上，但有付出不成比例的傾向。或可能在錢財應用上缺乏適當節制的能力，致使收入與支出有失衡的現象。或在擁有錢財方面的福報不足，常為賺錢奔波勞碌，難得清閒下來（對宮為福德宮，彼此的對應結構有其因果關係）……」

財帛宮中坐廉貞，積極創業謀發展，
錢財流通能運用，利己益家濟利人。
若有忌煞同宮坐，或見忌煞對宮沖，
賺錢辛苦又勞碌，只因對宮為福德，

唯今若能知己運，當思良方來對治，
一者心性宜保守，得手之財善運用，
二者慾望當適度，投機之心不可有，
三者人情難婉拒，凡事宜當量己力，
四者有危機意識，慎勿寅時吃卯糧，
五者得財宜有道，曲中求之難實際，
六者量己力佈施，隨緣隨分不強求，
心存善念濟利人，因緣之中有果報，
我欲他人離窮困，等同我欲離其苦，
行善之中念迴向，等同斯念回饋己，
若能行此六事者，如同屋簷滴露水，
終有究竟盛滿時，難事只怕有心人，
試問誰能轉宿命，廉貞當是智慧人。

※廉貞星在疾厄宮

## ■廉貞星坐疾厄宮

陰陽五行屬「陰火—陰為臟之屬，陰火為心臟（包括：血液循環，上竅在舌，下走小腸均屬之）」，在《易經》中以「離卦」為代表，火之意為：「具有能量的、動態的、活潑的、富變化性的……」。因此，當廉貞星坐落在疾厄宮時，即可能有這方面的問題，得須多加留意才是。關於這一部分，我們可引用《黃帝內經・素問・陰陽應象大論篇第五・第三章》來輔助說明其論述：

南方生熱，熱生火，火生苦，苦生心，心生血，血生脾，心主舌。其在天為熱，在地為火，在體為脈，在藏為心，在色為赤，在音為徵（註一），在聲為笑，在變動為憂，在竅為舌，在味為苦，在志為喜。喜傷心，恐勝（註二）喜；熱傷氣，寒勝熱；苦傷氣，鹹勝苦。

※註：

一、「**在音爲徵**」：古代樂音的五種分類之一，這五種是「宮、商、角、徵、羽」，徵樂屬火性，火性則為活潑、舞動、積極、不拘、放曠、熱鬧……等之意。在情志紓發方面的音樂療法，「火樂」經耳傳入人之心經絡，易激起人之亢奮情緒，令人的心情活潑、積極起來，達到紓解壓力的效果。但凡事當得適可即止，過度偏好火樂，由於其節奏性快的緣故，易令融入者耗損心力。例如：「鼓」即是屬火樂的演奏樂器之一。

二、「**勝**」：有制之以平衡之意。

**《黃帝內經・金匱真言論篇第四・第三章》**

南方赤色，入通於心，開竅於耳，藏精於心，故病在五藏，其味苦，其類火，其畜羊，其穀黍，其應四時，上為熒惑星（註一），是以知病之在脈也，其音徵，其數七，其臭（註二）焦。

※註：

一、「**熒惑星**」：即火星。

二、「**臭**」：指味道也。

## ■忌煞沖、會照或同宮（廉貞星坐疾厄宮）

化氣為囚的廉貞星，當它化忌或形成忌煞沖入的情形時，意味著個人的身體狀況有勞碌身心之象，容易造成心臟（血液循環）的問題，因此，在心理以及生理健康方面宜雙管齊下，讓身心保持在良好的狀態。關於這一部分的論述，我們可從相關資料來輔助說明。

**《黃帝內經・素問・宣明五氣篇》**

心藏神，肺藏魄，肝藏魂，脾藏意，腎藏志，是謂五氣所藏。

**《黃帝內經・靈樞・本神篇》**

心怵惕思慮則傷神，神傷則恐懼自生；

脾愁憂而不解則傷意，意傷則悗亂；

肝悲哀動中則傷魂，魂傷則狂妄不精；

肺喜樂無極則傷魄，魄傷則狂，狂者意不存人；

腎盛怒而不止則傷志，志傷則喜忘其前言。

**《黃帝內經・靈樞・百病始生篇》**

喜怒不節，則傷臟，臟傷則病起於陰也。（陰者內臟也）

**《黃帝內經・靈樞・口問篇》**

悲哀愁憂則心動，心動則五臟六腑皆搖。

**《三因方・五勞論治》**

五勞者，皆用意施為，過傷五臟，五神不使寧而為病，故曰五勞。

以其盡力謀慮則肝勞；曲運神機則心勞；意外致思則疲勞；預事而憂則肺勞；矜持忘節則腎勞。

※廉貞星在遷移宮

## ■得地廉貞星坐遷移宮

意味著：「個人在出外的行運上，注重人際、公關以及社交活動，待人和氣，廣結善緣，常有貴人提攜的機緣，本身也有樂於助人的特質。或在人際互動之間也能知於禮節，知進退之道，與人相處和諧。或也將本身的才華與智慧應用在出外的行運上，以有益於事業的擴展。在外人緣佳，人際應對以及對環境的適應能力佳，個性活潑開朗，通常也能帶動周遭的氣氛使它熱絡起來。或在外的行動力強，對於人生目標的設定具有積極的企圖心。或者也有講義氣的豪放特質，與人互動誠懇以待，也有樂於助人的雅量……」。（備註：廉貞星是一顆頗善於周旋人際關係的星座，化氣為囚，因此，在外的人際往來若愈廣泛愈複雜時，則易陷入其境，為其所囚困。）

## ■落陷廉貞星坐遷移宮

代表著：「個人在出外的行運上，在人際、公關、社交活動的往來，雖有廣泛的人脈，但易因人情所困，導致有付出不成比例的現象。或者雖交友廣闊，但易為損友所傷，不易找到真心的朋友。或者在人際互動面上，難以建立正面的善緣。或雖具有積極的企圖心與行動力，但往往在慾望過度擴張的時候，反而有招至先好後壞或先賺後賠（慎防博奕）。或在人際、公關、社交活動上，雖然注重人脈的經營，但往往有初善終惡的傾向。或雖然也有豪氣的特質，但往往付出不成比例，導致本身傷痕累累……」

## ■忌煞沖、會照或同宮（廉貞星坐遷移宮）

這可能意謂著：「在出外的行運上，在人際、公關、社交活動上，雖有廣泛的人脈，但易為人情所困，導致有財物耗損的現象。或者雖交友廣闊，人緣佳，但在交往的朋友當中，有繁雜難以過濾的困擾，因而有難以婉拒的過患（惜情），致使在互動的過程中，有付出不成比例的現象。或可能也缺乏識人之智，易為損友所傷，不易找到真心的朋友。或對人生的理想與目標，雖有積極的企圖心，但易因外在環境的誘惑，往往有誤判情勢的可能，導致有財物耗損的傾向。或雖然異性緣佳，但往往有交友不慎的傾向……」

遷移宮中坐廉貞，才華智慧秉性高，
知書達禮氣質顯，博學多聞利眾人，
人際互動有其道，往來之間善周旋。
若有忌煞同宮坐，或見忌煞對宮沖，
出外行運有阻滯，官祿財帛受牽制，
若能知己之行運，當得思量來對治，
一者心性當調柔，豪放之氣適可止，
二者心行勿衝動，事緩則圓有利益，
三者宜有識人智，近貴並遠於小人，
四者人際當思量，頻復或有損財物，
五者偶經桃花徑，當須防於花沾身，
六者當成長自己，博學多聞有好處，
七者心當存善念，行有餘力能利人，
若能行於此七事，廉貞定是智慧人。

## ※廉貞星在僕役宮（交友運勢）

## ■得地廉貞星坐僕役宮

意味著：「在朋友（同事）交往的互動中，不乏有知禮、矜持有節的人，與其往來之間頗有互相成長的流暢度，對方也能顧及到朋友的感受。或者對方也有善解人意的特質，與其往來之間能產生正面的效應，友誼得以綿延。或者其人對於人生觀方面具有積極的企圖心，能夠構思慎密，也能身體力行。或對方的人際範圍寬廣，頗擅於廣結善緣，與人互動的態度溫和而不急躁，常逢貴人，自己也可能是別人的貴人（樂於助人）。甚至有好學（學問淵博，知書達禮）的氣質，對於學問的追求具有積極的成長意願。或與朋友之間的互動進退得體……」

## ■落陷廉貞星坐僕役宮

代表著：「在交往較為密切的朋友（同事）中，不易與其理念契合，或彼此價值觀的認知有差距，因此，與其互動有不流暢的現象。或其人雖喜大而化之，但往往不知所制，忽略周遭人的感受。或其人雖喜人際及社交活動，但不易建立善緣，才華難顯或有懷才不遇的缺憾。或與其互動難以尋得共同的焦點，導致有頗費心力的無力感。甚至與其來往時不易得到正面的回應，導致彼此友情的維繫不易長久……」

## ■忌煞沖、會照或同宮（廉貞星坐僕役宮）

這種格局可能能意謂著：「與朋友（同事）的互動，彼此的理念與做法不易求得共識，或者有默契不足的現象。或與朋友往來有不流暢的現象，或帶給自己困擾，不易從中得到正面的效應。或者其人際關係不佳，注重個人意識的表現，忽略周遭人的感受，導致有人情違和的現象。或者其人心思較為紊亂，遇事舉棋不定，在逢遇挫折或逆境時，又難以實際因應，導致有消極面對的傾向……」。（備註：僕役宮的對宮為兄弟宮，若能善加經營，或改善兄弟宮中的缺失時，則有助於個人在交友行運上的運勢。）

僕役宮中坐廉貞，朋友互動相扶持，
以其才智益友人，知於進退有作為，
為人熱心有豪氣，相互成長能交心。
若有忌煞同宮坐，或見忌煞對宮沖，
交友運勢有阻滯，當思良方來對治，
一者互動相尊重，彼此往來知節制，
二者勿受利誘惑，凡事宜保守為要，

三者七字當須記，近善知識遠損友，
四者謙虛以對應，互動距離有分寸，
五者心性若高傲，當思謙卑以應對，
六者導其心向善，善地自有福田耕，
七者兄弟當和諧，僕役對宮為兄弟，
兩者互有因果牽，對治其一等同二，
若能如實行七事，何愁僕役運不通。

※廉貞星在官祿宮

## ■得地廉貞星坐官祿宮

坐落在官祿宮且得其位的廉貞星，可謂是將其才華淋漓盡致的發揮在其事業上，因此也意味著：「個人對於事業的經營具有積極的企圖心，能運用其才華及智慧充分的展現在工作上，不但負責盡職又能忠於職守，對工作的投入程度是其他星座無法比擬的。或在事業上具有廣泛的人際資源，對於人脈的應用可謂是個中能手，不但能廣結善緣且為事業帶來相關的利益。或在職場上的人緣頗佳，對人和藹可親，與人互動能知節禮制，對於職場環境的觀察力敏銳，具有適應環境變化與因應的極佳能力。或在事業上注重人際、公關以及社交活動，具有參與公益事業的慈善心地。或在職場上，具有良好的溝通與談判技巧，為事業帶來相關利益……」

## ■落陷廉貞星坐官祿宮

代表著：「個人在工作或事業的經營，雖然具有積極的企圖心，但恐有慾望過大的傾向，導致先好後壞或先賺後賠的現象。或可能也是經營事業的能手，能運用其才華展現在職場上，但往往缺乏保守心態，致使財物有漸漸耗失的現象。或在職場上雖然能周旋於人際、公關及社交活動上，但往往在煩雜的人脈中易為損友所乘，影響工作或事業的發展。或在職場上缺乏主動溝通與互動的能力，與伙伴之間默契不足或難達共識，偶有受挫之感。或可能有擇業不當的傾向，致使在面對工作上有困難重重的現象。或在職場上易為環境誘惑而遷己志，恐有交友不慎的過患而耗失本身的權益……」

## ■忌煞沖、會照或同宮（廉貞星坐官祿宮）

這種現象可能意味著：「個人熱中於本身的工作或事業，能奉獻才智且樂在工作，但往往因過度投入而有身心疲累產生過勞的現象。或在職場上，雖注重人際、公關以及社交活動的參與，但在繁雜的交友狀態中易為小人所乘，或在人際互動過程中有付出不成比例的傾向。或者對於事業，雖然懷抱著理想與做法，也具有積極的企圖心，然而，易因慾望過大難所節制，而有招至初成終敗、先得後失的過患。或在職務上，難以發揮所長，有懷才不遇、才華難顯、難得貴人提攜的憾事。甚至在職場上的人際關係易招人嫉而不自知，與伙伴們的互動有初善終惡的傾向。或在工作上偶遇逆境來臨時，不易從中突破困境，心事往內積壓，有鬱鬱寡歡的傾向。或也許易受外在環境的引誘，而有誤判或投資失利的過患。或個人缺乏婉拒的藝術，偶有為友耗財的傾向……」

官祿宮中坐廉貞，適得其位有擔當，
才華出眾有氣度，擅長人際與公關，
忠於職守盡心力，一展長才在事業。
若有忌煞同宮坐，或見忌煞對宮沖，
官祿行運有阻滯，當思良策來對治，
一者行業當慎擇，凡有所行循正道，
二者凡事宜保守，當止之時宜須止，
三者經營以誠信，永續經營為其道，

四者人際當調和，宜近貴人遠小人，
五者慾望勿過度，得失之間有定律，
六者獲利宜保守，宜防先得後耗失，
七者心常存善念，自利利人運永續，
八者有利則同霑，伙伴相處重默契，
九者博學又多聞，謙虛以應利延綿，
十者有餘力佈施，取之社會回饋斯，
如此十事若能行，事業今後自不同，
何愁官祿運不通，廉貞自是此中人。

※廉貞星在田宅宮

## ■得地廉貞星坐田宅宮

意味著：「個人的居家環境講求書香、典雅的生活品質，對於室內的規劃與佈置頗能花費心思在其中，注重家中的內務整理使其有條不紊。或在居家中，與家中成員的互動感情融洽，能運用自己的才智來引導孩子走向善的境地。或也具備擁有房地產的能力，喜歡居家熱鬧的氣氛，與親朋好友的往來也能建立良好的互動。或在居家中，有研究（蒐集）某種知識的嗜好或興趣。或室內喜歡擺設典雅具有書香氣息的飾品或字畫……」。（備註：化氣為囚的廉貞星，當它坐落在田宅宮時，雖然有以上多項特質，但也因為如此，對於子女的付出與照顧得更具有耐心及毅力來循循善誘孩子，因為，凡坐落在得地廉貞星對宮的子女宮位，其宮中的星性特質有考驗個人與子女之間如何互動藝術的意味，若能由田宅宮與子女宮兩個相對位置的因果關係來做推理的話，當可作為親子互動的因應參考。）

## ■落陷廉貞星坐田宅宮

代表著：「較少花費心思在居家環境的規劃與管理上。或在居家中注重個人的主觀意識與做法，卻忽略家人的感受與建議，有我行我素的傾向。或居家的時間少，常為外在事務奔波勞碌，難得在家清閒下來。或與家中成員的互動，在理念及做法上不易達成共識，或者有心意難以相通的現象。或與子女較有疏離感，在照顧上也頗為勞累辛苦。在擁有房地產方面的福分不足，即使勉強擁有，也可能因房貸緣故而難以擺脫借貸的壓力。或在家中心性不易安定下來，常為外在環境影響或誘惑。或缺乏承擔家務的責任感，甚至在居家中心情也不易開朗起來，或有悶悶不樂的傾向（被房地產所囚困，難以發揮突破逆境的積極作為）。或住家中少有親朋好友的往來，有門庭冷清的傾向……」

## ■忌煞沖、會照或同宮（廉貞星坐田宅宮）

這種現象可能意謂著：「喜歡住家中的典雅環境，但個人在居家的時間常受外在環境影響，起居坐息變化不定，與家人有聚少離多的現象。或在住家中常為瑣事煩憂，難得清閒或放鬆下來。或即使擁有房地產，但在維持過程中，易因房貸壓力造成沉重的負擔。或本身的理念與做法與家人難有共識或默契。或與子女的互動有勞累身心的傾向，與子女較有距離感。或住家中較少有親朋好友的往來，缺乏良性的互動。或雖有承擔家庭的義務與責任，但往往在付出的過程中頗為勞碌，為家辛苦、為家忙……」

田宅宮中坐廉貞，居家典雅書香氣，
若能為家盡心力，夫妻同心興家運。
若有忌煞同宮坐，或見忌煞對宮沖，
居家運勢有阻滯，當思良方來對治，
一者居家心性定，外在事務當抉擇，

二者居家重和氣，心意相通有默契，
三者置產當慎重，宜量己力才施為，
四者住家重整理，有條不紊氣象新，
五者待子女以慈，慈者以和悅施與，
若能以此循善誘，家中必有子孫賢，
六者夫婦宜同心，同心之利可斷金，
夫妻若能心意通，何愁家運不興隆。

## ※廉貞星在福德宮

### ■得地廉貞星坐福德宮

意味著：「個人注重精神層次以及生活品味的提升，對於心靈成長的探索也有積極追求的意願。或在休閒時也能追求新知，博學多聞。或也喜歡在閒暇之時廣結善緣，或參與公益性的社交活動。或在本身的工作崗位上，具有忠於職守負責盡職的特質。或者也有好的人緣（異性緣），與人互動之間，知於禮節與進退之道，易逢貴人賞識或提攜的機緣。或者也具有積極、開朗的人生觀，對挫折的適應力強有突破困境的勇氣……」

## ■落陷廉貞星坐福德宮

代表著：「個人對於精神層次以及心靈成長方面，缺乏積極追求的意願，或常為瑣事煩憂難得清閒下來觀照自己。或心性較為好動，易為外界環境誘惑，易招財物耗損的過患。或雖喜廣為交友，但易為情所困，招來背後是非。或為人雖有豪氣，但在煩雜的人際往來中易自招煩擾，不易找到知心的朋友（知己難尋）。或對錢財雖有積極的企圖心，但易為慾望擴張，導致先得後失而有自招災咎的煩惱。或在人際交往中雖有極佳的異性緣，但易為其所困，招至桃花臨風的困擾。或者在擁有錢財方面的福報不足，雖然賺錢頗為辛苦，得手之財又常有耗失的現象，難以將錢財做適當的規劃與應用（這是因為對宮為財帛宮的關係，福德與財帛兩個宮位，具有相互影響的作用）。或者心性起伏不定，情緒有難發難制的傾向，往往忽略到周遭人的感受。或在休閒方面，容易耗損身心，導致有疲累的傾向……」

## ■忌煞沖、會照或同宮（廉貞星坐福德宮）

這可能意謂著：「個人常為繁雜瑣事操勞，身心有勞碌及疲累傾向。或心性較為好動，心神不易安定，易受外在環境影響個人的心境，導致難得清閒下來。或缺乏追求心靈成長的動力，心緒有紊亂的傾向，易為瑣事煩擾。或在擁有錢財方面的福報不足，雖然辛苦賺錢，但得手之財又不易守住，缺乏危機意識的概念。或因交友廣闊，但在繁雜的人際關係中，易為人情所困，招至不必要的困擾。或對事業能夠執著的付出，但易因過勞，而導致身心失衡。或對於個人的休閒方面，有損耗身心的傾向，而招至精神上的困擾。或者人緣佳，但在人際互動中，易為情所困，招至先好後壞或初善終惡的現象。或者個人在面對挫折時，心理適應能力不足，易將壓力往內堆積，導致有鬱悶的傾向。或內在慾望易為衝動趨使，導致有耗失錢財的傾向（慾望過大則耗財）。

福德宮中坐廉貞，為人矜持有風度，
知書達禮氣質顯，交友廣闊善結緣，
博學多聞且謙虛，進退有節心性定。
若有忌煞同宮坐，或見忌煞對宮沖，
福德行運有阻滯，對宮財運受牽制，
若能知己之行運，當思良方來對治，
一者宜廣植福田，有餘力時量力施，
濟施關鍵在心念，一切莫忘初發心，
二者慾望當適可，過度擴張易耗失，

三者得財當須守，勿待寅吃卯糧時，
四者休閒當抉擇，慎勿勞累身與心，
五者偶經桃花徑，宜防花來沾己身，
六者心性當開朗，逢遇挫折誰人無，
七者心靈當成長，精神資糧為支柱，
八者閒時習靜定，心性若定少煩憂，
如此八事若能行，何愁受囚難脫困，
廉貞本為智慧者，悟透自此更不同。

## ※廉貞星在父母宮

### ■得地廉貞星坐父母宮

意味著：「父母之中，有知書達禮或頗懂人情世故者，能以其才華及智慧引導子女向善的境地，與子女的互動融洽，且能依子女的個別特質因勢利導。或者他（她）是有修養兼具生活品味的人，注重家庭倫理，對子女期待甚高，也能適時的提供協助幫助子女成長。或與子女的互動心意能通，默契相投。或他（她）對於學問的追求，具有濃烈的興趣以及積極的探索之心。或其交友廣闊，平日喜廣結善緣，人緣佳，注重人際互動的和諧關係。或對其工作或事業，負責盡職，忠於職守。或其對人生處世的態度，雖能謹守原則，也有變通因應的智慧……」

## ■落陷廉貞星坐父母宮

代表著：「父母中之其中一人，雖有照顧子女的心意，唯恐能力有不足之處（有心無力）。或與子女的互動缺乏一份親密感。或個人常忙於日常事務，與子女有聚少離多的現象。或雖有積極的企圖心，但易為環境引誘，受到衝動心理的影響，導致有財物耗失的現象。或與子女之間的心意難通，不易相互瞭解或達成共識。或與子女的互動較有個人的主觀意見，難以因應子女的個別差異而因勢利導。或雖想以才智來引導子女，但不易與其形成良性的互動。或其雖喜廣為交友，但在繁雜的人際互動中，不易找到知心的朋友。或也缺乏對家庭照顧的責任，反而有造成家庭負擔的傾向……」

## ■忌煞沖、會照或同宮（廉貞星坐父母宮）

這可能意味著：「父母之中，有知禮、善知應對者，雖想以其才華及智慧來幫助子女走向善的境地，但往往易為煩瑣的俗事牽拌，導致有無力感。或雖與子女互動融洽，但常為工作或事務忙碌聚少離多。或其注重人際、公關及社交活動，雖有好的人緣，但往往易為人情所困而招至耗財的傾向。或其對個人的工作或事業具有積極的企圖心，不但負責盡職也能忠於職守，但恐過度勞累。或與子女的理念、默契偶有背離的時候，導致有心意難通的傾向。或個人的理念及做法子女難以瞭解父母的心思，難得見其開朗起來。或他（她）頗能追求個人的成長，唯易為雜瑣之事干擾，導致在學習過程中頗費心力……」

父母宮中坐廉貞，知書達禮有操持，
愛家有道善經營，才華智慧蔭子女。
若有忌煞同宮坐，或見忌煞對宮沖，
居家互動有阻滯，於身有疾相牽制，
若知父母宮中運，當思良方來對治，
一者孝敬父母心，父母對宮為疾厄，
疾厄忌沖身有恙，只因兩宮有因果，
若能善盡子女心，當能善補兩宮過，
二者順語無違逆，愛語父母心喜悅，
三者宜知父母心，彼此心意重溝通，
居家相處當和順，團結一心家運興，
若能行於此三事，能得長輩貴人緣，
身體健康則無慮，何愁此宮能困汝。

# 天相星

紂王身旁的宰相兼監督朝政的第一號人物，就是太師「聞仲」，亦即是神話故事中所流傳的「聞太師」。他不但是三朝元老，而且身懷絕技，不論是文韜武略，能文能武，為人心地善良，正直不阿，對國家更是忠貞不二。紂王即位的第二年時，北海大小諸侯陸續興兵作亂，太師雖然高壽，仍老當益壯，領兵出征，以殲滅叛軍為職志。也因太師長期出兵在外，導致朝綱政事，有遠不濟近的危失。在太師出征的歲月裡，紂王除了納妲己為妃外，相繼的殘害忠良，造炮烙、設蠆池、建鹿台邀神仙享宴……，這種種暴虐的行徑，在朝的眾臣們也只能面面相覷，敢怒而不敢言。然而，當聞太師凱旋班師回朝時，對紂王的行徑不但發揮了制衡的作用，而且，更在朝中制定多項的規範要紂王遵守，顯然對紂王造成相當大的壓力，但因聞太師的功勞實在太大了，況且又是帝王之師，紂王在朝綱及道德的雙重壓力下，卻也只能唯唯諾諾，討價還價的做某些選擇性的承諾。

聞太師的威嚴，加之以他的忠誠正直，對紂王的朝政仍是抱著積極的態度來面對、處理，也因他的耿直、忠心，連妲己對他的正氣感亦不敢有所侵犯。即使丞相費仲再怎麼心生詭計殘害忠良之事，仍不敢動到他的頭上來。由於聞仲雖外現威嚴之相，卻也是個心軟之人，對於紂王敗壞朝綱之事，他也只能寄予厚望，以愚忠成全之。

在武王姬發拜姜子牙為丞相，準備伐紂的相關事宜時，大小諸侯的勢力，漸漸靠攏傾向西岐的武王，朝中能夠帶兵征伐的將領，也在同時相繼的陣亡，直到紂王覺知事態嚴重，已演變到不可收拾的地步，太師聞仲仍念茲在國，以國家興亡為己任，置個人死生於度外，毅然帶兵出征，欲與姜子牙做最後一搏，也因聞太師再次欲平叛亂之舉，紂王才開始悔悟到錯殺忠良的後果，但為時已晚矣。

在臨陣相對的戰事中，聞太師不敵姜子牙的軍勢陣仗，接連敗退，又因五關守將連連失利，武王一路進逼朝歌城而來，聞仲明知大勢已去，卻死心塌地的做困獸之鬥，但是，畢竟弱兵不敵強將手，最後一戰，終於在絕龍嶺被困住後路，聞仲仍然堅持不投降，以自我了斷的方式，為封神榜劃下了一道休止符。自此之後，西岐及各路諸侯，以勢如破竹之勢，攻進朝歌城，終於取代了商朝政權。

「聞太師」的魂魄來到封神台前，因他的忠誠、耿直、堅貞不二的精神，足以為世人典範，因此被封為掌管「天相星」的主人。從「天相星」所代表的人物，來引伸紫微斗數的含意，便以「聞太師」這號忠貞愛國的人物來作為「掌印與官祿之神」的代表。

| 星宿 | 五行 | 化氣 | 主 | 特　性 | 十年干之四化 |
|---|---|---|---|---|---|
| 天相星 | 陽　水 | 印 | 官祿 | 事業、權威<br>忠誠、耿直 | 無四化 |

從「天相星」的代表人物「聞太師」來論紫微斗數的星性特質，可將其分析為下列幾項優缺點：

## ◎優點

一、天相星是一顆忠誠、堅貞不二的星座，因此，為人正直，忠心耿耿。
二、是非分明，處事公正，凡事任勞任怨，恪守個人職責。
三、行事謹慎、穩重，思考周密，舉止不輕浮。
四、有熱於助人的好心腸，有惻隱之心，見人有難能適時伸出援手給予協助。
五、為人有正義感，與朋友往來能善待周遭的人。
六、應事有條理，不為煩雜事所困擾，有始有終。
七、毅力堅強，具有積極的人生觀。
八、對學問的追求，頗具研究精神與上進心。

九、凡事能顧及周遭的環境變化，能犧牲小我，處處為別人設想。

十、是個極佳的幕僚人員（輔臣），善於謀略或以智取，文武兼備。

十一、為人樸實、個性直率，寧向直中取，不向曲中求。

## ◎缺點

一、為人忠誠、堅貞不二，因此，對事因應的角度不易有轉寰的空間。

二、對事盡責，凡事任勞任怨，易有過勞的身心疲憊感。

三、凡事保守，凡有所行時，思考周密，唯創新風格較不足，往往會錯失時機。

四、頗有惻隱之心，見人有難，熱心助人，但恐有「大往小來」之失。

五、為人雖有正義感，但不易找到真心的朋友。

六、應事有原則，凡事能勤勞以赴，有始有終，易為周遭小人嫉妒。

七、凡事雖能顧及別人的感受與需求，但往往壓抑自己對於理想的追求。

八、善於謀略或以智取，是個極佳的幕僚人員，但恐能力過甚，擔負過多，壓力煩重。

九、為人樸實、個性直率，易為小人所乘。

※天相星坐命十二宮位圖解

| | | | |
|---|---|---|---|
| 天相+2 巳 | 天相+4 廉貞0 午 | 天相+2 未 | 武曲+2 天相+4 申 |
| 紫微+2 天相+2 辰 | 天相星 | | 天相-2 酉 |
| 天相-2 卯 | | | 紫微+2 天相+2 戌 |
| 武曲+2 天相+4 寅 | 天相+4 丑 | 天相+4 廉貞0 子 | 天相+2 亥 |

## ◎天相星坐「命宮」

**壹、「得勢」天相星坐命宮**（三方四正，不會照陷地的紫府星系）

一、為人耿直，人際關係良好，外出易遇貴人。

二、對事業有強烈的企圖心，積極且行動力強。

三、具有領導統御的能力，能帶領團隊自成一格。

四、心地善良，為人正直，凡事能守正道而行。

五、具有助人的好心腸，外出能成為別人的貴人。

六、個性穩重，凡事能謹慎行事，頗有理財的規劃能力。

七、與朋友往來，頗能顧及正義或照顧同僚。

八、雖為良好的輔臣，但也能事必躬親，以身作則。

九、對學問的追求，經常懷抱著積極的態度。

十、具有慈悲心腸，能善用財物佈施，自利利他。

十一、面對事業的工作態度，具有個人的獨特風格。

十二、凡事能獨當一面，熱心盡職，任勞任怨，執行能力強，且頗具績效。

十三、個性沉穩，對財物的處理態度謹慎。

※「得勢」天相星坐命，共有十種基本結構

| | | | |
|---|---|---|---|
| 天相+2 巳 | 天相+4 廉貞0 午 | 天相+2 未 | 武曲+2 天相+4 申 |
| 紫微+2 天相+2 辰 | 得勢 天相星 | | 酉 |
| 卯 | | | 紫微+2 天相+2 戌 |
| 武曲+2 天相+4 寅 | 天相+4 丑 | 天相+4 廉貞0 子 | 天相+2 亥 |

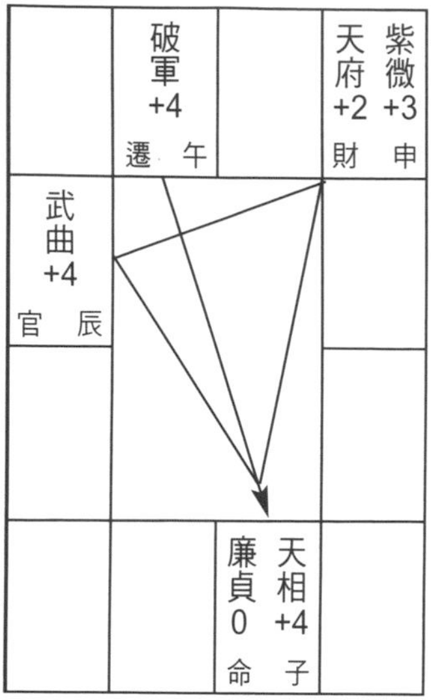
破軍
+4
遷 午
天府 紫微
+2 +3
財 申
武曲
+4
官 辰
廉貞 天相
0 +4
命 子
圖一

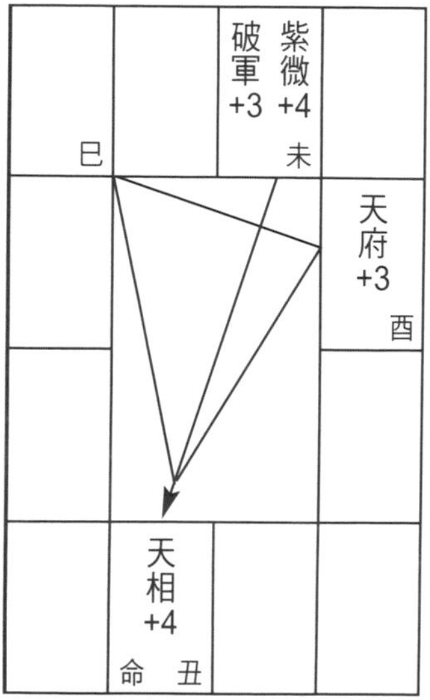
破軍 紫微
+3 +4
未
巳
天府
+3
酉
天相
+4
命 丑
圖二

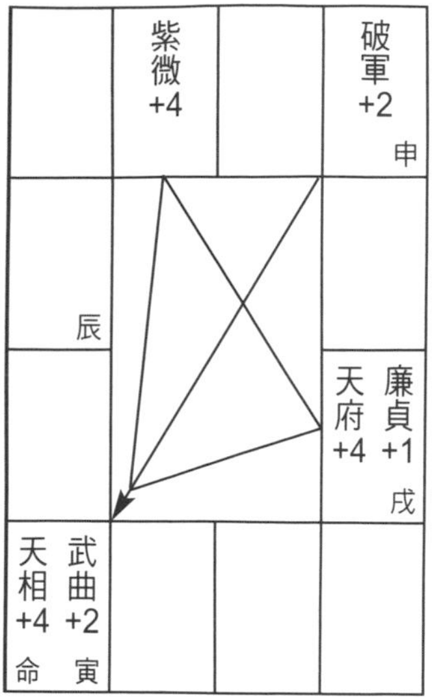
紫微
+4
破軍
+2
申
辰
天府 廉貞
+4 +1
戌
天相 武曲
+4 +2
命 寅
圖三

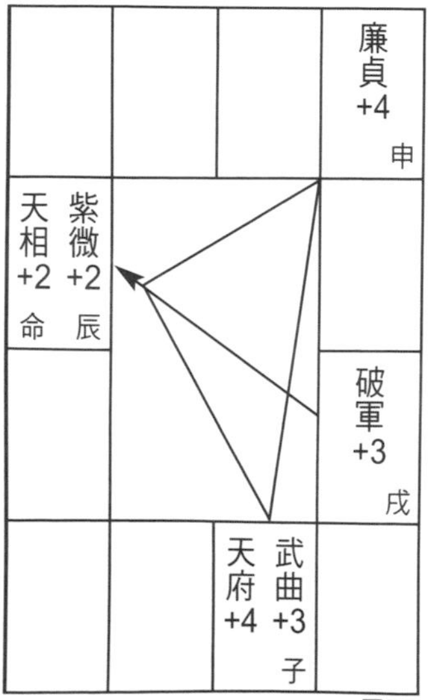
廉貞
+4
申
天相 紫微
+2 +2
命 辰
破軍
+3
戌
天府 武曲
+4 +3
子
圖四

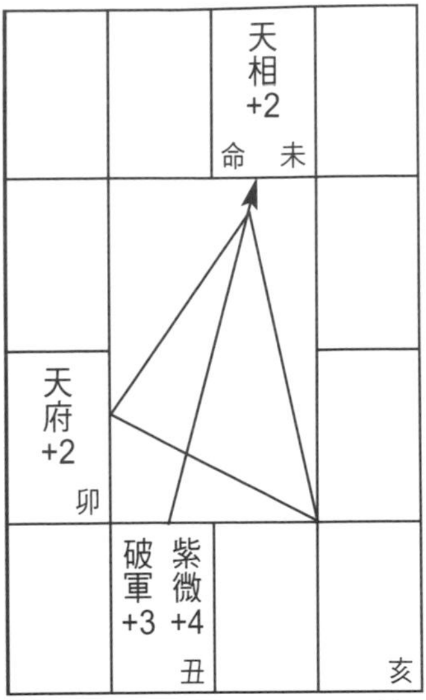
天相
+2
命 未
天府
+2
卯
破軍 +3
紫微 +4
丑
亥

圖七

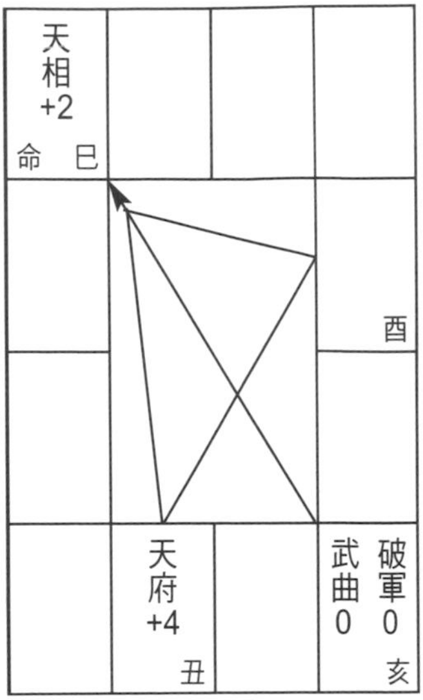
天相
+2
命 巳
酉
天府
+4
丑
武曲 0
破軍 0
亥

圖五

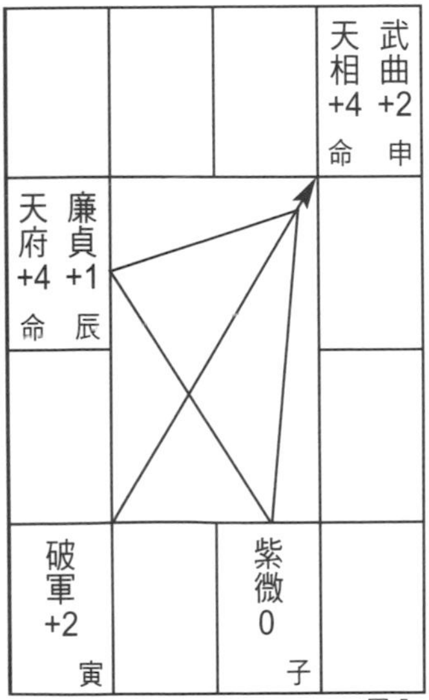
天相 +4
武曲 +2
命 申
天府 +4
廉貞 +1
命 辰
破軍
+2
寅
紫微
0
子

圖八

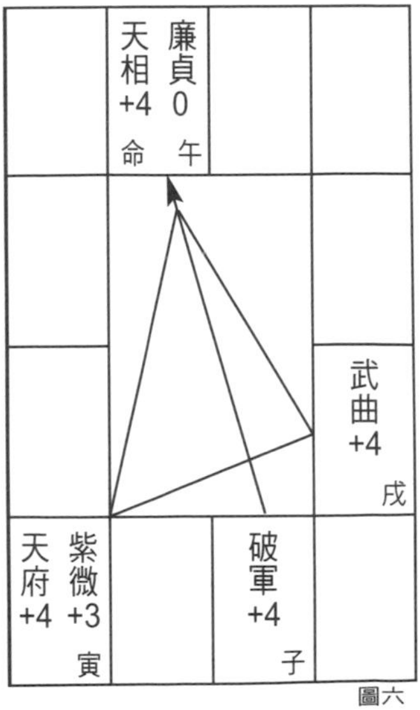
天相 +4
廉貞 0
命 午
武曲
+4
戌
天府 +4
紫微 +3
寅
破軍
+4
子

圖六

## 貳、「失勢」的天相星坐命宮（三方四正，會到落陷的紫府星系）

一、為人心善，個性耿直，不喜與人計較，但也易招他人中傷。

二、堅守自己崗位，處事遵循原則，但易招小人非議。

三、執行能力雖強，唯恐受制於人情世事，效率大打折扣。

四、對朋友雖有正義感，但唯恐交友不慎，損及自身。

五、對本身職務有強烈的使命感，若過度投入，易引起他人側目。

六、個性雖穩重，但不擅長周旋於人際之間。

七、事業心雖強，唯恐疏於周遭人事問題，致使工作效率不彰，或者權力被架空。

八、責任感重，唯恐應事身心過度勞累。

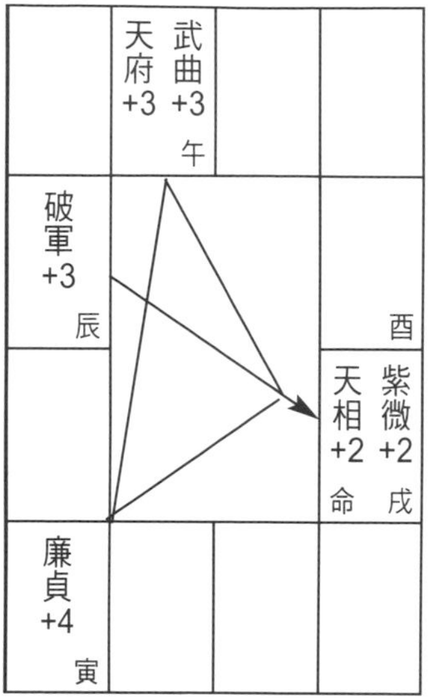

圖九

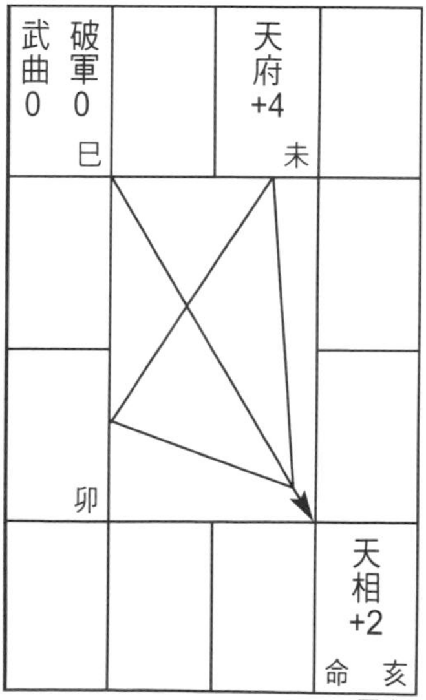

圖十

※「失勢」天相星坐命宮，有兩種基本結構

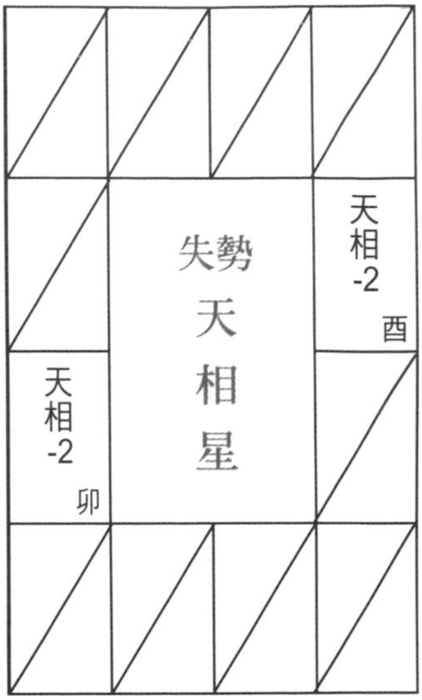


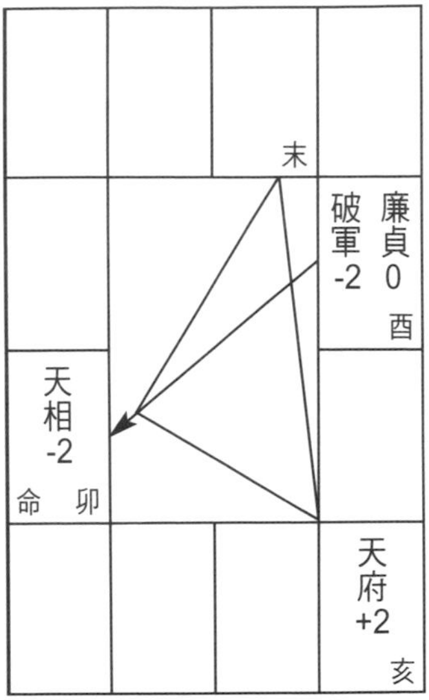


圖一

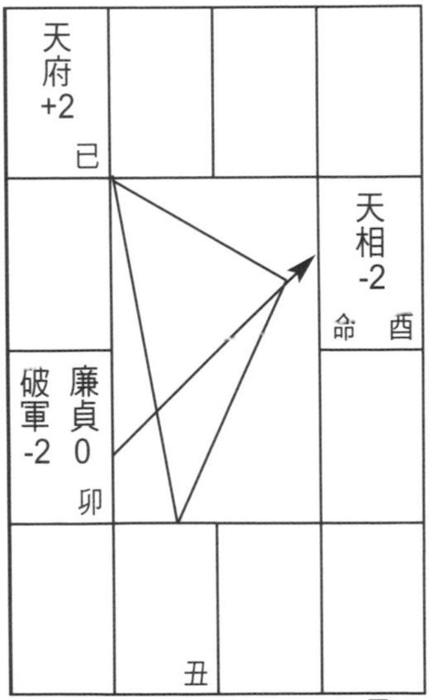


圖二

## ◎超越天相星的宿命

天相星是一顆老實、穩重、負責盡職的宰相星座，在「紫微斗數」的眾多星座當中，凡是天相坐命之人，不論他所坐落的宮為何，「失勢或得勢」，基本上，都是一個滿正直的人，尤其對於個人的成長與學習歷程，都具有正面提升的動力。用學有專長，或是有學問的人來形容天相坐命之人，實不為過，尤其這種命格的人，生性內斂，不任意誇浮或利用虛有其表來彰顯個人的特色。

天相星本身化氣為「印」，意味著具有執行權利與效率的象徵，所以，若天相坐命之人，能從事公職或法律人員，實是國家的一大福音，因為，以天相的忠誠與堅貞對事負責任的態度來說，可為政府單位樹立一個廉政的風範。若能成為民間企業的經理人員秘書、輔佐、或參謀、行政人員……，實是不可多得的人選。「天相」不但具有良好的規劃能力，其執行能力又強，對自己的職務忠貞不二，試問，哪個老闆不想要這樣的人才呢？

從斗數的因果理論來看，我們可做一個假設性的推論，那就是：「凡天相星坐命之人，其在前世的行業當中，必有種下某些善行的因，今生在時空緣起的際會之下，綻放成果。」基本上，天相坐命之人起碼是個心地善良的人，在我們現在的社會裡，誠實、無欺的人顯然在相對的減少當中。而天相坐命之人格特質，正好為社會各階層提供了一個為人處事的典範。

天相坐命性格穩，為人誠實不行欺，
化氣為印掌威權，利己利人盡心力，
生來天賦帶福分，得地陷地雖有別，
不失本性心慈善，或許前世種善因，
今生命坐天相星，想必亦是續前緣，
善者有福善緣具，今生可積來世福，
為人耿直心不曲，是則名為正直人，
此生宜當善用印，化成權威來利人。

## ◎補註說明

一、「**天相星**」在出生年的十天干中（甲……癸年），並無四化的現象，所謂四化是指：「祿、權、科、忌」。

**祿**：天相不化祿。（本身即**帶祿**）

**權**：天相不化權。（化氣為印，也是**具權**的象徵）

**科**：天相不化科。（天相本身即為**科名**之星）

**忌**：天相不化忌。（天相的處境常有憂患意識，隨時得面對挑戰，因此，天相具有化解災厄的能力，也可能在面臨逆境時不知所措。在兩種成敗的分野中，其最主要的關鍵在於：「因應的智慧是否能適當的發揮出來，也就是通權達變的適應能力。）

二、**天相星**有得地與落陷的兩種狀態，其所呈現的現象只是成就上的不同，因此，天相不因得地與落陷而改變個人心志，天相星是一顆頗為穩定的星座，既然它沒有四化的問題，也意味著：「內在的思維或改變的契機，通常得由內在領悟或激起內在的潛能，生命中的鑰匙往往握在自己的手上，成在於己，敗亦在己」。

三、天相星有上述的如此特性，以下在我們所談及在十一個宮位中的特性，讀者可從這些原則去推理，因此，本章節將不論及與天相同宮的忌煞星，或者忌煞對宮沖入的問題，在我的另一本著作《轉逆境為喜悅—羊陀火鈴空劫》中，將有詳細的論述與解析。

## ※天相星在兄弟宮

### ■得地天相星坐兄弟宮

意味著：「在兄弟姐妹之中，有個性純樸、耿直、穩重者，與手足之間的互動融洽，重友情且有照顧手足的雅量，能夠理解彼此的理念與做法，也有相當的默契。或其對於學問的追求與成長具有積極的動力，也頗有獨立的能力，通常能運用其才華與智慧來幫助家人有所成就。或他（她）生性較為保守，沉穩的個性通常能知於進退之道，守於本分，自我管理的能力強，凡遇考驗之時能夠冷靜面對，迎刃而解。或其對人生認知的角度有自己的見解與做法，通常能肯定自我，以穩健的腳步邁向既定的目標前進（實踐能力強）……」。（註：天相星化氣為印，因此，具有積極的實踐力，印中帶有權的意味，而權則有照顧與蔭及他人的能力。）

## ■落陷天相星坐兄弟宮

代表著：「手足之間，有個性純樸、憨厚、老實、心性穩重者，與家人的互動較缺乏主動性。或者有照顧手足的雅量，但往往在付出的過程中頗為辛苦。或其人獨立性強，自我管理能力佳，唯個性較為保守，缺乏應變以及自我保護的能力。或與家人的互動，其個人內在思維與做法不易被瞭解，因此，與手足間的互動較為沉默寡言，缺乏積極開朗的心態……」

兄弟宮中坐天相，樸實耿直眾人誇，
才華智慧蔭手足，愛家有道盡心力，

天相化其氣為印，印中帶權有實力。
若有落陷天相坐，或有忌煞同宮臨，
或見對宮忌煞沖，不失良善與耿直，
雖蔭手足有雅量，唯恐心力有不足，
若能善補缺失處，手足情誼長綿延，
兄弟對宮為僕役，兩者相互為影響，
手足情誼若融洽，朋友運中受其益，
天相本為樸實者，對治落陷不為難。

## ※天相星在夫妻宮

### ■得地天相星坐夫妻宮

意味著：「配偶具有責任感，善於理家，能將其才智運用在家庭的經營上，與其感情融洽。或伴侶也是好學之人，能在環境變化中學習成長，心思細膩，能運用其才智幫助個人獲得好的成就。或其個性穩重、耿直、知於禮制，謹守分寸，為人樸實不誇，凡有應對，事理分明。或也能為家盡心盡力，扶助個人興隆家運。

## ■落陷天相星坐夫妻宮

代表著：「伴侶外表雖似木訥，但內在有熱情的特質，不善於將感情表露出來，因此，缺乏營造浪漫氣氛的心思。或他（她）為人坦誠、率直，但過度注重個人的理念與做法時，往往會忽略到對方的感受。或其對家庭頗為盡責，常為瑣事煩憂，有勞碌身心的傾向，難得見其清閒下來。或伴侶在面對壓力時，不易排解其內在心事，往往有抑鬱的傾向。或與伴侶的心意偶有相違或默契不足，導致彼此的感情互動有距離感……」

**《易經・澤山咸卦》**

※咸（註），亨，利貞，取女吉。

◎解意：象徵少男謙虛的追求少女，因此，對於愛情的付出是不能三心二意的，要有堅定不移的信念去追求，並以誠意來感動對方，像這種男女相互感應的愛慕，婚姻自然是吉祥的。所以說，能夠結成夫妻，這種緣分是非常殊勝的，應當彼此珍惜這得來不易的姻緣才是。

◎註：

「**咸**」：感應之意，也指彼此的心意相互感應，尤其在夫婦相處上，理應以此「咸卦」為惕勵之道。

※天相星在子女宮

## ■得地天相星坐子女宮

意味著：「子女中，有個性純樸、敦厚、善解父母心意者，平日能為家庭分憂解勞，與家人互動融洽，也有照顧手足（朋友）的雅量。或者個性溫和，好學有禮，頗懂待人接物之道，為人誠懇，謹守分寸。或者對於學問的追求頗有上進心，通常能自立自強，凡遇逆境來臨時，也能以其才智及行動來突破障礙……」

## ■落陷天相星坐子女宮

代表著：「子女中，有個性憨厚且善解父母心意者，雖有照顧家人的雅量，但往往在付出的過程中頗為辛苦。或子女在面對事情時，缺乏通權達變的因應能力，雖然個性耿直，但易自招煩惱。或者也有直言不諱的個性，但易招身後是非，徒增煩惱。或雖能瞭解父母心意，但也有個人的見解與做法，因此，偶有默契不足之時（子女心思不易為父母所理解）。或與父母的互動缺乏主動性與積極性，心事不易透露出來，似有心事往內積壓的傾向……」

子女宮中坐天相，生性積極有作為，
善解人意蔭父母，愛家並及於手足。
若見陷地天相坐，或有忌煞同宮臨，
或見對宮忌煞沖，子女行運有阻滯，
宜思良方來引導，當有五策來因應，
一者知性者父母，父母當以身作則，
二者親子重互動，聽其心聲能親近，
三者導其心開朗，心事宜有紓解處，
四者導其觀時勢，遇事能通權達變，
五者導其習專長，化印為權蔭大眾，
若能解行此五事，父母當是智慧者。

※天相星在財帛宮

## ■得地天相星坐財帛宮

意謂著：「個人對於理財的觀念保守，具有聚財的能力，能將得來不易的錢財做適當的管理與運用。或有穩定的工作或事業，能將賺來的錢財點點滴滴的儲蓄起來。或對投資（投機）的觀念薄弱，不易受到外界的誘惑而耗損錢財。或對錢財的收入與支出狀況能有條不紊的支配。或者因錢財保守的個性而有獲取錢財的福報（因對宮為福德宮，兩個宮位有相互影響的作用）……」

## ■落陷天相星坐財帛宮

代表著：「個人在賺錢的工作或事業上，雖能得心應手，但缺乏理財的觀念，致使所得與支出不成比例。或者也有入不敷出的傾向，常為缺錢而奔波勞碌。或在錢財的管理與運用上，常為人情所困，偶有周旋於人際、公關或社交活動上的支出（交際應酬）。或雖有儲蓄的概念，但不易將所得做適當的劃分，往往易為瑣事或衝動心理影響，而有耗失錢財的傾向。或在賺錢的工作或事業上，易因慾望過大而招至財物耗失的傾向……」

◎備註：

落陷的天相坐財帛宮，在命盤上的基本結構上只有兩種可能，可參照前章《紫微斗數的架構理念》，因此，個人的財帛宮若成立這種格局的話，那麼，命宮應是「武、貪」，武曲、貪狼這兩顆星座一旦會在一起，其對人生的目標與理想具有積極的企圖心，也因此易因慾望過大，或者強烈的企圖難制，導致有橫發橫破或有大起大落的現象。總之，當落陷的天相在財帛宮時，也因欠缺管理錢財的觀念而有耗失錢財的現象，而對宮的福德宮為「廉、破」，顯然的，個人易將錢財花費在休閒或享受上，缺乏種植福田、惜福、造福的概念。

財帛宮中坐天相，個性保守不鋪張，
理財有道漸積存，利益家人有資糧。
若見天相落陷坐，或有忌煞同宮臨，
或見對宮忌煞沖，財物支出易虧空，
只因命宮坐武貪，慾望擴張易招險，
福德宮中坐廉破，欲圖享受損福田，
縱使官祿運勢通，財來財去難保守，
唯今當思來對治，或可彌補此過失，
一者得福宜惜福，日常隨緣量力施，
二者慾望當適可，過度易招財耗損，
三者宜有理財智，善於應用不浪費，
周旋人際易耗失，何不善用植福田，

若能如實行三事，何愁財物不豐盈。

※天相星在疾厄宮（不分得地、落陷或忌煞的問題）

## ■天相星坐疾厄宮

天相的星性，陰陽五行屬「陽水」，陰水者為腎臟，陽者為腑，陽水為膀胱、泌尿、生殖系統（攝護腺）……等，陰水者為腎臟。因此，凡天相星坐此宮位者，宜應多加留意上述的問題，並做好個人的養生與保健。關於這一部分，我們也可引用相關資料，來說明它的重要性。

**《黃帝內經・素問・陰陽應象大論篇第五・第三章》**

北方生寒，寒生水，水生鹹，鹹生腎，

腎生骨髓，髓生肝，腎主耳，其在天為寒，

在地為水，在體為骨，在藏為腎，在色為黑，

在音為羽（註一），在聲為呻，在變動為慄，

在竅為耳，在味為鹹，在志為恐，恐傷腎，

思勝（註二）恐，寒傷血，燥勝寒，鹹傷血，甘勝鹹……。

◎註：

一、「**在音爲羽**」：請參考前章【巨門星】在疾厄宮的說明。

二、「**勝**」：有制之以平衡之意。

**《黃帝內經．金匱眞言論篇第四．第三章》**

北方（註一）黑色，入通於腎，開竅於二陰（註二），藏於腎，故病在谿（註三），其味鹹，其類水，其畜彘（註四），其穀豆，其應四時，上為辰星（註五），是以知病之在骨也，其音羽，其數六，其臭腐。

◎註：

一、「**北方**」：是五行分類的五方之一，這五方是「東、南、中央、西、北」。其五行依序為「木、火、土、金、水」，相應於人體之五臟，依序為「肝、心、脾、肺、腎」。

二、「**二陰**」：二陰屬腎，指前後二陰之處。

三、「**谿**」：肉之小會之處。

四、「**彘**」：音滯，同豕，就是豬。

五、「**辰星**」：指水星。

《宣明五氣篇第二十三》

五藏所主：心主脈，肺主皮，肝主筋，脾主肉，腎主骨，是謂五主。

| 天相 | 陽水 |
|---|---|
| 品類 | 水 |
| 五穀 | 豆 |
| 五音 | 羽 |
| 五色 | 黑 |
| 五味 | 鹹 |
| 五臭 | 腐 |
| 五臟 | 腎 |
| 九竅 | 二陰 |
| 五體 | 骨 |
| 五聲 | 呻 |
| 五志 | 恐 |
| 病變 | 慄 |
| 病位 | 腰股（四肢） |

**《靈樞・本神篇》**

腎盛怒而不止則傷志（註一），志傷則喜（註二）忘其前言。

◎註：

一、「志」通智。

二、「喜」：有易於……之意。

**《醫學眞傳》**

喜通心，怒通肝，憂通肺，悲思通脾，

恐通腎，驚通心與肝。

**《三因極・病症方論》**

恐傷腎者，上焦氣閉不行，下焦回還不散，

猶豫不決，嘔逆噁心，故經曰（註）恐則精卻，驚傷膽者，神無所歸，慮無所定，說物不竟而迫，故經曰驚則氣亂。

◎註：

「**經曰**」：指《黃帝內經》，此經又分成兩大篇幅（**素問與靈樞**）。

※天相星在遷移宮

## ■得地天相星坐遷移宮

意味著：「個人在出外的行運上，對於人際、公關及社交活動等能應對得體，主動大方，注重個人形象與威儀，以及人際互動的和諧度。或對人生目標的規劃具有主動、積極的企圖心，也能將其化成實際的行動去達成它。或以沉穩的個性，處事有個人的風格與原則，不易受外境誘惑或干擾而遷己志。或對事理（是非）分明，凡事能秉持公正公平的原則應事，有打抱不平、樂於助人，以及為人排憂解難的特質。或本身耿直、講誠信、重承諾的個性能得人之信任，有逢遇貴人提攜的機緣。或也能將其才智展現在出外的行運上，將其化為自利利人的行動……」

## ■落陷天相星坐遷移宮

這可能代表著：「個人雖有耿直、樸實、仗義直言的個性但因憨厚的個性，易招人嫉，或得罪於人而不自知。或雖有才智但有懷才不遇、有志難伸，或才華難顯的窘境。或因打抱不平與正直的個性，易受環境的牽制，難以實現個人的志向或理想。或者個性較為內向，在外的人緣不佳，缺乏人際互動的主動性，也因此不善於周旋人的互動，也易為人情所困。或在外的適應能力不佳，凡逢遇逆境時，易萌生退卻的念頭或以消極的心態面對（才智受困，不易發揮積極性，或改變思維去突破困境）……」

遷移宮中坐天相，注重威儀且大方，
個性耿直講誠信，人際互動運勢通，
事理分明直中取，逢遇貴人顯才智，
樂於助人能濟施，揚名於外眾人誇。
若見天相落陷坐，或有忌煞同宮臨，
或見對宮忌煞侵，在外行運有阻滯，
若能知己之行運，當思良策來對治，
一者人際往來間，凡事隨緣來互動，
二者心性雖耿直，應事宜有觀察智，

三者忠誠且直言，宜視情境與契機，
四者應事當積極，凡遇挫折不灰心，
五者人際結善緣，或有貴人來提攜，
六者心性宜開朗，化解人際窘境時，
七者心善樂助人，宜有立場來對應，
如此七事若能行，天相落陷不為害，
改變關鍵在思維，天相本是智慧人。

※天相星在僕役宮（交友狀態——同事也屬朋友互動的一部分）

## ■得地天相星坐僕役宮

意味著：「個人在工作、事業上（或朋友之中）容易得到有才華的伙伴支持，或對方的人緣佳，不但注重個人的誠信，也有樂於助人的好心腸。或在所交往的朋友中（工作伙伴），不乏有事理分明，耿直、誠實無欺者，與其互動融洽，能從中得到成長或受益。或其人也注重威儀，與人往來知於進退之道，應對頗為得體。甚至具有忠誠的特質，對本身的職責或承諾能發揮才智去承擔與執行，可謂是公私分明之人。或其人博學多聞，對朋友也甚為關心，有照顧朋友的雅量，能無怨無悔的付出，不求回報……」

## ■落陷天相星坐僕役宮

代表著：「個人所交往的朋友或同事中，雖有耿直、憨厚的個性，但較有主觀的見解或做法，缺乏人際互動的積極性，因此，較會忽略到周遭人的感受。或者對於環境或工作變化適應力不佳，缺乏主動溝通或互動的意願，與其往來理念難合，或有默契不足的現象。或其能忠於本身的職務，但往往因直言的個性，易得罪於人而不自知，或本身才華的施展易招人嫉。或與朋友（伙伴）的互動缺乏流暢度，彼此的理念較難契合，或有默契不足的傾向。或朋友的個性較內向與被動，缺乏幽默感，與其互動頗費心力。或其對挫折的適應力欠佳，逢遇逆境時，本身的才華易受困，有志難伸或有懷才不遇之憾，不易從中脫困開創新局……」

僕役宮中坐天相，朋友同事兩相宜，
為人耿直明事理，注重威儀人際佳，
博學多聞益友人，關懷付出不求報，
忠誠盡職有擔當，朋友當中眾人誇。
若見天相落陷坐，或有忌煞同宮臨，
或見對宮忌煞沖，朋友行運有阻滯，

若欲善友來支持，當思良方來對治，
一者互動以誠信，信義之交情誼久，
二者導其心積極，遇挫當思以突破，
三者人際重善緣，導其能廣結善緣，
四者心性雖耿直，應對宜有觀察智，
導其互動以謙柔，小人自離貴人至，
勉其能韜光養晦，凡事鋒芒不可露，
五者不敢天下先，成事不可先居功，
六者導其近善友，或有思維轉變時，
人生誰能無挫折，考驗必是其功課，
若能細思其因由，當可轉化於宿命，
世間好友本難遇，何況天相憨厚者，
若能因勢來利導，汝是此中智慧者。

## ※天相星在官祿宮

■得地天相星坐官祿宮

天相星坐落官祿宮，這是適得其位的，因此意謂著：「個人注重事業的發展，甚至在職場上也有穩定事業的能力，不但有著保守的沉穩個性，凡事能按部就班、有條不紊的對應。甚至忠於職守、事理分明，更是他（她）在職場上的特色，通常具有頗佳的行政與策劃能力，主動性與積極性為其工作帶來績率。或有耿直的個性，是非分明，處事能依循原則而不逾越本分。或在事業上的人緣頗佳，人際互動流暢，為其工作帶來有利的助緣。或者適應挫折與排除困難的能力強，通常能獲得長上的賞識，或有貴人提攜的機緣。或在事業上，對本身的工作負責盡職，講求誠信，頗能獲得眾人的肯定與信賴……」

■落陷天相星坐官祿宮

這種格局可能代表著：「個人在事業上雖想極力有所作為，但往往有懷才不遇，有志難伸，或才華難顯的窘境，致使在職場上常有受挫感。或在職場上的人緣不佳，或缺乏人際、公關的主動性及積極性，不易獲得助緣，導致在工作上的執行效率頗費心力。或在工作上雖有領導者的特質，但易傾向個人的主觀見解與做法，缺乏團隊的默契，導致本身面對工作時，頗有勞碌現象。或面對工作時雖能忠於職守，謹守本分，但缺乏主動參與的積極性，令人覺得有距離感。或面臨挫折的調適能力欠佳，不易從中突破現狀或打開僵局。

或雖然能謹守工作原則，但似有木訥感，缺乏幽默面對的技巧。或在工作上的表現雖有才華橫溢的傾向，易招人嫉，或偶有身後是非徒增煩惱。或在事業上雖有積極的企圖心，但在執行的過程中，對情勢的發展往往有誤判或失察的可能……」

官祿宮中坐天相，適得其所能敬業，
樂在工作有擔當，性格沉穩有績效，
人際和諧助緣多，誠實往來人信賴，
領導有方貴人多，或有貴人提攜緣。
若見天相落陷坐，或有忌煞同宮臨，
或見忌煞對宮沖，化氣為印難施為，
官祿行運有阻滯，當思良策來對治，
一者人際結善緣，化被動成為主動，
二者事業重團隊，理念默契宜相容，
三者凡有決策事，躁急處事易招咎，
四者謹守本分事，應事遵循於原則，
五者受挫總難免，宜有應對觀察智，

六者謙虛以應事，或有貴人來提攜，
七者人情難婉拒，當量己力來應對，
八者享福當保守，宜量己力隨緣施，
濟利他人如種田，廣結善緣有助緣，
天相化印權自來，自利利人在事業，
如上八事若能行，何愁忌煞來侵擾，
試問誰當官祿主，天相自是難推辭。

## ※天相星在田宅宮

### ■得地天相星坐田宅宮

意味著：「個人對家庭的照顧頗為盡職，能把心思花在家中，將其料理得有條不紊。或者也注重居家的氣氛，與親朋好友（鄰居）的互動融洽。或注重居家的休閒，能享受在家的喜悅以及帶給自己愉悅的心情。或也擁有房地產以及負擔的能力。或在家中與家庭成員互動融洽，並能以其人格、才智引導他們走向善的境地。或在家中也能注重個人的學習與成長，通常有自己的興趣或嗜好，並將心思花費在其中。或在家中心性沉穩，注重個人威儀，應事有自己的原則以及變通因應的方式，不易受到外界環境的誘惑……」

## ■落陷天相星坐田宅宮

代表著：「個人對於家庭的付出頗為勞心勞力，雖有顧家的理念但有無力感，常為家庭奔波勞碌，難得清閒下來。或在家中心緒不易安定下來，常為日常瑣事煩憂，心情難得愉悅或者放鬆下來。或與家人的理念偶有心意難通之處，或有默契不足的傾向，令人覺得似有距離感。或也注重個人的見解與做法，而忽略周遭人的感受與建議。或在擁有房地產時頗有負擔的壓力，導致個人難以排解長期的壓力，而有鬱悶的傾向。或在家中欲以其才智來引導家人，但往往瑣事繁雜難達預期效果。或面對家中事務，因寡言、木訥的個性，心情不易開朗，令人有不易親近的感覺……」

田宅宮中坐天相，擁有房宅愛其家，
理家有道重和諧，親朋好友常聯繫，
發揮才智與耐心，蔭及家人與子女，
注重威儀守本分，心性不為外境遷。
若見天相落陷坐，或有忌煞同宮臨，

或見對宮忌煞沖，經營家庭頗辛苦，
若能知己之行運，當思良方來對治，
一者居家重和諧，氣氛融洽家運興，
二者理財當保守，輕易耗失難持家，
三者居家心開朗，煩憂當有紓解處，
四者出入當權衡，聚少離多親易疏，
五者夫妻當同心，耐心才智導子女，
六者置產當慎重，衡量己力再施為，
若能如此行六事，何愁天相落陷地，
家人有如三足鼎，同心團結與家運，
凡事當有轉寰處，自此不受宿命牽。

## ※天相星在福德宮

### ■得地天相星坐福德宮

這種格局代表著：「重視個人的休閒生活以及在精神層次的提升。甚至個人的心性沉穩，在靜態時能享受寧靜的生活，在動態時也能事來則應，處事頗具有效率，可謂是動靜皆宜。或個人對於心靈成長的需求，具有積極的動機與探索之心。或本身心善慈悲，具有樂於助人的雅量（助人為快樂之本）。或個性保守，注重儀表與威儀，對事理的應對態度能堅守既定的原則，不為外在現象而影響本身心志或操守。或也注重休閒方面的規劃，並兼顧心靈成長的需求。或在待人處事方面頗為平實、謙虛、不浮誇。或在個人的身心靈方面頗能適得其意。對於情緒的紓發能調節得當，帶給個人心情愉悅。或對於人生的際遇能以惜福、植福、造福的心態，廣結善緣，在能力範圍之內隨緣隨分的濟力他人（以財物濟施，或以能力來幫助他人）……」

## ■落陷天相星坐福德宮

代表著：「在人生際遇中常為繁雜瑣事縈繞，導致常忽略個人的休閒生活。或缺乏讓自己放鬆或紓解壓力的空間，往往將壓力向內積放，導致有壓抑，或悶悶不樂的傾向。或缺乏提升精神層次的概念，往往為日常瑣事牽絆，不易從中尋求成長的空間。或心思較為繁雜，心緒不易安定下來，缺乏心靈成長的探索意願。或對於人生際遇的困境，自我肯定的能力不足，缺乏突破的信心與勇氣，或以消極的心態面對。或也有樂於助人的雅量，但礙於本身能力有限，或有心無力。雖有耿直、堅守原則的個性，但遇到逆境來臨時不易變通因應，甚至易招身後是非，徒增困擾。或個性不喜多言，令人覺得有木訥感，與其接近時也有被動的傾向，缺乏輕鬆或開朗的心情……」

福德宮中坐天相，心性沉穩有操持，
言行威儀令人敬，心量廣大有闊氣，
心性修持有其道，樂於助人不求報。
若見天相落陷坐，或有忌煞同宮臨，
或有對宮忌煞沖，心緒波動難穩定，
若能知己不足處，當思良方來對治，
一者心性當調柔，開朗心情有助益，
二者常觀照己身，心性不為外物遷，
三者心靈當成長，身心兩者不偏廢，
四者宜常植福田，凡事惜福與感恩，
五者理財當慎重，福德對宮為財帛，
兩者互有因果牽，欲得財報且植福，
若去心中慳吝性，隨緣隨分量力施，

福田有如人植樹，雖難當日見其長，
但卻日日有所增，若能行於此五事，
身與心靈漸調和，熏習成性漸運轉，
何愁福德宿命牽，天相自是智慧人。

※天相星在父母宮

## ■得地天相星坐父母宮

代表著：「父母其中有心善慈悲者，對子女的照顧無微不至，頗能善解子女心意，與其互動融洽，彼此默契能通。或注重個人威儀與操守，能以其才華及智慧來引導子女走向善的境地。或其心性沉穩，注重子女的教育與成長問題，能付出其心力來幫助子女完成目標或理想。或其個性穩重，在人際關係的互動上頗得善緣，有逢遇貴人提攜的機緣，而本身也有樂於助人的雅量。或其為人注重本身言行，與子女的互動講求誠信及承諾，並能以愛心、耐心來引導孩子，無怨無悔的付出。或他（她）具有個人的素養，處事應對得體，頗能應用其才智來幫助周遭的人。或他（她）也注重個人的成長，對於學問的追求也能樂在其中（博學多聞）。或也能善盡父母責任，除提供子女日常所需外，也能與子女心靈相互動，瞭解其心靈世界的領域，因勢來利導……」

## ■落陷天相星坐父母宮

代表著：「父母其中有為家庭付出而勞心勞力者，雖然對子女想盡心思去幫助他們，但往往難如預期或有無力感。或與子女的心意或默契偶有難通之處，在互動上缺乏流暢感、融洽感。或難以理解子女的心思，進一步因勢利導他們。或與子女之間的互動缺乏心靈關懷的層次，導致彼此心靈難有交集或有距離感。或他（她）對家庭的付出，頗為勞碌辛苦，但其心思不易為子女所理解，導致內在鬱悶，心情不易開朗起來（有木訥的傾向）。或他（她）注重個人的理念與做法，偶會疏忽到子女的感受。或其也具有樂於助人的雅量，但通常吃力不討好，或者付出不成比例。或他（她）與子女互動時間少，有聚少離多的傾向，或令子女覺得有疏離感……」

父母宮中坐天相，天相有如宰輔座，
愛家有道蔭子女，注重威儀守本分，
因勢利導向善地，子女善解父母心。
若有天相落陷坐，或見忌煞同宮臨，

或見忌煞對宮沖，親子互動有隔閡，
若能知己之行運，當思良方來對治，
一者天下父母心，子女當解其心意，
二者宜盡孝順心，愛語順語無違逆，
只因本命坐巨門，宜應調伏巨門性，（註）
三者心意能融合，默契或有能通時，
四者能尊敬長上，父母等同貴人緣，
人生運勢欲通達，長上貴人不可缺，
五者家運欲興盛，彼此同心是良策，
如此五事若能行，父母定是心感動，
誰說世間無孝子，巨門定是此中人。

◎註：父母宮中有天相，其人則有巨門星坐命宮，可參照本書《紫微斗數的架構理念》。

# 天梁星

陳塘關總兵「李靖」，曾拜西崑崙度厄真人為師，因隨師修習數年，實是仙道難成，故辭師下山，在商紂天下謀得總兵一職，其夫人殷氏生有三子，長子金吒，次子木吒，三子哪吒。長子金吒拜五龍山雲宵洞文殊廣法天尊為師，次子木吒拜九宮山白鶴洞普賢真人為師，三子哪吒一出生即皈依太乙真人為師。

今因商紂無道，百姓流離失所，四方大小諸侯，更尊西伯侯姬發（武王）為伐紂之首，這對李靖來說尚不打緊，最大的要害，竟是他的三個兒子，先後都投在武王麾下，為先鋒部將，李靖自知立場有失，不知如何是好。後來，他得自燃燈道人指點，只得暫時辭官隱居，待周室興兵之時，再出來與其三子聯合建功立業。

武王伐紂期間，李靖與他的三個兒子確實建立了不少功勞，尤其三子哪吒乃蓮花化生（火星），自是攻無不克，幫助武王成功的建立周朝新政府。武王在朝廷論功行賞之時，李靖父子四人，倒也淡薄名利，都各有默契的返歸其師的修練道場，以成仙道為畢生之職志。可見，李靖雖為一介武將，但他的修行境界，其實也是深不可測的，尤其他有悲天憫人的胸懷，從修道士入凡俗，欲拯救百姓離於水火為願力，發揮其仙道與世俗並進的菩薩情懷，令人讚嘆不已。

由於李靖修練仙道，乃成長壽之相，姜子牙除自封為天機星外，因封神任務未了，尚差天梁星的主人，只好將李靖事先封神，好圓滿武王伐紂的整個任務。因此之故，在紫微斗數的理論設計當中，便將「李靖」的人格特質引申為「天梁星」的代表人物，如此，便能進一步具體化的說明「天梁星」的星性特質，讓人容易理解。

| 星宿 | 五行 | 化氣 | 主 | 特性 | 十年干之四化 |
|---|---|---|---|---|---|
| 天梁星 | 陽土 | 蔭 | 解厄、延壽<br>呈祥、宗教 | 解難、慈悲<br>脫俗、修行 | 乙年化權　己年化科<br>壬年化祿 |

從「天梁星」所代表的人物「李靖」來分析其星性基本特質的話，約可歸納成下列幾項優缺點，如左列詳述之。

**◎優點**

一、天梁星是一顆頗具慈悲、濟世利人的星座，身雖入俗，但也能脫俗而獨立自在，不受紅塵名利所染污。

二、為人心性慈悲，見人有難，頗有濟利於人之心。

三、個性豪放、熱情，喜廣結善緣，但也能孤獨自處。

四、紅塵滾滾，花花世界，其人心志不為外在境界所誘惑或動搖。

五、擁有特殊才華，學問淵博，能在適當時機發揮所長。

六、追求自我成長的積極意願，通常能超越世俗的牽絆。

七、為人生性崇尚自然，意志有灑脫的傾向，不易為世俗名利所侷限。

八、化氣為蔭，可運用自己的能力，來幫助別人脫困。

九、遇有名利爭端之時，通常能捨於計較，處之坦然。

十、心性耿直、聰明，為人無私曲，平時好濟施於人。

十一、內心世界充實，不屈附於權貴或者受到利誘。

十二、對世事觀感如浮雲，剎那即過，頗有超脫人間束縛的意志。

十三、寧向直中取，不向曲中求，其個性令人佩服。

◎缺點

一、內心清純，誠實不虛妄，但因不擅長周旋、計較，經營世俗事業不易有大成就。

二、心性雖慈悲，能施能捨，但恐生「愛見悲」，無濟於事。
三、雖有豪放、熱情的個性，唯帶孤僻，不易溶入大局。
四、對名利之追求不甚積極，因此，對工作或事業的熱切之心不足。
五、雖擁有特殊才華，學問淵博，唯恐有懷才不遇或有志難伸之感。
六、內在有超脫世俗牽絆的傾向，唯恐面對現實世界的衝突，不易求得平衡點。
七、生性崇尚自然，對於生活的汲汲營求，有失積極的意義。
八、雖能熱心助人，但恐過度付出，身心有疲憊之感。
九、對名利處之坦然，通常易失有利獲取時機。
十、心直無曲，為人耿直，易為有心人嫉妒，得罪於人尚不自知。
十一、內在嚮往脫俗，而生活步調與現實社會恐會有脫節的現象。
十二、在探求生命的體悟過程，恐對世俗生起消極意志，特異行徑令人難解。

※天梁星坐命十二宮位圖解

| | | | |
|---|---|---|---|
| 天梁-2 巳 | 天梁+4 午 | 天梁+3 未 | 天同+3 天梁-2 申 |
| 天機+1 天梁+4 辰 | 天梁星 | | 太陽0 天梁+2 酉 |
| 太陽+4 天梁+4 卯 | | | 天機+1 天梁+4 戌 |
| 天同+1 天梁+4 寅 | 天梁+3 丑 | 天梁+4 子 | 天梁-2 亥 |

## ◎天梁星坐「命宮」

**壹、「得勢」的天梁星坐命宮**（三方四正，不會到陷地的紫府星系）

一、為人心地光明、坦蕩，與朋友往來能顧及正義。

二、心地善良、慈悲，有熱心助人的好心腸。

三、個性耿直，做事積極，行動力強。

四、為官不貪，為商循商道，行有餘力時能以財物濟利於人。

五、在職場上的經營之道，頗能顧及周遭人的利益。

六、有理財的概念與管理之道，對於事業的經營（職場），也能隨順因緣，不刻意作為。
七、為人心性率直，喜簡單、扼要、明確的、有效率的處理事務。
八、對於自我成長的部分，能積極的去汲取所需。
九、具有隨順因緣的個性，凡事不強為或刻意去作為。
十、為人誠實不欺，不喜阿諛、奉承，或者攀附權貴，對人事的應對有自己的原則與做法。
十一、對世俗事務的基本態度較隨緣，凡事來則應，不做刻意追求或違背自己的價值觀。
十二、遇有利害之爭時，通常能捨己為人，成全別人。
十三、適應挫折能力強，隨時能排除自己的心理壓力或煩惱。
十四、朋友有難之時，通常能向其傾訴內在心聲，進而為人排憂解難。

※「得勢」天梁星坐命宮，共有四種基本結構

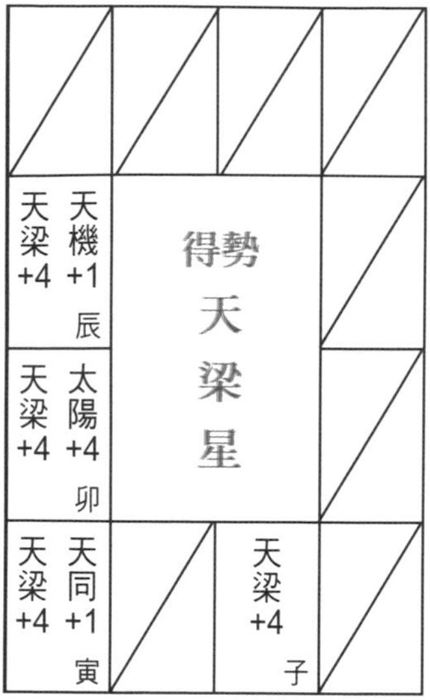


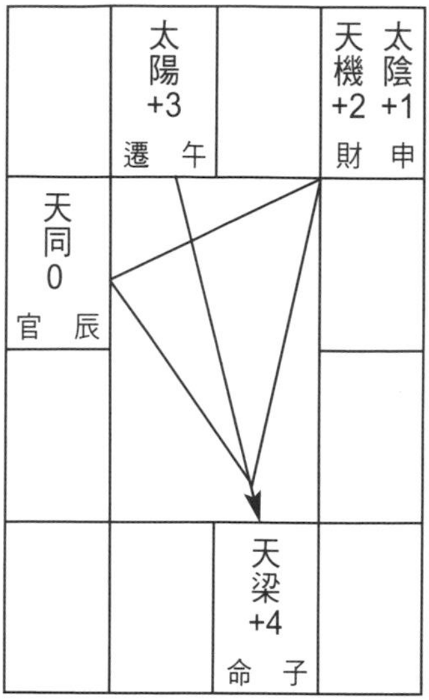


圖一

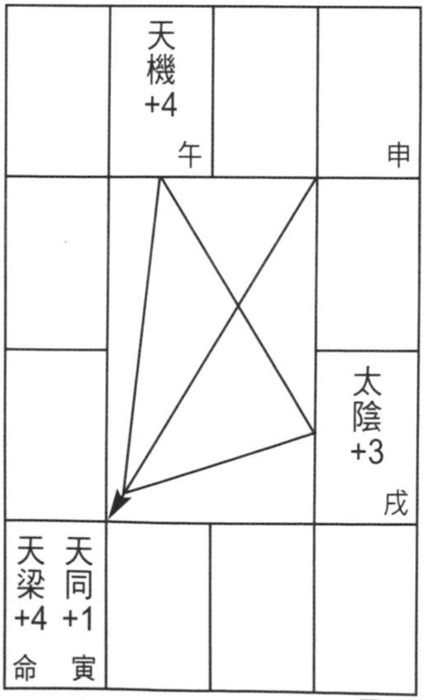


圖二

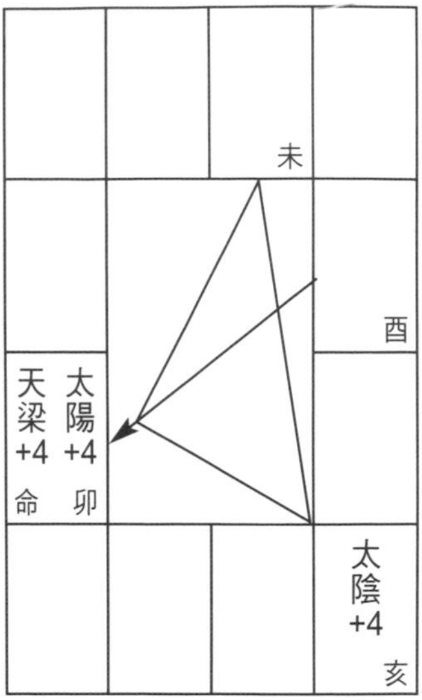

圖三

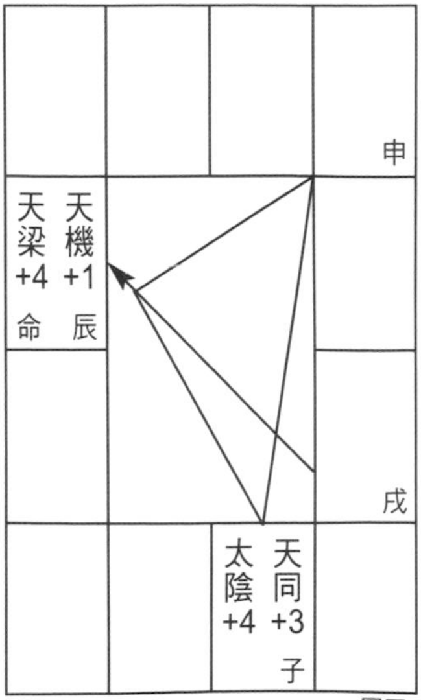

圖四

**貳、「失勢」的天梁星坐命宮**（三方四正中，會到陷地的紫府星系）

一、心地善良，見人有難，恐生「愛見悲」，於事無補。

二、心性隨和、樂觀、不拘小節，但恐對營生的動力不足。

三、因緣所及之處，能顧及周遭人，但總有身心疲累之感。

四、為人光明正大，唯個性耿直，直言不諱，仗義直言，易得罪人尚不自知。

五、對金錢運用概念薄弱，往往有財來財去之過患。

六、個性崇尚自然，或者隨順因緣，凡事不強求，但往往錯失許多良機。

七、能顧及周遭人的感受，犧牲自己以成人之美。

八、做事喜乾脆、俐落、簡單、扼要，決斷力雖強，但恐有偏執或誤失之慮。

九、能堅持自己為人處世的原則，不喜同流合污，易為人所疏離。

十、直來直往的放曠個性，致使應對之間，感性多於理性。

十一、率性、耿直，自我意識較強，不易找到知心的朋友。

十二、喜歡孤獨自處，也能適應遺世獨立的生活，行徑不易融入世俗。

※「失勢」天梁星坐命宮，共有八種基本結構

| | | | |
|---|---|---|---|
| 天梁-2 巳 | 天梁+4 午 | 天梁+3 未 | 天同+3 天梁-2 申 |
| | 失勢天梁星 | | 太陽0 天梁+2 酉 |
| | | | 天機+1 天梁+4 戌 |
| | 天梁+3 丑 | | 天梁-2 亥 |

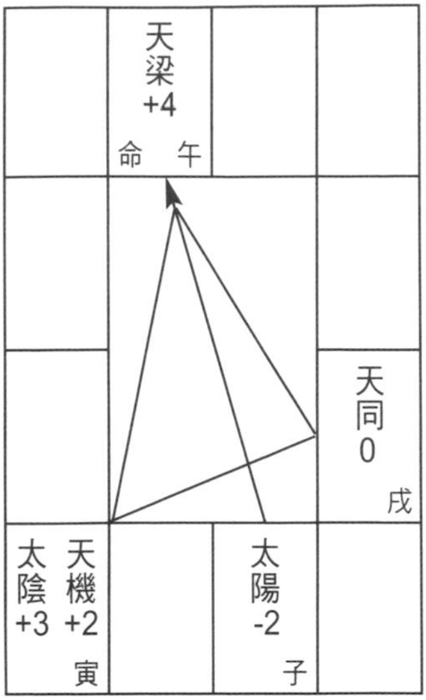
天梁
+4
命 午
天同
0
戌
太陰
+3
天機
+2
寅
太陽
-2
子

圖三

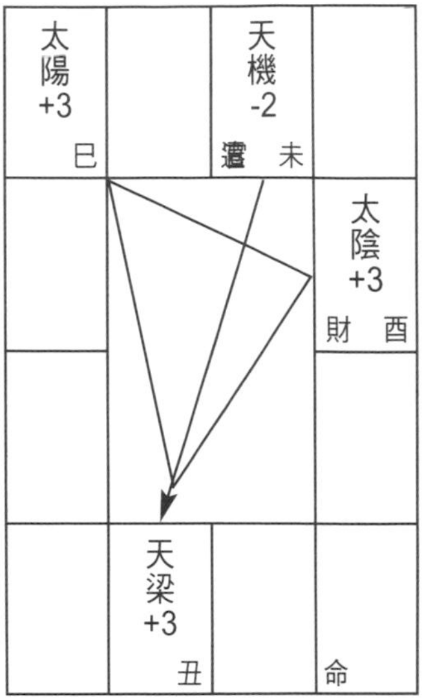
太陽
+3
巳
天機
-2
遷 未
太陰
+3
財 酉
天梁
+3
丑
命

圖一

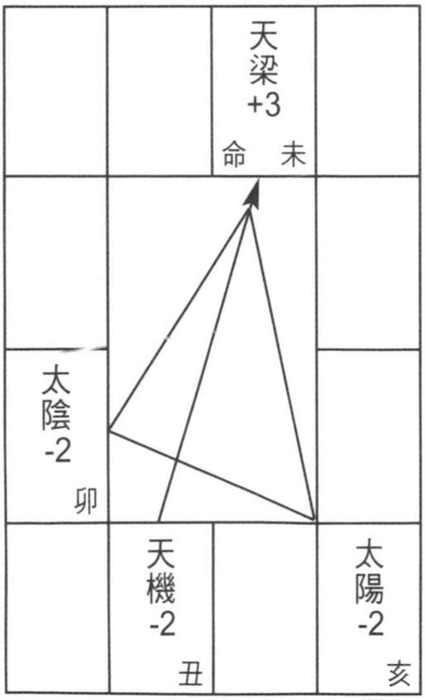
天梁
+3
命 未
太陰
-2
卯
天機
-2
丑
太陽
-2
亥

圖四

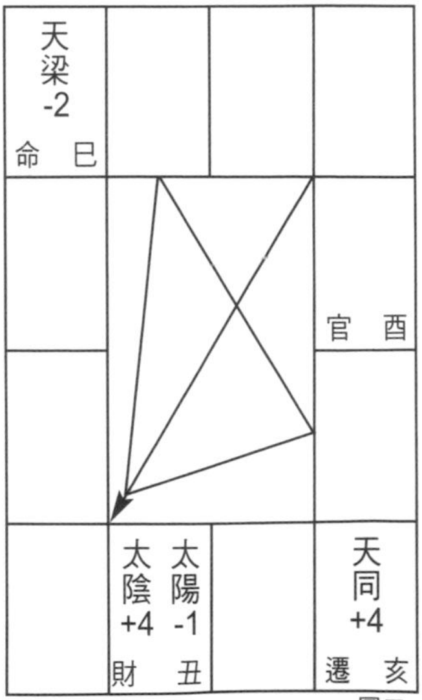
天梁
-2
命 巳
官 酉
太陰
+4
太陽
-1
財 丑
天同
+4
遷 亥

圖二

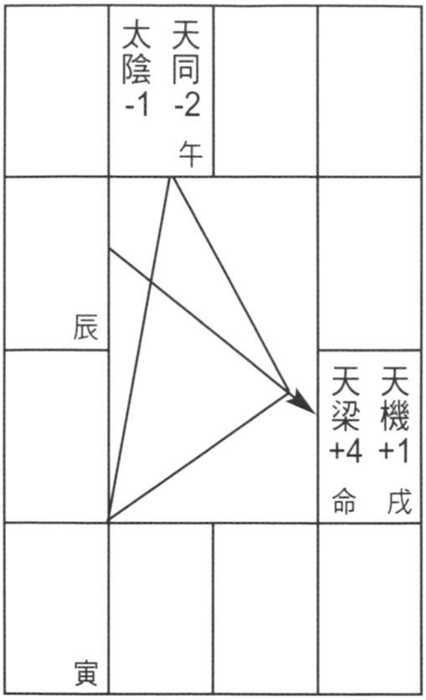
太陰
-1
天同
-2
午
辰
天梁
+4
天機
+1
命
戌
寅
圖七

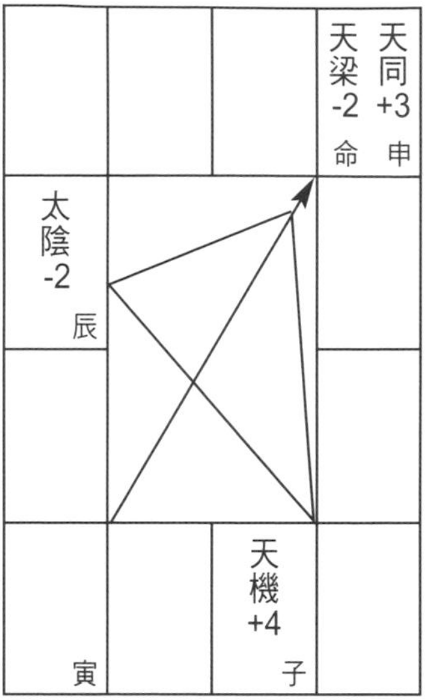
天梁
-2
天同
+3
命
申
太陰
-2
辰
天機
+4
寅
子
圖五

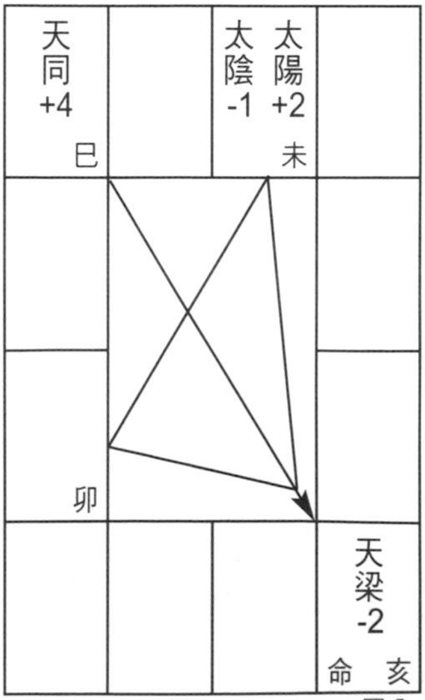
天同
+4
巳
太陰
-1
太陽
+2
未
卯
天梁
-2
命
亥
圖八

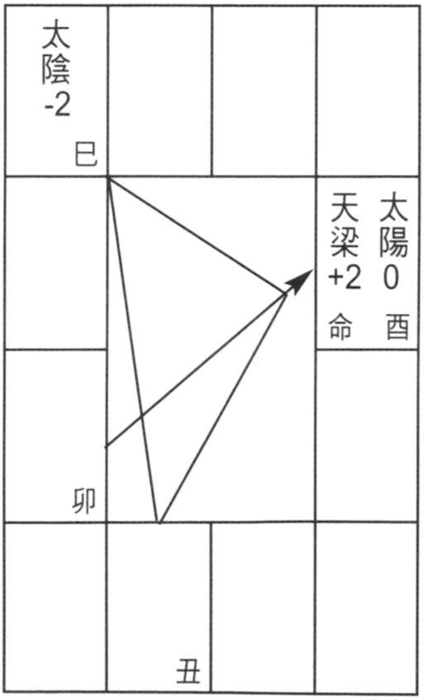
太陰
-2
巳
天梁
+2
太陽
0
命
酉
卯
丑
圖六

## ◎超越天梁星的宿命

**天梁星**是一顆頗具有神仙味道的星座，人雖在世俗，而其心靈世界則較傾向於崇尚自然，或者以無為的方式來面對生活。所以說，在「紫微斗數」的領域裡，可以說是一顆孿灑脫的星座，生性仁慈與世無爭，或許是對天梁星坐命之人的一種寫照。每一個星座都有它本身的優缺點，這是一種象徵，也在在顯示出一種事相，那就是：「每個人都有其優缺點，好的部分，應善加發揮，使其得到最佳效益。至於弱點所在，宜當激勵自己的心志往善於補過的方向前進，如此的話，雙方面並行，我們的人格成長將邁向完美的道路前進。」天梁星坐命之人，因其內心世界的認知往往與現實世界有落差的現象，而需待個人在現實與脫俗兩者之間能找到一個實際的平衡點，這個目標，或許是天梁坐命之人需要努力的目標。

**「天梁」**兩字，有另一層「天良」的意義含於其中，因此，凡「天梁星」坐命之人，其人基本上是個善良、有修養的人。在這變化萬千的花花世界中，人們的心志容易受到外在境界動搖，或者自甘沉淪、墮落……，當物質世界的引力大於人們的精神層次領域時，將會產生人類在心靈進化上的阻礙與危機。這種現象，若任其演化下去的話，其後果是不堪設想的。天梁星坐命之人，正好為這即將沉淪的社會提供些許的反向思考作用，在各階層與角落的天梁人，若能發揮其正面功能的話，這將會影響到其他層面的作用（連瑣反應），或許是菩薩、羅漢……的化身來到人間，為人們提供一份清心與超脫事理的示範。

或許也可以把「天梁星」的代表人物比喻成「南極仙翁」，也有其相通之處，因為，他是個已脫離凡俗的聖者，但在《封神榜》的描述中，他仍往返聖俗之間，為拯救受苦受難的眾生們付出極大的心力，「天梁星」坐命之人，似乎也有這種聖俗並立的氣質存在。

**本書將「天梁星」編排於「主要星性解析」的最後章，是有其積極意義的**，期望讀者透過本書瞭解到每一個星性的基本特質之後，不要忘了「天梁星」，它是一顆可以啟發我們往心靈成長的星座。如今，當每個人每天正忙著為求生存而努力時，內在心靈的福田可不要讓它荒廢了，如此豈不可惜。

天梁坐命身，化氣為蔭德，
心性秉清高，為人熱心腸，
世俗欲營求，若遇煞來會，
縱使以巧智，總是費盡心。
唯今應思維，當以何為業，
若從服務業，拯救人心靈，
自利又利他，濟人又利己，

為作生活計，亦應無不可。
試問世間業，何者最殊勝，
一以業養命，二者能積德，
三者能利生，四導人心靈，
天梁恰其分，當能堪此任，
加以正知見，導人向善地，
凡事有方便，天梁智慧人。

**天梁星**在生年的十天干中（甲年、乙年……癸年），並無化忌的現象，因此，這似乎意謂著：「天梁星本身，即具有排憂解難的能力」，即使天梁星會到忌煞星，或與其同宮時，天梁星仍保有其善良與慈悲的特質，不因環境的不同而改變其心志，因此，當處於不利環境時（忌煞會照或同宮），本身也有消災解厄的功能，只是天梁星的本質較注重自我以及心靈世界的體驗，所以，不管天梁星降臨在哪一個宮位，仍保有其純真與樸實的本質。在命盤的基本結構中，與天梁星同宮的化忌星，只有下列的三種組合，在這三種組合中，其星性的特質不因化忌而改變天梁的心性，這三種絕妙的組合是：

一、機梁同宮

◎註一：即天機與天梁同坐，凡戊年生者，天機星化忌，有可能與天梁星同宮，但天機星本身即是一顆具有善良、巧智的星座，當它與天梁星同宮時，仍不失其天梁本質。

二、陽梁同宮

◎註二：即太陽與天梁同宮，凡甲年生者，太陽星化忌，有可能與天梁星同宮，但太陽星是一顆光明磊落的星座，當它與天梁星同宮時，則有助長天梁的氣勢，凸顯天梁的本質。

三、同梁同宮

◎註三：即天同與天梁同宮，凡庚年生者，天同星化忌，有可能與天梁星同宮，但天同星也是一顆善良有福氣的星座，當它與天梁星同坐時，雖然不失天梁的本質，但凡有個人的享受當須節制，若能將這種福分來蔭及他人的話，則有助長天梁星的德性，反而是極佳的組合。

**《備註》**：讀者可以天梁星的基本特質來瞭解其在各個宮位的意義，或許會有更多的體會，以下將簡要說明天梁星在各宮位的代表性意義。

※天梁星在兄弟宮

## ■得地天梁星坐兄弟宮

化氣為「**蔭**」的天梁星，當它坐落在兄弟宮時，「**蔭**」的特性能將其發揮在兄弟姐妹上，因此，也意味著：「在手足之間有心地善良者，遇事不喜與人相爭，或也能將既得利益，給予手足，與兄弟姐妹的互動融洽，且有照顧手足的雅量。或為人耿直、有寬廣的心量以及沉穩的個性，對手足的關愛能夠無怨無悔的付出。或其為人有心善言慈的個性，言行之間，表達著一種溫和、關懷、利益他人的氣質，令人頗為敬重。或其不喜熱鬧、聲色場所，頗具獨立性，能面對寂靜的環境也能樂在其中。或心性憨厚、正直，雖有嫉惡如仇的個性，也有樂於助人的雅量。或與手足的互動注重家庭倫理，以及保有傳統思維的理念，注重家庭和諧與團結……」

## ■落陷天梁星坐兄弟宮

代表著：「與手足間的感情尚屬融洽，唯較缺乏主動性，但也有心慈、耿直、性急的個性，雖有照顧兄弟姐妹的雅量，但往往礙於本身能力有限，難以落實自己的理念。或與手足間的互動有寬廣的心胸，不為己計利，或也可能將既得利益給予兄弟姐妹。或也有樂於助人的好心腸，通常有熱心過度的傾向，吃力不討好。或其較為寡言，但不失關愛及維護手足的雅量。或其心慈、性直，處事喜乾脆、明快，不喜繁雜瑣事干擾。或也喜歡寧靜、獨處，不喜吵雜或過於熱鬧的環境，也因此在人際互動上缺乏主動性、積極性。或與手足間的互動較注重默契，或心靈方面的交集，因此，令人有不易親近的感覺。或其外表雖然冷漠，但其內在卻有熱情的特質，注重傳統思想以及家庭倫理，但較缺乏權變的因應能力。或與手足之間的互動較注重個人的理念，也喜以獨行，因此，與家人常有聚少離多的現象……」

兄弟宮中坐天梁，心慈善解手足意，
個性溫和且穩重，喜好寧靜心量廣，
為家付出無怨悔，生性隨緣利他人。
若見天梁落陷坐，或有忌煞同宮臨，
或見對宮忌煞沖，手足情緣少互動，
然見天梁化為蔭，不失樸實與純真，
兄弟互動無違逆，謹守倫理與分寸，
若有往來能給予，身與心靈頗充實，
若問世間仙何處，兄弟宮中是天梁。

※天梁星在夫妻宮

## ■得地天梁星坐夫妻宮

具有神仙特質的天梁星座，當它化氣為蔭，坐落在夫妻宮位時，意謂著：「與伴侶的互動尚屬融洽，對家庭能無怨無悔的付出，也能適時的關懷對方，積極的引導對方成長，但也喜歡自己擁有獨處的空間。或注重彼此心靈的默契與交集，對事情的處理態度較有感性的傾向。或其個性高雅，有種脫俗的氣質，但也有個人的見解與做法，自信心強，凡遇挫折時，有面對的智慧與勇氣來突破困境。或伴侶能以其智慧、才華來幫助對方，成就人生的目標，攜手邁向心靈的成長之路……」

## ■落陷天梁星坐夫妻宮

代表著：「伴侶個性耿直、心善，有直言性急的特質，彼此在感情的互動上，缺乏柔情或浪漫的格調，令人覺得似有疏離感。或伴侶也注重個人的見解與做法，但會忽略周遭人的感受及建議。或他（她）也喜愛寧靜，或也能獨處自得其樂，唯過於注重個人內在的世界，對婚姻的永續經營缺乏積極的動力，難以體會對方的感受。或其個性也較為隨性，不拘小節，不喜繁瑣之事，因此，對家庭的付出缺乏一份細心的關照，有我行我素的傾向。或與伴侶的感情，在彼此的心靈互動上不易尋得共同的焦點或彼此的理念，難有共識或默契。或雖然心善、心軟，有照顧伴侶的心意，但往往不易將內在的想法適當的表達出來，讓對方理解（注重彼此心靈的感應）……」

夫妻宮中坐天梁，蔭及配偶及子女，
心性慈善有操持，個性沉穩喜寧靜。
若有天梁落陷坐，或見忌煞同宮臨，
或見對宮忌煞沖，夫妻互動有阻滯，
於此行運宜對治，同心協力興家運，
一者宜知其心性，天梁本性有天良，
愛家顧家本其分，知其所好順其性，
二者以愛語激勵，相處待之以柔順，
三者其性直中急，當以沉穩以對治，
四者言語帶柔性，剛愎自用無濟事，
當以順語及柔語，因勢利導來對應，
五者其人惡繁瑣，當以簡明來對待，

六者其性易消極，宜以正面來勉勵，
七者其性喜獨處，當以靜心來相應，
天梁本為神仙座，奈何落入俗世間，
不善經營家務事，何況兩性來相處，
唯今若成夫妻實，當須知命來引導，
若能世俗與脫俗，身與心靈能相應，
只羨鴛鴦不羨仙，天梁就在你身旁。

※天梁星在子女宮

## ■得地天梁星坐子女宮

代表著：「在子女中有善良、耿直、心地光明坦蕩者，不但善解人意也能分擔父母辛勞，能盡其心力為家庭付出，無怨無悔。或其個性寡言，不喜熱鬧場所，若遇爭執或有對立的現象時，能將既得利益讓與他人（不計利為己）。或其內心世界充實，令人覺得有高雅的氣質（脫俗或遺世獨立的氣質）。或者也能保有傳統思維，孝敬父母，凡事不違逆於長輩，頗有遇貴人提攜的機緣（孝敬父母的人，以此心類推，等同能尊敬長輩，也因此，在人生的際遇中，常有逢遇貴人的機緣，並受其賞識或提攜）。或子女性喜寧靜，不喜吵雜及繁瑣事務，不但獨立性強，也能在獨處中自得其樂。或子女為人熱心，具有樂於助人的雅量，能以其才華及智慧來幫助對方……」

## ■落陷天梁星坐子女宮

代表著：「有善解人意的子女，也能體貼父母的辛勞，唯在其為家庭付出的過程中，礙於本身能力有限，往往有勞碌身心的傾向。或其較有寡言的傾向，與家人的互動，缺乏主動性與積極性，令人對其言行有置身事外的感覺。或雖也能為家庭盡一份心力，但其個性略帶孤僻，凡事有自己的見解與做法，往往會忽略家人的感受與建議。或其雖有樂於助人的雅量，但往往在處事的過程中較注重個人的看法，不易尋得共識或默契（肯定自我的能力強，有一意孤行的傾向）。或子女雖喜歡寧靜的環境，但往往易受繁雜的俗務牽絆，導致有身心靈無法調和的傾向，徒增困擾。或其與父母親之其一（父親）的互動有不流暢的傾向，彼此的心意、理念、默契不易相通或達成共識。或其注重個人意識的展現，雖能孤芳自賞，但與家人似有距離感……」

子女宮中坐天梁，天梁本性即善良，

個性沉穩解人意，蔭及父母有天良，
性格高雅喜寧靜，愛護家人費盡心。
若有天梁落陷坐，或見忌煞同宮臨，
或見對宮忌煞沖，親子互動有阻滯，
唯仍不失其善性，若能知己之行運，
當思良方來應對，因勢利導皆有利，
一者善解子女心，與其互動宜密切，
二以才華及智慧，順勢引導無怨悔，
三者互動重默契，心靈感應有交集，
四者勉勵其心智，學以致用利大眾，
五者持之以有恆，導其智慧能施展，
天梁本為神仙座，神仙本是凡人做，
試問誰家有神仙，子女宮中是天梁。

## ※天梁星在財帛宮

## ■得地天梁星坐財帛宮

意謂著：「個人在理財方面有著保守的態度，但也能適時的以佈施來濟利他人，積德行善。或對錢財的出入能量入為出，能將辛苦賺來的錢財儲蓄下來。或者在收入方面較為穩定，由於理財觀念趨於保守，因此，不易受到外在環境的誘惑而耗損錢財。或在運用錢財方面頗有節儉的美德，能愛惜財物，不做無謂的浪費。或偶有獲得額外的福利，或者獲得別人的資助（在錢財的獲得上，能受到別人的庇蔭，因為，財帛宮的對宮為福德宮，兩者有互為因果的關係）。或者錢財不易流失，但也不會成為守財奴，能將錢財做有效的應用。或個人在事業上循守常規，光明正大，不為其他財利誘惑而遷己志……」

## ■落陷天梁星坐財帛宮

代表著：「個人在理財方面缺乏管理與運用的能力，易將辛苦賺來的錢財輕易的花費出去。或對於錢財的支出缺乏保守的態度，易將錢財花費在無謂的人際或事物上。或對賺來的錢財缺乏危機概念，難以有效的將錢財儲蓄起來，以應困厄之需。或對保有錢財的觀念薄弱，容易在人際應對之間輕易的把錢花耗出去，事後又為錢所苦（有錢則花，無錢則苦）。或者心善能行佈施，以財物來濟利他人，但往往難以節制或缺乏量力而為的智慧（有愛見悲，而輕易捨財的傾向）。或者也有意外之財，或受到別人的資助，稍解為財所困的苦悶。或者對於錢財的出入不甚執著，通常也能利用錢財做一些有意義的事，但往往付出不成比例，或為虧損所苦，導致身心有受累的傾向。或者對於賺錢的來源光明正大，凡事循於常軌，不受其他財利誘惑，不重視錢財的觀念（有花錢灑脫的傾向）。或者也能運用錢財來做行善積德的事，常有損己利人的傾向……」

財帛宮中坐天梁，對宮福德有福蔭，
理財保守漸累積，儉德自守有其道，
惜財惜福不浪費，穩定求財蔭家人。
若見天梁落陷坐，或見忌煞同宮臨，
或見對宮忌煞沖，獲財得利有阻滯，
想必福德尚不足，唯仍不失蔭之德，
雖然賺錢頗辛苦，蔭及家人雖有限，
偶有貴人來資助，或者偶有不意財，
上天有好生之德，加被天梁能安住，
天梁陷地不執財，心量廣大不慳吝，
安住家人雖不易，但也能行善佈施，

唯今若能發大願，若得大利能濟施，
有願有行不退轉，當得成為智慧人。
但於世俗當積極，凡事花費宜保守，
惜福惜物不浪費，平日當積冬時糧，
事業當須善經營，無財慧命怎延續，
勸君財物勿耗盡，一切運用須智慧，
最親之人宜照顧，慎勿捨近而求遠，
如此之事不可為，自利利人近因緣，
由近而遠有次第，施財當須有智慧，
試問誰能善用財，財帛宮中見天梁。

※天梁星在疾厄宮

■天梁星坐疾厄宮（不分得地與落陷）

陰陽五行屬於「陽土」，陽者為腑，陽土屬於胃、腸、消化系統，陰土者，則屬脾臟，因此，當天梁星坐落在疾厄宮時，意味著：「個人的胃腸（消化系統）上宜應注重養生與保健，尤其在飲食方面，應有正常的用餐時間，慎勿暴飲暴食影響身體健康。關於這一部分，可從《黃帝內經》及相關資料中來進一步說明五行屬土的理論，以及在人體上的應用……」

**《黃帝內經・素問・陰陽應象大論篇第五・第三章》**

中央生溼，溼生土，土生甘，甘生脾，脾生肉，

肉生肺，脾主口，其在天為溼，在地為土，在體為肉，

在藏為脾，在色為黃，在音為宮（註一），在聲為歌，在變動為噦（註二），

在竅為口，在味為甘，在志為思，思傷脾，怒勝（註三）思，溼傷肉，

風勝溼，甘傷肉，酸勝甘。

※註：

一、「**在音爲宮**」：古代樂音的五種分類之一，這五種音是「宮、商、角、徵、羽」，宮樂屬土性，土性則為穩定、低沉，令人沉思、靜慮、放鬆、安定……等之意。在情志紓發的音樂療法中，「土樂」經耳傳入人之脾經絡，易激發人之內在思維，或者靜心放鬆，令人的心情穩定下來，有安定與紓解壓力的效果。但凡事當得適可即止，過度偏好土樂，由於其節奏性較為低沉的緣故，易令融入者的活動力減低。例如：「壎、古琴、洞簫……」即是屬土之樂性的演奏樂器。

二、「**噦**」：音同約，有氣逆而發聲之意，例如：乾噦。

三、「**勝**」：有制之以平衡之意。

**《黃帝內經・金匱眞言論篇第四・第三章》**

中央黃色，入通於脾，開竅於口，藏精於脾，故病在舌本，其味甘，其類土，其畜牛，其穀稷，其應四時，上為鎮星（註一），是以知病之在肉也，其音宮，其數五，其臭（註二）香。

※註：

一、「**鎮星**」：陰陽五行屬土，即土星也。

二、「**臭**」：指味道也。

**《靈樞・本神篇》**

故生之來謂之精，兩精相搏謂之神，隨神往來者謂之魂，並精出入者謂之魄，所以任物者謂之心，心有所憶謂之意（註一），意之所存謂之志（註二），因志而存變謂之思，因思而遠慕謂之慮，因慮而處物謂之智。

※註：

一、「**意**」：記而不忘者也。

二、「**志**」：專意而不移者也。

**《靈樞・本神篇》**

脾愁憂而不解則傷意，意傷則悗亂。

**《素問・陰陽應象大論》**

人有五臟，化五氣，以生喜怒悲憂恐。

故喜怒傷氣，寒暑傷形。暴怒傷陰，暴喜傷陽……

喜怒不節，寒暑過度，生乃不固。

怒傷肝，喜傷心，思傷脾，憂傷肺，恐傷腎。

**《三因極・病症方論》**

思傷脾者，氣留不行，積聚於中脘（註），不得飲食，腹脹滿，四肢怠惰，故經曰：思則氣結。

◎註：

「**脘**」：音管，胃的內腔。

**《東寶醫鑑》**

七情傷人，惟怒為甚，蓋怒則肝木尅脾土，脾傷則四臟俱傷矣；思發於脾而成於心，過節則二臟俱傷……。

**《黃帝內經》**

岐伯曰：思則心有所存，神有所歸，正氣留而不行，故氣結矣。蓋脾處中州而屬土，喜健運而惡鬱結，思則氣結，故曰傷也。況思雖為脾志，而實本乎心，心者，脾之母也。今以多思而心營暗耗，母氣既虛，則所以助脾者亦寡矣。

※天梁星在遷移宮

## ■得地天梁星坐遷移宮

意味著：「個人在出外的行運上注重人際往來的互動，喜廣結善緣，有隨緣的個性，心善慈悲，有樂於助人或濟世利人的胸懷。或者心量廣大，能以本身的才華及智慧，為別人排憂解難，不求回報。或有高雅脫俗的特質，對宗教或心靈成長方面頗有探索之心。或出門在外獨立性強，能夠獨處自得其樂，也能在人際上互動得體，可謂是動靜自如。或在外，易逢貴人的賞識或有被提攜的機緣，然而，本身也可能是別人的貴人（因有樂於助人的習性）。或個性耿直、樸實、純真，易得別人的信認與肯定，具有優質的個人修養。或內在心靈世界充實，並能以本身體驗來引導朋友們走向善的境地。或出門在外也有好行佈施的習性，能把握當下的因緣廣植福田。或者在人生際遇中能為別人設想，而在付出的過程無怨無悔。或本身個性保守，不喜攀緣附會，喜寧靜或高雅氣氛的場所，或也喜出入能令心靈成長的場所。或在人生的際遇中擁有特殊才華或殊勝的生命體驗，重視心靈層次的提升甚於物質。或有沉穩的個性，重承諾及信義，處事有既定的原則，自我要求甚高，事理分明，不為利誘，堅守本分不逾距……」

## ■落陷天梁星坐遷移宮

代表著：「個人在出外的行運上個性較為隨緣，因此，不甚注重人際往來互動，雖然也喜歡廣結善緣，但不易找到知心的朋友。或者在外的活動常有繁雜瑣事，致使身心難得清閒，徒增困擾。或也注重個人意志的展現，但往往忽略周遭人的感受而不自知。或者有樂於助人的雅量，但往往有過度熱心的傾向，徒增個人困擾。或者人緣不佳，在人際往來的互動上缺乏流暢感、密切感。或有佈施濟利於人的雅量，但往往過度付出造成失衡的狀態。或凸顯個人才華、能力、風格時，不易得到共鳴或認同者少。或在外不易激發積極的企圖心，往往在受挫或遇到逆境時，易興起退卻的念頭或以消極的心態面對。或在外不易將自己的理念與做法付諸於實現，有懷才不遇、才華難顯、苦中作樂的憾事。或者出門在外內心有不安定感……」

遷移宮中坐天梁，化氣為蔭在外方，
人際往來結善緣，才華得顯心慈悲。
若有天梁陷地坐，或見忌煞同宮臨，
或見對宮忌煞沖，出外行運有阻滯，
才華難顯挫折多，不擅交際廣結緣，
唯仍不失天梁性，熱心助人有雅量，
若能知己之行運，當思良方來對治，
一者隨順於環境，建立善緣有好處，
二者心性不孤高，凡事謙虛挫折少，
三者雖樂於助人，唯仍不失己立場，
四者雖熱心付出，凡事宜當量己力，
五者應激勵自己，人生運作當積極，

六者若欲濟利人，當得身邊有資糧，
七者隨與當節制，過度不利於己運，
如上七事若能行，遷移行運當可轉，
天梁本為神仙座，出門在外不為難。

## ※天梁星在僕役宮（朋友宮）

### ■得地天梁星坐僕役宮

意謂著：「在所交往的朋友中（同事、伙伴），不乏有素養且心靈層次高的人，其人不但心量廣大，且有樂於助人雅量（行善積德）。或其人頗有才華，心善慈悲，見人有難通常願伸出援手來幫助他們。或其帶有高雅、脫俗的氣質，令人近之也溫，與其親近頗有安全感。或其個性耿直、樸實不誇，凡事能直言，不懼權威或者攀緣附會降格以求，凡事有其明智的見解，自我肯定的能力強，凡遇挫折或逆境時，有排憂解難的智慧。或雖與朋友往來較為隨緣，但也能真心對待，頗得大眾的讚賞與肯定。或其具有學識以及博學的才華與智慧，能將其所學與周遭的朋友分享。或其人不計利為己，凡遇對立或爭執時，能將既得利益給與他人，心量廣大。或其人個性雖隨緣，但也能謙遜自守，個性喜好寧靜，不喜喧嘩熱鬧場所……」

## ■落陷天梁星坐僕役宮

代表著：「朋友中有熱心且樂於助人者，但礙於能力有限，往往帶給其人困擾或徒增煩惱。或其人也有隨緣的個性，但與朋友往來的互動往往不拘小節，雖有其獨特風格但不易找到知心的朋友。或其具有耿直、直言不諱的個性，但往往易招人嫉而不自知。或個性憨厚，講求誠信，與朋友互動過程中，往往付出不成比例。或也有樂於助人的雅量，但易熱心過度招至不必要的困擾（無求即應，過度熱心）。或其雖有高雅的氣質，但易因孤高心態不易建立善緣。或其人雖有才智但際遇不佳，難有貴人提攜的機緣，有懷才不遇的現象。或其雖也能佈施、奉獻，但往往不量己力，招至事後的煩憂。或其雖有淵博的知識，但與朋友的互動較有主觀的見解，不易建立正面的效應……」

僕役宮中坐天梁，化氣為蔭益朋友，
氣質高雅有內涵，博學才智令人誇，
個性瀟脫也矜持，有此朋友世稀有。
若有天梁落陷坐，或見忌煞同宮臨，（註）

或見忌煞對宮沖，朋友往來少流暢，
唯仍不失天梁性，若能與其來互動，
一者當誠信以往，二者謙遜以應對，
三者互動可交心，四者隨性可坦誠，
五者學識相往來，彼此智慧相增長，
世間好友不易尋，何況彼有素養者，
天梁本性心慈善，與其為友無相害，
試問誰人可為友，僕役宮中是天梁。

◎註：與天梁星同宮的可能性只有三種組合，請參考本章前節的說明。

※天梁星在官祿宮（事業宮）

■得地天梁星坐官祿宮

意味著：「個人注重事業的發展，對本身職務頗為盡責，能以才華及智慧解決工作上的考驗及煩憂。或面對事業的性格沉穩，能付出其心智完成既定目標或任務，無怨無悔。

或在事業上個性保守、耿直，能得長上的賞識或有逢遇貴人提攜的機緣，做事認真，獨立性強。或與同事（伙伴）互動融洽，彼此往來能建立善緣。或能選擇較穩定的行業，也能在其行業發揮所長……」（備註：個人命盤上若有「機梁」在官祿宮（或命宮），其三方四正中，有天同、太陰來會照的話，則有從事公職的可能，這種組合，一般稱為「機月同梁格」，但以不會到化忌星或落陷的煞星為原則。「機月同梁格」指的是四顆甲級星座－天機、太陰、天同、天梁。）

## ■落陷天梁星坐官祿宮

代表著：「個人對工作或事業的經營缺乏積極的企圖心，不易在職場上獲得成就感。或在工作（事業）上的穩定度不足，容易有變動的現象，或面對其工作環境時心情難得開朗，或內心有難言之隱，不易為他人所理解。或個人雖有才華，但往往因放曠不拘的個性，導致有懷才不遇才華難顯的憾事。或個人面對工作（事業）時，雖能盡職負責，但往往持續力不足，有先好後離或者先得後失的現象。或個人嚮往內在脫俗的世界，但與現實面有難以融入的傾向（內在有遺世獨立的傾向）。或在工作上面臨挫折或逆境時，不易排解個人內在鬱悶，有消極面對的傾向……」（備註：天梁星是顆頗具慈悲與才智的星座，唯在其居於陷地的宮位時，則有懷才不遇的現象（與公職緣薄），因此，若能脫離世俗的行業，選擇從事服務於人的工作或事業，或許是一個不錯的選擇，一來可充分發揮個人才華，不為俗業所牽絆。二者在服務的過程不斷從中增長智慧，以蔭星的特質來做自利利他的事業，不但可植福田，也可從中獲取財物所需，以照顧家人。）

得地天梁坐官祿，事業穩定少變化，
盡職負責有擔當，運籌帷幄展才智，
心性沉穩性耿直，不為利誘遷己志。
若有天梁落陷坐，或見忌煞同宮臨，
或見忌煞對宮沖，事業行運有阻滯，
若能知己之行運，當可思量來對治，
一者應博學多聞，從事服務之行業，
二者應有積極心，樂在工作則有為，
三者宜廣結善緣，善緣處處貴人至，
四者宜戒孤高性，謙虛自守德自有，

天梁落陷難應俗，只因神仙落凡塵，
唯今若能行斯事，天梁當可展才智，
濟利於人本其業，若能善加多思量，
發揮天梁之蔭德，何愁落陷來困住，
試問誰能擔此任，天梁當是智慧人。

## ※天梁星在田宅宮

### ■得地天梁星坐田宅宮

意味著：「個人對於居家的品質講求寬敞而不複雜，或者住家中有尊親敬祖的傳統美德，能發揮蔭星的特質來照顧家人。或能花費心思，將居家環境佈置得具有脫俗的感覺，或能將居家規劃得體，並配合身心靈的需求，講求高雅脫俗的氣氛。或在住家中，注重和諧的重要性，與家人互動融洽，對家人能無怨無悔的付出。或者在房地產方面，個性保守，能得祖上餘蔭。或在居家中重視心靈生活的品質，以及自我的提升。或者也能應用其才華與智慧引導家人走向善的境地……」

## ■落陷天梁星坐田宅宮

代表著：「個人缺乏居家生活品質的規劃，常為家裡瑣事煩憂，雖想盡心力來蔭及家人，但往往心有餘力不足。或為維持家庭運作，有勞累身心的傾向，即使在家，也難得放鬆或者清閒下來。或在房地產方面祖上餘蔭不足，即使勉強擁有，也有維持費用上的壓力（房貸）。或居家的時間少，常在外奔波勞碌，與家人相聚的時間有限。或在家時與家人的互動在心意或默契上，有不足的現象。或在家雖嚮往寧靜的生活，但常為內外瑣事煩憂，導致心緒難以安定下來。或能以才華及智慧來引導家人，但往往因主觀的見解或做法，忽略到家人的感受……」

田宅宮中坐天梁，神仙星座坐宅中，
愛家有道蔭家人，祖上餘蔭能保守，
宅中高雅且脫俗，身與心靈能兼顧。
若有天梁落陷坐，或見忌煞同宮臨，
或見對宮忌煞沖，田宅家運有阻滯，
若能知己之行運，當得思量來對治，

一者居家心性定，終日忙碌有歇時，
福中若有終須有，若是強求累身心，
二者居家心開朗，家人互動重融洽，
三者置產當慎重，凡事當須量己力，
四者居家重整理，有條不紊家清淨，
五者以才華智慧，引導子女向善地，
六者為家雖勞碌，出入動靜宜平衡，
七者家人重團結，同心協力家運興。

※天梁星在福德宮

## ■得地天梁星坐福德宮

意謂著：「注重身心靈方面的精神生活，或者也能重視休閒方面的規劃，有周遊各地的心思，且能在其中增長個人對生命的體驗及感受。或者也喜寧靜的生活環境，內心能安於獨處，也能樂在其中。或者個人的心靈生活充實，也有積極的動力來探索生命的意義或其本質。或心地慈善有濟世利人的胸懷，通常能在適當時機伸出援手來幫助他人（天梁星在福德宮，有為人消災解厄的特質）。或也注重個人修養，心性沉穩，能以其才華及智慧來面對人生的挫折及考驗，也能從中增長智慧。或者也有惜福、惜緣、能濟施的美德，在大眾中受人讚賞與信任……」

## ■落陷天梁星坐福德宮

代表著：「個人常為日常瑣事煩憂，致使心緒難以安定下來。或缺乏休閒生活的規劃，常為生活奔波勞碌，難得清閒或讓自己放鬆下來。或常給自己壓力，對自我要求甚高，但往往有事與願違的傾向，頗有受挫感。在排除個人壓力部分，顯得力不從心，凡遇逆境或挫折時，易生退卻念頭或以消極的心態面對。或雖嚮往內在的心靈體驗，但易為瑣事牽制，缺乏積極的動力來思以突破。或者也有心善好施的美德，但往往缺乏自制，不量力而為，徒增困擾。或也喜以助人為樂，但往往熱心過度，招至不必要的困擾……」

福德宮中坐天梁，蔭星坐鎮福自有，
心慈賢善能濟施，才智導人向善地，
神仙只是凡人做，只怕凡人心不堅。
若有天梁落陷坐，或見忌煞同宮臨，

或見忌煞對宮沖，繁瑣事務易累身，
身心忙碌難清閒，只為生活受牽制，
心緒不定思慮多，身心背離難相應，
忙碌終生心受累，為誰辛苦為誰忙，
若能知己之行運，當思良策來對治，
一者忙碌有其時，身心安定亦須顧，
二者應對繁瑣事，當以智慧來面對，
三者心雖想休閒，當有動力去實現，
四者心靈當成長，如此生命不空虛，
五者凡有濟施事，當量己力而為之，
施者不須計多少，發心為要可綿延，
六者能安於獨處，或有領悟從中來，
人生短短數十秋，身與心靈要兼顧，
贏得財寶積滿堂，累得身心漸空虛，
人生意義在何處，當得慎重來思維，
試問神仙在何處，天梁當須善領悟。

※天梁星在父母宮

## ■得地天梁星坐父母宮

意謂著：「父母中有個性較為脫俗或灑脫者，為人沉靜，個性溫和，與子女互動融洽，頗有智慧及才華，並能循循善誘，引導家人走向善的境地。或父母之間的互動尚屬融洽，對家庭的付出也頗為用心（父母之其中一方，重視心靈上的默契）。或者他（她）性喜寧靜，不但注重家庭事務，也能關愛子女的日常起居。或對家庭能盡其心力，內在注重修養，言行舉止，自我要求甚高。或平時也能以獨處為樂，兼顧身心靈之間的平衡。或其（父親）心善慈悲，廣結善緣，具有樂於助人的雅量。或其個性沉穩，處事重誠信，能儉約自持，不易受到外在環境的誘惑，即使面對挫折或考驗，也有足夠的智慧，去因應處理。或其能注重心靈的成長，對生命存在的意義頗有探索的意願。或其與子女之間的互動，注重心靈上的默契……」

## ■落陷天梁星坐父母宮

代表著：「父母中有為家庭付出勞心勞力者，雖其具有灑脫的氣質，但往往為繁瑣家務煩憂，難得見其清閒下來。或其（父親）頗有才華與智慧，雖欲引導家人走向善的境地，但往往過於注重主觀的見解，忽略家人的感受而不自知。或父母之間的互動，在心靈或默契上尚有不足之處，導致偶有違和之處。或與子女的互動缺乏主動積極的作為，令子女覺得似有距離感。或其個性耿直、樸實、心善性急，在面對繁瑣的事務或逢遇挫折、逆境時，有慌亂的傾向（不知所措），或以消極的心態面對。或其個性喜乾脆，處事明快，不喜拖泥帶水，但往往易忽略周遭的環境。或其內在雖嚮往脫俗的生活品質，但為俗務牽絆，往往難以實現。或其在家中心情不易開朗起來，雖能以獨處為樂，但與家庭關係的維繫令人有格格不入的感覺（有遺世獨立的潛在特質，因此，欲融入家庭的氛圍，須靠其智慧來化解）。或其與子女的互動有聚少離多的現象，導致有愈見疏離的現象。或其對家庭的經營缺乏積極的企圖心。或本身與父母親之其一（父親）的互動偶有心意難通，或者默契不足的現象，彼此的理念與做法缺少坦誠溝通的管道……」

父母宮中坐天梁，化氣為蔭蔭家人，
心性賢善有擔當，才華智慧益子女，
為家付出無怨尤，引導家人向善地。
若有天梁落陷坐，或見忌煞同宮臨，

或見對宮忌煞沖，親子互動有阻滯，
若知父母宮中運，當善思量來對治，
一者體貼父母心，以此示現漸薰習，
二者平日重互動，坦誠溝通心無隱，
三者當孝敬父母，若有所行不違逆，
四者能常代其勞，團結一心興家運，
五者能將心比心，若有子女亦如是，
天梁本性心慈善，落陷不失其心性，
父母宮中亦如是，若能如實行五事，
天下父母愛子心，彼此關係漸改善，
亦能以身來作則，漸次導其善智慧，
試問誰家有神仙，父母宮中有天梁。

**《本書結論》**

紫微斗數中，星性論命理，
十四甲級星，各有其特性，

帝座權威星，巧智權謀星，
仁慈光明星，財帛權利星，
心性樂觀星，廉潔堅貞星，
府庫豐盈星，為人守貞星，
欲求計較星，是非口舌星，
忠誠憨厚星，脫俗無求星，
衝鋒陷陣星，侍勢凌人星，
星性各特色，有其象徵義，
據此來引伸，易懂且易明，
知難本行易，今解行則易，
凡事若達理，應用則無礙，
有惡當令止，無惡不令生，
有善令增長，無善令生起，
生命意義中，以此為最甚，
但願相共勉，不虛度此生。

# 後記

本書的主旨，主要在透過生命密碼的解碼過程中，常試著以較具邏輯、科學性分析的角度來說明神秘的「紫微斗數」，將其基本星性的十四顆星座，依推理方式及以生動的《封神榜》故事來推演每一個星座，在命宮及其他十一個宮位的代表特性，希望能以淺顯易懂的表達方式，將封存將近千年的「紫微斗數」奧秘，一一的解碼出來，讓欲一探紫微斗數的學者，能從中領悟一些較具邏輯性的基本認知，期使這一門學科，能帶給讀者對於自己的人生規劃有些許的助益，透過對於生命現象的瞭解，能從中找到屬於自己的因應之道，而時時心存善念以及行善濟利於人，這兩個要點便是本書引導的重點。俗語說：「禍福無門，唯人自招」，每個人都是自己生命中的舵手，個人一生的際遇雖有宿命的束縛，但凡知命者，知道本身命運結構的人，若能從中領悟些許的道理，**改變思維，創造命運，行善積德**，上天有好生之德，必定可超越宿命，創造一個新的未來，人生將是美好的多采多姿的。

至於書中常常談及的四化星，因礙於篇幅有限無法詳細論述，不過在蔽人陸續出版的作品中，將有一本專門談及四化星的，書名是《改變生命的契機—紫微四化星》。至於本書中所提及的六煞星，在後續著作的《轉逆境為喜悅的—羊陀火鈴空劫》一書中，將有更詳盡的論述與說明，屆時可參考此兩本著作，一一詳讀，即可將艱深難懂的《紫微斗數》，轉化成你所能理解且淺顯易知的一門預測學問。

**「紫微斗數」**是一門對個人生命現象與預測生命際遇的學問，它不但是生命學，也包含了：預測學、邏輯學、個人心理學、人際心理學、環境心理學、潛意識心理學……等的學問在其中，從原始的理論結構到解開命盤密碼的過程中，是一門理性的科學，因此，慎勿將其神化，自誤及誤人。若能嚴守這種分際，依嚴謹的理論基礎來解析每一張命盤的話，當不致偏離軌道。因此，若能有系統的、理性的、邏輯的、科學的、可推理的……，依其層次，漸次進入學習領域的話，你便會發現：「原來學習紫微斗數是這麼簡單的一件事」。俗語說：「天下無難事，只怕有心人。」若你已開啟了學習《紫微斗數》的動機，那麼，剩下的，將是你的恆心與堅持，但願本書能陪伴你一齊走向學習《紫微斗數》的天地，也期望你在這一門道學分中能輕易的過關，祝福你。

# 附錄

# 諸星旺陷與四化對照表

## ◎諸星在十二宮廟旺利陷對照表

| 宮位／強度 | 子 | 丑 | 寅 | 卯 | 辰 | 巳 | 午 | 未 | 申 | 酉 | 戌 | 亥 |
|---|---|---|---|---|---|---|---|---|---|---|---|---|
| 廟 +4 | 機祿府陰相梁破 | 紫武府陰貪曲 相殺昌羊陀 | 廉府巨 殺祿火 鈴相梁 | 陽巨梁祿 | 武殺羊府陀貪梁 | 同昌曲祿 | 祿鈴 破火 紫機相梁 | 貪殺紫武陀府羊 | 廉巨相殺祿 | 巨昌曲祿 | 武府貪 羊陀火 鈴梁殺 | 同陰祿 |
| 旺 +3 | 殺武同巨貪 | 梁破 | 紫陽陰 | 紫殺曲機 | 陽破 | 紫陽巨 | 陽武府 貪巨殺 | 梁破曲 | 紫同 | 殺機 陰紫 府 | 陰破 | 紫巨曲 |
| 得地 +2 | 昌曲 | 火鈴 | 機武破 | 府 | 紫相昌曲 | 府相火鈴 | | 陽相 | 昌機武 破曲陽 府 | 梁火鈴 | 紫相 | 府相 |
| 利 +1 | | 廉 | 同 | 武昌 鈴貪 火 | 機廉 | | | 廉昌火鈴 | 陰 | 武貪 | 機廉 | 昌火鈴 |
| 平和 0 | 紫廉 | | 貪曲 | 同廉 | 同 | 破機武殺 | 廉 | | 貪 | 陽同廉 | 同 | 破機武殺 |
| 不得地 -1 | | 陽同巨 | | | | | 陰 | 同陰巨 | | | 陽 | |
| 陷 -2 | 陽羊火鈴 | 機 | 昌陀 | 陰相破羊 | 陰巨火鈴 | 廉陰貪 梁陀 | 同昌曲羊 | 機 | 梁陀火鈴 | 相破羊 | 巨昌曲 | 廉廉貪 梁陀 |

## ◎生年四化表（可依生年干、大限或流年對照安入）

| 年干＼四化 | 化祿 | 化權 | 化科 | 化忌 |
| --- | --- | --- | --- | --- |
| 甲年 | 廉貞 | 破軍 | 武曲 | 太陽 |
| 乙年 | 天機 | 天梁 | 紫微 | 太陰 |
| 丙年 | 天同 | 天機 | 文昌 | 廉貞 |
| 丁年 | 太陰 | 天同 | 天機 | 巨門 |
| 戊年 | 貪狼 | 太陰 | 右弼 | 天機 |
| 己年 | 武曲 | 貪狼 | 天梁 | 文曲 |
| 庚年 | 太陽 | 武曲 | 太陰 | 天同 |
| 辛年 | 巨門 | 太陽 | 文曲 | 文昌 |
| 壬年 | 天梁 | 紫微 | 左輔 | 武曲 |
| 癸年 | 破軍 | 巨門 | 太陰 | 貪狼 |

國家圖書館出版品預行編目資料

學紫微斗數，這本最好用／許永安著.
——第一版——臺北市：知青頻道出版；
紅螞蟻圖書發行，2005.6
面　公分——(Easy Quick；52)
ISBN 978-957-0491-43-2（平裝）

1.命書

293.1　　94008821

Easy Quick 52

學紫微斗數，這本最好用

作　　者／許永安
校　　對／楊安妮、周英嬌、許永安
發 行 人／賴秀珍
總 編 輯／何南輝
出　　版／知青頻道出版有限公司
發　　行／紅螞蟻圖書有限公司
地　　址／台北市內湖區舊宗路二段121巷19號(紅螞蟻資訊大樓)
網　　站／www.e-redant.com
郵撥帳號／1604621-1　紅螞蟻圖書有限公司
電　　話／(02)2795-3656（代表號）
傳　　真／(02)2795-4100
登 記 證／局版北市業字第796號
法律顧問／許晏賓律師
印 刷 廠／卡樂彩色製版印刷有限公司
出版日期／2005年 6 月　第一版第一刷
2017年12月　第五刷(500本)

定價 450 元　港幣 150 元



ISBN　978-957-0491-43-2　　Printed in Taiwan